Jantzen / Josting / Ritter (Hgg.)

Ästhetik – Leserbezug – Wirkung

Ansprüche an Kinder- und Jugendliteratur
im Wandel der Zeit

Christoph Jantzen / Petra Josting / Michael Ritter (Hgg.)

Ästhetik – Leserbezug – Wirkung

Ansprüche an Kinder- und Jugendliteratur im Wandel der Zeit

kjl&m 18.extra

kopaed (München)
www.kopaed.de

Bibliografische Information Der Deutschen Nationalbibliothek
Die Deutsche Nationalbibliothek verzeichnet diese Publikation in der Deutschen Nationalbibliografie; detaillierte bibliografische Daten sind im Internet über http://dnb.ddb.de abrufbar

ISBN 978-3-86736-484-3
eISBN 978-3-86736-672-4
ISSN 2193-990X

Druck: Memminger MedienCentrum, Memmingen

Umschlagfoto: Kampa, Daniel/ Nikolaus Heidelbach (Ill.):
Lesen und Lesen lassen, 77 © Hoffmann und Campe, Hamburg 2014.

Arnulfstr. 205, 80634 München
Fon: 089. 688 900 98 Fax: 089. 689 19 12
e-mail: info@kopaed.de Internet: www.kopaed.de

Inhalt

II. Aktuelle Kinder- und Jugendmedien im Spannungsfeld von Ästhetik, Leserbezug und Wirkung

Christoph Jantzen / Petra Josting / Michael Ritter

Vorwort

Die Gründung der *Vereinigten Deutschen Prüfungsausschüsse für Jugendschriften* (VDP) im Jahr 1894 und ihres Organs *Jugendschriften-Warte* (JSW) 1893 fällt in eine Zeit gesellschaftlicher Umbrüche, auch im erziehungswissenschaftlichen Sektor. Reformpädagogische Bestrebungen um 1900, insbesondere die in Hamburg aktive Kunsterzieherbewegung um Alfred Lichtwark, der mit dem langjährigen Schriftleiter der JSW, Heinrich Wolgast, nicht nur beruflich eng verbunden, sondern auch privat befreundet war, schafften einen geeigneten Nährboden mit konzeptionellen Impulsen für einen neuen Blick auf die zeitgenössische Kinder- und Jugendliteratur (KJL). Die Stärkung der Bedeutsamkeit künstlerischer Tätigkeit als Erfahrungsraum für kindliche Aneignungsprozesse (und die damit verbundene Infragestellung des pädagogisch-ästhetischen Konzepts der Genieästhetik) bot eine wichtige Grundlage für die Arbeit der VDP. In veränderter Weise galt es, über die Qualität von Literatur für junge Leser*innen nachzudenken, unter pädagogischen Gesichtspunkten Kriterien für die Eignung und wünschenswerte Beschaffenheit dieser Literatur zu erarbeiten, dabei das bildungswirksame Verhältnis von Pädagogik und Ästhetik (neu) zu bestimmen, den stetig wachsenden Markt der Neuerscheinungen in der KJL zu sichten und Orientierung für Pädagog*innen und andere Berufsgruppen sowie Institutionen (Arbeiterbildungsvereine, Bibliotheken/Lese-/Bücherhallen, Gewerkschaften, lebensreformerische Gruppen) zu bieten.

Verbunden wurde diese Motivation mit einer gewerkschaftlich-sozialdemokratischen Idee der allgemeinen humanistischen Bildung aller Gesellschaftsschichten, insbesondere auch der Arbeiterschaft. Der damals geführte Diskurs markiert einen wichtigen Ausgangspunkt für die Entwicklung der didaktischen Konzeptionen der Literaturdidaktik des 20. Jahrhunderts; viele Fragen der damaligen Reformer*innen sind bis in die Gegenwart virulent und kontrovers. Hier setzt der vorliegende Band an. Die Zusammenstellung der Beiträge verbindet die historische Perspektive auf die Entwicklung der Jugendschriftenbewegung und ihrer Institutionen mit den sich wandelnden Ansprüchen literarischer Bildung.

I. Von den VDP zur AJuM – Instanzen und Organe der KJL-Kritik in historischer Perspektive

Der erste Teil diskutiert Entwicklungen: Von den Anfängen der VDP ausgehend, werden wichtige Impulse, Veränderungen, aber auch Kontinuitäten in den Nachfolgeorganisationen bis hinein in die aktuelle Diskussion der *Arbeitsgemeinschaft Jugendliteratur und Medien* (AJuM in der GEW) nachgezeichnet.

Das Jubiläum zum 125-jährigen Bestehen der Fachzeitschrift *kjl&m*, die als *Jugendschriften-Warte* gegründet wurde, war für **Christian Pommerening** Anlass, sich mit ihrem wichtigsten Redakteur der Anfangszeit zu befassen, mit Heinrich Wolgast, dem Reformer und Streiter für ästhetische Erziehung. Im Blickfeld des Überblicks über Schaffen und persönliches Umfeld von Wolgast stehen – über KJL-Kritik im engeren Sinne hinaus – seine Einbindung in die Kunsterziehungsbewegung und der reformpädagogische Impetus seiner Vorstellungen von ästhetischer Erziehung. Wolgasts Texte sind als Schnittpunkte zahlreicher unterschiedlicher Diskurse um ästhetische Erziehung bzw. kulturelle Bildung zu verstehen, in denen es um Fragen nach der gesellschaftlichen Funktion von Kunst geht wie auch nach dem Zusammenspiel von pädagogischer Kunstvermittlung, Rezeption und kreativem Widerhall.

Reiner Lehberger nimmt reformpädagogische Strömungen um 1900 in den Blick und setzt den Schwerpunkt auf die Entwicklung in Hamburg, denn von dort gingen für die Jugendschriftenbewegung zentrale Impulse aus. Ausgangspunkt sind dabei eine gut organisierte und aufstrebende Volksschullehrer*innenschaft, reformoffene politische Rahmenbedingungen, aber auch die Wirkung herausragender Persönlichkeiten wie Heinrich Wolgast, Alfred Lichtwark und Wilhelm Lamszus. Am Beispiel der Loewenberg-Schule wird rekonstruiert, wie Reformideen im Schulalltag umgesetzt wurden.

Gina Weinkauff legt dar, wie die JSW als Organ der KJL-Kritik von ihren Anfängen im Jahr 1893 bis hin zu den 1960er-Jahren den Diskurs um die KJL prägte. Deutlich wird, dass die JSW ein ganz besonderes Profil erlangte, indem sie einerseits die Theoriebildung zu Fragen der KJL-Lektüre nachhaltig beeinflussen konnte, andererseits aber auch das Rezensionswesen eine große Rolle spielte. Dieses Nebeneinander von Debattenkultur und Kritik ist gekennzeichnet von unterschiedlichen Positionen, die innerhalb einzelner Epochen ausgetragen wurden, aber auch je nach Gesellschaftssystem sehr divergierten. So setzten sich völkisch-nationale Strömungen, die in der Weimarer Republik ihren Ursprung haben, im NS-Staat durch. Nach 1945 vollzogen die Nachfolger der JSW die Entwicklung von der Praxis der Kommunikationslenkung zu der eines kritischen Fachjournalismus.

Petra Josting geht in ihrem Beitrag den Umbrüchen nach, die die VDP im Rahmen der Vereinnahmung und *Gleichschaltung* während der Zeit des Nationalsozialismus erlebten. Ausgehend von den Anfängen der VDP arbeitet sie detailreich heraus, wie die tradierten Strukturen der Prüfungsausschüsse ersetzt wurden und wie sich damit auch die Ausrichtung der Arbeit und ihre ideologische Substanz veränderten. Gleichzeitig kann sie zeigen, dass in dieser Epoche die Breitenwirkung der Arbeit stark am Engagement einzelner Funktionäre festzumachen ist, die sich in zum Teil übereifriger Weise um die Etablierung einer mit dem NS-Regime konformen KJL-Kritik bemühten. So konnten entsprechende ideologische Leitlinien auch im Sektor der KJL umgesetzt werden.

In dem Beitrag von **Gudrun Stenzel** wird die Entwicklung der VDP in der Bundesrepublik von den 1950er-Jahren bis in die Gegenwart rekonstruiert. Umbrüche sind zum einen durch die gesellschaftlichen Änderungen in den 1960/70er-Jahren und parallele Entwicklungen durch die Wiedervereinigung und die Digitalisierung der Arbeit in den 1990er-Jahren geprägt. Der erste Umbruch folgt zum einen den Veränderungen auf dem Buchmarkt, auf dem die sog. neue KJL antiautoritär und z. T. ästhetisch anspruchsvoll, z. T. aber auch trivial daherkommt. Andererseits werden verstärkt didaktische Fragen diskutiert. Die Änderungen leiteten auch den Namenswechsel von VDP über VJA zur AJuM ein. Die 1990er-Jahre brachten für die AJuM neue Chancen, z. B. durch die Gründung von Landesstellen in den ostdeutschen Bundesländern und Herausforderungen wie die Digitalisierung.

Auch **Sebastian Schmideler** knüpft in seinem Beitrag historisch an die gesellschaftliche und politische – und damit eben auch kulturpolitisch so relevante – Zäsur von 1945 an, indem er sich den institutionellen Entwicklungen der VDP im Ostteil Deutschlands zuwendet. Er arbeitet (Dis-)Kontinuitäten auf personeller, institutioneller und publizistischer Ebene heraus und dokumentiert damit anschaulich die Herausbildung einer Spezifik der Kinderliteraturkritik in der DDR. Dabei wird ebenso deutlich, wie sich diese deutsche Parallelentwicklung zu ihren eigenen Wurzeln in der Jugendschriftenbewegung positionierte und dass die Forderung nach einer sozialistischen KJL und deren Förderung durch die Jugendliteraturkritik faktisch nicht in absoluten Widerspruch zu den Maßstäben der Wolgast'schen Tradition treten musste.

Susanne H. Becker diskutiert in ihrem Beitrag die Frage, inwiefern die Auswahl- und Beurteilungskriterien des von der Bundesregierung gestifteten Deutschen Jugendliteraturpreises rationalisierbar sind in dem Sinne, dass sich damit eine objektive und reliable Bestenauswahl aus dem Markt der jährlichen Neuerscheinungen in der KJL ableiten und begründen ließe. Dabei weist sie auf Entwicklungen in der sechzigjährigen Geschichte des Preises hin, die die Auswahl immer auch zu einer Momentaufnahme der literarischen Kultur des Landes machen. Gleichzeitig – so Becker – spiegelt die Auswahl aber immer auch die jeweils spezifische und bis zu einem gewissen Punkt eben auch notwendigerweise subjektive Perspektive der jeweiligen Jury wider.

II. Aktuelle Kinder- und Jugendmedien im Spannungsfeld von Ästhetik, Leserbezug und Wirkung

Der zweite Teil setzt sich in literaturwissenschaftlicher und/oder -didaktischer Perspektive mit aktuellen Kinder- und Jugendmedien auseinander. Von großer Relevanz – weil sie über die oft vereinfachende Dichotomie von Ästhetik und Pädagogik hinausgehen – sind noch heute jene drei Bewertungsdimensionen, die Bettina Hurrelmann 1990 in ihrem Beitrag zur *Kinder- und Jugendliteraturkritik* formulierte:

- Die „Frage nach der ästhetischen Qualität der Texte" (Hurrelmann 1990a, 48) knüpft zwar an das Wolgast'sche Postulat des Kunstwerk-Charakters von KJL an (vgl. Wolgast 1922), grenzt sich jedoch von der Vorstellung einer allgemeinen Wertehierarchie in der Literatur ab, die letztlich nichts anderes als eine ideologische Fiktion darstellt (vgl. Hurrelmann 1990b, 99). Hurrelmann geht es vielmehr um die Frage, ob Texte ästhetisch reichhaltig sind, d. h. ob sie „komplex und prägnant verschiedene Lesarten anregen, zulassen, offenhalten und [...] in Identitätsprozesse stabilisierend, verunsichernd, anregend eingreifen" (Hurrelmann 1990a, 49). Damit wird bereits deutlich, dass Text- und Wirkungsästhetik miteinander in Verbindung stehen bzw. KJL immer über ihren Adressatenbezug definiert ist.

- Die zweite Bewertungsdimension ist die „Reflexion der Leservoraussetzungen" (ebd.), was die Kenntnis aktueller pädagogischer und soziologischer Kindheits- und Jugendstudien notwendig macht: „Welche ästhetischen Interessen" haben Kinder und Jugendliche, „wie haben sich ihre Wahrnehmungsfähigkeiten in den letzten Jahren verändert, welche besonderen Kompetenzen haben sie, welche besonderen Probleme und Lesebedürfnisse? Auf welche Voraussetzungen antwortet ein Buch, welche übergeht es, welche kann es vielleicht verändern?" (Ebd.)
- Und schließlich drittens die „wirkungsästhetische Dimension" (ebd., 50) der KJL-Kritik, die nicht identisch ist mit der Frage nach Moral oder einer inhaltlichen Botschaft, sondern von Hurrelmann als Bildungsfunktion begriffen wird: Bereichern kinder- und jugendliterarische Texte ihre Leser*innen in ihren „Erfahrungen", unterstützen sie ihre „Konflikt- und Urteilsfähigkeit", erweitern sie ihre „Wahrnehmungsfähigkeit" wie auch ihre „Genussfähigkeit"? (Ebd., 50 f.) Tragen sie zu Empathie und Fremdverstehen bei?

Die Beiträge des zweiten Teils verorten aktuelle Phänomene des Kinder- und Jugendmedienmarktes im Spannungsverhältnis dieser Bewertungsdimensionen und gehen dabei der Frage nach, wie KJL heute mit dem gattungskonstituierenden Merkmal der Adressatenorientierung umgeht und/oder wie markante Charakteristika dieser Literatur im Kontext von literaturdidaktischen Vermittlungsprozessen aufgegriffen werden können.

Ute Wegmann zeigt die formalen und inhaltlichen Veränderungen aktueller Jugendromane auf. Dabei wird deutlich, dass es neben Liebesgeschichten, die vor allem bei Leserinnen und Bloggerinnen beliebt sind, eine hervorragende Auswahl erzählender Literatur für alle Alter gibt, etwas weniger Angebote für die Altersgruppe im Zwischenbereich, nicht mehr Kind, noch nicht wirklich Teenager. Sie unterscheidet bezüglich des Lesealters zwischen der *Tschick-Gruppe* (ab 14 Jahre) und der *Potter-Gruppe* (10-13 Jahre). Bei letzterer stellt sie zwei Entwicklungen fest: erstens das Bemühen, die Jungen mit *Detektiv-* oder *Alien-* und *Science-Fiction-*Motiven zum Lesen zu bewegen, und zweitens das Bemühen der Verlage, mit Titeln als Schullektüre in die Schulen zu gelangen. Diese Geschichten enthalten zumindest die Idee einer Möglichkeit, dass es zwischen einem Jungen und einem Mädchen zu einer eventuellen Annäherung kommen kann, d. h. es werden beide Geschlechter als Protagonist*innen etabliert.

Karin Vach wendet die drei Bewertungsdimensionen Hurrelmanns exemplarisch auf das 2017 erschienene Kinderbuch *Die Mississippi-Bande. Wie wir mit drei Dollar reich wurden* von Morosinotto/Moro an. Dort spielt das Motiv des Reisens eine zentrale Rolle. Im Zuge ihrer Analyse arbeitet Vach die Qualität des Buches heraus; innovativ ist vor allem die wechselnde (autodiegetische) Erzählperspektive, wodurch verschiedene Lesarten der Handlungen ermöglicht und die Figuren vielschichtig gestaltet werden. Am Ende des Beitrags werden Vorschläge für einen schulischen Umgang mit dem Buch entwickelt.

Nadine Naugk und **Alexandra Ritter** untersuchen den Umgang mit kultureller und ethnischer Diversität in der aktuellen Kinder- und Jugendliteratur. Dieses gesellschaftspolitisch hochbrisante Thema spiegelt sich in vielen aktuellen Neuerscheinungen der KJL wider. Am Beispiel unterschiedlicher erzählender Titel arbeiten die Autorinnen heraus, wie Diversität bzw. Andersartigkeit in diesem Feld narratologisch inszeniert und thematisiert wird. Anhand zweier Methoden werden didaktische Überlegungen im Spannungsverhältnis pädagogischer und literarästhetischer Gesichtspunkte entfaltet.

Alina Wanzek beschäftigt sich mit der Vielfalt biografischer Darstellungen und deren Funktionen im Medium Bilderbuch. Der biografische Bezug sei darin unterschiedlich explizit, was die Festlegung auf spezifische Merkmale sehr schwierig oder gar unmöglich erscheinen lasse. Für ihre beispielhaften Analysen, die aktuelle Modelle und Grundlagen der Bilderbuchanalyse berücksichtigen, Überlegungen zum biografischen Erzählen auf Diskurs- und Histoire-Ebene wie auch Strukturmerkmale zeitgenössischer biografischer Jugendliteratur, wählte sie die drei Bilderbücher *Frida Kahlo und ihre Tiere* (2017), *Ada Lovelace und der erste Computer* (2017) und *Malala. Für die Rechte der Mädchen* (2017) aus.

Aktuelle Kindercomics werden von **Felix Giesa** diskutiert. Im einleitenden Teil betrachtet er kritisch den Diskurs um die Begriffe *Comic* und *Graphic Novel* und gibt einen Überblick über den aktuellen Markt. In Form eines close reading werden die Comics *Paula. Liebesbrief des Schreckens* (2016) von Brandstätter und *Das echte Leben* (2015) von Doctorow untersucht, wobei die Bandbreite erzählerischer und grafischer Mittel in aktuellen Kindercomics deutlich wird.

Philipp Schmerheim widmet sich in seinem Beitrag den Entwicklungen im Kinder- und Jugendfilm. Dabei wird deutlich, dass einerseits kindheitsnostalgische, narratoästhetische Elemente gezielt auch ein älteres Publikum ansprechen und damit Kinderfilme eine Doppeladressierung aufweisen, was am Beispiel der neusten Verfilmung von *Jim Knopf und Lukas der Lokomotivführer* herausgearbeitet wird. Andererseits werden in Kinder- und Jugendfilmen immer wieder digitale (Spiel-)Welten aufgegriffen. Dass beide Formen auch verbunden werden können, wird an den Beispielen *TRON: Legacy* und *Offline – Das Leben ist kein Bonuslevel* gezeigt.

Mit Hörbildern als Spielräumen bzw. den (syn)ästhetischen Grenzgängen zwischen Hören und Sehen beschäftigt sich **Matthias Preis.** Er wendet sich erstens den Ursprungsbedeutung(en) des Terminus *Hörbild* vor allem in der frühen Rundfunk- bzw. Hörspielzeit zu, zweitens der deutschdidaktischen Umwidmung bzw. Applikation und drittens der neuerlichen Relevanz unter dem Vorzeichen der Digitalisierung. Sein Ziel ist es nicht, eine lückenlose Chronologie der Begriffsgeschichte zu entwickeln, wohl aber horästhetische Wandlungsprozesse und Kontinuitäten herauszustellen. Dabei greift er auf kinder- und jugendliterarisches Illustrationsmaterial zurück.

Ines Storch und **Michael Ritter** widmen sich der systematischen Untersuchung des Wertungshandelns kindlicher Adressat*innen von KJL. Damit konzentriert sich der Beitrag auf einen Schwerpunkt, der in der aktuellen Diskussion um die Wertung eher weniger Aufmerksamkeit erfährt, und der deshalb dem von der Kindheitsforschung eingeläuteten Paradigmenwechsel hin zu einer Forschung *Aus der Perspektive von Kindern* folgt. Im Mittelpunkt der Untersuchung stehen videografierte Erstbegegnungen von Grundschulkindern mit dem Bilderbuch *Herr Schnuffels* (2014) von David Wiesner. Es zeigt sich, dass kindliche Wertungen auf differenzierten Urteilen basieren, die Zugänge für literarisches Verstehen im Spannungsfeld von Individualisierung und Enkulturation eröffnen. Sie fordern mit der Positionierung aber auch zur bewussten Reflexion eigener literaturbezogener Zugänge heraus.

Sekundärliteratur

Hurrelmann, Bettina: Die Kinder- und Jugendliteraturkritik in der Jury für den Deutschen Literaturpreis. In: Scharioth, Barbara/ Joachim Schmidt (Hgg.): Zwischen allen Stühlen. Zur Situation der Kinder- und Jugendbuchkritik. Tutzing 1990a (Tutzinger Studien; 1990, 2), 44-51

dies.: Literaturkritik im Bereich der Kinder- und Jugendliteratur. In: Informationen Jugendliteratur und Medien 42 (1990b) H. 3, 98-111

Wolgast, Heinrich: Das Elend unserer Jugendliteratur. Ein Beitrag zur künstlerischen Erziehung der Jugend. 6. Aufl. Leipzig 1922 [EA 1896]

Christoph Jantzen / Petra Josting / Michael Ritter
Hamburg/ Bielefeld/ Halle (Saale) im August 2018

I. Von den VDP zur AJuM – Instanzen und Organe der KJL-Kritik in historischer Perspektive

Christian Pommerening

Heinrich Wolgast – Reformer und Streiter für ästhetische Erziehung[1]

Das Jubiläum zum 125-jährigen Bestehen der Fachzeitschrift *kjl&m*, die als *Jugendschriften-Warte* gegründet wurde, bietet einen triftigen Anlass, sich mit ihrem wichtigsten Redakteur der Anfangszeit zu befassen. Vor 25 Jahren hat das von der AJuM angeregte Kolloquium *100 Jahre Jugendschriften-Warte* (Dörr/Knobloch/Weber 1993) Forschungen zu Debatten und Protagonisten der Jugendschriftenbewegung vorgestellt. Einen faktenreichen Überblick zu den Anfängen bietet schon das 1. Beiheft dieser Zeitschrift[2] (Schmidt-Dumont 1990). An erster Stelle ist Gisela Wilkending zu nennen, die in ihrem Grundlagenwerk *Volksbildung und Pädagogik „vom Kinde aus"* (1980) und nachfolgenden Aufsätzen detailliert die Entstehungskontexte und Entwicklungslinien von Wolgasts Ideen herausgearbeitet hat. Seitdem hat sich eine ganze Reihe von überwiegend Literaturwissenschaftlern textkritisch mit Positionen und Aktivitäten der Jugendschriftler, ihrem Einfluss auf KJL-Theorie, Buchmarkt und Literaturunterricht sowie den Traditionslinien der Jugendschriftenausschüsse bis nach 1945 befasst. Wolgast und Mitstreiter werden auch in Veröffentlichungen über Kunsterziehungsbewegung und Reformpädagogik bedacht. Eine kritische und kommentierte Neuausgabe von Wolgasts Hauptwerk *Das Elend unserer Jugendliteratur* (1896)[3] steht allerdings noch aus. Der Nachlass von Heinrich Wolgast (1860-1920) wird schrittweise erschlossen, was die Quellenlage für vertiefende Forschungen zu vielen Teilaspekten der Jugendschriftenbewegung erweitern wird.[4] Daten zu Briefen sind bereits im Kalliope-Datenbanksystem zugänglich.

Im Blickfeld dieses knappen Überblicks über Schaffen und persönliches Umfeld stehen – über KJL-Kritik im engeren Sinne hinaus – Wolgasts Einbindung in die Kunsterziehungsbewegung und der reformpädagogische Impetus seiner Vorstellungen von ästhetischer Erziehung. Seine Texte sind „als Schnittpunkte einer Vielzahl divergierender zeitgenössischer Diskurse [zu] begreifen" (Ewers 1994, 214). Ästhetische Erziehung bzw. kulturelle Bildung dreht sich um Fragen nach der gesellschaftlichen Funktion von

1 Der Aufsatz basiert auf dem Vortrag von Prof. Dr. Petra Josting und dem Autor auf der Festveranstaltung am 2. März 2018 in Hamburg.

2 Die *Jugendschriften-Warte* wurde nach der Wiedergründung (1949, Neue Folge) im Verlaufe der Umprofilierung der Vereinigten Jugendschriftenausschüsse zur AJuM im Jahre 1972 in *Informationen Literatur und Medien* umbenannt. Weitere Titeländerungen: *Informationen Jugendliteratur und Medien* (1976), *Beiträge Jugendliteratur und Medien* (1993), *kjl&m* (2007).

3 Im Folgenden kurz *Elend*. Nach dem Ersterscheinen hat Wolgast sein Hauptwerk 1899 und 1905 bearbeitet, für 1910 ein aktuelles Kapitel angefügt. Seitenangaben in diesem Aufsatz beziehen sich auf die 7. Aufl. von 1950, die die Herausgeber mit einem nützlichen Sach- und Personenverzeichnis ausgestattet haben.

4 Einen wesentlichen Teilbestand aus Briefen, persönlichen Aufzeichnungen, Publikationen, Materialsammlungen und Notizen hat die Enkelin Wolgasts, Agnete Ricken, an Petra Josting übergeben.

Kunst; nach dem Vermögen von Kunstwerken, individuell und sozial eine Wirkung zu entfalten; nach dem Zusammenspiel von pädagogischer Kunstvermittlung, Rezeption und kreativem Widerhall.

Aus dem Lebenslauf

Heinrich Wolgast wurde am 26.10.1860 als Sohn eines Schmieds in Jersbek in Holstein geboren. Seine Mutter war Dienstbotin, erzählte gerne Anekdoten und übte eine musische Prägung aus, wie der Sohn sich später erinnert.[5] Heinrich wuchs – nach dem frühen Tod des erstgeborenen Bruders – als ältestes von sechs Geschwistern auf und übernahm familiäre Verantwortung. Der lerneifrige Junge erhielt unentgeltlichen Zusatzunterricht und half im Alter von 14 Jahren als Präparand in seiner Dorfschule aus. Im Lehrerseminar Segeberg gehörte er zu den engagierten Schülern, die sich in einem freiheitlichen Debattierklub (*Nachtigallenklub*) trafen, und wurde brüderlich verehrt. Für seine Standfestigkeit in einem formalistischen Streit mit dem Lehrerkollegium wurde er relegiert und aus dem preußischen Lehrerstand ausgeschlossen. Mit seinem guten Zeugnis konnte er jedoch die Abschlussprüfung in Hamburg nachholen und eine erste Anstellung finden. Der Lehrer Wolgast (Abb. 1) unterrichtete ab 1882 Kinder aus oftmals ärmlichen Verhältnissen an der Schule des Waisenhauses, arbeitete später an städtischen Volksschulen und war zuletzt Leiter der Schule am Borgeschplatz, die 1927 seinen Namen erhielt. Offenbar Überarbeitung zwang ihn schon seit 1899 zu vorübergehender gesundheitlicher Schonung und führten schließlich zum frühen Tode am 24.8.1920.

Abb. 1: Friedrich Schaper: Porträt von Heinrich Wolgast. In: Der Säemann 7 (1913) H. 1, 1 (Digitalisat: Scripta Paedagogica Online, Bibliothek für Bildungsgeschichtliche Forschung)

Seine Ehefrau Dorothea Wiede (1868-1945), die er 1890 heiratete, war ausgebildete Lehrerin und zeitlebens Eingeweihte in allen Arbeitsbereichen, mehr als eine häusliche Sekretärin.[6] Tochter Elisabeth, verheiratete Arndt-Wolgast (1892-1977), wurde ebenfalls Lehrerin, hielt Kontakt zu den Vereinigten Jugendschriftenausschüssen und dem Lesebuchausschuss der GEW Hamburg, verwaltete den Nachlass ihres Vaters und gab 1950 die 7. Auflage von dessen Hauptwerk heraus. Sohn Paul (1894-1916) studierte Kunstgeschichte und starb als Soldat im 1. Weltkrieg. Die Familie bezog 1907 ein kleines neues Haus mit Garten in Fuhlsbüttel am damals noch ländlichen Stadtrand. Heinrich Wolgast genoss das beschauliche Alstertal, kritisierte die Bodenspekulation

5 Typoskript im Nachlass, 1913.
6 „Thea, meiner lieben Frau und Gehülfin", so lautet die Widmung in *Ganze Menschen* (1910).

sowie zunehmende Bebauung und setzte sich wie der lokale Heimatschutzverein für den Erhalt der Natur ein.[7]

Vom ersten Geld als Kegeljunge in einer Gastwirtschaft kaufte sich der heranwachsende Heinrich Reclam-Hefte.[8] Die frühe Lektüre aus Zeitschriften wie der *Gartenlaube* beeinflusste den schriftlichen Ausdruck des Schülers, wie er rückblickend schreibt: „Schiller als erster hob mich" (Wolgast 1908a, 205). Später erschloss sich der Vielleser das Persönliche in Dichtungen von Klaus Groth und anderen wie auch von Gustav Falke, dessen Nachbar der junge Lehrer zeitweise war. Der Großstädter von Hamburg und Altona erfreute sich an dargebotener Musik, besuchte Theatervorstellungen und studierte Kunstwerke in Museen. Sein Kunstverständnis erarbeitete sich der (künstlerisch wohl nicht oder nur dichterisch dilettierende) Laie aus Vorträgen und Konversation, der populär-ästhetischen Zeitschrift *Kunstwart* und dem Selbststudium in Bibliotheken.

Abb. 2: Bibliothek des JA Hamburg. Um 1900 im Gebäude der damaligen Armenverwaltung, ABC-Straße.
Foto: Christian Pommerening (2017)

Wirkungsfelder

Heinrich Wolgast engagierte sich in der Lehrervertretung, in Ausschüssen und Organisationen, Gremien und Vorständen. In all diesen sind grundlegende Zusammenhänge von pädagogischer Reform und ästhetischer Erziehung von Volk und Heranwachsenden auszumachen. Die wichtigsten Aktivitäten sollen im Folgenden vorgestellt werden.

Der Jugendschriften-Ausschuss (JA) wurde 1888 im Verein Hamburger Volksschullehrer u. a. von Wolgast und Otto Ernst Schmidt[9] gegründet und übernahm 1896 die organisatorische Leitung (*Vorort*) der sich vereinigenden deutschen Prüfungsausschüsse.[10] Zu den Mitgliedern gehörten auch Frauen, die sich im Verein der Volksschullehrerinnen organisierten. Außerdem gesellten sich akademisch gebildete Lehrer höherer Schulen in den Rezensentenkreis wie Dr. Karl Lorenz und Jakob Loewenberg.[11] Jene Kommission, die 1913 ein neues Hamburger Lesebuch mit literarischen Ansprüchen erarbeitete, rekrutierte sich aus dem JA,[12] der solcherart belehrende Stoffsammlungen sonst grundsätzlich ablehnte.

7 Briefentwürfe und Notizen im Nachlass, ca. 1912/13.
8 Interview von Petra Josting mit Agnete Ricken.
9 1862-1926, als Schriftsteller Otto Ernst, ab 1901 freischaffend.
10 Außer den hinreichend bekannten Hermann Leo Köster, Hans Brunckhorst, Fritz von Borstel, William Lottig (Kurzbiografien in Wilkending 1980) sollen stellvertretend für die in künstlerischen und pädagogischen Gebieten vielseitigen Jugendschriftler Erwähnung finden: Guido Höller (1871-1953), Andersen-Übersetzer; Rudolf Ross (1872-1951), Gründer der Volkshochschule; Gustav Weihrauch (1862-1933), engagiert für den Werkunterricht und öffentliche Parks.
11 1856-1929, reformpädagogischer Leiter eines jüdischen Lyzeums, Schriftsteller und Mitglied der *Literarischen Gesellschaft*.
12 Die Bibliothek des JA Hamburg befand sich um 1900 im Gebäude der damaligen Armenverwaltung von Hamburg (Abb. 2).

Im geschichtsträchtigen Jahr 1896 referierte Schmidt auf der Deutschen Lehrerversammlung über künstlerische Erziehung, sorgte der JA aus diesem Anlass mit einer internationalen Bilderbuch-Ausstellung für eine öffentliche Aufwertung von Kinderliteratur, rechnete Wolgast in seinem Grundlagenwerk *Das Elend unserer Jugendliteratur* mit der spezifischen Jugendschrift ab und übernahm die Schriftleitung der *Jugendschriften-Warte.*[13] Bis 1912 kümmerte er sich um Themenbreite und Durchsetzung ästhetischer Bewertungskriterien, löste mit redaktionellen Anmerkungen manch heftige Debatte aus und gab Hinweise für die künstlerische Erziehung über den Rahmen der Literatur hinaus.

Abb. 3: Arthur Siebelist: Signet der Lehrervereinigung für die Pflege der künstlerischen Bildung. Titelseite einer Publikation (AJuM-Archiv)

Nach der Deutschen Lehrerversammlung sammelte Carl Götze[14] die Kunstinteressierten in der *Lehrervereinigung für die Pflege der künstlerischen Bildung.* Alfred Lichtwark (1842-1914) vermochte seit seinem Amtsantritt als Direktor der Hamburger Kunsthalle (1886) die Lehrer mit Vorträgen, museumspädagogisch innovativen Übungen in Kunstbetrachtung und zahlreichen Publikationen zu begeistern. Der maßgebliche Anreger und Förderer machte der Lehrerschaft ihre gesellschaftliche Aufgabe bewusst und sah sie als Kulturfaktor (vgl. Blinckmann 1930, 175).

Die Lehrervereinigung (Abb. 3) baute überregionale Kontakte zu Museumsdirektoren und Akademikern auf, fand kulturpolitische wie finanzielle Unterstützung für Volksbildungsprojekte und hatte als übergeordnetes Ziel eine radikale Reform der Schule. Kommissionen widmeten sich allen Kunstformen, förderten die künstlerische Zeichenmethode, veranstalteten Kulturprogramme nicht nur für Schulen und setzten sich für Volksbibliotheken und lebensfreundliche Schulbauten ein. Die Literarische Kommission überschnitt sich personell mit dem JA und wurde von Wolgast geleitet, der sich auch in der Theaterkommission engagierte. Götze und Lichtwark gehörten zu den Organisatoren der Kunsterziehungstage (1901 in Dresden zu Bildender Kunst, 1903 in Weimar zu Dichtung, 1905 in Hamburg zu Musik und Gymnastik).

Die von Otto Ernst und befreundeten Schriftstellern wie Richard Dehmel, Gustav Falke, Detlef von Liliencron gegründete *Literarische Gesellschaft* (1891) veranstaltete Literatur- und Vortragsabende (Abb. 4) für unterprivilegiertes Publikum und regte literarische Volksausgaben an. Persönliche Kontakte zwischen Künstlern und kunsterzie-

13 Gegründet vom Berliner Lehrer Paul Ziegler (1852-1921), der sich um die Zusammenarbeit der Ausschüsse kümmerte und auch als Komponist in Erscheinung trat.

14 1865-1947, Oberschulrat Hamburg 1921-1930.

herisch aktiven Lehrern inmitten kunstinteressierter wohlhabender Bürger erwiesen sich für volksbildnerische Bestrebungen als äußerst förderlich.[15]

Wichtige Arbeitsbeziehungen und Vorstandsmitgliedschaften von Heinrich Wolgast für die JA bestanden zum einen in der *Deutschen Dichter-Gedächtnis-Stiftung* (DDGS).[16] Die konservative Volksbildungsorganisation in Hamburg-Großborstel gab verlagsfreie Literatur in preiswerten Massenauflagen heraus, unterstützte finanzschwache Volksbibliotheken und übernahm 1927 die von Wolgast begründeten *Quellen* als Jugendbuchreihe (Müller 1986). Zum anderen sammelten sich im *Dürerbund* (1902) verschiedene Organisationen, Lokalvereine und Persönlichkeiten unter Führung des Dichters und Netzwerkers Ferdinand Avenarius. Vorausgegangen war die Etablierung des von ihm 1887 begründeten Magazins *Kunstwart*,[17] das wie kaum ein anderes das Zeitgefühl des gebildeten Mittelstandes prägte und die Kunsterziehungsbewegung unterstützte (vgl. Kratzsch 1969).

Litterarische Gesellschaft zu Hamburg.

Vortragsversammlung

am Donnerstag, den 14. Janr. 1892

abds. 8½ Uhr präc.

Programm.

1. Die litterarische Bildung der Volksmassen. Vortrag des Herrn H. Wolgast.
2. Schiller. Die Macht des Gesanges. Herr Carl Wagner vom Hamburger Stadttheater.
3. Goethe. Vorspiel auf dem Theater zum „Faust“. Direktor: Herr L. Goldschmidt, Dichter: Herr A. Schulze, Lustige Person: Herr K. Möller.
4. a) Th. Hood. Das Lied vom Hemde. b) Otto Ernst. Sorge. Herr Otto Ernst.
5. Gerhard Hauptmann. Im Nachtzuge. Herr J. Burg vom Thalia-Theater.
6. Ludw. Fulda. Der Schwank von den Geistesrittern. Herr Otto Ernst.

Abb. 4: Programmzettel der *Literarischen Gesellschaft* (Wolgast-Nachlass)

Im Schulwesen Hamburgs dieser Zeit setzte die staatliche Oberaufsicht eine Vereinheitlichung und die Schulpflicht durch. Die schlechte soziale Lage der kaum fest angestellten Volksschullehrer änderte sich erst durch das Gehaltsgesetz sowie den Ausbau der Volksschulen und der Lehrerbildungsanstalten. Viele jüngere und gut qualifizierte Lehrer organisierten sich im *Verein Hamburger Volksschullehrer* (VHV, 1873). Sie diskutierten Probleme des Schulalltags, beschäftigten sich mit wissenschaftlichen und theoretischen Fragen der Pädagogik und interessierten sich für Schulpolitik. Das Vereinsleben trug insbesondere bei den Zugezogenen und Ungebundenen zu Sozialisation, Politisierung und Standesbewusstsein bei (vgl. v. a. Blinckmann 1930). Heinrich Wolgast war jahrelang Mitglied des Vorstands, 1889/90 sogar Vorsitzender. In drei herausragenden Vorträgen (1887/88) kritisierte er die bürokratischen und autoritären Strukturen und stellte einen Zusammenhang von einer inneren und äußeren Schulreform her (vgl. Milberg 1970, 57-59). Kunst thematisierte er dabei neben der Pädagogik auch deshalb, um für eine Autonomie des Lehrers einzutreten (vgl. Wilkending 1980, 311).

Entsprechende Anträge wurden in der Vollversammlung der festangestellten Lehrer (Schulsynode) verhandelt, deren Vorstand er seit 1888 angehörte, und an die

15 Ausführlich, analytisch und persönlich zu Kulturszene, sozialen Schichten und Organisationen vgl. Schiefler 1985.

16 1901/02 gegründet und geleitet von Ernst Schultze (1874-1943), Bibliothekar an den öffentlichen Bücherhallen. Maßgeblich beteiligt auch Otto Ernst und Jakob Loewenberg (vgl. Müller 1986).

17 1907 mit dem Untertitel *Halbmonatsschau für Ausdruckskultur auf allen Lebensgebieten*.

Oberschulbehörde gestellt, in der er 1903 - 1909 die Volksschullehrer vertrat. Den 1918 gebildeten Lehrerrat dominierten Reformpädagogen und Kunsterzieher mit altbekannten Forderungen. Der schwer kranke Wolgast wurde zum 1. Vorsitzendem gewählt, aber faktisch vom damaligen Vorsitzenden der Schulsynode und nunmehr Geschäftsführer Köster vertreten (vgl. de Lorent 1992, 73). Erst zum Ende des Kaiserreiches konnten sich staatlich angestellte Lehrer zu sozialdemokratischen Organisationen bekennen. Wolgast hatte sich stets öffentlich zurückhalten müssen, um seine Position als Lehrervertreter nicht zu gefährden, und trotzdem unter Bespitzelung und Denunziation zu leiden.

Als Informationsmedium und Diskussionsforum fand die Wochenzeitung *Pädagogische Reform* (1877) überregionale Bedeutung. Ohne Organ des Vereins zu sein, spiegelte sich hier die Meinungsbildung wider, Autoren der Zeitung traten für die Freiheit der Schule und künstlerische Erziehung ein, Wolgast gehörte zum Kreis der Mitarbeiter und Herausgeber (Garanten). Den VHV bzw. die mit ihm vereinigte (1894) altehrwürdige *Gesellschaft der Freunde des vaterländischen Schul- und Erziehungswesens* vertrat er auf Lehrerversammlungen. In der Pädagogischen Kommission (1906), in der Reformpädagogen die Grundlagen für die späteren Versuchsschulen schufen, näherte er sich der Arbeitsschulpädagogik an. Thematisiert wurde die persönlichkeitsbildende und emanzipatorische Funktion der Verbindung von Arbeit und Unterricht auch im kunsthandwerklichen Sinne.[18]

Mit der Gründung des *Bundes für Schulreform* (1908) regte die künstlerische Lehrervereinigung eine Kräftebündelung von Lehrern aller Schularten, Vertretern der Schulverwaltungen und Universitätsdozenten an, um sich für die Einheitsschule und eine akademische Lehrerausbildung für Volksschullehrer einzusetzen. In dem von Carl Götze geleiteten Vereinsorgan *Der Säemann* (gegründet 1904 als Quartalsschrift *Pädagogische Reform*) erschienen Aufsätze und Fachrezensionen von Wolgast, der auch dem Geschäftsführenden Ausschuss angehörte, und Beiträge zu verschiedenen Aspekten der künstlerischen Erziehung.

Im Netzwerk dieser verschiedenen Organisationen und durch herausragende Persönlichkeiten entstand in Hamburg eine Kunsterziehungsbewegung, für die eine Reform der Schule, des Bildungswesens und der gesamten Kultur in enger Verbindung standen. Den Rahmen bildete Lichtwarks Kernidee der Kulturgemeinschaft (vgl. Kyonaga 2008), der sich von unten herausbildenden, nicht vom Staat verordneten deutschen Kulturnation. Die Volkserzieher haben Kunst einerseits dem gesamten Volk zugänglich gemacht, da aus liberaler Sicht Interesse und Empfänglichkeit unabhängig vom Bildungsstand sind, und andererseits als Unterrichtsprinzip verstanden. Für den Lehrer bedeutete dies, dass die Schulreform mit seiner Ausbildung ansetzen, eine Lehrerpersönlichkeit zur künstlerischen Selbsterziehung verpflichtet sein und ein „Kulturförderer" (Wolgast 1897, 227) an den Massen interessiert sein muss.

Ästhetische Erziehung – Ideen und Bewegung

In der Ideengeschichte entfaltete Friedrich Schillers briefförmige Abhandlung *Über die ästhetische Erziehung des Menschen* (1795) die nachhaltigste Wirkung. Als der Dichter und Historiker eine Veränderung des Staates für hoffnungslos hielt, entwarf er die

18 Die Ergebnisse wurden erst 1920 im Aufsatzband *Vom Kinde aus* veröffentlicht.

Utopie vom menschenbildenden und gesellschaftsverändernden Potenzial von Kunst. Nur im ästhetischen Spiel mit der Schönheit könne der Mensch seine Zerrissenheit zwischen Vernunft und Sinnlichkeit überwinden und seine Humanität (Ganzheit) entfalten: Ästhetische Bildung veredelt den Charakter (vgl. Klepacki/Zirfas 2013, Parmentier 2004).

Im Trend der Schiller-Verehrung wird in der pädagogischen Presse des 19. Jahrhunderts auf dieses Konzept Bezug genommen. Bei Friedrich Fröbel, auf den Wolgast zurückgreift, und anderen Romantikern ist ästhetische Bildung stark kindzentriert und auf eine kindliche Genieästhetik gerichtet. Als weiteren Paten nennt Wolgast Pestalozzi, denn harmonische allseitige Bildung schließe die ästhetische ein (vgl. Wolgast 1897, 226). Der unmittelbarste Einfluss auf die kunstbewegten Pädagogen ist zweifellos Alfred Lichtwark mit seiner Sinneskultur zuzuschreiben. Gefühl, Genießen, Verstehen, unmittelbare Anschauung, Sehen lernen und andere Begrifflichkeiten wurden für die Theoriebildung und die Etablierung des künstlerischen Fachunterrichts im 20. Jahrhundert bestimmend (vgl. Klepacki/Zirfas 2013).

Einige der Grundbegriffe aus den Diskursen der Kunsterzieher, die von Wolgast und anderen Protagonisten verwendet werden, möchte ich aufzählen.[19] *Genussfähigkeit* versteht sich ganzheitlich in Abgrenzung von Verstandeskultur und akademischer Kunstbetrachtung. *Geschmacksbildung* sollte alle Bereiche bis hin zur individuellen Lebensführung erfassen, weist jedoch vordergründig eine kollektive Dimension auf. Mittel dieser künstlerischen Erziehung ist die systematische Übung der Sinne und der *Ausdrucksfähigkeit* auf sprachlichem, bildnerischem und kunsthandwerklichem Gebiet. Dieser aktivierende Kunstgenuss beruht darauf, „dass die Phantasie des Lesers oder Hörers die vom Dichter gebotenen Bilder nachschafft" (Wolgast 1950, 54), sie fördert die schon im Kinde angelegte *Selbsttätigkeit*[20] und wird durch *Dilettantismus*, einen „ernsthaft betriebene[n] Dilettantismus" (Wolgast 1910, 125) geschult. Künstlerisch und erzieherisch steht die *Persönlichkeit* – des Künstlers, des Lehrers und auch des Schülers – in Beziehung zu Schönheit und Wahrheit:

> „Als ich Lichtwark einmal fragte, ob nicht der Kern der Kunst das Charakteristische sei, erwiderte er: Nein, das Persönliche. Unter seinem Einfluß stehend, habe ich den Wert und die Macht der Persönlichkeit auch im Leben ganz stark empfunden." (Wolgast 1911, 3)

Lichtwarks Entwurf von einer nationalen Identitätsbildung und Kulturreform, für die er nationalökonomische Gründe anführt, entspricht dem Zeitgeist. Bei Wolgast bilden Nation, Volk und Heimat austauschbare Kategorien, auf die sich gerade Lehrer und Volkserzieher beliebig beziehen konnten. Damit einher geht eine Funktionalisierung und Idealisierung des Künstlers: „Der Dichter ist der Mund der Nation" (Wolgast 1910, 123). Untrennbare Leitbegriffe pädagogischer Diskurse und Erneuerungsversuche sind *Kind* und *Volk*, *volkstümlich* und *kindgemäß* (vgl. u. a. Wilkending 1980, XXI f.). Die Kunsterzieher gehen in ihren Konzepten von einem natürlichen Interesse

19 Alle erwähnten und hervorgehobenen Begriffe sind zentral im Vortrag *Die Bedeutung der Kunst für die Erziehung* (1902) und in weiteren Aufsätzen von Wolgast und anderen Protagonisten zu finden, ohne dass Verbindungslinien und Nuancen an dieser Stelle auflösbar sind.

20 Schlüsselbegriff für bewusst handelnde Menschen seit der Aufklärung und selbstverständliches Bildungsziel aller Richtungen der reformpädagogischen Arbeitsschule.

des Kindes aus, das durch literarische Muster zur Geschmacksbildung und dann zum Genuss und zur ästhetischen Bildung führt (vgl. Brenk 2013).

Die Hamburger Kunsterziehungsbewegung setzte sich für eine Demokratisierung der ästhetischen Bildung, einen kulturellen Erneuerungsanspruch und eine pädagogische Wende zu einer ganzheitlichen Erziehung ein. Gesellschaftshistorischer Entstehungskontext war zuerst eine bürgerliche Kulturkritik. Mit einer selbstbewussten Arbeiterbewegung, die sich bilden und kulturell betätigen wollte, und einer weitgehend alphabetisierten Bevölkerung trat ein Massenpublikum auf den Plan. Der Zugang zu Kunst stellte sich als soziale Frage. Mit einem liberalen, eher paternalistisch erzieherischen Ansatz setzte sich die Volksbildungsbewegung für eine kulturelle Hebung der unteren Schichten ein (vgl. Wilkending 1980, 86 ff.).

Die drei Kunsterziehungstage sensibilisierten die Öffentlichkeit für kunstpädagogische Fragen. Mehrheitlich Volksschullehrer versammelten sich und konnten Verbindung mit Akademikern und Bildungsbeamten aufnehmen, aber kaum Künstlern. In der Einheit und Differenzierung der Bewegung spiegeln die Vorträge und Debatten unterschiedliche pädagogische, philosophische und ästhetische Positionen wider; beispielsweise über Erziehung durch Kunst, die Wirkung von Kunstwerken, die Vermittlerfunktion eines Pädagogen, das Bildungsziel. Auch Wolgast stieß in der Diskussion um seinen Vortrag (Wolgast 1904a) über die Ziele und Wege der Jugendschriftenbewegung, die Jugend literarisch genussfähig zu machen, noch auf unvereinbare Haltungen zu Unterhaltungsliteratur und vaterländischer Tendenz. Der organisatorische Zusammenhalt diente letztlich einer Integration kunsterzieherischer Bestrebungen in eine preußisch geprägte volkstümlich-nationale Bildungspolitik zulasten der gesellschaftlichen Reformideen.

Die soziale Funktion der Kunst sahen die Volkserzieher darin, Konflikte zwischen den Klassen und Schichten abzufedern, gewalttätige Ausbrüche und auch Kriminalität und Verwahrlosung zu verhindern, ein Gemeinschaftsgefühl zu stiften. Wolgast hatte schon im *Elend* sozialreformerische Vorstellungen von einer künftigen Gesellschaft und Nation entworfen. Einzigartig ist sein Ansatz, Raum für Freizeit und Kunstgenuss in der sich vollziehenden Umgestaltung der Arbeitsverhältnisse zu entdecken. In der Preisschrift[21] *Ganze Menschen – ein sozial-pädagogischer Versuch* (1910) fasste er die gesellschaftliche Aufgabe der Schule bei der Vermittlung von Kulturgütern zusammen und wiederholte die Forderungen nach einer Reform von Schulwesen und Lehrerbildung.

Für die Reformer bildete Kunst ein Basiselement der Charakterbildung. Die am heftigsten auf Widerspruch stoßende These des Hauptreferats auf der Deutschen Lehrerversammlung (Wolgast 1903) postuliert die Gleichberechtigung von ästhetischer, wissenschaftlicher und sittlicher Erziehung. Auf dem 1. Internationalen Kongress für Moralpädagogik in London 1908 vertrat Wolgast die Jugendschriftenbewegung und reichte einen Beitrag über die Bedeutung guter Literatur für die Charakterbildung ein.[22] Wenngleich Wolgast viele Grundgedanken im *Elend* ausgebreitet und in

21 Ein Komitee mit sozial-ethischem Anliegen hatte 1906 um Beiträge zur Frage gebeten: Wie kann die Gesundung unseres Lebens durch Volkserziehung im Geiste der Humanität gefördert werden? Einige Darstellungen sah Wolgast bei Drucklegung schon als von kulturellen Entwicklungen überholt an.

22 Vgl. die praktischen Vorschläge in *Elend*, 1950, Anm. der Hg., 260 f. Mit Sozialethikern, die für einen säkularen Humanismus eintraten und sich in der *Deutschen Gesellschaft für Ethische Kultur* organisierten, stand Wolgast in Kontakt.

zahlreichen Aufsätzen aufgegriffen hat, ist die Konzeption ästhetischer Erziehung im Chemnitzer Vortrag am stärksten herausgearbeitet.[23] Aus den neun Thesen lässt sich zusammenfassen, dass die künstlerische Bildung des Volkes bei der heranwachsenden Generation beginnen muss, nur über eine Qualifizierung der Lehrer zu erreichen ist und außer einer reformierten Schule öffentlicher kultureller Einrichtungen bedarf. Auf schulpädagogische Ansätze gehe ich im nächsten Kapitel ein.

In der Hauptkritik der Kunsterziehungsbewegung standen eine auf stoffliche Wissensvermittlung und andere Belehrung zielende Vermittlung von Kunst sowie die Auswahl von als minderwertig eingeschätzter Kunstwerke. Die neue Schulpädagogik verstand Erziehung selbst als Kunst und zielte auf die Umgestaltung des gesamten Erziehungswesens in künstlerischem Sinne. Eine selbstverantwortete Unterrichtsgestaltung sollte ohne strenge Methoden auskommen und sich auf neue pädagogisch-psychologische Erfahrungen stützen. Als Anspruch und Aufgaben blieben für den Lehrer, sich selber zu bilden und künstlerisch zu betätigen, bei Kindern über den Kunstgenuss das Urteilsvermögen zu fördern und den Kunstverstand zu entwickeln und sich bei kulturellen Veranstaltungen innerhalb und außerhalb der Schule zu engagieren. Jugendschriftenkritik, Empfehlungsverzeichnisse, Musterausstellungen und andere Aktivitäten wurden mit der Vorstellung verbunden, Einfluss auf den Massengeschmack und die Kunstproduktion selbst zu nehmen.

Themen aus der pädagogischen Praxis

Die Themensetzungen und Argumentationslinien im *Elend* und die zentralen Diskurse der Jugendschriftenbewegung sind in der Fachliteratur schon ausgiebig behandelt worden. Den Kunstanspruch an Lektüre leitete Wolgast zunächst vom Erwachsenen her und auf den Heranwachsenden ab, um eine Nationalliteratur für alle zu erschließen. Die volkserzieherische Bestrebung impliziert dabei eine scharfe Trennung und auch verhängnisvolle Dichotomisierung von hoch bewerteter Kunst und Populärkultur, Vertiefung und Vergnügen, Kunstschatz und „Afterkunst" (Wolgast 1950, 43) – jenem Schund, den Jugendschriftler und Moralisten zu ihrem Hauptkampfgebiet machten. Wolgast sieht den Anfang ästhetischer Bildung für das Kind im Geschichtenhören und warnt vor künstlichen Lesebedürfnissen. Erst in der Debatte um *Kindertümlichkeit* vor dem Vortrag in Chemnitz und angeregt durch Ernst Linde[24] näherte er sich einem positiven Verständnis von Kunst im Kindesalter an (vgl. Wilkending 1980, 280 f.). An der Forderung nach Tendenzfreiheit, die an den langen liberalen Kampf gegen staatliche und kirchliche Zwecksetzungen in der Kunst anknüpft und trotz Reichspatriotismus und Sozialistengesetz als politisch naiv einzuschätzen ist, hielt er weitgehend fest.

Im Folgenden sollen einzelne pädagogische Aspekte künstlerischer Erziehung, die Wolgast in Aufsätzen behandelt hat, vorgestellt werden. Auf der Hauptrichtung der Kunsterziehungsbewegung und konkret auf Gesprächen mit Lichtwark basierend, leitet Wolgast seine ästhetischen Ansprüche an das Buch ab, „dass durch das Bild das

23 Da Wolgast viele Vorträge hielt, sind Zeitungsberichte und abgedruckte Debatten wirkungsgeschichtlich zu beachten.

24 1864-1943, JA Gotha, 1909-1914 Redakteur der *Allgemeinen Deutschen Lehrerzeitung*. Seine eigenständigen Positionen sind in der Reformpädagogik, die Persönlichkeit des Lehrer und des Schülers hoch zu bewerten, und in der Literaturpädagogik, das Ästhetische nicht über die pädagogischen Erfordernisse zu stellen.

Kind zum Kunstgenuss erzogen werden soll" (Wolgast 1906, 24). Wolgasts Radikalität in der Kritik an deutschen Grafikern und Buchdruckern ist im Hinblick auf die Kunsterneuerung um 1900 jedoch zu hinterfragen.[25] Künstler müssten gewonnen und preiswertige Ausgaben gedruckt werden.[26]

Der Lektüre misst Wolgast einen Wert für die Bildung der Persönlichkeit und der Ausdrucksfähigkeit bei (vgl. z. B. Wolgast 1908a, 197). Bei einer einerseits befürworteten freien Lektürewahl brauche gerade das nicht voll genussfähige und vor gefährlichem Lesestoff zu behütende Kind erzieherische Führung und Beschränkung mit dem Endziel der Lesemündigkeit. Die beste Einflussmöglichkeit bietet sich seines Erachtens dem Lehrer in der Schülerbibliothek, die in vielen Schulen vernachlässigt und von den Jugendschriftlern allgemein als prägend für die Privatlektüre des späteren Erwachsenen eingestuft wurde. Über den Bestand können literarische Kunstwerke etabliert werden, um nicht zuletzt das am Lehrstoff orientierte Lesebuch zu ersetzen. Wolgast führte per Rundbrief eine Umfrage in deutschen Landen zu Schulbibliotheken durch und erkundigte sich auch im Ausland. Diese möglicherweise erste empirische Studie lieferte Daten über Trägerschaft, Ausstattung und Nutzung für einen Überblicksartikel (Wolgast 1898). Buchreihen mit Werken klassischer Dichter und Volkspoesie waren als Grundstock einer Schülerbücherei willkommen, zumal zeitgenössische und verlegerisch verfügbare Dichtungen schwer zu finden waren.

Abb. 5: Quellen-Bücherei. Titelseite eines Werbeblattes (Wolgast-Nachlass)

Wolgast trat selber als Herausgeber der beispielgebenden Buchreihe *Quellen* (Abb. 5) mit dem Verlag der Jugendblätter in Erscheinung.[27] Zwischen 1909 und 1914 betreute er die ersten 48 Bände, seine Tochter Elisabeth ab 1919 weitere vier. Der Name ist nationales Programm und stellt erneut ein kinderliterarisches Genre infrage: „Zu den Quellen selbst soll sie [die Jugend] geführt werden, zu den Quellen, aus denen die geistige Kultur unseres Volkes fließt." (Werbematerial im Nachlass)

Die als kanonisch einzuschätzende Auswahl von Texten – Märchen, Sagen und klassische Werke von Nationaldichtern, die für Kinder wie für Eltern als geeignet schienen – sollte

25 S. Ries über den Kunstwissenschaftler Konrad Lange, der einen entwicklungspsychologischen Ansatz wählte, nicht zu den Kunsterziehern gehörte und vor Wolgast für das Hauptreferat 1902 in Chemnitz angefragt wurde.

26 Im unveränd. Wiederabdruck in der Aufsatzsammlung (1906) bekennt der Autor in einer langen Fußnote, was nach zehn Jahren überholt ist und wie sich der Bilderbuchfarbdruck inzwischen entwickelt hat.

27 Schon bei der „Jugenderzählung" *Pole Poppenspäler* von Theodor Storm hatte er sich persönlich um die Wiederauflage (1896) und Massenverbreitung gekümmert.

ausdrücklich zum Vorlesen und gemeinsamen Lesen anregen. In diese Reihe wurde auch Wolgasts Sammlung *Schöne alte Kinderreime* (1903) aufgenommen, die sich schon im Selbstverlag massenhaft verkaufte, 1904 auch mit Illustrationen von Josef Mauder erschien und im Laufe der Jahre eine sechsstellige Auflage erreichte.[28] In den Kinderreimen sah Wolgast „poetische Qualitäten [...], dass es für die Erziehung zum literarischen Genuß direkt einen Verlust, eine Lücke bedeuten würde, wenn das Kind sie in seiner geistigen Entwicklung entbehren müsste." (Wolgast 1950, 275) Der Kinderreim steht dabei in enger Beziehung zum volkstümlichen Kinderlied und führt zur Lyrik.[29] Mit der Tradierung solcher Volkspoesie findet Wolgast in einer Zeit des Umbruchs traditioneller Gemeinschaften in eine industrielle Gesellschaft „für Familie und Heimat eine neue Legitimation" (Wilkending 1980, 301). Selbstverständlich ist es für Wolgast auch, dass „Bildung von dem Nächstliegenden und von der Heimat ausgehen sollte, [...] besonders die Pflege der ästhetischen Kräfte immer von der Heimat, die man mit Sinn und Sinnen erfassen kann" (Wolgast 1906, 13). Deshalb zieht er Sagen den Märchen vor und begrüßt Mundartliches. In diesem Zusammenhang sind auch die Bemühungen des Hamburger JA zu sehen, gegenwartsbezogene Texte für Stadtkinder anzuregen und ins moderne Lesebuch aufzunehmen. Dieser Heimatbezug knüpft an Rudolf Hildebrandt[30] an, der schon in den 1870er-Jahren einen Deutschunterricht mit volkstümlich-nationaler Ausrichtung propagierte, um die gestalterischen Kräfte zu wecken.

Augenscheinlicher als in der erzählenden Literatur kommt in der Lyrik, für die Wolgast eine besondere Vorliebe hatte, die Darbietung zum Tragen. „Vortrag ist mehr als halbe Interpretation" (Wolgast 1910, 27). Wie sehr Wolgast als Lehrer für Lyrik begeistern konnte, daran erinnert sich der Schriftsteller Hans Leip:

„Er las uns zehnjährigen Volksschülern aus damals moderner Lyrik vor [...] Es war ungewohnt herrlich, Orkan und Feuerwerk in eins. Und er sah selber aus wie ein Künstler, [...] weltmännisch flott und feurig" (Leip 1968, 331).

Für den Schüler auf Aktivierung und Anregung der Fantasie setzend, postulierte Wolgast: „Lyrik kann voll nur bei lautem Lesen genossen werden, stilles Lesen eines Gedichtes ist nicht viel mehr als das Lesen einer Symphonie-Partitur" (Wolgast 1900, 55).

Bei der Behandlung von Dramen schlug Wolgast das szenische Lesen für das bessere Verständnis vor. Mit dem Theaterausschuss der Lehrervereinigung organisierte er im Jahr 1898 eintrittsvergünstigte Vorstellungen für 8000 Hamburger Schüler. Die Stückauswahl richtete sich nach jenen Stoffen, die am meisten in Schulen im Unterricht schon gelesen worden sind: *Wilhelm Tell*, *Minna von Barnhelm* und *Jungfrau von Orleans*. Die im Kollegenkreis nicht zu klärende Frage, ob und wie Schüler ohne vorherige Behandlung das Stück anschauen sollen, wurde als theaterpädagogische Erfahrung behandelt (vgl. Wolgast 1908b). Gegenüber dem Laienspiel und der Schulbühne beharrte Wolgast entsprechend seiner Kunstwertauffassung auf einer ablehnenden Haltung. Hatte er das kreative Spielen des Kindes schon immer geschätzt und das traditionelle Puppentheater in der Familie gewürdigt, erkannte der Reformpädagoge im späten Kapitel des *Elend* den

28 An dieser Stelle kann nur erwähnt werden, dass viele andere Jugendschriftler, Ausschüsse und Lehrervereine preisgünstige Ausgaben, auch Kunstdrucke herausgegeben, Buchreihen betreut und insbesondere literarische Heftreihen als Konkurrenz zu Groschenheften beworben haben.

29 Wolgast forderte auch zum Sammeln von Liedern auf, empfahl Sammlungen (*Jugendschriften-Warte*) und gab Quellenhinweise (in: *Vom Kinderbuch*, 1906).

30 von Wolgast wie anderen Jugendschriftlern ausdrücklich geschätzt (vgl. Wolgast 1950, 260 u. 266).

erzieherischen Wert und pädagogischen Nutzen des gemeinschaftlichen Bastelns von Bühne und Kostümen aber an (vgl. Wolgast 1950, 296 f.).

Ausdrucksfähigkeit sollte allgemein im Mittelpunkt des Unterrichts stehen. Für das Schreiben plädierte Wolgast aus reformpädagogischen und ästhetisch-erzieherischen Gründen für den freien Aufsatz nach einem Thema der eigenen Erfahrung: „Ein Schüleraufsatz sollte wie eine Rodinsche Skulptur sein. Nur das, was in der Seele quillt und Ausdruck heischt, sollte niedergeschrieben, alles stilistische Drum und Dran weggelassen werden" (Wolgast 1904b, 16). In diesem pädagogisch-praktischen Sinne ist der Literaturkritiker Wolgast ein Propagandist des Bildungserlebnisses und Verfechter der unmittelbaren Wirkung. Seine sprachlichen Bilder sind nicht nur beindruckend, sondern verdeutlichen sein breites ästhetisches Verständnis.

Ausblick

Die Ansätze der Kunsterziehungsbewegung sind im Verlaufe des 20. Jahrhunderts in den Kunstfächern und ihrer Didaktik getrennt weiterverfolgt und nur vereinzelt als *ästhetische Erziehung* aufgegriffen worden. Die Frage nach unmittelbaren Anknüpfungspunkten an Heinrich Wolgast stellt sich nicht am Anfang, insofern die reichhaltigen Quellen tiefergehender aufzuarbeiten, Entstehungskontexte weiter zu analysieren und die Tradierung von Grundaussagen besser zu begreifen sind. Das selbstverpflichtende Erbe, das die Vereinigten Jugendschriftenausschüsse nach 1945 angetreten und mit der Neuausgabe des *Elend* bekräftigt haben, weist eine eigene Historizität auf. Wurzeln des Bildungskanons und individuellen Kunstgeschmacks der Gegenwart können weit zurückverfolgt werden. Selbst unter Berücksichtigung des Bedeutungswandels sind jedoch Schlüsselbegriffe und Ideen für die zeitgenössische kulturelle Bildung aktuell. Dazu zähle ich das emanzipatorische Konzept der gesellschaftlichen Teilhabe, die Schärfung der Sinne, individuelles kreatives Ausdrucksvermögen, Vermittlungsformen, öffentliche kulturelle Einrichtungen. Allerdings ist die moderne Kultur- und Medienlandschaft davon geprägt, dass Kunstwerke massenhaft produziert und reproduziert werden, leicht verfügbar sind uns auf vielfältige Weise und medial vermittelt und rezipiert werden.

Einfluss und Funktion von Kunst in der Gesellschaft werden laufend verhandelt und nicht vordergründig in didaktischer Hinsicht. Bemerkenswerterweise meinen Denker wie Künstler seit Jahrhunderten, dass ästhetische Erziehung in kaum vergleichbarer Weise imstande ist, den Menschen zu bilden, zu verbessern und zu humanisieren (vgl. Klepacki/Zirfas 2013). Festzuhalten bleibt, dass künstlerischer Ausdruck von Existenzweisen zur Bereicherung der Persönlichkeit des Einzelnen und zur sinnlichen Erfassung von Welt beitragen kann.

Sekundärliteratur vor 1945

Blinckmann, Theodor: Die öffentliche Volksschule in Hamburg in ihrer geschichtlichen Entwicklung. Hamburg 1930

Lichtwark, Alfred: Einleitung. In: Versuche und Ergebnisse der Lehrervereinigung für die Pflege der künstlerischen Bildung in Hamburg. Hamburg 1901, 1-7

ders.: Die Einheit der künstlerischen Erziehung. In: Zeitschrift für Philosophie und Pädagogik 11 (1904) H. 3, 216-226

Linde, Ernst: Über den gegenwärtigen Stand der kunstpädagogischen Bewegung in Deutschland. In: Die deutsche Schule 6 (1902) H. 4, 201-217

Schmidt, Otto E.: Was soll und kann die Schule für die künstlerische Erziehung thun? In: Versuche und Ergebnisse der Lehrervereinigung für die Pflege der künstlerischen Bildung in Hamburg. Hamburg 1901, [8]-15

Wolgast, Heinrich: Über Bilderbuch und Illustration. Als Ms. gedr. 1894. [Erstfassung im Jahresbericht der Gesellschaft der Freunde 1893; außerdem in: Jugendschriften-Warte 2 (1894) H. 1 u. 2; 1894: Sonderdruck im Selbstverlag mit Vorwort; in: Vom Kinderbuch, 1906]

ders.: Das Elend unserer Jugendliteratur. Ein Beitrag zur künstlerischen Erziehung der Jugend. 7. Aufl. Hamburg 1950. [EA 1896; 2. Aufl. 1899; 3. Aufl. 1905; 4. u. 5. Aufl. 1910; 6. Aufl. 1922; 7. Aufl. 1950]

ders.: Zur Pflege der künstlerischen Bildung. In: Die deutsche Schule 1 (1897) H. 4, 223-234

ders.: Schülerbibliotheken. In: Rein, Wilhelm (Hg.): Encyklopädisches Handbuch der Pädagogik, Bd. 6. Langensalza 1898, 342-355

ders.: Über Wertschätzung lyrischer Gedichte. In: Pädagogische Reform. Zugleich Zeitschrift der Hamburger Lehrmittelausstellung 24 (1900) H. 7, 55-56

ders.: Die Bedeutung der Kunst für die Erziehung. Vortrag, gehalten auf der Deutschen Lehrerversammlung in Chemnitz, Pfingsten 1902. Leipzig 1903

ders.: Jugendschrift, Schülerbibliothek, das billige Buch (Vortrag). In: Kunsterziehung. Ergebnisse und Anregungen des zweiten Kunsterziehungstages in Weimar am 9., 10., 11. Oktober 1903. Leipzig 1904a, 182-193

ders.: Vom Aufsatzunterricht. In: Pädagogische Reform. Eine Vierteljahresschrift 1 (1904b) H. 3, 11-20

ders.: Vom Kinderbuch. Gesammelte Aufsätze. Leipzig 1906

ders.: Was und wie sollen unsere Kinder lesen? Vortrag, gehalten auf der Schleswig-Holsteinischen Lehrerversammlung in Kiel, 30.7.1900. In: ders.: Vom Kinderbuch. Gesammelte Aufsätze. Leipzig 1906, 1-24

ders.: Lektüre, Persönlichkeit, Stil. In: Der Säemann 7 (1908a) H. 7, 197-205

ders.: Wie die Vorstellungen entstanden sind und wie sie eingerichtet waren. In: Lehrervereinigung für die Pflege der künstlerischen Bildung (Hg.): Unsere Volksschüler im Stadttheater. Hamburg 1908b, 12-20

ders.: Ganze Menschen. Ein sozialpädagogischer Versuch. Berlin-Schöneberg 1910/ Leipzig 1913

ders.: Was Lichtwarks Persönlichkeit mir und andern gewesen ist. In: Hamburgische Zeitschrift für Heimatkultur 3 (1911), Oktober (Sondernummer Alfred Lichtwark), 2-3

ders.: Über die Probleme im muttersprachlichen Unterricht (1906). In: Gläser, Johannes (Hg.): Vom Kinde aus. Arbeiten des pädagogischen Ausschusses der Gesellschaft der Freunde des vaterländischen Schul- und Erziehungswesens. Hamburg [u. a.] 1920, 31-36

Quellen. Bücher zur Freude und zur Förderung. Hg. v. Heinrich Wolgast (Bd. 1-46). München 1909 - 1914 (weitere bis 1937)

Versuche und Ergebnisse der Lehrervereinigung für die Pflege der künstlerischen Bildung in Hamburg. Hamburg 1901 [3. Aufl. 1903]

Sekundärliteratur nach 1945

Azegami, Taiji: Die Jugendschriften-Warte. Von ihrer Gründung bis zu den Anfängen des „Dritten Reiches" unter besonderer Berücksichtigung der Kinder- und Jugendliteraturbewertung und -beurteilung. Frankfurt/ M. [u. a.] 1996. Zugl.: Bielefeld, Univ., Diss., 1995

Brenk, Markus: Sprache und Literatur. In: Keim, Wolfgang/ Ulrich Schwerdt (Hgg.): Handbuch der Reformpädagogik. Teil 1. Kontexte, Leitlinien, Diskurse. Frankfurt/ M. 2013, 1045-1092

Dörr, Heinz/ Jörg Knobloch/ Hans Weber (Hgg.): 100 Jahre Jugendschriftenwarte 1893-1993. [Haiger] 1993 (Materialien Jugendliteratur und Medien; 30)

Ewers, Hans-Heino: Die Aktualität Wolgasts. Vortrag zum 100jährigen Jubiläum der Arbeitsgemeinschaft Jugendliteratur und Medien (VJA). In: Beiträge Jugendliteratur und Medien 46 (1994) H. 1, 210-217

ders.: Eine folgenreiche, aber fragwürdige Verurteilung aller „spezifischen" Jugendliteratur. Anmerkungen zu Heinrich Wolgasts Schrift „Das Elend unserer Jugendliteratur" von 1896. In: Dolle-Weinkauff, Bernd/ Hans-Heino Ewers (Hgg.): Theorien der Jugendlektüre. Beiträge zur Kinder- und Jugendliteraturkritik seit Heinrich Wolgast. Weinheim [u. a.] 1996, 9-25

Kirchhöfer, Dieter: Selbsttätigkeit. In: Keim, Wolfgang/ Ulrich Schwerdt (Hgg.): Handbuch der Reformpädagogik. Teil 1. Kontexte, Leitlinien, Diskurse. Frankfurt/ M. 2013, 449-476

Klepacki, Leopold/ Jörg Zirfas: Die Geschichte der Ästhetischen Bildung. https://www.kubi-online.de/artikel/geschichte-aesthetischen-bildung (07.08.2018). [erstmals in: Bockhorst, Hildegard/ Vanessa-Isabelle Reinwand-Weiss/ Wolfgang Zacharias (Hgg.): Handbuch Kulturelle Bildung. München 2013]

Kratzsch, Gerhard: Kunstwart und Dürerbund. Ein Beitrag zur Geschichte der Gebildeten im Zeitalter des Imperialismus. Göttingen 1969

Kiyonaga, Nobumasa: Alfred Lichtwark. Kunsterziehung als Kulturpolitik. München 2008 (Kontext Kunstpädagogik; 17). Zugl.: Hamburg, Univ., Diss. 2007

Legler, Wolfgang: Lichtwark und die Lehrer. In: Grünewald, Dietrich/ Gunter Otto (Hgg.): Ästhetische Erfahrung. Perspektiven ästhetischer Rationalität. Velber 1997, 317-328

Leip, Hans: Mein Verhältnis zur Jugendliteratur. In: Zeitschrift für Jugendliteratur 2 (1968) H. 6/7, 329-333

Lorent, Hans-Peter de: Schule ohne Vorgesetzte. Geschichte der Selbstverwaltung der Hamburger Schulen von 1870 bis 1986. Hamburg 1992 (Hamburger Schriftenreihe zur Schul- und Unterrichtsgeschichte; 4). Zugl.: Hamburg, Univ., Diss., 1991

Milberg, Hildegard: Schulpolitik in der pluralistischen Gesellschaft. Die politischen und sozialen Aspekte der Schulreform in Hamburg 1890-1935. Hamburg 1970

Müller, Marcel: Die „Deutsche Dichter-Gedächtnis-Stiftung". In: Archiv für Geschichte des Buchwesens 16 (1986), 131-215

Parmentier, Michael: Ästhetische Bildung. In: Benner, Dietrich/ Jürgen Oelkers (Hgg.): Historisches Wörterbuch der Pädagogik. Weinheim [u. a.] 2004, 11-32

Ries, Hans: Deutsche Bilderbuchkritik zwischen Wolgast und dem „Dritten Reich". In: Dolle-Weinkauff, Bernd/ Hans-Heino Ewers (Hgg.): Theorien der Jugendlektüre. Beiträge zur Kinder- und Jugendliteraturkritik seit Heinrich Wolgast. Weinheim [u. a.] 1996, 77-102

Schiefler, Gustav: Eine Hamburgische Kulturgeschichte 1890-1920. Beobachtungen eines Zeitgenossen. Bearb. von Gerhard Ahrens. Hamburg 1985

Schmidt-Dumont, Geralde (Hg.): Von den Anfängen der Jugendschriftenbewegung. Die Jugendschriftenausschüsse und ihr „Vorort" Hamburg um 1900. Weinheim 1990 (Informationen Jugendliteratur und Medien; Beih. 1)

Wilkending, Gisela: Volksbildung und Pädagogik „vom Kinde aus". Eine Untersuchung zur Geschichte der Literaturpädagogik in den Anfängen der Kunsterziehungsbewegung. Weinheim 1980

dies: Kritik der Jugendlektüre. Von der Mitte des 19. Jahrhunderts bis zur Herausbildung der Hamburger Jugendschriftenbewegung. In: Jahrbuch Kinder- und Jugendliteraturforschung 1 (1996/97), 38-68

Archive

Literaturpädagogisches Archiv der AJuM, GEW Sachsen, Leipzig

Kalliope-Verbund. kalliope.staatsbibliothek-berlin.de

Nachlass Heinrich Wolgast, Privatarchiv Prof. Petra Josting, Universität Bielefeld

Reiner Lehberger

Hamburg: Vorort der Schulreform um 1900[1]

Abb. 1: Das Curiohaus in der Rothenbaumchaussee. Federzeichnung anlässlich der Einweihung 1911 (GEW Archiv)

Wenn man über die Schulreform in Hamburg um die Jahrhundertwende vom 19. zum 20. Jahrhundert sprechen will, dann gibt es eigentlich keinen geeigneteren Ort als das Curiohaus in Hamburg Rotherbaum (Abb. 1). Dieses noch heute stattliche Gebäude war und ist das Haus der organisierten Lehrerschaft dieser Stadt. Als es 1911 als Heimstatt der Hamburger Volksschullehrer fertiggestellt worden war, erregte es in Teilen des Bürgertums dieser Stadt helle Aufregung. Dieser im gesellschaftlichen Gepräge und in der gesellschaftlichen Hierarchie doch eher unten stehende Stand der Volksschullehrer hatte es gewagt, wenn auch nicht im Herzen, doch an der aufstrebenden Peripherie der Stadt ein für damalige Verhältnisse herrschaftliches – und damit ja eigentlich der Herrschaft vorbehaltenes – Gebäude mit Festsälen, Versammlungssälen, Bibliothek und anderen Errungenschaften zu errichten.

Das Curiohaus war ein sichtbares Zeichen für das Selbstbewusstsein eines aufstrebenden Standes, dessen Vertreter sich nicht nur als Lehrer an den staatlichen Schulen verstanden, sondern weit darüber hinaus auch als Volksbildner, manche sogar als Agenten der gesellschaftlichen Veränderung.

Dass es in Hamburg eine so hoch engagierte, motivierte und gut organisierte Lehrerschaft gab, hatte viel mit den besonderen bildungspolitischen und gesellschaftlichen Entwicklungen in der Hansestadt zu tun. Schon 1805 hatte Johann Daniel Curio (1754-1815) in Hamburg die *Gesellschaft der Freunde des vaterländischen Schul- und Erziehungswesens* als eine Organisation der Lehrerschaft gegründet. Zu dieser Zeit allerdings gab es in Hamburg kein staatliches, sondern nur ein kirchlich oder privat

1 Der Text ist die schriftliche Fassung eines Vortrags, der auf der Tagung *Leselust und Bücherleid. Aufbrüche, Umbrüche und Grenzziehungen in der Kinder- und Jugendliteratur und ihrer Didaktik. Festtagung: 125 Jahre von der Jugendschriftenwarte bis zu kjl&m* am 2. März 2018 im Curio-Haus der GEW in Hamburg gehalten wurde.

geführtes Schulwesen. Die Aufgabe der *Gesellschaft der Freunde* lag also in der Qualifikation und vor allem in der ökonomischen Unterstützung durch Witwen- und Waisenkassen einer schlecht bezahlten Lehrerschaft.

1870, also fast zeitgleich mit der Gründung des Deutschen Reiches, beginnt auch für das Hamburger Schulwesen eine neue Epoche (vgl. Lehberger 1992). Im November dieses Jahres hatte die Bürgerschaft das *Gesetz betreffend das Unterrichtswesen* verabschiedet, das für Hamburg als letztem Land in Deutschland das staatliche Schulwesen, eine staatliche Lehrerausbildung und die Einsetzung einer Oberschulbehörde als Schulaufsicht institutionalisierte. Es folgte ein Prozess der Modernisierung des Bildungswesens, den man mit den Kategorien *Verweltlichung*, *Verstaatlichung* und *Verfachlichung* bezeichnen kann. Unter Verweltlichung verstehen wir die Trennung von Schule und Kirche, unter Verstaatlichung die Übernahme der Verantwortung durch den Staat und mit Verfachlichung die Einrichtung eines diversifizierten Schulwesens und einer Professionalisierung seiner Lehrer.

Für die fortschreitende wirtschaftliche Entwicklung der Stadt war die Modernisierung des Bildungswesens Voraussetzung und Basis zugleich. Hierzu nur einige politische und ökonomische Stichworte: 1867 Eintritt Hamburgs in den Norddeutschen Bund, 1871 Reichsgründung und 1888 Zollanschluss als wirtschaftspolitische Basis für Hamburgs Aufstieg zum Welthafen. Parallel zum Ausbau des Handelsvolumens durch den Hafen beginnt eine enorme Industrialisierung. Im Freihafengebiet entwickelt sich eine ausgedehnte Industrie, die eng mit der Schifffahrt und dem Schiffsbau verbunden ist. 1877 entsteht die Werft von Blohm und Voss, die bald eine der bedeutendsten Werften der Welt sein wird. All dies entsteht binnen weniger Jahre.

In welcher Schnelligkeit sich diese nur angedeutete Entwicklung vollzieht, erkennt man gut am Anstieg der Einwohnerzahlen. Waren es 1870 ca. 325.000 Menschen, die in der Hansestadt lebten, hatte sich die Zahl 1890 bereits verdoppelt. 1910 war die Millionengrenze überschritten. Parallel dazu gab es eine quantitativ noch größere Entwicklung im Schulwesen. Mit ganzen 16 von den Armenanstalten übernommenen Schulen und etwa 6000 Schülern hatte man im Jahr 1872 angefangen. 1914 gab es ca. 115.000 Schülerinnen und Schüler, unterrichtet an fast 200 Schulen (vgl. Gesellschaft der Freunde o. J.; Oberschulbehörde Hamburg 1925). Bemerkenswert an der Schulentwicklung im Hamburg der Kaiserzeit ist jedoch nicht nur die quantitative Ausweitung, sondern vor allem auch das qualitativ-inhaltliche Angebot. Die Bildungsziele der Volksschule müssen so hoch angesetzt sein, dass „diejenigen Schüler, die ihren Kurs durchgemacht haben, zu den Gebildeten zählen", so ein Chronist der Hamburger Volksschule aus dem Jahre 1930 (Brinkmann 1930, 67). Gemäß diesem Ziel war das Curriculum der Hamburger Volksschule im damaligen Deutschen Reich einmalig. Neben den üblichen Fächern finden sich Geometrie und Algebra, Geografie, Geschichte, Biologie, Physik und Chemie. Darüber hinaus wurde Englisch als Pflichtfach festgeschrieben, die Erfordernisse in den Hamburger Kontoren machten dies ganz offensichtlich notwendig.

In einem erstaunlichen Maße entwickelten sich auch ein Berufsschulwesen und das höhere Schulwesen. 1870 hatte es nur drei höhere Schulen in Hamburg gegeben: das Johanneum, das akademische Gymnasium und die Realanstalt des Johanneums. 1914 gab es noch zwei klassische Gymnasien, aber inzwischen 14 höhere Realanstalten. Bei einem Verhältnis von 14 Realanstalten zu zwei klassischen Gymnasien, d. h. mit einer so klaren Ausrichtung der höheren Schulbildung zugunsten der gesellschaftlich ökonomisch relevanten Unterrichtsfächer, nahm Hamburg im Deutschen Reich auch im höheren Schulwesen eine sehr besondere Stellung ein. Allerdings blieb eine höhere Bildung auch in Hamburg ein Privileg der Bessergestellten. Die Schule des Kaiserreichs ist in sehr rigider Form eine Schule der Klassengesellschaft.

Ich habe diese Entwicklung des staatlichen Schulwesens in Hamburg am Beginn meines Beitrags so ausführlich geschildert, weil in dieser Entwicklung verständlich wird, dass Hamburg gerade für junge Volksschullehrer ein Ort war, an dem es lohnte, sich um eine der vielen frei werdenden neuen Lehrerstellen zu bewerben. Soziologisch gesehen zog Hamburg damit eine hochmotivierte und mobile Lehrerschaft aus vielen Orten und Ländern des Deutschen Reiches an. Für die Reform des Schulwesens war dies eine ausgesprochen günstige Ausgangslage. Und dass Hamburg inzwischen eine Hochburg der 1863 in Gotha gegründeten Sozialdemokratischen Partei und der Gewerkschaften war, war eine weitere wesentliche Basis für das Entstehen und das Erstarken einer schulischen Reformbewegung in dieser Stadt.

So verwundert es auch nicht, dass bereits im Jahre 1877 in Hamburg eine Lehrerzeitschrift mit dem programmatischen Titel *Pädagogische Reform* erschien. Die Schriftleiter und die Gesellschafter der *Pädagogischen Reform* gehörten dem Verein Hamburger Volksschullehrer an, sie sorgten dafür, dass in der *Pädagogischen Reform* alle wesentlichen inhaltlichen Fragen von Schule und Unterricht diskutiert wurden. Ich füge hinzu, zur Rekonstruktion und Bewertung aller relevanten Aktivitäten der Hamburger Schulreformer ist diese Zeitschrift bis heute eine gewichtige Quelle.

Ausgangspunkt der pädagogischen Erneuerung war die Kritik am geistlosen Mechanismus der autoritären Pauk- und Buchschule, die vor 1870 in Hamburg die Regel war und zunächst auch in das staatliche Schulwesen mit übernommen wurde und in vielen Ländern des Deutschen Reiches quasi als der Inbegriff der Schule im Kaiserreich zu gelten hat. Wie man sich diese Uniformierung und Dressur vorzustellen hat, dazu gibt eine zeitgenössische Quelle eine gute Veranschaulichung.

> „Es wurde in den Schulen nicht erzogen, geschweige denn die schöpferische Kraft entwickelt, es wurde exerziert. Das Exerzieren begann beim ersten Schreibunterricht. Die Schüler saßen aufrecht in der vorgeschriebenen Haltung, die linke und die rechte Hand genau an ihrem Platz fixiert. Sie setzten auf Kommando ihr Schreibzeug an: auf – ab! – befahl der Lehrer und alle schrieben im Takt des Gleichschritts, der mit dem Lineal aufs Pult geschlagen wurde. Im gleichen Geist vollzog sich auch das Zeichnen. Quadrate, Rechtecke, Kreise, Ellipsen und andere geometrische Figuren, die auf Tabellen gemalt waren und auf einem Ständer vor der Klasse hingen, mussten mit peinlicher Genauigkeit nachgezeichnet werden. Ein so unnatürlicher Betrieb war nur mit dem Stock aufrecht zu erhalten. Er lag in der Klasse griffbereit auf dem Pult. […] Der Lehrer war des Schülers Feind, der jede Regung unterdrückte." (Lamszus/Jensen 1958, 13 f.)

Der Schulleiter, in jenen Jahren Rektor genannt, war der uneingeschränkte Herrscher im Kollegium. Seinen Aufforderungen und Anordnungen musste jeder Lehrer Folge leisten. Elternkontakt zu dem Klassenlehrer gab es nur, wenn der Schulleiter dafür die Berechtigung erteilte. Dass eine junge, mobile Lehrerschaft sich an solchen Schulverhältnissen schon allein aus pädagogischen Gründen reiben konnte, ist nur allzu verständlich. Ihre Kritik an der autoritären Pauk- und Buchschule mündete in den folgenden Jahren in den Forderungen der verschiedenen, von dem Hamburger Lehrer Carl Götze und dem Direktor der Hamburger Kunsthalle Alfred Lichtwark initiierten Strömungen der Kunsterziehungsbewegung. Vor allem sind zu nennen:

- Die Forderung nach einer neuen Kunsterziehung. Stichworte: weg von der Mechanik des technischen Zeichenunterrichts, stattdessen Förderung des freien Zeichnens sowie eine Erziehung zum Kunstgenuss und die künstlerische Ausstattung der Schulklassen.
- Die Forderung nach einem neuen Aufsatz- und Literaturunterricht, insbesondere der Reformer um die *Jugendschriften-Warte*. Stichworte: ästhetisch wertvolle Literatur, Lektüre von Ganzschriften im Sinne einer Erziehung des ästhetischen Erlebnisses sowie Theateraufführungen. Später forderten Wilhelm Lamszus und Adolf Jensen darüber hinaus den freien, am literarischen Vorbild orientierten Aufsatz (vgl. Lamszus/Jensen 1910).
- Und als drittes schließlich die Forderung nach einer neuen Leibeserziehung. Stichworte: Befreiung der Leibeserziehung von den kasernenmäßig betriebenen Frei- und Geräteübungen. Forderung nach einer freien Gymnastik, nach Spiel und volkstümlichen Tänzen sowie Schwimmunterricht.

Die 1901, 1903 und 1905 in Dresden, Weimar und Hamburg stattfindenden sog. Kunsterziehungstage beschäftigten sich intensiv mit den drei oben genannten Feldern eines neuen Curriculums. Es nimmt nicht Wunder, dass die benannten Hamburger Pädagogen Carl Götze und Alfred Lichtwark die Initiatoren und Ideengeber dieser nationalen Kunsterziehungstage waren.

Zwei weitere Punkte unterstreichen die besondere Stellung, die die Hamburger Lehrerschaft im Kaiserreich einnehmen konnte. Die *Jugendschriften-Warte* und der 1908 gegründete national agierende *Bund für Schulreform* wählten sich Hamburg als Sitzung für Redaktion und Vorstand. Zur *Jugendschriften-Warte* muss ich nicht viel sagen. Sie ist in der Literaturdidaktik wohl bekannt, wurde von den 1891 gegründeten *Vereinigten deutschen Jugendschriftenausschüssen* betrieben und hatte mit dem Hamburger Lehrer Heinrich Wolgast ihren ersten großen Exponenten.

Auf der programmatischen Ebene, der Ebene der pädagogischen Forderungen und den dazu gehörenden Publikationen war Hamburg am Ende des Kaiserreichs also in der Tat ein Zentrum oder einfach *Die Stadt der Schulreformbewegung*. Wie sah es aber in der Schulwirklichkeit aus? Eine Frage, die für die Schulwirklichkeitsforschung in der historischen Rekonstruktion schwer zu beantworten ist. Zeitzeugenberichte sprechen von Versuchen in verschiedensten Fächern durch die Wortführer der Bewegung. Dazu lesen wir in der *Pädagogischen Reform* von Theateraufführungen für Schüler, von Schülerkonzerten, von der Ausstattung in einigen Schulen mit künstlerischem Wandschmuck sowie – damals noch völlig unüblich – von Elternabenden.

Natürlich blieben alle diese Realisierungsversuche für die Reformer im existenten System unbefriedigend, und wiederholt wurde deshalb die Forderung nach der Einrichtung von Versuchsschulen erhoben. Wenn es auch dazu nicht kam – wichtige Vorarbeiten waren für die rasante Entwicklung nach 1918 in der Weimarer Republik damit gegeben.

Immerhin gibt es jedoch eine Schule in Hamburg, für die eine umfängliche Rekonstruktion einer reformorientierten Unterrichts- und Schulgestaltung nachzuweisen ist (vgl. ausführlich Lehberger 1995). Es ist die Höhere Mädchenschule von Doktor Jakob Loewenberg, ansässig fast nur einen Steinwurf vom Curiohaus entfernt, in der Johnsallee (Abb. 2). Noch heute gibt es eine Plakette an diesem Haus, die an die Geschichte dieser privaten jüdischen Schule erinnert. Jakob Loewenberg war selbst Schriftsteller, Pädagoge, engagierter Reformer und Vertreter der organisierten Lehrerschaft. Seine Anthologie *Vom Goldenen Überfluss* wurde mehr als 100.000-mal gedruckt und hatte im ganzen Deutschen Reich eine hohe Verbreitung (vgl. Loewenberg 1927). Jakob Loewenberg, Jude und Deutscher, wie er selbst von sich sagte (vgl. Loewenberg 1914), war allen wichtigen Hamburger Schulreformern persönlich bekannt, ja, er war selbst eine Leitfigur der Hamburger Reformbewegung.

Abb. 2: Das Schulhaus der Höheren Mädchenschule von Dr. J. Loewenberg (Archiv Hamburger Schulmuseum)

Seine grundsätzlichen pädagogischen Ziele hatte Loewenberg ganz im Sinne der Hamburger Reformer formuliert:

> „Die Ziele einer höheren Mädchenschule können keine anderen sein, als die Ziele der Schule überhaupt: allseitige Entwicklung und harmonische Ausbildung der geistigen und körperlichen Kräfte ihrer Schüler im Dienste des rein menschlichen, [...] im Dienste des Wahren, Schönen und Guten." (Loewenberg 1913, 7)

Vor allem mit den Begriffen *allseitige Entwicklung, harmonische Ausbildung im Dienste des Wahren, Schönen und Guten* hat Loewenberg seine Zustimmung zu den zentralen Anliegen der von mir bereits vorgestellten Kunsterziehungsbewegung in Hamburg bekundet. Für die Deutschdidaktik ist insbesondere die Reform des Deutschunterrichts an der Loewenberg-Schule von Interesse. Als wichtigstes Kriterium der literarischen Auswahl galt ihm in seiner Schule die ästhetische Qualität, die allein ausschlaggebend sein sollte, und die in den alten Lesebüchern viel zu häufig den moralischen, religiösen oder patriotischen Beweggründen geopfert worden war. Als weiteres Kriterium wünschte er sich die Berücksichtigung neuerer Literatur, vor allem auch die heimatliche norddeutsche Dichtung, die den Pulsschlag der Zeit dem Kinde in verdichteter Form näherbringen könne. Als Namen nennt er Eduard Mörike, Theodor Storm, aber auch die Freunde und Weggefährten Detlef von Liliencron, Gustav Falke und Otto Ernst.

Für die Methodik des Unterrichts wendet sich Loewenberg gegen jede Art der intellektuellen Zerstückelung und Zergliederung, wie er schreibt. Dagegen beschwört er die Kunst des Vortrags, die Lehrer und Schüler gleichermaßen erlernen müssten; denn das ästhetische Verständnis gehe allein über tiefes Empfinden und Erleben von Dichtung. Und in der Tat – insbesondere die von den Schülerinnen selbstständig vorbereiteten und durchgeführten literarischen Festvorträge und Vorführungen, aber auch die künstlerisch ausgestalteten Schulabschiedsfeiern und Elternabende wurden nachgerade zu einem Markenzeichen der Loewenberg-Schule, über die sogar die Hamburger Presse kontinuierlich und ausführlich berichtete.

In der Methodik des Deutschunterrichts wurde vor und nach der Jahrhundertwende jedoch nicht nur über die Lektürefrage, sondern vor allem auch über den sog. freien Schülervortrag und den freien Aufsatz heftig diskutiert. War es in den staatlichen Schulen noch immer gängige Methode, Aufsätze nach inhaltlichen und stilistischen Mustern schreiben zu lassen, die freie Rede durch auswendig gelernte Merksätze vorzubereiten, so traf dies auf die scharfe Kritik der Reformer. Mit dieser Gängelung machen wir Kinder mundtot, schrieb Loewenberg, einen lebendigen Ausdruck könne man nur erreichen, wenn Kinder frei und für sie interessante Dinge vortragen und niederschreiben dürfen:

Abb. 3: Gesamtunterricht in der Volksschule Burgstraße, 1922. Fotograf: Johann Hamann (Archiv Hamburger Schulmuseum)

> „Übung im freien Vortrag könnte man es schulgemäß nennen, und wenn sie es niederschreiben, kann man es freie Aufsätze nennen. An Themen fehlt es nicht. Man erstaunt über die Kraft und Sicherheit ihres Ausdrucks. So haben wir sie nie sprechen hören, weil so nur Leben und Erfahrung sprechen." (Ebd., 27)

Beispiele für die Fertigkeiten der Schülerinnen der Loewenberg-Schule finden sich in einer bis heute bekannten und immer wieder aufgelegten museumspädagogischen Schrift. Mit Schülerinnen dieser Schule hatte nämlich Alfred Lichtwark 1895/96 seine Museumsgespräche über Gemälde in der Hamburger Kunsthalle durchgeführt. Diese nannte er *Übungen in der Betrachtung von Kunstwerken*. Sie wurden 1898 zum ersten Mal in Buchform veröffentlicht und sind bis heute ein Klassiker der Museumspädagogik (vgl. Lichtwark 1898).

Wegen der Folgen der Wirtschaftskrise der 1920er-Jahre musste die Schule 1932 geschlossen werden. Jakob Loewenberg war schon drei Jahre zuvor gestorben. In einem seiner zahlreichen Nachrufe wurde die Mädchenschule von Jakob Loewenberg als Kulturstätte benannt. Forschungsgeschichtlich ist die Wiederentdeckung dieser Schule insbesondere deshalb relevant, da mit ihr zum ersten Mal in der bisherigen Schulgeschichtsschreibung eine Praxisstätte der Kunsterziehungsbewegung rekonstruierbar geworden ist. Dennoch bleibt für die Deutschdidaktik mit der Figur Jakob Loewenbergs noch immer ein weites Feld historischer Forschung übrig.

Zum Schluss kehre ich zum Anfang meines Beitrages noch einmal zurück. Am 12. November 1918, wenige Tage nachdem sich ein Arbeiter- und Soldatenrat in Hamburg gegründet hatte, kamen im Curiohaus nahezu 3000 Lehrerinnen und Lehrer zusammen, um ihre schulpolitischen Forderungen an die neue Republik zu artikulieren. Fast einstimmig forderte die Versammlung ein Reichsschulgesetz, die Einheitsschule, die Selbstverwaltung der Schule, und die Glaubens- und Gewissensfreiheit für Lehrer und Kind. Darüber hinaus forderte die Versammlung die Einsetzung von Versuchsschulen (vgl. Köster 1918, 230 f.).

Gleich im ersten Jahr wurden von der neuen Schulbehörde vier Versuchsschulen gegründet, nach ihrem Vorbild arbeiteten alsbald mehr als ein Dutzend, ab 1926 wurden die Erfahrungen dieser Schulen in die Lehrpläne für alle Volkschulen dieser Stadt überführt (vgl. ausführlich Lehberger/Schmidt 2002). Mein letztes Bild (Abb. 3) stammt aus der Schule Burgstraße aus dem Jahr 1922 und zeigt einen noch heute modernen Unterricht mit Koedukation, Gruppen- und Partnerarbeit. Dabei wird arbeitsteilig an einem Thema aus der Sicht verschiedener Fächer gearbeitet. Gesamtunterricht nannte man das in der zeitgenössischen Erziehungswissenschaft. Den Lehrer sehen wir in der Rolle der Einzelberatung. Und schauen Sie auf die Ausstattung. Ein Sandkasten vorn links für die Handarbeit, bewegliche Gruppentische, Schülerzeichnungen und Scherenschnitte an den Wänden, Wandborde für Schülerprodukte und Material, ein Kasperletheater zum kreativen Spiel und Einüben des freien Sprechens (ausführlicher vgl. ebd., 26).

Mit Fug und Recht darf man sagen, an diesen Schulen gab es eine Pädagogik, an die noch heute Lehrkräfte in unseren Schulen anknüpfen können. Die Reformbewegung um die Jahrhundertwende, die die Voraussetzungen für die rasante Entwicklung der 1920er-Jahre erst geschaffen hatte, ist also bis heute nicht folgenlos geblieben.

Sekundärliteratur

Brinkmann, Theodor: Die öffentliche Volksschule in Hamburg in ihrer geschichtlichen Entwicklung. Hamburg 1930

Gesellschaft der Freunde des vaterländischen Schul- und Erziehungswesens (Hg.): Das hamburgische Schulwesen. Hamburg o. J. [ca. 1914]

Köster, Hermann L.: Unsere Forderungen. In: Pädagogische Reform 42 (1918) H. 47, 230-232

Lamszus, Wilhelm/ Adolf Jensen: Unser Schulaufsatz – ein verkappter Schundliterat. Hamburg 1910

dies.: Ein Leben für die Erneuerung der Schule. Hamburg 1958

Lehberger, Reiner: Schule in Hamburg während des Kaiserreichs. In: Stephan, Inge/ Hans-Gerd Winter (Hgg.): „Heil über dir, Hammonia". Hamburg im 19. Jahrhundert. Kultur, Geschichte, Politik. Hamburg 1992, 417-446

ders.: Die höhere Mädchenschule von Dr. Jakob Loewenberg – Äußere Geschichte und pädagogische Gestaltung. In: Gillis-Carlebach, Miriam/ Wolfgang Grünberg (Hgg.): Den Himmel zu pflanzen und die Erde zu gründen. Die Josef-Carlebach-Konferenzen. Jüdisches Leben. Erziehung und Wissenschaft. Hamburg 1995, 198-223

ders./ Loki Schmidt: Früchte der Reformpädagogik – Bilder einer neuen Schule. Geschichte – Schauplatz Hamburg. Hamburg 2002

Lichtwark, Alfred: Übungen in der Betrachtung von Kunstwerken. Nach Versuchen mit einer Schulklasse herausgegeben von der Lehrervereinigung zur Pflege der künstlerischen Bildung. Dresden 1898

Loewenberg, Jakob: Anerkannte höhere Mädchenschule Lyzeum von Dr. J. Loewenberg. Festschrift zum 50-jährigen Bestehen der Schule. Hamburg 1913

ders.: Aus zwei Quellen. Die Geschichte eines deutschen Juden. Berlin 1914 [neu hg. von Peter Frielingsdorf. Paderborn 1993]

ders.: Vom goldenen Überfluß, Gedichte. Ausgewählt von Jakob Loewenberg. Leipzig 1927

Oberschulbehörde Hamburg (Hg.): Das hamburgische Schulwesen 1914/24. Hamburg 1925

Gina Weinkauff

Kunstansprüche im pädagogischen Handlungsfeld – wie die *Jugendschriften-Warte* den Diskurs über Kinder- und Jugendliteratur geprägt hat

„Von hoher Warte herab" – Literaturpädagogik als Kommunikationslenkung

> „Von hoher Warte herab hielt in vergangenen Zeiten der Wächter treuen Sinnes und wachsamen Auges Umschau. Mit hellem Hörnerklang begrüßte er die nahenden Freunde. Gastlich öffneten sich die Tore und Freude erfüllte die Räume des Hauses. Aber zu mannhaftem Kampfe forderte sein Hornruf auf, wenn er den listigen und gefährlichen Feind erspähte. Mit Schlachtruf und Schwerterklang warf sich die mutige Schar dem tückischen Eindringling entgegen. Auch die Mitarbeiter der ‚Jugendschriftenwarte' sollen jener tapferen Schar gleichen." (Schriftleitung 1893, 1)

Um ihren Zielen Ausdruck zu verleihen, verwendet die Redaktion der neugegründeten Zeitschrift *Jugendschriften-Warte* eine Allegorie. Pictura und subscriptio verweisen gleichermaßen auf das Umfeld, aus dem heraus die Zeitschrift entstanden ist, nämlich auf die kulturkritisch-lebensreformerischen Strömungen der Zeit um die vorletzte Jahrhundertwende. Inhaltlich artikuliert sich in dem kurzen Text ein Verständnis der eigenen Tätigkeit als zugleich kriegerische und parareligiös überhöhte Mission, bei der die Abwehr schädlicher Einflüsse eine wichtige Rolle spielt, formal schwelgen die Verfasser in einer Bilderwelt, die sich aus idealisierten Mittelaltervorstellungen speist, wie sie etwa in Wandervogel, Laienspielbewegung und Kunsterziehungsbewegung in Mode waren. Wie naheliegend es in diesem Milieu schien, sich selbst als Türmer oder Wächter zu stilisieren, zeigen entsprechende Zeitschriftentitel (*Der Türmer. Monatsschrift für Gemüt und Geist*. 1896-1953, *Der Kunstwart. Rundschau über alle Gebiete des Schönen*. 1887 - 1894, *Die hohe Warte*. 1905 - 1908).

In der auf die Entfaltung der Allegorie folgenden Auslegung ist vom kämpferisch-heroischen Gestus allerdings nicht mehr viel übrig geblieben. An seine Stelle tritt eine allumfassende Erziehungshaltung: Um das pädagogisch begründete Ziel einer Verbesserung des Lektüreangebots für die Jugend zu erreichen, gilt es, auch auf Autoren, Verleger, Buchhändler und Lehrer pädagogisch einzuwirken, was zunächst einmal bedeutet, sie nicht durch allzu lautstarken literarturkritischen Hornruf und Schwerterklang zu verprellen:

> „Das Gute soll mit Freuden anerkannt, das Mangelhafte in schonender Weise dargelegt, nur dem Schlechten unerschrocken und unbarmherzig der Krieg erklärt werden. Nur so glauben die Jugendschriften-Ausschüsse durch ihr Organ nutzbringend wirken zu können sowohl für den strebsamen Verleger, der keine Opfer scheut, um nach Inhalt und Ausstattung gute Ware auf den Markt zu bringen, als auch für den Verfasser, der aus den Besprechungen

> ersehen kann, daß für Werke bahnbrechend und befürwortend eingetreten wird, die nach Inhalt und Form Gediegenes bieten; sowohl für den Sortimentsbuchhändler, insofern er aus den Beurteilungen die Werke entnehmen kann, welche er sich zu beschaffen hat, um seinen Kunden gute Ware vorzulegen, als auch für den Lehrer, indem ihm Gelegenheit geboten wird, für seine Schulbücherei die Bücher wählen zu können, welche klärend und veredelnd auf des Kindes Geist und Gemüt wirken werden; ja nutzbringend soll die ‚Jugendschriften-Warte' für alle sein, welche die Jugend mit einer wertvollen Jugendschrift erfreuen und bereichern wollen." (Schriftleitung 1893, 1)

Jugendschriftenkritik, so legen es diese Darstellungen nahe, ist keine autonome, lediglich den eigenen Maßstäben verpflichtete Handlung, sondern sie verfolgt ein praktisches Ziel, für das zunächst einmal möglichst viele Akteure des Handlungssystems gewonnen werden müssen. Das Selbstverständnis von Jugendschriftenkritik als einer pädagogischen Praxis bestimmte das Bewertungssystem der Kinder- und Jugendliteratur in Deutschland über einen sehr langen Zeitraum. Seine Geschichte beginnt an der Wende vom 18. zum 19. Jahrhundert, als die Kinderliteraturreform der Philanthropen im Verein mit den allgemeinen Entwicklungen des Buchmarkts und der Lesekultur zu einem bis dato nicht dagewesenen Ausbau des Angebots an Lesestoffen für Kinder und Jugendliche geführt hatte, die noch dazu in zunehmendem Umfang unterhaltender Art waren. Es war der aufklärerische Theologe und spätere Direktor eines Berliner Gymnasiums Friedrich Gedike, der den pädagogischen Bedenken gegen diese Literatur schon früh und beredt Ausdruck verlieh:

> „Keine einzige literarische Manufaktur ist so sehr im Gange als die Büchermacherei für die Jugend nach all ihren Gradationen und Klassen. Jede Leipziger Sommer- und Wintermesse spült wie die Flut des Meeres eine zahllose Menge Bücher der Art ans Ufer." (Gedike 1787, 3)

Und dann wird das unerwünschte Strandgut aufgezählt, in einer atemlosen Litanei,[1] deren Länge die Größe der Aufgabe anschaulich macht, die Gedike und seine Nachfolger im 19. Jahrhundert vor sich sahen: die Zurückdrängung oder bestenfalls Kanalisierung dieser Flut, schließlich sollte verhindert werden, dass

> „der Geist unserer Kinder eine schiefe Richtung bekömmt, ihr natürliches Gefühl verdreht, ihre Empfindung verstimmt, ihr Geschmak verwöhnt, und ihr Kopf theils mit offenbar falschen, theils mit wenigstens unreifen und unbestimmten Begriffen angefüllt wird" (ebd., 5).

In Gedikes Jugendschriftenkritik spielt also – ähnlich wie in derjenigen der Wolgastianer – der Topos der Reizüberflutung eine zentrale Rolle, der im Übrigen auch Joachim Heinrich Campe sehr beschäftigt hat. Überhaupt gibt es im literaturpädagogischen Denken der Philanthropen, ihres aufklärerischen Kritikers Gedike und der Mitstreiter

1 „Da gibt es unter zahllosen Formen und Namen: Kinderalmanache, Kinderzeitungen, Kinderjournale, Kindersammlungen, Kinderromane, Kinderkomödien, Kinderdramen, Kindergeographien, Kinderhistorien, Kinderphysiken, Kinderlogiken, Kinderkatechismen, Kinderreisen, Kindermoralen, Kindergrammatiken und Lesebücher für Kinder in allen Sprachen ohne Zahl, Kinderpoesien, Kinderpredigten, Kinderbriefe, Kindergespräche, und wie sonst noch alle der literarische Puppenkram heißen mag, der alljährlich besonders unter dem für die lieben Eltern und Basen anlockenden Nebentitel ‚Weihnachtsgeschenk für die lieben Kinder' zu Markte gebracht wird." (Ebd.)

der *Jugendschriften-Warte* viele Gemeinsamkeiten. Das Geschäft der Jugendliteraturkritik expandierte im Verlauf des 19. Jahrhunderts proportional zu demjenigen der Jugendliteraturproduktion. In zunehmendem Umfang sahen Pädagogen und Kirchenmänner ihre Aufgabe in der Sichtung des Buchmarktes und in der Publikation entsprechender Verzeichnisse mit Kurzkommentaren warnenden oder empfehlenden Inhalts (z. B.: Detmer 1844; Bernhardi 1852; Kühner 1862 u. v. a.; vgl. Wilkending 1997 u. 2001; Weinkauff 2015). Bereits seit der Jahrhundertmitte gab es solche Verzeichnisse in periodischer Erscheinungsweise, z. B. im Rahmen der *Pädagogischen Jahresberichte für Deutschlands Volksschullehrer* (1846-1914) und der 12 Bände von Engelbert Fischers *Großmacht der Jugend- und Volksliteratur*. Und mit den *Mitteilungen über Jugendschriften an Eltern, Lehrer und Bibliotheksvorstände* der Jugendschriftenkommission des Schweizerischen Lehrervereins, war 13 Jahre vor der *Jugendschriften-Warte* ein unmittelbarer Vorläufer in Erscheinung getreten.

Im Folgenden möchte ich der Frage nachgehen, wie es dazu kam, dass die *Jugendschriften-Warte* gleichwohl ein ganz besonderes Profil erlangen und die Theoriebildung zu Fragen der der Jugendlektüre nachhaltig beeinflussen konnte, das eigenartige Nebeneinander von Debattenkultur und Beurteilungswesen thematisieren, die Umstände und Voraussetzungen der Eingliederung des letzteren in das Erziehungssystem des NS-Staats in den Blick nehmen und schließlich zeigen, wie die *Jugendschriften-Warte* und ihre Nachfolger die Entwicklung von der Praxis der Kommunikationslenkung zu der eines kritischen Fachjournalismus vollzogen haben.

Debattenkultur und Normenwandel

Das traditionelle Element im Erscheinungsbild der *Jugendschriften-Warte* lag im Selbstverständnis einer prohibitiven Literaturpädagogik und in der reservierten bis ablehnenden Haltung zum sog. spezifischen Jugendschrifttum, also der Literatur, die von vorneherein mit Blick auf die Zielgruppe der Kinder oder Jugendlichen verfasst und publiziert worden ist. Das innovative war die Radikalität des von ihrem Wortführer Heinrich Wolgast verfochtenen Kunstanspruchs und seiner Ablehnung der Indienstnahme von Literatur für Zwecke der politischen, religiösen oder moralischen Erziehung. Wolgast, der 1896, im Jahr des Erscheinens seiner viel beachteten Streitschrift *Das Elend unserer Jugendliteratur*, anstelle des Berliner Lehrers Paul Ziegler die redaktionelle Verantwortung für die *Jugendschriften-Warte* übernommen hatte und damit zugleich dem Hamburger Jugendschriftenausschuss zu seinem jahrzehntelang unangefochtenen *Vorort*-Status verhalf, verlieh seiner Position in seinem ersten Editorial folgendermaßen Ausdruck:

> „Die Frage, ob die Jugendschrift in dichterischer Form in erster Linie literarisch oder in erster Linie ethisch und didaktisch beurteilt werden müsse, ist ein Punkt, den klarzustellen die allerwichtigste Angelegenheit der Jugendschriftensache ist. Wenn es diesem Blatte gelingt, über diese Frage eine Einigkeit unter den Prüfungsausschüssen zu erzielen, so wäre damit ein großer Schritt vorwärts gemacht. Ich hoffe, daß die Entscheidung zugunsten der *künstlerisch* wertvollen Jugendschrift fallen wird – jener Jugendschrift, die der Erwachsene mit mindestens gleich starkem Interesse in die Hand nimmt wie das Kind, die, wie der ‚Robinson' und Grimms Märchen, literarische Qualitäten hat. Es würde sich damit eine weite, herrliche

> Aussicht eröffnen. Wir würden in den Dienst der literarischen *Genußfähigkeit* des Volkes treten; es würde uns vielleicht gelingen, die Wüste zu bevölkern, in der jetzt unsere Poeten einsam einer winzig kleinen Gemeinde predigen. [...] Wir würden ein Geschlecht erziehen, dem der Kunstgenuß ein wesentlicher Bestandteil seines Lebens ist" (Wolgast 1896, 25).

Es lohnt sich, auch hier einen Blick auf die sprachliche Form der Äußerung und besonders auf die Bildlichkeit zu richten. Denn hier wird weder das Bild einer bedrohlich herannahenden Flut in den Mittelpunkt gerückt, noch dasjenige des Wächters auf dem hohen Turm, der ins Horn stößt, um den Abwehrkampf gegen die feindlichen Eindringlinge anzuführen, sondern dasjenige einer Wüste, die es zu bevölkern (und wohl auch zu begrünen) gilt. Dieses Bild ist nicht nur weniger martialisch, sondern auch weniger defensiv. Das Bild evoziert die Utopie einer Gesellschaft, in der der ästhetische Genuss auch dem einfachen Volk ein Bedürfnis ist, eine Utopie, die Wolgast an anderer Stelle sehr deutlich als Vorschein der Überwindung von Ausbeutung und Entfremdung konkretisiert hat (vgl. Wolgast 1922, 2 f.).

In den folgenden Jahren wurde die *Jugendschriften-Warte* zum Forum einer Reihe von Debatten, die sich überwiegend an der Auseinandersetzung mit programmatischen Positionen von Wolgast und anderen profilierten Angehörigen des Hamburger Vororts wie z. B. Hermann Leopold Köster entzündeten. Diese Debatten trugen entscheidend zur Entwicklung der Kinder- und Jugendliteraturtheorie und zur Entwicklung einer Fachöffentlichkeit bei. Nach meiner Ansicht stellen sie die wesentliche historische Leistung der *Jugendschriften-Warte* in den Jahren bis 1933 dar.[2]

Gemeint sind die frühen Debatten um die Grundsätze für die Beurteilungsarbeit der Jugendschriftenausschüsse (1897), um das Verhältnis von Kunstanspruch und Adressatenorientierung (vgl. Wilkending 1996) und die Auseinandersetzungen um die von den Jugendschriftenausschüssen besorgten Ausgaben von Storms Novelle *Pole Poppenspäler* und Roseggers Novellenzyklus *Als ich noch der Waldbauernbub war*. Austragungsort letzterer Auseinandersetzungen war u. a. eine Konferenz der Vereinigten Deutschen Prüfungsausschüsse im Jahr 1900, deren Protokoll in der *Jugendschriften-Warte* veröffentlicht wurde. Nach einer hitzigen Diskussion wurde in einer Kampfabstimmung ein Antrag des Breslauer Prüfungsausschusses zu Fall gebracht, der die Streichung als antikatholisch angesehener Stellen aus *Pole Poppenspäler* und die Kennzeichnung der Rosegger-Ausgabe als ungeeignet für katholische Kinder vorgesehen hatte (vgl. Borstel/Liessem 1900). Dieser Streit innerhalb der Jugendschriftenbewegung wirft ein interessantes Licht auf die konfessionellen Gegensätze in der damaligen Volksschullehrerschaft und macht deutlich, dass viele Mitglieder der Prüfausschüsse einem Verständnis von Kommunikationslenkung anhingen, das Praktiken der Zensur selbstverständlich einschloss.

Wolgasts Forderung nach Tendenzfreiheit muss vor diesem Hintergrund ein großes Provokationspotenzial zugesprochen werden. In der Debatte um die kriegsverherrlichenden Publikationen von Wilhelm Kotzde wird allerdings auch deutlich, dass die Wolgastianer ihre Urteile stets strikt formal-ästhetisch begründeten. Kotzde, der mit

2 Ich sehe die Dinge also etwas anders als Hans-Heino Ewers, der die Hauptleistung der Jugendschriftenbewegung in der Etablierung einer „teilweise ausgezeichneten literarischen Kritik" (Ewers 1996, 25) sah, während Wolgasts theoretische Positionen nicht ohne Grund als „Höhepunkt einer antimodernistischen, kultur- und bildungskonservativen Traditionslinie der Verdammung spezifischer Kinder- und Jugendliteratur" (ebd., 24) rezipiert worden seien.

bürgerlichem Namen Kottenrodt hieß und im Mainzer Scholz-Verlag die Reihen *Vaterländische Bilderbücher* und *Mainzer Volks- und Jugendbücher* herausgab, ritt nach der Ablehnung seines Buchs *Die Geschichte des Stabstrompeters Kostmann* durch den Berliner Prüfungsausschuss gemeinsam mit seinem Verleger Joseph Scholz eine groß angelegte Konterattacke, die der Redaktion der *Jugendschriften-Warte* in den Jahren 1911-1914 reichlich Gelegenheit zur Darstellung ihrer Urteilsmaßstäbe bot. Diese hatten es ohne Weiteres zugelassen, dass der Hamburger Prüfungsausschuss bereits 1899 drei *Kriegsnovellen* von Detlev von Liliencron als *Auswahl für die Jugend* publizierte. Letztere handelten ebenso wie Kotzdes biografische Erzählung vor dem Hintergrund des Deutsch-Französischen Krieges von 1870/71, der jeweils aus der Ich-Perspektive deutscher Soldaten dargestellt worden war. Für die *Kriegsnovellen* sprach aus der Sicht der damaligen Herausgeber ihre sprachliche und narrative Modernität. Bei Liliencron seien die patriotischen Inhalte erzählerisch vermittelt und daher nicht tendenziös, während Kotzde seine literarischen Schwächen und die fehlende künstlerische Gestaltung seiner Botschaft vorgeworfen wurde. Um das Aporetische dieser Argumentation in vollem Umfang zu verstehen, muss man wissen, dass Wolgast eigentlich große Vorbehalte gegenüber der literarischen Moderne hegte.[3] Dem argumentativen Grundmuster begegnen wir in der Folge jedoch wiederholt, es lieferte die Rechtfertigung für eine 1916 zusammengestellte Empfehlungsliste für Kriegsliteratur (Tessendorf 1916; vgl. auch Azegami 1996, 137) und wurde in der gleichgeschalteten Jugendschriftenkritik nach 1933 nahezu gebetsmühlenartig eingesetzt.

In den Debatten um die Storm- und Rossegger-Editionen und in der Auseinandersetzung mit Kotzde und Scholz hat man das Postulat der Tendenzfreiheit gegen Angriffe aus religiös-fundamentalistischen oder völkisch-nationalen Beweggründen verteidigt. Die in den späten 1920er-Jahren einsetzende und bis Ende 1932 geführte *Gegenwartsdebatte* (vgl. Weinkauff 1993; Tost 2005; Ladwig 2012) wurde eher durch linke Kritiker aus den eigenen Reihen befeuert. Mitte der 1920er-Jahre sah sich die *Jugendschriften-Warte* in zunehmendem Umfang mit realistischen Kinder- und Jugendromanen konfrontiert, die, obzwar in den Beurteilungen mit großer Skepsis aufgenommen, die Gemüter der Rezensenten doch bewegen mussten, zumal – wie sich in empirischen Erkundungen herausstellte – die jungen Leser*innen den Empfehlungen ihrer pädagogischen Sachwalter wenig Gehör schenkten. In dieser letzten Debatte vor 1933 widmete man den Leseinteressen der Zielgruppe und den aktuellen Tendenzen innerhalb der traditionell beargwöhnten *spezifischen* Kinder- und Jugendliteratur so viel Aufmerksamkeit wie nie zuvor. Auf ihrem Höhepunkt zeigte auch der damalige Vorsitzende der vereinigten Prüfungsausschüsse John Barfaut große Sympathien für die Ziele der Kritiker (vgl. Barfaut 1930) und die Zeitschrift veröffentlichte eine deutlich vom bisherigen Lektürekanon abweichende Empfehlungsliste sog. gegenwartsbetonter Bücher (Liste 1930). Darunter befinden sich zeitgenössische Kinderromane von Autoren wie Carl Dantz, Erich Kästner, Wolf Durian, Anni Geiger-Gog, auch Übersetzungen von Alexander Sergejewitsch Newerow und Ferenc Molnár sowie Werke aus der deutschen und internationalen Gegenwartsliteratur von Maxim Gorki, Jack London, Upton Sinclair, Ludwig Renn, Theodor Plivier und Erich Maria Re-

3 In *Das Elend unserer Jugendliteratur* werden die Kriegsnovellen daher auch als Ausnahmen gekennzeichnet: „Bisher hat die Durchforstung der modernen Erzählungsliteratur, wenn wir von Liliencrons Kriegsnovellen und zwei oder drei Novellen Wildenbruchs absehen dürfen, so gut wie nichts für unsere Zwecke ergeben" (Wolgast 1922, 252).

marque. Die Liste wirkte natürlich polarisierend, viele der darin empfohlenen Bücher wurden in der Folge von einzelnen Jugendschriftenausschüssen abgeurteilt und in Rezensionen kontrovers besprochen. Auch Franz Jürgens, der 1933 die Schriftleiterposition einnehmen sollte, erklärte in einem im März 1932 erschienenen mehrseitigen Grundsatzbeitrag einen Teil der Bücher aus der Liste von 1930 und zudem sämtliche Kinderbücher von Erich Kästner für abgelehnt und forderte dazu auf, die Debatte zu schließen und zur alltäglichen Beurteilungsarbeit auf der Basis der bewährten Grundsätze zurückzukehren:

> „Ich bin der Meinung, daß diese Grundsätze ausreichen um zu einer gerechten Würdigung auch der gegenwartsbetonten Bücher zu gelangen; sie bilden also auch fernerhin noch eine brauchbare Grundlage unserer Beurteilungsarbeit." (Jürgens 1932, 24)

Völkische und national-konservative Positionen vor und nach 1933

Die schärfsten Gegner der Gegenwartsorientierung waren Wilhelm Fronemann und Severin Rüttgers, die sich bereits früh als Kritiker des Wolgastschen Literaturbegriffes und Vertreter völkisch-nationaler Positionen innerhalb der Jugendschriftenbewegung positioniert hatten. Rüttgers tritt seit 1906 und Fronemann seit 1916 mit eigenen Beiträgen in der *Jugendschriften-Warte* in Erscheinung. Beide setzen dem Kunstanspruch Wolgasts und seinem Bildungsziel der Genussfähigkeit die Stiftung einer völkischen Identität als oberstes Ziel der Literaturpädagogik entgegen. Unter dem Einfluss der Positionen von Rüttgers, die dieser bereits 1914 in seinem Buch *Die Dichtung in der Volksschule* entwickelt hatte, trug Fronemann in seinem 1927 erschienenen Buch *Das Erbe Wolgasts* die wesentlichen Grundlagen der völkisch-nationalen Jugendschriftenkritik zusammen, deren Vertreter sich stets als Angehörige der Jugendschriftenbewegung definierten und die *Jugendschriften-Warte* als Publikationsmedium nutzten (vgl. Kaminski 1993). Dieses Selbstverständnis war insofern nachvollziehbar, als sie ebenso wie die eher sozialdemokratisch ausgerichteten Jugendschriftenkritiker die populäre Unterhaltungsliteratur vehement ablehnten und sich nach 1933 mit besonderer Intensität dem Kampf gegen literarisch minderwertige NS-Jugendliteratur verschrieben, die sie als Konjunkturschrifttum attackierten (vgl. Nassen 1987 u. 1996). In den 1920er-Jahren (und teilweise schon zuvor) zählten Rüttgers und Fronemann zu den eifrigsten Verfechtern eines negativen Schundkampfes (vgl. Josting 2005; Dettmar 2012), also der Ausmerzung unerwünschter Literatur und der Forderung nach einer Ausrichtung der staatlichen Verbotspolitik an ästhetischen Maßstäben. Bis 1933 bot ihr Lektürekanon neben einigen – auch von Wolgast akzeptierten – Werken des 19. Jahrhunderts vor allem Volksliteratur, die, weil bereits von der „Volkheit" zu ihrem Gut erhoben, als außerhalb aller Kritik stehend angesehen wurde (vgl. Rüttgers 1930, 106) und deren Hervorbringungen man – nach dem Vorbild der Romantik – einen „Parallelismus zu einer der Stufen kindlichen Wachstums" (ebd., 105) zuschrieb.

Die beiden Zitate entstammen Rüttgers Beitrag *Grundsätzliches vom Gegenwärtigen*, in dem dieser die linke Kritik am Tendenzfreiheitspostulat als „Einbruch der Politik in die Bewegung" (ebd., 107) verdammte, deren Lektüreempfehlungen, dem „Programm der marxistischen Klassenkampferzieher" folgend, auf die „Zerstörung alles

Organischen im Volke" ausgerichtet seien (ebd., 108). Knapp zwei Jahre später trat Rüttgers der NSDAP bei und wiederum zwei Jahre später resümiert Fronemann, dass

> „1930 eine kleine Gruppe von Jugendschriftlern durch ihre Forderung der vorherrschenden Geltung des soziologischen Prinzips in der Bücherauswahl sich bereit erklärte, die bisherige Idee der Jugendliteratur aufzugeben und unter Preisgabe der Volkseinheit eine Klassenkampferziehung einzuleiten, ein Versuch der [...] scheiterte. Damals rüstete der Nationalsozialismus zum letzten Ansturm!" (Fronemann 1934, 261 f.)

Die Eingliederung der *Jugendschriften-Warte* in das NS-Erziehungssystem vollzog sich in zwei Etappen. Die erste Etappe setzte mit der 1933 erfolgten *Gleichschaltung* der Prüfungsausschüsse und der Übernahme der Schriftleiterposition durch Franz Jürgens ein. Der bisherige Schriftleiter Ernst Stapelfeldt war zurückgetreten. Die beiden folgenden Jahre waren gekennzeichnet von Versuchen der bisherigen Wortführer – wie eben Franz Jürgens und Wilhelm Fronemann – ihre bisherige Geschmacksrichterfunktion beizubehalten, was aufgrund der NS-Nähe des Letzteren und von Querelen zwischen den unterschiedlichen NS-Instanzen (NSLB und HJ), die die Situation unübersichtlich machten, eine Weile tatsächlich gelang. So verstrickte sich Fronemann in einen Don-Quijote-artigen Kampf gegen die Karl-May-Lektüre, der angesichts des *Führers* Lesegeschmack und entsprechender Bekenntnisse anderer NS-Granden zwar zum Scheitern verurteilt war, aber immerhin wurde Fronemann der Spielraum zugestanden, solche Fehden überhaupt führen zu können (vgl. Heinemann 1982).

Jürgens verhielt sich defensiver, er erinnerte an die Gegenwartsdebatte, wie Fronemann, aber anders als jener versuchte er, aus der Abwendung der damaligen Kritik, einen Anspruch der Redaktion auf unpolitische Kulturgutpflege abzuleiten, der unter den neuen Bedingungen natürlich noch weniger realisierbar war als die von Fronemann intendierte Verdammung Karl Mays.

> „Daß die Jugendschriftenbewegung ihrem Wesen nach konservativ gerichtet war, bewies der Streit um die ‚gegenwartsbetonten' Jugendbücher (Jugendschriften-Warte 1930/31). Die Jugendschriftenbewegung hat damals ihren natürlichen Konservatismus gegen die Forderung der ausschließlichen Gegenwartsorientierung erfolgreich verteidigt. Sie wird *immer* gut tun, sich aus Ehrfurcht vor dem ihr anvertrauten Bildungsgut gegenüber der Forderung des Tages angemessen zu distanzieren." (Schriftleitung 1933)

Was von der Redaktion eigentlich erwartet wurde, formulierte Max Fehring in einem wenig später erschienenen Beitrag unter dem Titel *Die geistigen Grundlagen der Arbeit am Jugendschrifttum*:

> „Den bisherigen Beurteilungsgrundsätzen aber wird ein neuer vorgelagert von entscheidender Bedeutung: Der Wert einer deutschen Jugendschrift ist abhängig von ihrer inneren Einstellung zu den Kerngedanken der nationalen Revolution, abhängig von ihrer Bedeutung für die national-politische Erziehung der Jugend im Geiste des deutschen Volkstums, der völkischen, rassischen und sozialen Einheit, der Volks- und Schicksalsgemeinschaft." (Fehring 1933)

So wurden im März 1935 die organisatorischen Bedingungen für die 2. Etappe der Eingliederung geschaffen; auch Franz Jürgens tritt nun als Schriftleiter zurück und die Zeitschrift wird von der Reichsamtsleitung des NSLB in Bayreuth herausgegeben. 1943 wird der NSLB auf Anordnung der Finanzverwaltung der NSDAP stillgelegt und damit faktisch aufgelöst, die *Jugendschriften-Warte* erscheint bis Anfang 1944.

Die Sichtung der betreffenden Jahrgänge ist schwierig, nicht nur wg. der Quellenlage, sondern auch wg. der Quellenart. Da Meinungsverschiedenheiten nun nicht mehr öffentlich ausgetragen werden, geben die in der Zeitschrift publizierten Artikel zum Beispiel kaum noch Auskunft darüber, welche Personen wirklich über Macht und Einfluss verfügten. Auf jeden Fall gehört dazu der neue Schriftleiter Eduard Rothemund, der unter anderem eine Schlüsselposition bei der Redaktion der Beurteilungen innehatte (vgl. Josting 2005, 74 f.). Überhaupt scheint es, als sei die Effektivierung des Besprechungswesens auf nationalsozialistischer Grundlage eine der folgenreichsten Aktivitäten der neuen Herausgeber gewesen. Die Beurteilungen werden nun mit den Vertretern der verschiedenen für das Jugendschrifttum zuständigen staatlichen Stellen koordiniert, es sind Kommuniqués in Kurzform, die, auf Karteikarten gedruckt in Schulen und Bibliotheken zum Einsatz kamen (vgl. ebd. und Aley 1967, 85 f.). Nun, da die Jugendschriftenbewegung sich dem NS-Staat vollständig untergeordnet hat, scheint das einst von Paul Ziegler formulierte Ziel der Kommunikationslenkung auf abstoßende Art erreicht.

Das vorläufig letzte Wort zur Veränderung der Beurteilungsmaßstäbe soll Heinrich Scharrelmann zuteilwerden, der sich, ursprünglich aus dem Kreis der Bremer Reformpädagogen hervorgegangen, schon 1931 der NSDAP angeschlossen hatte:

> „Die alte Wolgastsche Forderung, die deutsche Jugendschrift müsse ein Kunstwerk sein, bleibt natürlich – wenn auch nicht in ihrer Einseitigkeit – weiter zu Recht bestehen. Kampf gegen den Kitsch in jeder Form ist für den Nationalsozialismus eine Selbstverständlichkeit. Aber wir brauchen künstlerisch gestaltete Stoffe, die aus einer einwandfreien Weltanschauung heraus geboren sind, einer Weltanschauung, die im ewigen Wesen unseres Volkes wurzelt. Wir dürfen keine zersetzenden Tendenzen dulden, auch wenn sie nur im Verborgenen Unheil anrichten können. Deshalb lehnen wir auch vollwertige Kunstwerke ab, wenn sie aus bolschewistischem oder atheistischem oder dem verwandten Denken heraus entstanden sind. Der einseitig künstlerische Standpunkt ist uns nicht der erste, mindestens gleichwertig neben ihm steht die geistige Welt des Dichters, seine völkische und d. h. heute seine nationalsozialistische Haltung und Substanz mit zur Beurteilung“ (Scharrelmann 1936, 23).

1949-1969: Neuanfang und Funktionswandel

Die 1947 (vgl. Jäschke 1988, 395) einsetzenden Aktivitäten zur Neugründung der Vereinigten Deutschen Prüfungsausschüsse für Jugendschriften gingen von Personen aus, die dem Nationalsozialismus ablehnend gegenüber gestanden und sich nicht für die Mitarbeit in der gleichgeschalteten *Jugendschriften-Warte* hatten vereinnahmen lassen. Darunter John Barfaut, der 1948-1960 den *Vorortausschuss* Hamburg leitete, Friedrich Bödecker, der den Hamburger Jugendschriftenausschuss 1933 nach seiner Gleichschaltung verlassen hatte und die berühmte sozialdemokratische Autorin, Kritikerin und Pädagogin Anna Siemsen. Auf der anderen Seite hatte man ausgerechnet

Franz Jürgens in den ersten drei Jahren ihres Erscheinens zum Schriftleiter der *Neuen Folge* der *Jugendschriften-Warte* ernannt (1949-1951). Wilhelm Fronemann, der sich in einem 1950 erschienenen Beitrag mit der Geschichte der Jugendschriftenbewegung beschäftigte, blieb seinen einstigen Vorstellungen verhaftet und entfaltete außerhalb der *Jugendschriften-Warte* in der Nachkriegszeit noch einmal eine rege Publikationstätigkeit (vgl. Müller 2014, 36-40; Doderer 1988, 606). Sogar Eduard Rothemund wurde in seiner Eigenschaft als Cheflektor bei Ensslin & Laiblin erneut zum Gesprächspartner der Jugendschriftenausschüsse (vgl. Jäschke 1988, 398). Von seinen zahlreichen in den 1950er-Jahren publizierten Beiträgen (vgl. Doderer 1988, 619), war einer in der *Jugendschriften-Warte* erschienen (Rothemund 1951). Schließlich hatte sich mit dem Bibliothekar Gustav Sichelschmidt auch ein bekennender Rechtsradikaler in der Jugendliteraturszene zu Wort gemeldet (vgl. Müller 2014, 305), allerdings nicht in der *Jugendschriften-Warte*, sondern in dem von deren ehemaligem (1951-1955) Schriftleiter Fritz Westphal gegründeten Konkurrenzblatt *Jugendliteratur*.

Dass es, wie Sonja Müller in ihrer Dissertation zur Theorie des *guten Jugendbuches* feststellt, in der Nachkriegszeit weder „im Bereich der kinderliterarischen Produktion, noch im Bereich der literaturpädagogischen Diskussion [...] zu einer Auseinandersetzung mit der unmittelbaren deutschen Vergangenheit" kam (Müller 2014, 63), ist also nicht allein das Problem der *Jugendschriften-Warte.* Allerdings bildete die Zeitschrift eben auch keine Ausnahme von dieser Regel und die Versuche, mit der *Neuen Folge* des Blatts auch einen wirklichen Neuanfang zu riskieren, standen unter keinem guten Stern.

Allerdings erschienen dort schon in den 1950er- und frühen 1960er-Jahren einige couragierte Rezensionen, in denen z. B. die Darstellung zeitgeschichtlicher Tabuthemen in den Exil-Werken von Lisa Tetzner und Kurt Held eine Würdigung erfuhren, die ihnen – politischer Vorbehalte wegen – in der damaligen deutschen Jugendbuchkritik im Allgemeinen versagt blieb. Im April 1952 erscheint in der Rubrik *Das Buch im Gespräch* ein namentlich gekennzeichneter Beitrag des damaligen Schriftleiters Fritz Westphal über *Kurt Held und sein Buch Die rote Zora*, in dem die „unbedingte(r) Wahrhaftigkeit" und die „Art der sprachlichen Gestaltung" des Romans gelobt und ihm bescheinigt wird, eine für Erwachsene, Jugendliche und Kinder gleichermaßen geeignete Lektüre zu sein (Westphal 1952). Im Oktober desselben Jahres wird der zweite Band der Kinderodyssee *Das Mädchen aus dem Vorderhaus* als ein „nach Handlungsführung und sprachlicher Darstellung [...] echtes Tetzner-Buch" vom 12. Jahre an empfohlen (Beurteilungen 1952, 64). Zudem kommt Kurt Kläber-Held dort im Oktober 1953 mit einem Selbstporträt zu Wort, und Lisa Tetzner äußert sich in den Jahrgängen 1953 und 1955 u. a. zu Hemingway, *Pippi Langstrumpf* und zur Poetik der Jugendliteratur.

Und nach dem Erscheinen einer fiktionale und faktuale Werke zum Thema Nationalsozialismus aus Jugendliteratur und allgemeiner Literatur umfassenden Bibliografie von Dieter Gerber und Horst Künnemann im Jahr 1960 erscheinen wiederholt Beurteilungen und Rezensionen entsprechender Titel. Besonders erwähnenswert scheint eine von Künnemann verfasste Besprechung von Miguel de Castillos autobiografischem Roman *Elegie der Nacht*, dem auf Beschluss der Jury der Sonderpreis *Der junge Mensch in seiner Welt* im Rahmen des Deutschen Jugendbuchpreises von 1960 hätte zugesprochen werden sollen, wogegen das Bundesfamilienministerium aber intervenierte. In der Besprechung zitierte Schülerurteile sollen gegen die Ansicht zeugen,

„daß junge Leser unserer Tage dem Werk und seiner Aussage nicht gewachsen sind" (Künnemann 1961, 6).

Parallel zu der Steigerung der Aufmerksamkeit für die literarische Exploration zeitgeschichtlicher Themen stellt sich langsam auch eine vorsichtige Öffnung für fantastische Erzählweisen ein, die sich besonders gut an den Beurteilungen der Kinderbücher Astrid Lindgrens ablesen lässt. Die Prüfungsausschüsse mieden das heiße Eisen *Pippi Langstrumpf* zunächst komplett. Wie schwer man sich nicht nur mit der aufmüpfigen Figur, sondern auch mit dem Humor und der Fantastik der Erzählung tat, verrät eine Nebenbemerkung in einer positiven Beurteilung von Astrid Lindgrens realistischer Erzähltextanthologie *Sammelaugust*:

> „Hier offenbart Astrid Lindgren, die viel erwähnte Autorin der *Pippi Langstrumpf*, daß sie nicht nur grotesk und bizarr zu schildern versteht, mit jener Aufschneiderei, die unglaubhaft und konstruiert wirkt. Im *Sammelaugust* offenbart sie eine natürliche Innigkeit, die keinen Augenblick weder ins Groteske noch ins Sentimentale abgleitet" (Beurteilungen 1953, 71 f.).

Im nächsten Heft werden dann der bereits erwähnte Beitrag von Lisa Tetzner sowie ein Aufsatz aus der Zeitschrift *Neue Literarische Welt* abgedruckt, dessen Verfasser Herbert Wendt mit dem Konservatismus der Jugendbuchkritik abrechnet und in *Pippi Langstrumpf* den künftigen Klassiker der Kinderliteratur ausmacht (vgl. Marsyas 1953; Tetzner 1953). Offensichtlich sind von nun an diejenigen Spielarten des Humors und der Fantastik zugelassen, ja sogar erwünscht, die den Jugendschriftenkritikern bis dato als verdammenswert, unkindlich oder allenfalls britischen Kindern zugänglich erschienen. 1957 lobt die Verfasserin einer Rezension von *Karlsson vom Dach* ausdrücklich die ironischen und satirischen Gestaltungsweisen Astrid Lindgrens (Lemke 1957).

Das kinder- und jugendliterarische Bewertungssystem war in diesen Jahren im Begriff, sich zu wandeln, was in der 1956 erfolgten Gründung des Deutschen Jugendbuchpreises einen besonders deutlichen Ausdruck fand. Trotz des unbestreitbar zählebigen Konservatismus, der sich zum Beispiel in der Neuauflage des Weimarer *Schmutz- und Schundkampfes* zeigte, gab es auf der anderen Seite deutlich wahrnehmbare Tendenzen der Abkehr von der Praxis der literaturpädagogischen Kommunikationslenkung, die man auch an der Veränderung des Charakters der Rezensionen in der *Jugendschriften-Warte* ablesen konnte: Die Rezensenten urteilen zunehmend eigenständig und eigenverantwortlich, ab Nr. 12/1967 sind nicht nur die Rezensionen, sondern auch die Beurteilungen namentlich gezeichnet, und der erwähnte Abdruck des *Pippi-Langstrumpf*-Beitrages von Herbert Wendt dokumentiert das Bestreben der Redaktion, Anschluss an die literaturkritische Öffentlichkeit jenseits des pädagogischen Handlungssystems zu finden.

Im Laufe ihrer Geschichte war die *Jugendschriften-Warte* stets Teil dieses pädagogischen Handlungssystems. Der von den Wolgastianern postulierte Kunstanspruch wies jedoch darüber hinaus. Dies gilt trotz der fatalen Ignoranz gegenüber der spezifischen Kinder- und Jugendliteratur, trotz der konservativen Wertmaßstäbe, trotz der Befangenheit in den Praktiken der Kommunikationslenkung und trotz der Instrumentalisierung im Nationalsozialismus.

Aber die *Jugendschriften-Warte* und ihre Folgeblätter entwickelten sich letztlich nicht zu Instanzen der Literaturkritik, sondern eher zu wissenschaftlichen Fachzeitschriften.

Dazu trug in seiner knapp 30 Jahre umfassenden Arbeit vor allem Malte Dahrendorf bei. Und natürlich Petra Josting, die bereits seit 17 Jahren für die Zeitschriften arbeitet (vgl. Schmidt-Dumont 2009). Eine umfassende Würdigung dieses Teils der Geschichte steht noch aus. Sie würde sich mit dem gewandelten Literaturbegriff auseinandersetzen müssen, der das redaktionelle Konzept der Zeitschriften fortan bestimmte, mit der Akademisierung der Fachöffentlichkeit und auch mit der Frage, ob und in welchem Umfang diese weiterhin in einem pädagogischen Handlungssystem zu verorten ist. Der Blick auf die 125-jährige Geschichte der *Jugendschriften-Warte* verspricht also nach wie vor interessante Aufschlüsse.

Sekundärliteratur vor 1945

Barfaut, John: Die gegenwartsbetonte Jugendschrift in der Volksschule. In: JSW 35 (1930) H. 10, 85-86

Bernhardi, Karl: Wegweiser durch die deutschen Volks- und Jugendschriften ein Versuch. Leipzig 1852

Borstel, Friz von/ Johannes J. Liessem: Protokoll der Sitzung der vereinigten Prüfungsausschüsse für Jugendschriften am Montag, 4. Juni 1900 in Kölln. In: JSW 8 (1900) H. 6, 21-22

Detmer, Alexander: Musterung unserer deutschen Jugend-Literatur. 2. umgearb. Aufl. Hamburg 1844 [EA 1842]

Fehring, Max: Die geistigen Grundlagen der Arbeit am Jugendschrifttum. In: JSW 38 (1933) H. 7, 49-52

Fischer, Engelbert: Die Großmacht der Jugend- und Volksliteratur. Vom patriotischen, religiösen und pädagogisch-didaktischen Standpunkte kritisch beleuchtet. 1. Bd. Neustift a. W. 1877-1886 [Reprint: München 1979]

Fronemann, Wilhelm: *Gute Bücher über den Krieg 1914/1915 für Jugend und Volk. Eine erste kritische Übersicht.* Hilchenbach 1916a (Schule und Haus, Heimat und Vaterland; 7)

ders.: Grundsätzliches zur Auswahl von Jugend- und Volksbüchern über den Krieg 1914-16. In: JSW 23 (1916b) H. 6, 17-18

ders.: *Das Erbe Wolgasts. Ein Querschnitt durch die heutige Jugendschriftenfrage.* Langensalza 1927

ders.: Idee und Aufbau der deutschen Jugendliteratur und die Frage der Jugendschriftenverzeichnisse. In: JSW 39 (1934) H. 1, 1-3

ders.: Die *beherrschenden Ideen* im Jugendschrifttum und in der Volksbildung von Wolgast bis heute und ihre Träger. In: Koch, Otto (Hg.): Begegnung mit dem Buch. Ratingen 1950, 7-27

Gedike, Friedrich: Einige Gedanken über Schulbücher und Kinderschriften. Berlin 1787. https://digital.ub.uni-duesseldorf.de/ulbdsp/periodical/pageview/8282841 (09.08.2018)

Jürgens, Franz: Grundsätzliches zur Frage der gegenwartsbetonten Jugendschriften. In: JSW 37 (1932) H. 3, 21-24

Kühner, Carl: Jugendlectüre, Jugendliteratur. In: Schmid, K[arl] A[ugust] (Hg.): Encyklopädie des gesamten Erziehungs- und Unterrichtswesens. 3. Bd. Gotha 1862, 802-840 [Wiederabdruck in: Baumgärtner, Alfred Clemens (Hg.): Ansätze historischer Kinder- und Jugendbuchforschung. Baltmannsweiler 1980, 99-159]

Liste: Eine Liste gegenwartsbetonter Bücher. In: JSW 37 (1930) H. 10, 87-20

Mitteilungen über Jugendschriften an Eltern, Lehrer und Bibliotheksvorstände. Hg. vom Schweizerischen Lehrerverein, Jugendschriftenkommission. Aarau 1.1870-40.1924

Rüttgers, Severin: Die Blumen des Bösen. Erste Rede an die Kinderfreunde über die Schundliteratur. Leipzig 1911

ders.: Die Dichtung in der Volksschule. Ein Handbuch für Lehrende. Leipzig 1914

ders.: Grundsätzliches vom Gegenwärtigen. In: JSW 37 (1930) H. 12, 105-108

ders.: Erweckung des Volkes durch seine Dichtung. Erwägungen und Hinweise zur volkhaften Erziehung. Leipzig 1933

Scharrelmann, Heinrich: Über Beurteilung und Stoff von Jugendschriften. In: JSW 41 (1936) H. 3, 23-24

Schriftleitung: Was wir wollen. Von der Schriftleitung der ‚Jugendschriften-Warte'. In. JSW 1 (1893) H. 1, 1-2
dies.: Die Jugendschriftenbewegung und die geistige Situation der Gegenwart. Zugleich eine Würdigung Rüttgerscher Gedankengänge. Von der Schriftleitung der Jugendschriften-Warte. In: JSW 38 (1933) H. 5, 34-38 [Azegami vermutet, dass Franz Jürgens der Verfasser ist; vgl. Azegami 1996, 213]
Tessendorf, Wilhelm: Die *Kriegsschundliteratur* und ihre Bekämpfung. Mit einem Verzeichnis empfehlenswerter Schriften. Halle 1916
Wolgast, Heinrich: Das Elend unserer Jugendliteratur. Ein Beitrag zur künstlerischen Erziehung der Jugend. 6. Aufl. Leipzig 1922 [EA 1896]
ders.: Zur Einführung. In: JSW 4 (1896) H. 7, 25

Sekundärliteratur nach 1945

Aley, Peter: Jugendliteratur im Dritten Reich. Dokumente und Kommentare. Hamburg 1967 (Schriften zur Buchmarktforschung; 12)
Azegami, Taiji: Die Jugendschriften-Warte. Von ihrer Gründung bis zu den Anfängen des „Dritten Reiches" unter besonderer Berücksichtigung der Kinder- und Jugendliteraturbewertung und -beurteilung. Frankfurt/ M. [u. a.] 1996. Zugl.: Bielefeld, Univ., Diss., 1995
Dettmar, Ute: Der Kampf gegen „Schmutz und Schund". In: Hopster, Norbert (Hg.): Die Kinder- und Jugendliteratur in der Zeit der Weimarer Republik. Bd. 2, Frankfurt/ M. [u. a.] 2012, 565-586
Doderer, Klaus (Hg.): Zwischen Trümmern und Wohlstand. Literatur der Jugend 1945-1960. Weinheim 1988
Ewers, Hans-Heino: Eine folgenreiche, aber fragwürdige Verurteilung aller „spezifischen Jugendliteratur". Anmerkungen zu Heinrich Wolgasts Schrift „Das Elend unserer Jugendliteratur" von 1896. In: Dolle-Weinkauff, Bernd/ Hans-Heino Ewers (Hgg.): Theorien der Jugendlektüre. Beiträge zur Kinder- und Jugendliteraturkritik seit Heinrich Wolgast. Weinheim [u. a.] 1996, 9-25
Gerber, Dieter/ Horst Künnemann: Unsere jüngste Vergangenheit im Spiegel der Literatur. In: JSW 12 (1960) H. 5, 32-34
Heinemann, Erich: „Karl May paßt zum Nationalsozialismus wie die Faust aufs Auge". Der Kampf des Lehrers Wilhelm Fronemann. In: Jahrbuch der Karl-May-Gesellschaft 1982. http://www.karl-may-gesellschaft.de/kmg/seklit/JbKMG/1982/234.htm (09.08.2018)
Jäschke, Petra: Produktionsbedingungen und gesellschaftliche Einschätzungen. In: Doderer, Klaus (Hg.): Zwischen Trümmern und Wohlstand. Literatur der Jugend 1945-1960. Weinheim 1988, 209-520
Josting, Petra: Jugendschriftenbewegung und Jugendschriften-Warte im Kampf gegen „Schmutz" und „Schund". In: Beiträge Jugendliteratur und Medien 56 (2004) H. 2, 90-99
dies.: Kinder- und Jugendliteraturpolitik im NS-Staat. In: Hopster, Norbert/ Petra Josting/ Joachim Neuhaus: Kinder- und Jugendliteratur 1933-1945. Ein Handbuch. Stuttgart 2005, 57-94
Kaminski, Winfred: Wilhelm *Fronemanns* Buch „Das Erbe Wolgasts". Seine Interpretation der Jugendschriftenbewegung. In: Schmidt-Dumont, Geralde (Hg.): 100 Jahre Jugendschriftenwarte 1893-1993. Weinheim 1993 (Materialien Jugendliteratur und Medien; 30), 32-37
Kläber-Held, Kurt: [Selbstporträt]. In: JSW 5 (1953) H. 10, 68-69
Künnemann, Horst: Im Mahlstrom der Geschichte. In: JSW 12 (1961) H. 1, 5-6
Ladwig, Sandra: Die Diskussion um die Kinder- und Jugendliteratur in der Weimarer Republik. In: Hopster, Norbert (Hg.): Die Kinder- und Jugendliteratur in der Zeit der Weimarer Republik. Bd. 2. Frankfurt/ M. [u. a.] 2012, 537-564
Lemke, Gertraut: Astrid Lindgren. „Karlsson vom Dach". In: JSW 9 (1957) H. 7/8, 54-55
Marsyas [d. i. Herbert Wendt]: Revolution in der Kinderstube? Von Mädchenbüchern, Genien und Konventionen. In: JSW 5 (1953) H. 11, 73-74 [Nachdr. aus Neue Literarische Welt 3/23]
Müller, Sonja: Kindgemäß und literarisch wertvoll. Untersuchungen zur Theorie des guten Jugendbuchs – Anna Krüger, Richard Bamberger, Karl Ernst Maier. Frankfurt/ M. 2014. Zugl.: Frankfurt, Univ., Diss., 2012
Nassen, Ulrich: Jugend, Buch und Konjunktur 1933-1945. Studien zum Ideologiepotential des genuin nationalsozialistischen und deskonjunkturellen „Jugendschrifttums". Paderborn 1987

ders.: Konservative und nationalsozialistische Positionen der Jugendschrifttumskritik. Jugendliteraturkritik als Bestandteil praktischer Sozialhygiene (1927-1933). In: Dolle-Weinkauff, Bernd/ Hans-Heino Ewers (Hgg.): Theorien der Jugendlektüre. Beiträge zur Kinder- und Jugendliteraturkritik seit Heinrich Wolgast. Weinheim [u. a.] 1996, 261-269

Rothemund, Eduard: Aus der Lektoratsarbeit eines Jugendschriftenverlages. In: JSW 3 (1951) H. 8, 1-2

Schmidt-Dumont, Geralde: 60 Jahre ... Von der Jugendschriften-Warte zur kjl&m. Anmerkungen zur Geschichte einer Fachzeitschrift. In: kjl&m 61 (2009) H. 1, 74-78

Tetzner, Lisa: Liebeserklärung an Pippi. In: JSW 5 (1953) H. 11, 74

Tost, Birte: „Kennwort: Gegenwärtigkeit". Zur „Gegenwärtigkeits-Debatte" in der Jugendschriftenbewegung am Ende der Weimarer Republik. In: Dolle-Weinkauff, Bernd/ Hans-Heino Ewers/ Carola Pohlmann (Hgg.): Kinder- und Jugendliteraturforschung 2004/2005. Frankfurt/ M. 2005, 43-60

Weinkauff, Gina: Literaturpädagogik und Aktualität. Die Gegenwartsdebatte in der Jugendschriftenwarte 1930-32. In: Schmidt-Dumont, Geralde (Hg.): 100 Jahre Jugendschriftenwarte 1893-1993 Weinheim [u. a.] 1993 (Materialien Jugendliteratur und Medien; 30), 38-45

dies.: „Verständlich, unterhaltend und lehrreich zugleich" – Normen und Instanzen der Beurteilung von Kinder- und Jugendliteratur im historischen Wandel. In: Freudenberg, Ricarda/ Petra Josting (Hgg.): Norm und Normüberschreitung in der KJL und ihren Institutionen. München 2015 (kjl&m 15.extra), 31-44

Westphal, Fritz: Kurt Held und sein Buch „Die rote Zora". In: JSW 4 (1952) H. 3, 14

Wilkending, Gisela: Kritik der Jugendlektüre: Von der Mitte des 19. Jahrhunderts bis zur Herausbildung der Hamburger Jugendschriftenbewegung. In: Ewers, Hans-Heino/ Ulrich Nassen/ Karin Richter/ Rüdiger Steinlein (Hgg.): Kinder- und Jugendliteraturforschung 1996/97. Stuttgart [u. a.] 1997, 38-68

dies.: Die Kommerzialisierung der Jugendliteratur und die Jugendschriftenbewegung um 1900. In: Maase, Kaspar (Hg.): Schund und Schönheit. Populäre Kultur um 1900. Köln [u. a.] 2001, 218-251

dies.: Reformpädagogik, „Altersmundart" und Dichtung „vom Kinde aus". In: Dolle-Weinkauff, Bernd/ Hans-Heino Ewers (Hgg.): Theorien der Jugendlektüre. Beiträge zur Kinder- und Jugendliteraturkritik seit Heinrich Wolgast. Weinheim [u. a.] 1996, 27-49

Petra Josting

Die *Vereinigten Deutschen Prüfungsausschüsse* im NS-Staat

Kinder- und Jugendliteratur und die Prüfungsausschüsse um 1900

In der zweiten Hälfte des 19. Jahrhunderts wächst die spezifisch adressierte Kinder- und Jugendliteratur (KJL), betrachtet man sie im Kontext der Entwicklung des literarischen Marktes insgesamt, überproportional an. Die Ursachen dafür sind vielschichtig. Mit Blick auf das ökonomische System machen die Ausweitung des Buchmarktes und der technische Fortschritt KJL zu einer Massenware. Aus sozialer Sicht ist die flächendeckende Einführung der Schulpflicht und die damit einhergehende Alphabetisierung von Bedeutung, die den Kreis der kindlichen und jugendlichen Leser*innen enorm vergrößert, worauf mit Volks- und Jugendbibliotheken reagiert wird, wie auch mit spezifischen Jugendbuchabteilungen innerhalb von Arbeiterbibliotheken, wie es sie beispielsweise bei Krupp gab. Damit einher geht eine politische Dimension der KJL, denn sie wird Teil der nationalen Gedächtniskulturen und bekommt damit die Funktion der politischen Meinungs- und Identitätsbildung zugewiesen, insbesondere mit dem Ziel, Vaterlandsliebe und Staatsbewusstsein zu befördern (vgl. Wilkending 2008, 8 ff.). Gegen diese und andere Formen der sog. Tendenzliteratur (nicht nur) auf dem KJL-Markt, mit der Literatur für bestimmte Zwecke vereinnahmt wird, wenden sich fortschrittliche Lehrer*innen wie Heinrich Wolgast, die sich für einen künstlerischen Anspruch der KJL und literarische Bildung stark machen; maßgeblich auch für die Heranwachsenden aus der Arbeiterschaft, wie in seinem viele Jahrzehnte als Standardwerk zur KJL-Kritik geltendem Buch *Das Elend unserer Jugendliteratur* (1896) nachzulesen ist. Auf heftige Kritik stieß ebenso der *Heftchen*-Markt mit seinen seriellen Erzählungen, der um 1900 etwa die Hälfte des KJL-Angebotes für Kinder und Jugendliche ausmacht.

Mit dem Sichten und Bewerten des wachsenden KJL-Marktes beschäftigte sich gegen Ende des 19. Jahrhunderts die nichtgymnasiale Lehrerschaft, die in etlichen Regionen und Städten Jugendschriftenausschüsse bildete; in Hamburg z. B. im Jahr 1888, wo Heinrich Wolgast bis 1895 den Vorsitz innehatte. Je nach politischer, pädagogischer, literarästhetischer und religiöser Ausrichtung ließen die Ausschüsse jedoch sehr unterschiedliche Maßstäbe walten. Um diese Bewertungsarbeit auf ein einheitliches Fundament zu stellen, entschlossen sie sich, als Diskussionsforum eine Zeitschrift herauszugeben, die 1893 gegründete *Jugendschriften-Warte* (JSW). Ein weiterer wichtiger Schritt war die Gründung der *Vereinigung deutscher Prüfungs-Ausschüsse für Jugendschriften* am 14.5.1894 in Stuttgart (vgl. Zimmermann 1990, 5), die auf Basis der Bewertungsarbeit zahlreiche Empfehlungslisten herausgaben und sich intensiv zur *Schmutz- und Schund*-Debatte äußerten. Zudem erschienen von einzelnen Mitgliedern

Anthologien mit ausgewählten Märchen, Fabeln, Sagen oder Reimen sowie auch etliche preiswerte Reihen mit literarästhetisch anspruchsvoller KJL. Der institutionelle Zusammenschluss konnte die unterschiedlichen Maßstäbe jedoch nicht aufheben, und so standen den als *links* verpönten Hamburgern um Wolgast, die auf das Postulat der Zweckfreiheit von Kunst pochten, andere Ausschüsse gegenüber, die nach wie vor KJL als Mittel zur religiösen, moralischen und patriotischen Erziehung einsetzen wollten (vgl. ebd., 11).

Die Aufarbeitung der Geschichte der *Vereinigten Deutschen Prüfungsausschüsse für Jugendschriften* (VDP) erfolgte bislang nur rudimentär, denn sie bezieht sich lediglich auf einzelne Landesverbände wie Berlin, Hamburg und Bayern und betrachtet zudem in unterschiedlicher Tiefe nur deren Anfänge bis zur Weimarer Republik (vgl. Schmidt-Dumont 1990). Deutlich aber werden die Heterogenität hinsichtlich der Auffassung, was denn als *gutes* Jugendbuch zu verstehen ist, wie auch die vielfältigen Aktivitäten der in den Ausschüssen tätigen Lehrerschaft. Insofern verwundert es nicht, dass der NS-Staat sich das Ziel setzte, die VDP innerhalb des Nationalsozialistischen Lehrerbundes (NSLB) *gleichzuschalten*, wie er es mit anderen Institutionen auf parteiamtlicher oder staatlicher Ebene auch praktizierte. Der absolute Führungsanspruch der Nationalsozialisten machte insbesondere vor dem kulturellen Sektor nicht halt.

Der NSLB als führender Verband der Erzieher*innen

Wie bei den meisten Gliederungen und Verbänden der NSDAP reichen die Anfänge des NSLB in die 1920er-Jahre zurück. Als Vorläufer ist die 1923 in München gegründete *Arbeitsgemeinschaft des Bundes völkischer Lehrer* anzusehen, die sich 1925 zur *Freien Gruppe nationalsozialistischer Lehrer* formierte und sich Ende 1929 dem NSLB anschloss, der bereits 1927 in Hof gegründet wurde, mit zunächst überwiegend Mitgliedern aus Bayern, Sachsen und Thüringen (vgl. Feiten 1981, 41 ff.). 1929 erfolgte die Ausdehnung auf ganz Deutschland, Hans Schemm wurde zum *Reichsleiter* (später *Reichswalter*) ernannt, der von Bayreuth aus den Verband leitete. Nach dem Vorbild der Parteiorganisation wurden NSLB-Gauamtsleitungen eingesetzt, denen bis Ende 1931 sukzessive Kreis- und vielerorts Ortsgruppen folgten, womit der Grundstein für den vertikalen Ausbau einer einheitlichen Erzieherorganisation gelegt war. In ihr sollten alle erzieherisch Tätigen erfasst werden, vom Kindergarten über das Schulwesen bis hin zu den Hochschulen, was aber erst nach der Machtübernahme im Januar 1933 gelang.

Charakteristisch waren wie auch bei anderen Verbänden die Unterwanderung bestehender Organisationen mit nationalsozialistisch gesinnten Kräften und die spätere Fusion mit dem NSLB, die sog. Gleichschaltung im Erziehungswesen. In diesem Kontext sind die beiden Reichstagungen des NSLB in Leipzig vom 8./9. April 1933 und die in Magdeburg vom 7./8. Juni 1933 von besonderer Bedeutung (vgl. Jahrbuch 1935, 255). Vor allem die Leipziger Veranstaltung ging als das „Potsdam der deutschen Erziehung" (ebd., 278) in die Geschichte des NSLB ein, wo man mit religiös untermauerten Richtlinien aufwartete und dem expliziten Verweis, dass der Nationalsozialismus auf dem Boden des Christentums stehe. Unter tosendem Beifall gelobte Schemm Adolf Hitler, dass die „gesamte deutsche Erzieherwelt" dafür sorgen werde, dass „die deutsche Jugend [...] in Deine Ideenwelt, in Deine Gedanken, in Deine Willensrichtung hineinwächst" (ebd., 282). Noch im selben Monat schlossen sich der Allgemeine Deutsche Lehrerverein und der Katholische Lehrerverein Bayern dem NSLB an bzw. lösten sich auf, weitere folgten, sodass die Fusion der alten Lehrerverbände im Sommer 1933 weitgehend vollzogen war. Als Schemm im Frühjahr 1935 starb, waren die Organisationsstrukturen des NSLB festgelegt (vgl. Feiten 1981, 76-132). Sein Nachfolger Fritz Wächtler, der zu den Gründungsmitgliedern des NSLB gehört und seit 1932 Volksbildungs-, seit 1933 Innenminister von Thüringen war, nahm noch einige personelle und organisatorische Veränderungen vor, um den Verband besser in das Parteileben zu integrieren (vgl. ebd., 149), die im Jahre 1938 abgeschlossen waren.

Die Einflussnahme des NSLB auf den KJL-Markt

Als Einheitsorganisation aller Erzieher*innen beanspruchte der NSLB die Fortsetzung der bislang von den VDP durchgeführten Sichtung, Prüfung und Empfehlung der gesamten KJL. Parallel zur *Gleichschaltung* erfolgte wie in anderen Bereichen des NS-Systems eine *Neuordnung* des Organisationsapparates, die 1935/36 weitgehend abgeschlossen war und als Konsolidierung bezeichnet wird. Eine Zäsur bildete wenige Jahre später der Kriegsausbruch, womit zunehmend weniger Mitarbeiter zur Verfügung standen, sodass schließlich die Arbeit eingestellt werden musste. Ein weiteres, für das NS-System typisches Kennzeichen ist der Aufbau von konkurrierenden Organisationen. Im KJL-Sektor erhob neben dem NSLB vor allem die Reichsjugendführung (RJF) der Hitler-Jugend den Führungsanspruch, und zwar sowohl im Hinblick auf theoretische Überlegungen und die Herausgabe von Leitlinien als auch hinsichtlich der Bewertung einzelner Bücher, der Herausgabe von Empfehlungslisten, Vergabe von Preisen etc. Doch auch die Reichsstelle zur Förderung des deutschen Schrifttums unter der Leitung Alfred Rosenbergs sah sich zuständig (vgl. Josting 1995, 23 ff. u. 52 ff.).

Die *Gleichschaltung* der VDP und JSW

Was die *Gleichschaltung* und *Neuordnung* der VDP betrifft, so ist schwer einzuschätzen, in welchem Umfang deren Mitglieder hinter der sog. inneren Erneuerung standen, denn letztlich kam sie der Auflösung der Ausschüsse gleich. Unter dem neuen Vorsitzenden Max Fehring, der John Barfaut im Hamburger *Vorort* der VDP ablöste, tagte am 6. Juni 1933 in Magdeburg der Gesamtvorstand der VDP, der ein in der Juli-Ausgabe der JSW abgedrucktes 8-Punkte-Programm zur Neuorganisation der KJL-Arbeit ausarbeitete, in dem die VDP mit keinem Wort erwähnt werden (vgl. Jürgens 1933, 55). Um ein Kalkül dürfte es sich dabei nicht gehandelt haben. Zwar schrieb Wilhelm Fronemann, langjähriges Mitglied im Frankfurter Jugendschriftenausschuss und tonangebendes Mitglied der VDP, Ende April 1933 einen Brief an Barfaut, in dem er sich dafür aussprach, „die 40-jährige Arbeit zu retten" (zit. nach Aley 1967, 6), doch gilt es zu bedenken, dass er und andere langjährige VDP-Mitarbeiter, wie z. B. Severin Rüttgers,[1] der *nationalen Revolution* durchaus wohlgesonnen waren. Für diese Annahme spricht ein Brief Fronemanns Ende 1933 an den NSLB, in dem er mit Bezug auf die Marburger Tagung schreibt:

1 Severin Rüttgers (1876-1938) war ebenfalls einer der führenden Vertreter der Jugendschriftenbewegung der 1920/30er-Jahre, der im *Dritten Reich* als „Wegbereiter einer neuen völkischen Erziehung" und als „nationalsozialistischer Schulreformer" gefeiert wurde (Rudolph 1979, 22).

„Ich habe mich […] bei meiner scharfen politischen Rechtsstellung an der Seite von Rüttgers in starkem Gegensatz zur Mehrheit und zur Hamburger Reichsleitung befunden. [...] ich empfinde es als [...] ungerecht, mich mit den Taten der alten Ausschüsse zu belasten. Theorie und Wirklichkeit klafften dort weit auseinander. Gegen die Theorie vom soziologischen Prinzip in der Jugendschriftenkritik habe ich gleich Rüttgers in schärfster Weise Front gemacht [...], weil ich in diesem Prinzip getarnte marxistische, wenn nicht gar kommunistische Tendenzen sah."[2]

Offenbar gab es im Laufe des Jahres 1933 aber doch noch Versuche, die Zerschlagung vierzigjähriger Arbeit der VDP zu verhindern, denn Fehring legte der Reichswaltung des NSLB einen auf den 7. Oktober 1933 datierten erweiterten „Vorschlag zur Organisation der Arbeit am deutschen Jugendschrifttum"[3] vor. Darin befürwortet er erneut den Einbau der VDP in den NSLB, bekennt sich zum „Führergedanken", doch im Unterschied zum 8-Punkte-Programm von Magdeburg weist er den VDP nun eine zentrale Rolle zu: So sollen „die V.D.P. […] als Reichsvorort für das Jugendschrifttum" weiterbestehen und als „Mittelstelle […] mit der Reichsstelle Bayreuth" zusammenarbeiten; des Weiteren soll „der in Hamburg aufgebaute Apparat (Geschäftsstelle, Bücherei, Karthotek, Archiv) […] für die weitere Arbeit erhalten" bleiben.[4] Der Vorschlag stieß in Bayreuth auf entschiedene Ablehnung, wie den handschriftlichen Randbemerkungen zu entnehmen ist, und die weitere Entwicklung zeigt, dass den VDP kein Aktionsraum zugestanden wurde. Eine offizielle Auflösungsverfügung an die VDP hat es nie gegeben (vgl. Rothemund 1935, 900). Sie verschwanden in dem Maße, wie die neue Organisationsform des NSLB sich durchsetzte, in der viele ehemalige VDP-Mitglieder als Sachbearbeiter für sog. Jugendschrifttumsfragen weiterarbeiteten.

Auf Reichsebene traten die VDP letztmalig im Dezember 1934 als Herausgeber der JSW in Erscheinung. Die Entwicklung der von den VDP seit 1893 herausgegebenen Zeitschrift zeigt, dass der für den *Gleichschaltungsprozess* typische Personalwechsel auch hier rechtzeitig erfolgte, denn bereits im Januar 1933 übergab Ernst Stapelfeldt nach zwölfjähriger Tätigkeit die Leitung der liberal-demokratisch ausgerichteten Zeitschrift an Franz Jürgens. Stapelfeld offizielle Begründung für sein Ausscheiden, er wolle sich neuen Aufgaben widmen und jüngeren Mitarbeitern Platz machen (vgl. Stapelfeld 1933), kann über einen letztlich erzwungenen Rücktritt nicht hinwegtäuschen. Sowohl die Äußerungen des neuen Schriftleiters Franz Jürgens zum *Neuaufbau der Arbeit am deutschen Jugendschrifttum* (vgl. Jürgens 1933) als auch die von Max Fehring, dem Nachfolger John Barfauts, bezeugen ein hohes Maß an Sympathie für die *nationale Revolution* und deren Ideengut (vgl. Fehring 1933a u. 1933b).

Erst im Sommer 1934 führte der Lehrer Eduard Rothemund, seit 1933 von Bayreuth aus für KJL innerhalb des NSLB zuständig, zum ersten Mal ein Gespräch über die Zukunft der JSW mit den Hamburger Herausgebern, denen er zusicherte, die Zeitschrift „innerlich und äußerlich neu gestaltet"[5] zu erhalten. Die Befürchtungen der Hamburger, das Erscheinen der JSW könne eingestellt werden, weil sie dem *neuen Geist* nicht entspreche, waren durchaus berechtigt, wie einem Brief von Theodor Seidenfaden, dem Sachbearbeiter für Jugendschrifttum aus dem Gau Köln-Aachen,

2 S. den Brief Fronemanns an den NSLB vom 4.12.1933, 10 (BArch, NS 12/618).
3 S. das Schreiben von Fehring an die Reichswaltung des NSLB vom 7.10.1933 (BArch, NS 12/43).
4 Vgl. ebd.
5 Vgl. das Schreiben von Rothemund an den Gau Hamburg vom 22.8.1934 (BArch, NS 12/71).

vom August 1934 zu entnehmen ist. Seidenfaden schlug vor, anstelle der JSW innerhalb der *Reichszeitung der deutschen Erzieher* eine Beilage für die Erörterung von KJL-Fragen einzurichten.[6] Rothemund zeigte sich über das Engagement seines Kollegen sehr erfreut, unterrichtete ihn von seinem Wunsch, die JSW möglichst bald in veränderter Form von Bayreuth aus herauszugeben und bat ihn für dieses Vorhaben um tatkräftige Unterstützung,[7] doch war er selbst so ausgelastet mit anderen Arbeiten, dass für die JSW keine Zeit blieb. Er bat die Hamburger deshalb um Geduld, die VDP sollten lediglich mit der Nummer 1 des Jahres 1935 nicht mehr als Herausgeber auftreten, Jürgens aber weiterhin die Verantwortung bzw. Schriftleitung behalten.[8] In Hamburg war man deshalb zuversichtlich und vermied geschickt taktierend jede offene Konfrontation mit der Reichswaltung. In einem von Fehring verfassten Geleitwort für die Januar-Ausgabe der JSW heißt es:

> „Dem vierzigsten Jahrgang zum Geleit!
> Mit dem neuen Jahrgang der ‚Jugendschriftenwarte' zeichnet die Reichsamtsleitung des NSLB, Bayreuth als Herausgeber. Wir freuen uns, dies allen unseren Beziehern, alten wie neuen, mitteilen zu können, und erblicken darin nicht nur Zustimmung unserer Arbeit, sondern alle Mitarbeiter verpflichtende Zielsetzung. Hamburgs Jugendschriftler fühlten angesichts der mehr als vierzigjährigen Arbeit am Jugendschrifttum die Dringlichkeit besonders stark, das Lebendige aus dieser Arbeit zu bewahren und die Organe zu erhalten, die diese Arbeit haben gestalten helfen. Daß dies nun gelungen ist, verdanken wir nicht zum mindesten dem allzeit wachgebliebenen Interesse, das sich in vielen geduldigen und ungeduldigen Zuschriften äußerte.
> Wir wissen, daß die ‚Jugendschriftenwarte' sich – getragen von der Gemeinschaft aller Erzieher im NSLB – mit gleichem Eifer und gleichem Ernst den dringenden Arbeiten am Jugendschrifttum widmen kann."[9]

Rothemund verweigerte allerdings den Abdruck dieses Geleitwortes und verfasste stattdessen ein neues, in dem unmissverständlich zu lesen ist, dass er ab 1.4.1935 die Neuausrichtung der JSW übernehmen werde (vgl. Roder/Rothemund 1935a, 2). Damit war die Ausschaltung der Hamburger Mitarbeiter besiegelt, die jedoch erst Anfang Februar 1935 davon in Kenntnis gesetzt wurden, dass man „nach reiflicher Überlegung" und „Rücksprache" mit Schemm nunmehr beschlossen habe, „Verlag, Druckerei und Schriftleiter" ab 1.4.1935 zu wechseln und alle Verantwortlichkeiten der Bayreuther Jugendschriftenstelle zu übergeben; die verbleibenden Arbeiten solle Jürgens noch bis zur März-Ausgabe erledigen.[10] Nach außen vermittelte der NSLB natürlich den Eindruck, die Übergabe der JSW an den NSLB sei freiwillig erfolgt. In der April-Ausgabe der JSW veröffentlichte er bezeichnenderweise auf der letzten Seite und fast übersehbar folgenden „Dank an Hamburg":

> „Wir danken an dieser Stelle der Gauamtsleitung Hamburg im NSLB und allen Hamburger Kollegen, die als Schriftleiter, Mitarbeiter, Herausgeber und Verlagsträger die Jugend-

6 Vgl. das Schreiben von Seidenfaden an Rothemund vom 10.8.1934 (BArch, NS 12/72).
7 Vgl. das Schreiben von Rothemund an Seidenfaden vom 22.8.1934 (BArch, NS 12/72).
8 Vgl. das Schreiben von Rothemund an den Gau Hamburg vom 29.11.1934 (BArch, NS 12/71).
9 S. die Anlage des Schreibens des Gaues Hamburg an Bayreuth vom 5.1.1935 (BArch, NS 12/71).
10 S. das Schreiben von Bayreuth an den Gau Hamburg vom 5.2.1935, [1] (BArch, NS 12/71).

> schriftenwarte über die Schwierigkeiten der letzten beiden Jahre glücklich hinübergeführt und nun das Werk, das ein Menschenalter lang von Hamburg aus betreut worden ist, der Gesamtbewegung der deutschen Erzieherschaft zur Verfügung gestellt haben. Wir werden das uns übergebene Erbe getreu verwalten und es in Zusammenarbeit mit allen, die am deutschen Jugendschrifttum schaffen, mehren und einfügen als lebendiges Glied in den Gesamtorganismus unseres nationalsozialistischen Erziehungswerkes."[11]

Weder Fehring noch Jürgens, der sich im März 1935 in der JSW pflichtgemäß mit einer Danksagung bei Kollegen und Lesern verabschiedete (vgl. Jürgens 1935), traten in späteren Ausgaben der Zeitschrift als Mitautoren in Erscheinung. Unter der Schriftleitung von Rothemund erschien die JSW ab April 1935 im Stuttgarter Verlag Thienemann in einer neuen Aufmachung. Erst von diesem Zeitpunkt an kann die Zeitschrift, die sich im deutschsprachigen Raum als einzige ausschließlich mit Fragen des Jugendschrifttums beschäftigte, als ein den wahrhaft *neuen Geist* verkörperndes Organ angesehen werden. Neben einem vier- bis achtseitigen Aufsatzteil wurden die bisher in der Rubrik *Bücherschau* abgedruckten Buchbesprechungen fortan in einem separaten Karteiteil publiziert, der pro Ausgabe 32 Karteikarten enthielt (vgl. Roder/Rothemund 1935b, [17]). Offiziell war die JSW „ein Ausdruck der inneren Einheit aller Mittler am deutschen Jugendbuche" (Rothemund 1937, 95), de facto aber meldeten sich primär NSLB-Angehörige und Fachleute zu Wort, die der NSLB zur Bearbeitung von Teilaspekten der KJL ansprach.

Der Aufbau von Abteilungen für *Jugendschrifttum*

Bereits im Sommer 1933 begann der NSLB in Bayreuth unter der Federführung von Eduard Rothemund mit dem Aufbau eines neuen, landesweiten Organisationsapparates zur Lenkung des KJL-Marktes. Seine Arbeit unterstand zunächst als *Sachgebiet Jugendbuch* bis Ende 1935 der aus 15 Sachgebieten bestehenden Abteilung *Erziehung und Unterricht* innerhalb des NSLB (vgl. Jahrbuch 1935, 300). Im Dezember 1935 aber erhielt der NSLB seitens der NSDAP die Erlaubnis, innerhalb der Reichswaltung in Bayreuth eine Abteilung *Schrifttum* einzurichten,[12] womit dem Vormachtstreben anderer Institutionen vorerst ein Ende gesetzt wurde und die Basis für eine straffe Organisation der KJL-Arbeit im NSLB geschaffen war. Die unter die Leitung von Paul Georg Herrmann gestellte *Hauptstelle Schrifttum* gliederte sich in vier Unterabteilungen: *Jugendschrifttum* (Rothemund), *Zeitschriften* (Deyerling), *Bücherei* (Ruß), *Begutachtung von Büchern und Lehrmitteln* (Herrmann). Rothemund steuerte somit zentral von Bayreuth aus für den NSLB die gesamte KJL-Arbeit.

Auf Gauebene verlief der Aufbau je nach Region sehr unterschiedlich. Sachsen und Schwaben z. B. meldeten bereits im Frühjahr 1934 eine sowohl auf Gau- als auch auf Kreisebene funktionsfähige Organisationsstruktur, sodass hier von Anfang an regel-

---

11 S. die von Kolb gezeichnete Danksagung in der JSW 40 (1935), [32].

12 Vgl. das Schreiben Bayreuths an den Gau Schlesien vom 11.12.1935 (BArch, NS 12/77), in dem mit Verweis auf die soeben erschienene Nummer 3 der amtlichen *NSLB-Presseanweisungen* diese Bekanntmachung enthalten ist. Die Presseanweisungen sind in der BRD lediglich im Bundesarchiv vorhanden, dort aber erst ab der Nr. 8, sodass die direkte Quelle nicht zitiert werden kann.

mäßig und in großem Umfang KJL rezensiert wurde.[13] In einem 1934 verfassten Brief des Sachsener Gausachbearbeiters Curt Lenzner nach Bayreuth heißt es:

> „Die Begutachtung von Jugendschriften erfolgt in Sachsen nicht mehr durch Jugendschriftenausschüsse, die samt und sonders aufgelöst worden sind, sondern nur durch verantwortliche Persönlichkeiten, die von den politischen Führern des NSLB berufen worden sind. [...] Die der Gaustelle zugehenden Jugendschriften werden zu Werbezwecken verwendet. Das in Dresden verbleibende Exemplar wird in die als Dauerausstellung eingerichtete Bücherei der Gaustelle eingereiht. Diese Bücherei weist bereits einen Bücherbestand von über 12.000 Bänden auf."[14]

Eine rege Rezensionstätigkeit meldeten auch die Gaue Baden, Groß-Berlin, Bremen, Essen, Kurmark, Magdeburg-Anhalt, Sachsen, Schwaben, Weser-Ems und Westfalen Nord.[15] Schlesien und Pommern wiesen Rothemunds Vorwurf, nicht gearbeitet zu haben, entschieden zurück und erklärten die nicht in Bayreuth eingegangenen Rezensionen mit dem Verlust der Briefsendungen.[16] Keine Aktivitäten in Sachen KJL-Bewertung gab es 1934 in Danzig, Düsseldorf, Hamburg und Köln-Aachen. In Hamburg handelte es sich bei dem zuständigen Gausachbearbeiter um den ehemaligen Vorsitzenden Fehring, der mit seinem Versuch, die alten Ausschüsse in die nationalsozialistische *Jugendschrifttumsarbeit* zu integrieren, gescheitert war. Seine Weigerung, Bücher zu rezensieren, kann als Protest gegen die Neuorganisation gewertet werden, die für ihn persönlich nur eine Nebenrolle vorsah. Aus dem vorhandenen Briefwechsel geht nicht hervor, wann Fehring, der später die Leitung der Zeitschriftenstelle der Gauwaltung Hamburg übernahm, von seinem Nachfolger Specht abgelöst wurde und ob er freiwillig ging.

Die offiziellen Aufgaben der Jugendschriftenstellen

Die in einer sog. Dienstanweisung aufgelisteten Arbeitsschwerpunkte verdeutlichen, worum sich die in den Jugendschriftenstellen ehrenamtlich tätigen Erzieher*innen kümmern sollten:

> „1) Lektoratsarbeiten für die Jugendschriftenstelle der Reichswaltung des NSLB, von der sie die Bücher zugestellt erhalten. Weitere Beurteilungsarbeiten sind für die Reichsstelle zur Förderung des deutschen Schrifttums und für die Gaupresse des NSLB zu leisten.
> 2) Werbearbeit für die in der Jugendschriftenwarte positiv besprochenen Werke, soweit sie über die Reichswaltung jedem Gau zugehen. Diese Werbearbeit umfaßt vor allem Kurzbesprechungen in der NSLB-Presse, möglichst auch ausführliche Besprechungen in der Parteitagespresse, Aufstellung von Teillisten für die Kreise und Abschnitte, Ausstellung in kleinen Musterbüchereien.
> 3) Ständige Werbung für die Jugendschriftenwarte und Zuleitung von passenden Artikeln.
> 4) Verbreitung der von der Jugendschriftenstelle der Reichswaltung gefertigten Verzeichnisse (Das Buch der Jugend / Deutsches Wesen und Schicksal / Für Fest und Feier).

---

13 1935 schickte Sachsen fast wöchentlich Rezensionen nach Bayreuth (vgl. den Schriftwechsel von Sachsen mit Bayreuth; BArch, NS 12/74).
14 S. das Schreiben des Gaues Sachsen an Bayreuth [Ende 1934] (BArch, NS 12/74).
15 Vgl. den Aktenbestand BArch, NS 12/70-76.
16 Vgl. das Schreiben des Gaus Pommern vom 15.6.1934 (BArch, NS 12/73).

5) All diese obigen Maßnahmen sind ein Teil der ständig zu leistenden Werbe-Aufklärungsarbeit für das deutsche Jugendschrifttum. Es muß auch im letzten Winkel des Gaues das Vorhandensein der Gaujugendschriftenstelle bekannt werden und damit auch die Gewißheit, hier eine Stelle zu haben, die in Verbindung mit der Jugendschriftenstelle der Reichswaltung in allen Fragen des Jugendbuches, der Schülerbücherei und der Klassenlesestoffe zuverlässig berät.
6) Dazu ist notwendig, daß für jeden Kreis ein Kreissachbearbeiter für Jugendschrifttum bestellt wird, der zugleich in die Beurteilungsarbeit mit eingespannt werden kann. Die Kreissachbearbeiter sind durch den Gausachbearbeiter mindestens einmal im Jahr zu einer Wochenendschulung zusammenzufassen.
7) Aus den durch unser Abkommen mit den deutschen Jugendschriftenverlegern eingehenden, in der Jugendschriftenwarte positiv besprochenen Werken und womöglich auch aus den übrigen Beurteilungsstücken, soweit diese nicht an die Mitarbeiter als Gegenleistung für ihre Arbeit gegeben werden, ist eine mustergültige Gaujugendbücherei zu schaffen. Da die so eingehenden Bücher natürlich nicht genügen, hat jeder Gau Mittel bereit zu stellen, um die Jugendbücherei durch Kauf ausbauen zu können. Auch sonst hat der Gau für eine notwendige Finanzierung der Jugendschriftenstelle zu sorgen. Es darf nicht wieder vorkommen, daß selbst so einfache Anschaffungen wie Karteikarten, Bücherregale usw. nicht genehmigt werden.
8) Die Bestände der Gaujugendbücherei a) für eine ständige Beratung der ortsansässigen Kollegen und b) zu Ausstellungszwecken zu verwerten. Die Gaustelle hat dafür Sorge zu tragen, daß mindestens in den Monaten vor Weihnachten alle größeren Orte des Gaues mit einer Jugendbuchausstellung bedacht werden. Sie soll möglichst in der Zeit vor Ostern wiederholt werden.
9) Bei der Schaffung guten heimatgebundenen Schrifttums hat die Gaustelle mitzuwirken und das gesamte Heimatschrifttum durch ein Heimatverzeichnis der Erzieherschaft und Öffentlichkeit des Gaues nahezubringen.
10) Die Woche des Buches, Schulungslager, NSLB-Veranstaltungen aller Art bieten immer wieder Möglichkeit, sich für das deutsche Jugendschrifttum einzusetzen. Wie diese Möglichkeiten ausgenützt werden, das wird die Tatkraft und die Einsatzfreudigkeit des Gausachbearbeiters bestimmen. Von ihm hängt die Breiten- und Tiefenarbeit seiner Stelle ab.
11) Die ‚Gaustelle für Jugendzeitschriften' (‚Hilf-mit!') untersteht organisatorisch der Jugendschriftenstelle.“[17]

Die Aktivitäten der Jugendschriftenstellen

Die Recherchen in den Archivbeständen des NSLB in Sachen *Jugendschriftenarbeit* wie auch die Auswertung der von ihm herausgegebenen Zeitschriften, Jahrbücher, Reihen, Verzeichnisse etc. verweisen bis etwa 1940/41 auf rege Aktivitäten seitens der Bayreuther Reichswaltung und zahlreicher Gaustellen. Wie in der oben zitierten *Dienstanweisung* nachzulesen, bestand die Hauptaufgabe im Rezensionswesen, auf dessen Basis einzelne Bücher empfohlen und Verzeichnisse herausgegeben wurden. Eine dafür zu klärende Frage war die nach dem *guten* und *spezifischen* Jugendbuch, die der NSLB über mehrere Jahre kontrovers mit der RJF öffentlich diskutierte. Die

17 S. das Rundschreiben der Reichswaltung des NSLB, Abt. Schrifttum vom 15.10.1936, [1] f. (BArch, NS 12/1391).

Klärung dieser grundsätzlichen Frage war zudem notwendig, um *minderwertiges* Jugendschrifttum abzugrenzen, um sich mit einzelnen Gattungen auseinanderzusetzen und natürlich auch für die Organisation von Jugendbuchausstellungen, Wettbewerben und Schulungen der eigenen Mitarbeiter*innen.

Die Diskussion um „gute", „spezifische" und „minderwertige" KJL

Die Diskussion bzw. der *Kampf* um KJL ist eingebunden in eine Auffassung von Ästhetik, die in die Weimarer Republik zurückreicht, als sich völkisch-nationale Stimmen mehrten, denen zufolge auch die Literatur, respektive KJL, ihren Beitrag zum *Volkstum* und *Deutschtum* leisten sollte. Im NS-Staat wurden diese und andere Forderungen aufgegriffen, teilweise umfunktionalisiert und erweitert. Postuliert wurde eine „Literatur mit positivem Vorzeichen" (Lüddecke 1935) in Abgrenzung zur angeblichen Dekadenz der Weimarer Republik. Angesagt war der neue *jugendliche* Menschentyp, in dem sich unabhängig vom Alter „Heroismus paart mit kältester Sachlichkeit" (Lüddecke 1931, 263). Der *deutsche Held* sollte sich bewähren im „Kampf Mann gegen Mann" und im „Kampf zwischen Mensch und Material" (Lüddecke 1935), womit das Programm einer politisch instrumentalisierten Literatur propagiert wurde, die *organisch* mit dem *Leben* verbunden sein sollte (vgl. Hopster/Nassen 1985, 556).

Formal nahmen die Vertreter des NSLB und der RJF Wolgasts Grundthese, das Jugendbuch müsse ein Kunstwerk sein, für sich in Anspruch, legten aber gänzlich andere Kriterien zugrunde. Entschieden distanzierte sich die RJF von Wolgast, der für sie den zu bekämpfenden Pädagogen vergangener Zeiten repräsentierte, lehnte aber ebenso wie dieser eine *spezifische* Jugendliteratur, eine für die Jugend *gemachte* Literatur konsequent ab (vgl. Helke 1938, 251 ff.). Demgegenüber forderte der NSLB, Alter und Erkenntnisvermögen der Leser*innen zu berücksichtigen:

> „Wir wollen im Buch sehen: Deutsches Wesen, nationalsozialistische Haltung in künstlerischer Gestaltung. Und wir wollen im Jugendbuche das gleiche sehen, aber in der Anpassung an die Altersstufe. [...] Da wir nicht wieder dem jungen Menschen zu schweres Futter vorsetzen wollen, das er nicht verdauen kann, da ein wichtiger Grundsatz beim Hinführen zum Kunstwerk heißt: Abwarten!, so wollen wir die Forderung der Kinder- und Jugendtümlichkeit als zweite Hauptforderung neben die gesinnungsmäßige stellen." (Jennrich 1935, 414)

Unterschiedliche Auffassungen gab es zwischen NSLB und RJF auch hinsichtlich des *guten* und *neuen* Jugendbuchs. Während Rothemund als Vertreter des NSLB mit der *ganzheitlichen* Idee des „Volks- und Menschentum(s)" (Rothemund 1934, 9) argumentierte, stellte die RJF das neue Verständnis von *Jugendlichkeit* stets in den Vordergrund. Die von allen Instanzen proklamierte *Wahrheit* und *Echtheit* der Darstellung war für sie nur dort gegeben, wo die Literatur ein Spiegel des Lebens der neuen Jugend war, wo sie ihre „Haltung" (Helke 1935, 35 f.), sprich ihren *Kampfesmut*, ihr *Heldentum*, ihre *Lebensbejahung* spiegelte. Sie übertrug damit den im Rahmen der Diskussion um das neue Verständnis von *Jugendlichkeit* erhobenen Führungsanspruch auf die Bewertung von KJL und in Ansätzen sogar auf die Jugendbuchproduktion, indem sie die Forderung erhob, Jugendbücher, die das „Erlebnis der Jugend" (Fervers 1934, 70) thematisierten, möglichst von den jungen Menschen selbst schreiben zu lassen.

Hintergrund der Debatten um das *neue* und *gute* Jugendbuch war nicht nur der Wille, eine neue Programmatik zu formulieren, sondern zum einen auch die Tatsache, dass noch Jahre nach 1933 immer wieder der Mangel an sog. guten Büchern beklagt wurde, den man auf das niedrige Honorar von KJL-Autor*innen zurückführte (vgl. z. B. Görz 1937, 29); man warf Verleger*innen und Buchhändler*innen auch vor, zu wenig für empfohlene KJL zu werben (vgl. Fervers 1937, 58). Zum anderen versuchte man ab 1933/34 vehement, die Produktion pseudonationalsozialistischen Jugendschrifttums (*Konjunkturschrifttum*) einzudämmen, also KJL, die thematisch die Organisationen der HJ, des BDM etc. behandelte, dessen Fassade sich demnach gewandelt hatte, die aber nicht die gewünschte neue *Haltung* aufwies. Die ca. 1.500 Titel umfassende Neuproduktion des Jahres 1936 z. B. beurteilte man als miserabel, allenfalls „zehn wirklich wertvolle Jugendbücher" (Helke 1937, 1) seien darunter vorhanden. Neben dem *Konjunkturschrifttum* prangerte man die massenhaft in billigen Reihen verbreiteten, vorwiegend von Jungen gelesenen Abenteuer-, Kriminal- und Detektivromane sowie die von Mädchen bevorzugten Liebesromane als *minderwertig* bzw. *Schmutz* und *Schund* an, die schon in der Vergangenheit auf herbe Kritik gestoßen waren. Man befürchtete „charakterschädigende Wirkungen" und „eine literarische Geschmacksverwirrung", auch vermeintliche Nachahmungseffekte wurden mit Verweis auf Prozessberichte angeführt (Foerster 1936, 98 f.). Um die Heranwachsenden mit *guter* KJL zu versorgen, brachte der NSLB drei Schülerzeitschriften heraus (*Hilf-mit!*, *Deutsche Jugendburg* und *Deutsche Jugendburg A*), die sowohl zu Hause als auch in der Schule gelesen werden sollten, sowie die *Hilf-mit!-Schriftenreihe*.

Die Organisation des Rezensionswesens

Die Haupttätigkeit der Jugendschriftenstellen in den Gauwaltungen bestand darin, Jugendschriften zu begutachten. Teilweise wurden die Ergebnisse in der *Reichszeitung der deutschen Erzieher* abgedruckt, in der Mehrzahl aber bildeten sie die Grundlage für verschiedene Jugendbuchverzeichnisse, die der NSLB allein oder in Kooperation mit anderen Instanzen herausgab. Ein wichtiger Ausbau des Begutachtungswesens gelang ihm zunächst im Frühjahr 1935 mit der Übernahme der JSW. Die Institutionalisierung der Schrifttumsabteilung zum Jahreswechsel 1935/36 ermöglichte es ihm ferner, weitere Periodika herauszugeben, in denen regelmäßig Rezensionen publiziert werden konnten: ab Oktober 1936 die Zeitschrift *Nationalsozialistisches Bildungswesen*, ab Januar 1937 die Bibliografie *Aus der Arbeit der Hauptabteilung Schrifttum in der Reichswaltung des NSLB*, die als Beilage zu den *Rundschreiben der Reichswaltung des NSLB* erschien.

Die in Bayreuth eingegangenen *Vorgutachten* lieferten die Grundlage für die von Rothemund persönlich erstellten *Endurteile*. Ein Buch galt nicht mehr wie zu Zeiten der VDP als angenommen, wenn zwei Drittel der Gutachten positiv ausfielen, sondern das *Endurteil* wurde „auf dem Wege des persönlichen Entscheidens und der persönlichen Verantwortung des Abteilungsleiters" (Rothemund 1937, 95) erzielt. Es konnte also „durchaus geschehen, daß ein umfassend begründetes negatives Urteil" mehr Gewicht bekam „als drei positive, die weniger tief eindringen" (ebd.). Damit lag die Entscheidung für oder gegen ein Buch allein in den Händen von Rothemund, der die *Vorgutachten* als Grundlage nahm, sie aber sprachlich und inhaltlich überarbeitete.[18]

18 Vgl. den Aktenbestand BArch, NS 12/109-199.

Auf den Endgutachten sind immer der Name Rothemunds und der des Rezensenten zu finden, auf dessen Gutachten er sich primär stützte.

Nach Rothemunds eigenen Angaben ging jedes in Bayreuth erstellte *Endurteil* in Abschrift an die Reichsstelle zur Förderung des deutschen Schrifttums, die RJF, die Reichsstelle für volkstümliches Büchereiwesen und – sofern es in deren Aufgabenbereich fiel – an das Reichsministerium für Wissenschaft, Erziehung und Volksbildung (RU) sowie die Parteiamtliche Prüfungskommission zum Schutze des NS-Schrifttums (vgl. ebd.). Deckte sich das Gutachten der drei erstgenannten Stellen mit denen des NSLB nicht, überprüfte der NSLB sein Schlussgutachten und revidierte es unter Umständen; deckte es sich, befand sich der Vermerk *NSLB/RSt/RJF/RfV* auf den im Karteiteil der JSW abgedruckten *Urteilen*, und fand sich zudem der Vermerk *RU*, wurde das Buch in das *Verzeichnis der zur Beschaffung für Schulbüchereien (Lehrer- und Schülerbüchereien) geeigneten Bücher und Schriften* aufgenommen (vgl. ebd.). Ab dem Frühjahr 1941 schaltete sich zusätzlich die Abteilung VIII des Reichsministeriums für Volksaufklärung und Propaganda mit dem Vermerk *PR* in die Begutachtung von KJL ein, wie in der Rubrik *Mitteilungen* in der JSW nachzulesen ist.[19] Ob die von Rothemund beschriebene Kooperation, die ein hohes Maß an Kommunikation erforderte, tatsächlich so verlief, ist zu bezweifeln. Etliches spricht dafür, dass der NSLB zumindest versuchte, die RJF auszuschalten (vgl. Josting 1995, 45 f.).

Die Diskussion einzelner Gattungen und die Herausgabe von Verzeichnissen

Aufgrund des Anspruchs, den gesamten KJL-Markt zu sichten und zu bewerten, war auch die Beschäftigung mit einzelnen Gattungen notwendig, und da das Bilderbuch in der Regel das erste Buch ist, mit dem Kinder in Berührung kommen, begann der NSLB mit ihm die Gattungsdiskussion (vgl. Josting 1995, Kap. 4). Im Januar 1936 erhielten die Gauwaltungen von Rothemund den Auftrag, sich in Zusammenarbeit mit den Kreis- und Ortsstellen mit dem Thema *Bilderbuch* zu beschäftigen.[20] Eingeplant wurden für diese Arbeit ursprünglich sechs Monate, letztlich dauerte sie mehr als drei Jahre, was vermutlich an der fehlenden Bereitschaft und noch mehr an der fehlenden Expertise der Mitarbeiter*innen lag. Mit Aufsätzen und Empfehlungslisten traten in der JSW und anderen Zeitschriften vor allem Hugo Wippler, Rudolf Kreßner (Bilderbuchautor) und Bruno Arbeiter in Erscheinung. Die Diskussion des Märchens wurde 1937 gestartet,[21] in der JSW erschienen Beiträge in den Jahren 1938 bis 1943. Wieder zeigte sich, wie auch bei den noch folgenden Gattungsdiskussionen, dass offenbar aufgrund fehlender Kenntnisse die meisten Erzieher*innen mit dieser Aufgabe überfordert waren, und so begab man sich auf die Suche nach Fachleuten, die auf dem jeweiligen Gebiet bereits ausgewiesen waren. Im Falle der Märchen waren dies Ernst Lorenzen (Herausgeber diverser Märchensammlungen), Matthes Ziegler (veröffentlichte 1937 das Buch *Die Frau im Märchen*) und nach dem sog. Anschluss Österreichs die Wissenschaftler Karl von Spieß und Edmund Mudrak. Parallel zu den Märchen widmete sich der NSLB mit demselben Personal den Sagen, von 1938 bis 1940 folgten Aufsätze und Listen zur Abenteuerliteratur, ab 1939 ging es noch um Mädchenlitera-

19 S. JSW 46 (1941), 47 und 48 (1943), 15.

20 Vgl. die Mitteilung der Abt. Schrifttum im *Deutschen Bildungswesen: amtliche NSLB-Presseanweisungen* (1936) H. 26, G 3.

21 Vgl. die Mitteilung in den *Rundschreiben der Reichswaltung des NSLB* 1 (1937) H. 17/18, 6.

tur, Kriegs- und Soldatenbücher sowie Sportliteratur und Sachbücher, aber kriegsbedingt längst nicht mehr in dem bisherigen Umfang.

Die meisten Jugendbuchverzeichnisse und -listen des NSLB hatten empfehlenden Charakter. Von 1933 bis 1942 gab er in Zusammenarbeit mit anderen Instanzen, teilweise auch allein, jährlich ein Jugendbuchverzeichnis heraus, in dem sortiert nach Gattungen und Sachaspekten jeweils zwischen 600 und 1200 Titel empfohlen wurden. Außerdem veröffentlichte er Sonderlisten zu einzelnen Sachbereichen, deren Fertigstellung in einigen Fällen abgebrochen und auf die Zeit nach dem Krieg verschoben wurde. Die einmal jährlich erschienenen Jugendbuchverzeichnisse tragen z. B. den Titel *Das Jugendbuch im Dritten Reich* oder *Das deutsche Jugendbuch*. Vor 1933 waren vergleichbare bibliografische Arbeiten jährlich von der in Hamburg ansässigen Hauptverwaltung der VDP durchgeführt worden, die ihr Verzeichnis auf der Basis von etwa 12 Jugendbuchverzeichnissen erstellte, die von den einzelnen Landesverbänden der VDP herausgegeben worden waren und die deshalb einen hohen Anteil landschaftsgebundener Literatur beinhalten.

Neben den jährlich publizierten Verzeichnissen gab der NSLB eine Reihe von Listen zu einzelnen Sachbereichen der KJL heraus. Darunter fallen Heimatverzeichnisse wie *Das Sachsenland in der Jugendschrift* (1934), das *Verzeichnis mainfränkischer Jugend- und Heimatbücher* (1934), *Thüringer Heimatbücher für die Jugend* ([1935]) und *Westfalen in unseren Büchereien daheim und in der Schule* (1935). Ziel war die Herausgabe einer Gesamtübersicht des heimatlichen Schrifttums, die sich aber nicht realisieren ließ, da etliche Gauwaltungen der Aufforderung, Heimatlisten zu erstellen, nicht nachkamen. Eine weitere wichtige Publikation auf dem Gebiet der Verzeichnisse ist das Gesamtverzeichnis der billigen Jugendschriftenreihen, dessen Herausgabe bereits im Dezember 1933 beschlossen wurde[22] und das unter dem Titel *Deutsches Wesen und Schicksal* (1936) erschien. Im Vorwort betonte der NSLB, die Auswahl sei keineswegs „nur vom Gesichtspunkt der Schule aus getroffen", sondern bilde den „Grundstock der ersten *Eigenbücherei* junger deutscher Menschen" bzw. „den Schrittmacher des *eigentlichen* Buches" (Reichswaltung des NS-Lehrerbundes [1936], [1]). Die „volkserzieherische Aufgabe" des Verzeichnisses bestünde darin, vor allem der Jugend zu zeigen, dass man für wenig Geld anstelle der beliebten „billigen Schundhefte" auch „gute" Bücher kaufen könne (Rothemund 1937, 96). Auch auf den Neuausbau des Schülerbüchereiwesens versuchte der NSLB Einfluss zu nehmen, indem er auf Gauebene regional spezifische Listen zusammenstellen ließ und auf die vom RU herausgegebene *Grundliste für Schülerbüchereien der Volksschulen* (1937) mit der Publikation einer eigenen Liste reagierte, dem *Kernbestand der Grundliste für Schülerbüchereien der Volksschulen*, die im Vergleich mit der Liste des Ministeriums von 120 Titeln auf 60 reduziert wurde. Auf dieses eigenmächtige Handeln des NSLB reagierte das Ministerium zwei Jahre später mit einem Erlass, der jede Veränderung der Grundliste untersagte (RMWEV 1939, 479).

Als dringend erforderlich erachtete man im NSLB eine Neubearbeitung des Spieleverzeichnisses, das bislang von dem den VDP angegliederten Hamburger Schulbühnen-Ausschuss (1932) unter dem Titel *Wertvolle Spiele für die Schul- und Jugendbühne* herausgegeben worden war. Georg Clasen, der diese Arbeit in den zurückliegenden

22 S. das Schreiben des NSLB an die Reichsstelle zur Förderung des deutschen Schrifttums vom 6.12.1933, [2] (BArch, NS 12/77).

Jahren geleitet hatte, erhielt deshalb im Februar 1935 von Bayreuth aus den Auftrag, diese Arbeit auch zukünftig zuverlässig zu bearbeiten.[23] Den von der Reichswaltung für die Juni-Ausgabe der JSW geforderten Aufsatz *Puppenspiel und Schule* lieferte Clasen nicht ab,[24] doch nahm er die Neubearbeitung des Spieleverzeichnisses bereitwillig an, da er offenbar die Hoffnung hegte, die bisherige Arbeit im Sinne des alten Ausschusses fortsetzen zu können (vgl. Clasen 1935, 13). Im Juni 1935 sandte er eine überarbeitete Fassung an Rothemund, der weitere Personen und Instanzen einschaltete, um die sog. jüdische Herkunft von Autor*innen und Verleger*innen zu überprüfen und gegebenenfalls aus dem Verzeichnis zu streichen; außerdem zog er u. a. Helmut Fuchs, einen Fachmann aus Halle-Merseburg zu Rate, sowie den Spieleautor Rudolf Mirbt und den fränkischen Sachbearbeiter und Jugendschriftsteller Franz Bauer. Deren Kritik wurde von Clasen bei der Überarbeitung des Manuskripts nicht berücksichtigt und auch von Bayreuth aus nicht weiter verfolgt, da man das seit Langem angekündigte Erscheinen nicht weiter verzögern wollte (vgl. Josting 1995, 196 f.). Offiziell lobte man die unter dem Titel *Für Fest und Feier* (Reichsamtsleitung des NSLB 1935) erschienene Broschüre (vgl. Niggemann 1936, 63), doch quasi gleichzeitig erging die Aufforderung an die Gauwaltungen, möglichst schnell Vorschläge für Streichungen und Ergänzungen für eine überarbeitete Neuauflage mitzuteilen.[25] Diese erschien allerdings nie; lediglich ein Nachtrag zur Liste erschien in der JSW.

Angesichts der schleppenden und meistens nur vereinzelten Zuarbeiten einzelner Gauwaltungen, aber auch weil die Erstellung der Jahresverzeichnisse und die Beurteilungen einzelner Bücher stets Priorität hatte, erschienen längst nicht so viele Verzeichnisse, wie es Rothemund geplant hatte; hinzu kam der Ausfall vieler Mitarbeiter mit Kriegsbeginn. Aus all diesen Gründen erschienen an größeren Verzeichnissen u. a. nur noch wenige und etliche davon auch lediglich als unveröffentlichte Manuskripte: *Das deutsche Bilderbuch* (Reichswaltung des NSLB [1940]), *Verzeichnis guter Mädchenbücher* (Bauer [1942]) und *Standliste älteren deutschen Jugendschrifttums* (Zaum [1942]). Zu bedenken ist ferner, dass die Papierkontingentierung im Krieg eine immer größere Rolle spielte und nur noch wenige Bücher erschienen:[26] 1942 einigten sich verschiedene staatliche und parteiamtliche Schrifttumsstellen nach zähen Verhandlungen auf den Druck von 150 Jugendbüchern;[27] eine vergleichsweise geringe Zahl, denn Mitte der 1930-Jahre kamen noch ca. 1.500 Titel jährlich neu auf den Markt.

Das Ende des NSLB und die Frage nach seinem Einfluss

Um den KJL-Markt den NS-Vorstellungen entsprechend auszurichten, beteiligte sich die *Jugendschrifttumsabteilung* des NSLB neben den aufgezeigten Aktivitäten

23 Vgl. das Schreiben von Bayreuth an Clasen vom 27.2.1935 (BArch, NS 12/71).

24 Zu dieser Arbeit wurde Clasen von der Reichsamtsleitung in einem Schreiben vom 27.4.1935 aufgefordert (BArch, NS 12/71), der aber nicht erschien. Stattdessen wurde in der Juni-Ausgabe der JSW unter dem Titel Schule und Puppenspiel ein Beitrag von Anacker (1935) abgedruckt. Clasens letzter in der JSW veröffentlichter Beitrag erschien im Februar 1935 (vgl. Clasen 1935).

25 S. die Mitteilung im *Deutschen Bildungswesen: amtliche NSLB-Presseanweisungen* (1935) H. 23, Bl. 3.

26 Erste staatliche Maßnahmen zur Kontingentierung des Papierverbrauchs wurden schon 1937 getroffen (vgl. die Mitteilung Baurs in den *Vertraulichen Mitteilungen der Fachschaft Verlag* (1937) H. 20, [1]-2.

27 S. den Bericht über die Besprechung am 8.2.1942 in der Abteilung Schrifttum des Propagandaministerium vom 6.5.1942 (Bunddesarchiv Koblenz; NS12/49).

auch an zahlreichen Tagungen, sie organisierte verbandsinterne Schulungen für die Mitarbeiter*innen auf Reichs- und Gauebene und versuchte insofern auf das Lehrangebot der Lehrerausbildungsstätten Einfluss zu nehmen, als die Forderung erhoben wurde, Fragen der *Jugendschrifttumskunde* aufzugreifen. An der im Herbst veranstalteten *Woche des deutschen Buches*, mit der das Reichsministerium für Volksaufklärung und Propaganda den *Tag des Buches* ersetzte und in der in vielen Städten Deutschlands Autor*innenlesungen, Preisausschreiben, Schaufensterwettbewerbe des Buchhandels etc. organisiert wurden (vgl. Barbian 2010, 322), beteiligte sich der NSLB mit spezifischen KJL-Ausstellungen. Erwähnenswert sind weiterhin die Bemühungen, mit Wettbewerben und Preisen die Produktion *guter* KJL anzuregen, mit denen vor allem sog. neue Kräfte gefördert werden sollten. Zur Teilnahme an den *Hilf-mit!*- und *Hans-Schemm*-Preisausschreiben wurden ab 1936 sowohl bekannte als auch unbekannte Schriftsteller*innen jährlich aufgerufen (vgl. Josting 1995, 232 ff.). Weitere Maßnahmen zur Förderung des schriftstellerischen Nachwuchses bestanden darin, Kinder und Jugendliche zum Schreiben zu animieren. In den Jahren 1937/38 erhielten sie z. B. den Auftrag, die in ihrer Region mündlich überlieferten Märchen, Sagen, Lieder und Sprüche schriftlich festzuhalten, mit Beginn des Krieges animierte man sie, ihre Kriegserlebnisse niederzuschreiben, von denen viele in den vom NSLB herausgegebenen Schülerzeitschriften *Hilf-mit!* und *Deutsche Jugendburg* veröffentlicht wurden.

Als die Partei-Kanzlei in persona Martin Bormann am 18. Februar 1943 für die Dauer des Krieges die *Stillegung* des NSLB anordnete (vgl. Feiten 1981, 197), wie später auch für andere Literaturinstanzen, war das Ende eines Berufsverbandes besiegelt, der mit seinen *Jugendschriftenabteilungen* als Nachfolgeorganisation der VDP anzusehen ist. Bezeichnenderweise verfügte Bormann die *Stillegung* an dem Tag, an dem Goebbels in seiner legendären Sportpalastrede in Berlin den *totalen Krieg* verkündete. Zu diesem Zeitpunkt war der sog. Russlandfeldzug verloren, die unter der Führung von Rommel stehende deutsche Armee in Afrika hatte herbe Niederlagen einstecken müssen, und seit mehreren Monaten bombardierten englische und amerikanische Flugzeuge deutsche Industrie- und Rüstungszentren, strategisch wichtige Verkehrsanlagen und in zunehmendem Maße auch die Zivilbevölkerung. Der *Kampf* um das *gute* Jugendbuch spielte nun keine Rolle mehr, um auf den *Endsieg* einzustimmen, setzte man lieber auf seichte Unterhaltungslektüre.

Dass es dem NSLB trotz der relativ geringen Bereitschaft der Basis zur Beteiligung am *Jugendschrifttums-Kampf* gelang, auf den KJL-Markt Einfluss zu nehmen, verdankt er dem Engagement und teilweise Übereifer seiner Funktionäre, denen zweifellos ein hohes Maß an Aktivität zu bescheinigen ist. Wie in anderen Bereichen von Partei, Staat und Gesellschaft gab es auch im KJL-Bereich genügend Deutsche, die ohne entsprechende Anweisungen von übergeordneten Stellen die Initiative zu vermeintlich systemkonformen Maßnahmen ergriffen oder deren Engagement weit über die Vorgaben hinausging. Welche Breitenwirkung die vielfältige kultur- und ideologiepolitische Arbeit des NSLB hatte, ist schwer einzuschätzen. Aus der Tatsache, dass etliche Aktivitäten auf wenig Resonanz stießen, darf nicht die Schlussfolgerung gezogen werden, sie hätten das kulturelle Leben im NS-Deutschland wenig beeinflusst, denn die Besetzung des kulturpolitischen Feldes mit einer Fülle von NS-affinen Einrichtungen, Initiativen und Medien schloss die Präsentation und vor allem die Förderung eines nicht unbedeutenden Teils der qualitativ hochwertigen deutschsprachigen KJL aus – man denke an im Exil lebende Autor*innen wie Lisa Tetzner oder Kurt Held (vgl. Benner 2015). Die Informations- und Rezeptionsmöglichkeiten waren im NS-Staat sehr eingeschränkt, Innovation und Originalität wurden in der Literatur wie auch den anderen Künsten erstickt.

Sekundärliteratur bis 1945

Anacker, Gottfried: Schule und Puppenspiel. In: JSW 40 (1935), 38-41
Clasen, Georg: Unsere Schul- und Jugendbühnenarbeit. Rückschau und Ausblick; ein Bericht des Hamburger Schulbühnenausschusses. In: JSW 40 (1935), [9]-13
Fehring, Max: Die geistigen Grundlagen der Arbeit am Jugendschrifttum. In: JSW 38 (1933a), [49]-52
ders.: Gehalt und Gestalt der geschichtlichen Jugendschrift. In: JSW 38 (1933b), [57]-61, [65]-71
Fervers, Kurt: Das Jugendbuch. In: Das junge Deutschland 28 (1934), 67-71
ders.: Theorie und Praxis bei der Gestaltung des Jugendbuches. In: Der Buchhändler im neuen Reich 2 (1937), 56-59
Foerster, Oskar. G.: Schluß mit der Schund-Literatur. In: Rhein-Ruhr 3 (1936), 98-99
Görz, Heinz: Schriftsteller und Jugendbuch. In: Volksaufklärung und Schule (1937) H. 33, 29-30
Helke, Fritz: Kritik am Jugendbuch durch die Jugend. In: JSW 40 (1935), 35-[36]
ders.: Die Jugendschrift. Erziehung und Ausrichtung. In: Kritische Gänge 6 (1937) vom 12.9., [1]-2
ders.: Die deutsche Jugendschrift. In: Die Buchbesprechung 2 (1938), 245-254
Jahrbuch 1935. Nationalsozialistischer Lehrerbund/ NSLB. München 1934
Jennrich, Paul: Jugend und Buch. In: Die Mittelschule 49 (1935), 414-416 u. 428-430
Jürgens, Franz.: Neuaufbau der Arbeit am deutschen Jugendschrifttum. In: JSW 38 (1933), 55-56
ders.: Ein Vermächtnis. In: JSW 40 (1935), 3
Lüddecke, Theodor: Meisterung der Maschinenwelt. Menschentum und Möglichkeit. Leipzig 1931
ders.: Der heroische Auftrieb in der Literatur. In: JSW 40 (1935), [48]
Niggemann, Hans: Amor in Uniform oder: Feste und Feiern auf eigene Art. In: JSW 41 (1936), 63-64
Reichsamtsleitung des Nationalsozialistischen Lehrerbundes (Hg.): Für Fest und Feier. Wertvolle Spiele für die Schul- und Jugendbühne. München [1935]
Reichsministerium für Wissenschaft, Erziehung und Volksbildung (RMWEV): Erlaß bzgl. der Schülerbüchereien an Volksschulen vom 22.8.1939. In: Deutsche Wissenschaft, Erziehung und Volksbildung 5 (1939), 478-479
Roder, G./ Eduard Rothemund: N.S.L.B. und Jugendschriften-Warte. In: JSW 40 (1935a), [1]-2
dies.: An die Leser der Jugendschriften-Warte! In: JSW 40 (1935b), [17]-18
Rothemund, Eduard: Dienst am deutschen Buch durch Dietrich-Eckart-Bücherei und Dietrich-Eckart-Stiftung. In: Reichszeitung der deutschen Erzieher (1934) 12, 8-10
ders.: Die Jugendschriftenarbeit im NSLB. In: Börsenblatt für den deutschen Buchhandel 102 (1935), 900-901
ders.: Erzieherschaft und Jugendschrifttum. In: Rhein-Ruhr 4 (1937), 94-97
Stapelfeld, Ernst: Wechsel in der Schriftleitung der Jugendschriften-Warte. In: JSW 38 (1933), [1]
Wolgast, Heinrich: Das Elend unserer Jugendliteratur. 6. Aufl. Leipzig 1922 [EA 1896]

Verzeichnisse

Bauer, Franz: Verzeichnis guter Mädchenbücher. [erstellt vom Gau Franken, Jugendschriftenstelle]. Unveröffentl. Ms. [1942]
Hamburger Schulbühnen-Ausschuß (Hg.): Wertvolle Spiele für die Schul- und Jugendbühne. [Hamburg] 1932 [Grundwerk]. 1. Ergänzungsliste. In: JSW 39 (1934), 27-31; 2. Ergänzungsliste. In: JSW 39 (1934), 82-84
Kernbestand der Grundliste für Schülerbüchereien der Volksschulen. In: Nachrichten des Gaues Düsseldorf (1937) 12, 6-7 u. 13, 5-6

Lenzner, Curt/ Nationalsozialistischer Lehrerbund Gau Sachsen (Hgg.): Das Sachsenland in der Jugendschrift. Dresden 1934

Reichsamtsleitung des Nationalsozialistischen Lehrerbundes (Hg.): Für Fest und Feier. Wertvolle Spiele für die Schul- und Jugendbühne. München [1935]. Nachtrag. In: JSW 41 (1936), 75-78

Reichsministerium für Wissenschaft, Erziehung und Volksbildung (Hg.): Grundliste für Schülerbüchereien der Volksschulen. In: Die Bücherei 4 (1937), 221-22

Reichswaltung des NSLBs (Hg.): Das Jugendbuch im Dritten Reich. Verzeichnis empfehlenswerter Jugendschriften. [Geleitwort: Hans Schemm]. Stuttgart [1933]

dies. (Hg.): Deutsches Wesen und Schicksal. Billiges Schrifttum für junge Deutsche. [Bayreuth 1936]

dies. (Hg.): Das deutsche Bilderbuch. Eine Liste empfehlenswerter Bilderbücher für 2-10 Jährige. [Bearb. von Rudolf Kreßner]. Unveröffentl. Ms. [Bayreuth 1940]

dies.: Das deutsche Jugendbuch 1940/41. Jugendschriften-Verzeichnis der deutschen Erzieherschaft für Schule und Haus. Berlin [1940]

Thüringer Heimatbücher für die Jugend. Zsgest. von der Thüringischen Gaustelle für Jugendschriften im NSLB. [Maschinenschr. autogr.]. Gera [1935] (BArch, NS 12/76)

Verzeichnis der zur Beschaffung für Schulbüchereien (Lehrer- und Schülerbüchereien) geeigneten Bücher und Schriften. Zsgest. von A. Homeyer. Berlin. [1]. Folge. In: Verzeichnis der zum Gebrauch in deutschen Schulen zugelassenen Bücher, Klassenlesestoffe, Lichtbilder und Schallplatten : nach den amtlichen Verzeichnissen von 1933 bis 15. September 1939. 1939, 4-107; 2. Folge. In: Verzeichnis der zum Gebrauch in den deutschen Schulen zugelassenen Bücher, Klassenlesestoffe, Lern- und Lehrmittel, Unterrichtsfilme, Lichtbilder und Schallplatten. Nach den amtlichen Verzeichnissen von 1933 bis 15. September 1940. 1940, 4-27

Verzeichnis mainfränkischer Jugend- und Heimatbücher. Mainfranken in Bild und Schrift. [Geleitw.: J. Foersch]. Würzburg [1934]

Westfalen in unseren Büchereien daheim und in der Schule. In: Der westfälische Erzieher 3 (1935), 337-339

Zaum, Karl: Standliste älteren deutschen Jugendschrifttums. 1. Ms.-Entwurf. Düsseldorf [1942]

Zeitschriften und Reihen

NSLB (Hg.): Deutsche Jugendburg. Berlin 1 (1933/34)-12 (1944/45) 1/3

ders. (Hg.): Deutsche Jugendburg A. Bilderzeitschrift für die Jüngsten. Berlin 1 (1938/39)-7 (1944/45) 1/3

ders. (Hg.): Deutsches Bildungswesen. Amtliche NSLB-Presseanweisungen. Bayreuth 1935-1936. Ab 1937 u. d. T.: Aus der Arbeit der Hauptabteilung Schrifttum in der Reichswaltung des NSLB

ders. (Hg.): Hilf-mit! Illustrierte deutsche Schülerzeitung. Berlin 1 (1933/34) - 12 (1944/45) H. 1/3

ders. (Hg.): Hilf-mit!-Schriftenreihe. Berlin:

1. An der Rehwiese und andere Tiergeschichten [1937]
2. Mehr als tausend Teufel. Geschichtliche Erzählungen [1937]
3. Ein Spion wird geschnappt. Erlebnisse und Abenteuer [1937]
4. Die Silberflotte. Abenteuergeschichten [1937]
5. Der Marsch der schwarzen Freischar. Erlebnisse und Abenteuer [1937]
6. Der Schulterriemen. Erzählungen aus neuer Zeit [1937]
7. Schiff im Eis. Geschichten von Taten und Männern [1938]
8. Der Pfeil des Götzen. Abenteuerliche Erzählungen [1938]
9. Wo brennt's denn? Lustige Erzählungen [1938]
10. Küken steigt ins Leben. Was uns Leben und Geschichte lehren [1939]
11. Und dann gab's einen Knall. Bilder vom deutschen Verkehr [1939]
12. Gang über den Acker. Vom deutschen Bauerntum [1939]
13. Die wundersamen Geschichten des Sanitätsrats Weise. Gesundheit ist Pflicht [1939]
14. Schätze im Schutt. Rohstoffe sichern Unabhängigkeit 1939
15. Dem Reiche entgegen. Ein Gang durch deutsche Geschichte 1939
16. Junges Werkschaffen. Volkskunst ist wahre Kunst 1939

Sonderheft: Jungen an's Werk. Von der Schule in den Beruf [1939]

Sonderheft: Mädel an's Werk. Von der Schule in den Beruf [1939]
ders./ Hauptabteilung Schrifttum (Hg.): Rundschreiben der Reichswaltung des NSLB. 1 (1937)-3 (1939) 15. Beil. zu: Aus der Arbeit der Hauptabteilung Schrifttum in der Reichswaltung des NSLB

Sekundärliteratur nach 1945

Aley, Peter: Jugendliteratur im Dritten Reich. Dokumente und Kommentare. Hamburg 1967 (Schriften zur Buchmarktforschung; 12)

Barbian, Jan-Pieter: Literaturpolitik im NS-Staat. Von der »Gleichschaltung« bis zum Ruin. Frankfurt/ M. 2010

Benner, Julia: Federkrieg. Kinder- und Jugendliteratur gegen den Nationalsozialismus 1933-1935. Göttingen 2015 (Göttinger Studien zur Generationsforschung; 18). Zugl.: Göttingen, Univ., Diss., 2014

Feiten, Willi: Der Nationalsozialistische Lehrerbund. Entwicklung und Organisation; ein Beitrag zum Aufbau und zur Organisation des Nationalsozialistischen Herrschaftssystems. Weinheim [u. a.] 1981 (Studien und Dokumentation zur deutschen Bildungsgeschichte; 19)

Hopster, Norbert/ Ulrich Nassen: Vom Bekenntnis zum Kampf. Jugend und Jugendliteratur auf dem Weg ins jugendliche Reich. In: Koebner, Thomas (Hg.): Mit uns zieht die neue Zeit. Der Mythos Jugend. Frankfurt/ M. 1985, 546-562

Josting, Petra: Der „Jugendschrifttums-Kampf" des Nationalsozialistischen Lehrerbundes. Hildesheim [u. a.] 1995. Zugl.: Bielefeld, Univ., Diss., 1994

Rudolph, Hans: Severin Rüttgers. In: Doderer, Klaus (Hg.): Lexikon der Kinder- und Jugendliteratur. Personen-, Länder- und Sachartikel zu Geschichte und Gegenwart der Kinder- und Jugendbuchforschung. Bd. 3. Weinheim [u. a.] 1979, 225-227

Schmidt-Dumont, Geralde (Hg.): Von den Anfängen der Jugendschriftenbewegung. Die Jugendschriftenausschüsse und ihr „Vorort" Hamburg um 1900. Weinheim 1990 (Informationen Jugendliteratur und Medien; 1. Beih.)

Wilkending, Gisela: Theoretische Voraussetzungen und Gegenstandskonstitution. In: Brunken, Otto/ Bettina Hurrelmann/ Maria Michels-Kohlhage/ Gisela Wilkending (Hgg.): Handbuch zur Kinder- und Jugendliteratur. Von 1850-1900. Stuttgart 2008, 8-15

Zimmermann, Peter: Vereinigte Deutsche Prüfungsausschüsse für Jugendschriften. Von der Gründung bis zum 1. Weltkrieg. In: Schmidt-Dumont, Geralde (Hg.): Von den Anfängen der Jugendschriftenbewegung. Die Jugendschriftenausschüsse und ihr „Vorort" Hamburg um 1900. Weinheim 1990 (Informationen Jugendliteratur und Medien; 1. Beih.), 5-17

Gudrun Stenzel

Von den *Vereinigten Deutschen Prüfungsausschüssen* zur *Arbeitsgemeinschaft Jugendliteratur und Medien*

Eine Reise durch sechs Jahrzehnte[1]

Die Rekonstruktion der Aktivitäten der *Arbeitsgemeinschaft Jugendliteratur und Medien* (AJuM) in den letzten Jahrzehnten erfolgt in diesem Beitrag auf der Grundlage unterschiedlicher Quellen. Während es für die Zeit bis etwa 1990 zusammenfassende Darstellungen gibt, auf die hier zurückgegriffen werden kann, erfolgt die Rekonstruktion seit der Wiedervereinigung vor allem auf der Grundlage von Dokumenten aus dem Archiv der AJuM in Leipzig und aus meinem eigenen Archiv. Viele der Dokumente sind Protokolle, Auflistungen oder auch private Notizen. So soll dieser Beitrag ein erster Schritt sein, die Arbeit der AJuM aus diesen Jahrzehnten zusammenzufassen.

Die Vorgeschichte – vom Neuanfang der Jugendschriftenbewegung in die 1950er-Jahre

Um 1900 ins Leben gerufen von der Kunsterzieherbewegung, allen voran Heinrich Wolgast, waren die *Vereinigten Deutschen Prüfungsausschüsse* (VDP) vor allem mit der Sichtung und Beurteilung von Kinder- und Jugendliteratur beschäftigt.[2] In den Nachkriegsjahren bis ca. 1960 konstituierten sich die VDP wieder, angebunden an die Lehrergewerkschaft GEW, und entwickelten Strukturen und Organisationsformen, die eine engagierte und umfassende Beurteilungsarbeit ermöglichten; außerdem erfolgte die Umbenennung in *Vereinigte Jugendschriftenausschüsse* (VJA). Die Kinder- und Jugendliteraturtheorie in der Bundesrepublik dieser Jahre war bestimmt von der Vorstellung vom *guten Jugendbuch* und vom Kampf gegen *Schmutz und Schund*, dem ein *Wall des Guten* entgegengesetzt werden sollte. Dieses *Gute* sollte eben das *gute Jugendbuch* sein, beurteilt nach Kriterien wie Kindgemäßheit bzw. Angemessenheit für das jeweilige Lesealter, literarische Qualität und didaktisch-erzieherische Funktion (vgl. Dolle-Weinkauff 1996; Ewers 1996; Müller 2013).[3] Die Arbeit der Jugendschriftenausschüsse mit ihrem Schwerpunkt auf der Beurteilungsarbeit fügte sich hier ein. Als Publikation gaben die VDP das Verzeichnis *Bücher für unsere Jugend*[4] und die wie-

1 Ich danke Christian Pommerening aus dem AJuM-Archiv für seine Unterstützung bei der Beschaffung und Bewertung von Material und der Überprüfung von Daten.

2 Zu den Anfängen der Vereinigten Deutschen Prüfungsausschüsse vgl. Schmidt-Dumont 1990, zur Situation im Nationalsozialismus vgl. Josting 1995.

3 Diese Kriterien wurden damals eher eng und geschlossen verstanden, wie sich z. B. in der Vorstellung von Lesealtern zeigt. An sich aber bringen diese drei Kriterien zum Ausdruck, um welche Dimensionen es bis heute in der Auseinandersetzung mit Kinder- und Jugendliteratur gehen sollte: Um die Frage nach der „ästhetischen Qualität der Texte", um die „Reflexion der Leservoraussetzungen" und um die „wirkungsästhetische Dimension" (vgl. Hurrelmann 1990, 49 ff.).

4 So z. B.: *Bücher für unsere Jugend. Neuerscheinungen und Neuauflagen* vom Herbst 1955 bis zum Herbst 1956 und *Grundstock für eine Schul- und Jugendbücherei*. Zsgest. von den Vereinigten Jugendschriften-Ausschüssen in der Arbeitsgemeinschaft Deutscher Lehrerverbände [Hamburg] 1956.

dergegründete Zeitschrift *Jugendschriften-Warte* heraus. Sie knüpften mit ihrer Arbeit an die Zeit vor dem Nationalsozialismus an und stellten seit 1954 im Auftrag der Lehrergewerkschaft einen Vertreter oder eine Vertreterin in der Bundesprüfstelle für jugendgefährdende Schriften.

Auf dem Weg zur *Neuen Kinder- und Jugendliteratur*

Das Ende der Adenauer-Ära mit ihrem konservativen Welt- und Gesellschaftsbild schuf Raum für Prozesse der Liberalisierung und die Vorbereitung der *antiautoritären Wende*. Auch in den Jugendschriftenausschüssen zeigte sich ein wachsendes Bedürfnis nach Hinterfragen der Strukturen und nach Demokratisierung. Bislang galt das *Vorort-Prinzip*: Hamburg war *Vorort*, und der Hamburger Ausschuss stellte immer den Vorsitzenden.[5] Bereits 1959 regte sich in den anderen Ausschüssen Widerspruch gegen dieses Prinzip. 1965 wurde das *Vorort-Prinzip* abgeschafft, und auch weitere Funktionen wurden unter Vertretern aus verschiedenen Ausschüssen aufgeteilt. Dieter Gerber aus Hamburg, der bis 1965 den Vorsitz innehatte, wurde abgelöst von Hans Bödecker aus Hannover, der bis 1977 Vorsitzender war.

Abb. 1: Das Verzeichnis *Bücher für unsere Jugend* (1962/63, © AJuM)

In diesen Jahren weiteten die VJA auch ihre inhaltliche Ausrichtung aus. Der Schwerpunkt der Arbeit lag nach wie vor auf den Beurteilungen, aber das Thema *Schulbibliotheken*, 1961 bereits vom Städtetag diskutiert, rückte in den Blick. Konrad Kallbach veröffentlichte 1967 in der *Jugendschriften-Warte* seine *Provocatio*, in der er die Einrichtung von Schulbibliotheken in Volksschulen forderte, die von hauptamtlichen Schulbibliothekaren geleitet werden sollten (vgl. Kallbach 1967).

In der *Jugendschriften-Warte* finden sich in diesen Jahren regelmäßig Diskussionen und Ansätze zum *Schulspiel*, Unterrichtsvorschläge zu Kinder- oder Jugendbüchern, Kontroversen zu einzelnen Büchern oder zu übergreifenden Themen und Berichten von verbandsinternen Tagungen und Sitzungen, z. T. mit inhaltlichen Schwerpunktreferaten. Engagierte Stellungnahmen zu schulpolitischen und schulorganisatorischen Fragen rufen in diesen Jahren gelegentlich Widerspruch oder Ergänzung von Leser*innen hervor, wodurch der Eindruck einer lebhaften Diskussionskultur entsteht. Begünstigt

5 Es finden sich in diesen Jahren kaum Frauen in hervorgehobenen Positionen in den Ausschüssen. Die wenigen, die vor Ort Funktionen ausübten, fanden sich nicht in den entsprechenden Funktionen im Leitenden Ausschuss wieder. Aus diesem Grund wird an dieser Stelle nur die männliche Form verwendet.

wird dies durch den Erscheinungsrhythmus: Die Zeitschrift unter der Schriftleitung von Fritz Specht erschien damals zweimal im Monat als achtseitiges Blättchen.

In diesem Jahrzehnt begannen nicht nur die Ausschüsse, sondern auch andere Akteure und Verbände der Kinder- und Jugendliteratur, sich national und international zu vernetzen (vgl. Doderer 2015, 6). Für die VJA kam das unter anderem zum Ausdruck, indem gemeinschaftlich mit dem *Arbeitskreis für Jugendliteratur e. V.* (AKJ) und der *Arbeitsgemeinschaft von Jugendbuchverlegern e. V.* (AvJ) das neue Verzeichnis *Das Buch der Jugend* herausgegeben wurde, das ab 1959 das Vorgänger-Verzeichnis *Bücher für unsere Jugend* ablöste (Abb. 1); die VJA hatten die Redaktion inne. Die Verzeichnisse wurden zum größten Teil aus den Buchurteilen der Ausschüsse zusammengestellt. Zu dieser Zeit war dies das einzige regelmäßig erscheinende Verzeichnis, das Neuerscheinungen auf dem wachsenden Markt der Kinder- und Jugendliteratur vorstellte.

Wie Ewers (1996) zeigt – und auch der Blick in die Buchbeurteilungen dieser Jahre –, haben allerdings die ersten kritischen Anfänge in der Kinder- und Jugendliteraturdiskussion bis weit in die 1960er-Jahre hinein wenig Einfluss auf die Kriterien der Buchbeurteilungen. Klaus Doderer stellte 1967 den Begriff des *guten Jugendbuchs* grundsätzlich infrage, um eine weitgehende Analyse zu ermöglichen (vgl. Dolle-Weinkauff 1996, 211). Doch die eng verstandenen Kriterien der 1950/60er-Jahre blieben bis über 1970 hinaus dominant (vgl. Ewers 1996).

Eine Überprüfung von exemplarischen Buchbeurteilungen der VJA aus dieser Dekade bestätigt zudem, was 1969 bereits von Karl Christoph Lingelbach und Charlotte Oberfeld im *Börsenblatt des Deutschen Buchhandels* konstatiert wurde:

> „entgegen den einschlägigen Bekundungen von seiten der Theoretiker in der Kritik des ‚guten Jugendbuchs [würde] nicht der ästhetische, sondern der pädagogische Aspekt eine bisher kaum reflektierte, dagegen realiter praktizierte dominierende Stellung' einnehme[n]" (zit. nach Dolle-Weinkauff 1996, 212, der sich auf Becker 1986, 237 beruft).

In den von Bettina Hurrelmann formulierten Dimensionen der Kinder- und Jugendliteratur sind dies die „Reflexion der Leservoraussetzungen" und die „wirkungsästhetische Dimension" (Hurrelmann 1990, 50 f.). Die „Frage nach der ästhetischen Qualität der Texte" (ebd., 49) wird also zumindest in Teilen der Kinder- und Jugendliteraturkritik vernachlässigt, und auch in den Diskussionen dieser Jahre wird deutlich, dass es hier kontroverse Ansichten gibt. Der Literaturdidaktiker Malte Dahrendorf, Mitglied der VJA und später langjähriges Redaktionsmitglied der *Jugendschriften-Warte* (JSW), schrieb 1967: „Die Jugendliteratur verzichtet gerade auf das durchgehende Merkmal der Dichtung: Die Wirklichkeit zu verwandeln. [Sie … passe] sich damit der Art, wie Kinder lesen, bewußt [sic!] an." (Dahrendorf 1967, 388 f.; zit. nach Ewers 1996, 174). Demgegenüber betonen etwa Anna Krüger oder Walter Israel, dass es durchaus kinderliterarische Texte gäbe, die poetisch und von symbolischem Gehalt seien (ebd.).

In diesen Jahren finden sich in der JSW kritische Aufsätze zu Themen wie dem *Sittenwächter* (Karl 1969) und dem *guten Jugendbuch* (Martens 1968). Die sog. trivialen Lesestoffe wie der Kriminalroman, die in der *Schmutz-und-Schund*-Diskussion abgewertet wurden, werden als Jugendlektüre und möglicher Unterrichtsinhalt ernst genommen (vgl. Dahrendorf 1969). Und bereits in den Jahren 1957 bis 1962 wurden in der JSW Ergebnisse einer breit angelegten Untersuchung von Leseinteressen von Schüler*innen veröffentlicht, die Hans Bödecker und andere 1955 durchgeführt hatten (vgl. Bödecker 1957). Dieser Blick auf die Kinder und Jugendlichen war ein erster Schritt hin zu einer Wahrnehmung der Heranwachsenden als autonome, selbst über ihr Leben (zumindest über ihre Lektüren) bestimmende Subjekte. Lesen soll nicht mehr „Wert an sich" (Baumgärtner 1969, 43; zit. nach Dolle-Weinkauff 1996, 213) sein, und die Kinder- und Jugendliteraturkritik soll nicht mehr zum sog. guten Buch führen, sondern Kinder- und Jugendliteratur wird als Sozialisationsinstanz wahrgenommen.

Demokratisierung und Ideologiekritik

In den 1970er-Jahren weitet sich sowohl das Angebot an Kinder- und Jugendbüchern als auch das anderer Medien aus. Hörkassetten und Kinderprogramme im Fernsehen bestimmen zunehmend den Alltag von Kindern, und der Buchmarkt bietet für Kinder eine breitere Auswahl an unterschiedlichen Büchern. Die ideologiekritische Auseinandersetzung mit Kinder- und Jugendliteratur wurde deutlich, z. B. im Jahr 1976 in der Gründung des Verzeichnisses *Der rote Elefant*, u. a. unter Beteiligung von Malte Dahrendorf, in dem für eine kritische und politische Kinderkultur gestritten wurde und in dem explizit nicht nur Bücher, sondern auch andere Medien vorgestellt wurden.

1971 wird in den Ausschüssen eine Debatte um neue Ziele der Arbeit begonnen, die sich in der Namensänderung in *Abteilung für Literatur und Medien (VJA)* ausdrückt. *Thesen über die Neufassung der Aufgaben* (Bödecker 1971) werden verabschiedet, in denen eine offene Herangehensweise an alle Medien und explizit ein gesellschaftlicher Bezug gefordert wird. 1972 warfen die Mitglieder des Gesamtvorstands die Frage nach einer Umbenennung der Zeitschrift auf: 1973 wurde dann die Umbenennung in *Informationen Literatur und Medien* verabschiedet, 1976 geändert in *Informationen Jugendliteratur und Medien*.

In der Zeitschrift finden sich nun immer wieder Beiträge zur sog. neuen Kinder- und Jugendliteratur (vgl. Dahrendorf 1973) und ideologiekritische Bestandsaufnahmen zur Mädchenliteratur (vgl. Haisch 1971) sowie zu Büchern mit gesellschaftsbezogenen Themen und Inhalten wie die *Dritte Welt* (vgl. Becker/Richter 1974) und die Situation der Gastarbeiter (vgl. Grützmacher/John 1974). Malte Dahrendorf, ab 1972 Schriftleiter der Zeitschrift, entwickelte grundsätzliche Überlegungen *Zur Situation der Jugendbuchkritik heute*, in denen es unter anderem um einen bislang fehlenden Gesellschaftsbezug ging; er formulierte aus seinen Überlegungen heraus Anregungen und Hinweise für die Beurteilungsarbeit (vgl. Dahrendorf 1972).

1975 findet eine kritische Bestandsaufnahme der Arbeit statt. Es wird bemängelt, dass die Rezensionen theoretisch nicht ausreichend fundiert und qualitativ sehr unterschiedlich seien. Auch wird von der Basis und den verschiedenen Ausschüssen kritisiert, dass die Informationspolitik des Gesamtvorstands und des Leitenden Ausschusses nicht ausreichend sei. Inhaltlich wird gefordert, die Ergebnisse der Sozialisationsforschung zu nutzen und die verstärkte Zusammenarbeit mit Schulen und Bibliotheken zu suchen. Auf dieser Basis wird zunächst der Name in *Arbeitsgemeinschaft Jugendliteratur und Medien* geändert und es werden neue Richtlinien entworfen, die die GEW 1978 genehmigt. Gut vorbereitet stellt sich die AJuM auf dem GEW-Kongress in Mannheim 1977 vor. Hier übernimmt der Überlinger Pädagoge Heinz Dörr den Vorsitz, der bereits viele Jahre Funktionen in den VJA übernommen hatte und sich mit großem Engagement und viel Sachkenntnis daran machte, die Pläne für neue Aktivitäten strukturell durchführbar zu gestalten und auf sichere institutionelle und finanzielle Füße zu stellen.

Ausweitung der Aktivitäten

Die Ausweitung der Medienangebote, die Suche nach neuen Kriterien und Merkmalen und die Veränderung der Bildungslandschaft führten zu einem wachsenden Bedarf an Fortbildungen und an Austausch unter den Akteuren der Kinder- und Jugendliteratur. 1980 fand aus diesem Grund eine erste bundesweite Fortbildung der AJuM statt.[6] 1985 wurde der AKJ Mitveranstalter. Ab 1989 veranstaltete die AJuM alle drei Jahre Mitarbeitertagungen, die erste nach der Maueröffnung unter dem Titel *Treffpunkt Jugendliteratur – deutsch-deutsche Begegnungen*. Die Inhalte der Tagungen wurden in der Zeitschrift oder als Materialienheft publiziert.

Abb. 2: Pausengespräch während der Gesamtvorstandssitzung 1979 in Hamburg, auf der die erste bundesweite Fortbildungstagung *Kinder – Medien – Gewalt* geplant wurde. Von links: Malte Dahrendorf, Peter Zimmermann, Hans Bödecker, Hans Kerst (© AJuM)

Die *Materialienhefte* ergänzten ab 1980 das Angebot der Fortbildungen und der Zeitschrift. Mitglieder der AJuM beschäftigten sich mit einem Spezialthema der Kinder- und Jugendliteratur oder der Kinder- und Jugendmedien und stellten neben Buchvorstellungen auch didaktisch-methodische oder umfassende kritische Darstellungen zu Einzelthemen zusammen. 1980 erschien das Heft 1 mit dem Titel *Taschenbücher in der Schule*, redaktionell betreut von Heinz Dörr. Weitere Themen der Hefte waren *Schulmediothek/Bibliothek* (Weber 1980), *Grundwissen Didaktik der Kinder- und Jugendliteratur* (Knobloch 1981), *Thema 3. Welt* (Knobloch 1983), *Kinderliteratur kreativ* (Weber 1984), *Liebe, Sexualität und Partnerschaft in Jugendliteratur und Medien* (Schmidt-Dumont 1984) oder *Hörspiel- und Literaturkassetten für Kinder und Jugendliche* (Heidtmann 1988).

1982 erschien ein erstes Materialienheft zu *Texte[n] zur Arbeitswelt*, redaktionell betreut von Geralde Schmidt-Dumont. Dieses war eine Vorbereitung auf den von der GEW gestifteten *Heinrich-Wolgast*-Preis, mit dem seit 1986 Kinder- und Jugendliteratur ausgezeichnet wird, die sich in beispielhafter Weise mit Kinder- und Jugendli-

6 Es gab bereits seit mehreren Jahren in einigen Landesstellen Fortbildungstagungen für Mitarbeiter*innen der Arbeitsgemeinschaft.

teratur zur Arbeitswelt befasst. Der erste Preis ging 1986 an Klas Ewert Everwyn für *Achtung Baustelle*. Von nun an wurde der Preis alle zwei, später alle drei Jahre vergeben, und die aus Mitarbeiter*innen der AJuM zusammengesetzte Jury erarbeitete zu Preisbuch und Auswahlliste ein Materialienheft.

Die Zeitschrift, wie oben erwähnt seit 1977 unter dem Titel *Informationen Jugendliteratur und Medien*, entwickelte sich zu einem Organ, in dem namhafte Wissenschaftler*innen aus Literaturdidaktik und Kinder- und Jugendliteraturforschung publizierten. Diese Entwicklung ist dem langjährigen Redakteur Malte Dahrendorf zu verdanken, der als Literaturdidaktiker einen Teil mit dazu beigetragen hat, dass Kinder-

Abb. 3: Pause bei der Verzeichnis-Konferenz 1980 in Würzburg. 2. v. li.: Hans Bödecker; 4. v. li.: Heinz Dörr; 3. v. re.: Konrad Kallbach (© AJuM)

und Jugendliteratur als ernst zu nehmende Literatur in der Schule behandelt wird. Von 1980 bis 1983 wurde Dahrendorf durch den Lehrer Peter Zimmermann unterstützt, 1983 löste der Medienwissenschaftler Horst Heidtmann Zimmermann ab. Heidtmann war Impulsgeber für die Ausweitung des Blickes auf alle Kinder- und Jugendmedien. Die AJuM präsentierte sich ab 1986 im Rahmen des Standes des Dachverbandes AKJ neben anderen Akteuren der Kinder- und Jugendliteratur auf der Frankfurter Buchmesse.

Wiedervereinigung und Leseförderung

Nach der Maueröffnung wurden Austausch und Zusammenarbeit zwischen ost- und westdeutschen Kinder- und Jugendliteraturvertreter*innen aufgebaut. Die Zeitschrift fusionierte 1992 mit der DDR-Zeitschrift *Beiträge zur Kinder- und Jugendliteratur*, der Ostberliner Redakteur Steffen Peltsch wurde ins Redaktionsteam von Heidtmann und Dahrendorf aufgenommen. Mit dem neuen Namen wurde diese Fusion offensichtlich: *Beiträge Jugendliteratur und Medien*. In den neuen Bundesländern bildeten sich nach und nach Landesstellen und Ausschüsse. Die *Beiträge Jugendliteratur und Medien* wurden seit 1990 jährlich von einem *Beiheft* ergänzt, in dem sich einer der Redakteure oder ein anderes AJuM-Mitglied mit einem Schwerpunkthema beschäftigte. Den Anfang machte 1990 Geralde Schmidt-Dumont mit einem Rückblick auf die Entstehung der Jugendschriftenbewegung: *Von den Anfängen der Jugendschriftenbewegung* (Schmidt-Dumont 1990). Weitere Themen waren *TJW und das Geheimnis der Gummibärchen – Medienpädagogische Beiträge* (Heidtmann 1991), *Grenzen der Literaturvermittlung* (Dahrendorf 1995), *Auch Bilder erzählen Geschichten* (Peltsch 1997) und *Die Darstellung des Holocaust in der Kinder- und Jugendliteratur* (Dahrendorf 1999).

Abb. 4: 1999 erhielt Gudrun Pausewang den *Heinrich-Wolgast*-Preis für ihr Kinderbuch *Hörst du den Fluss, Elin?* (© AJuM)

Themen der seit 1989 alle drei Jahre veranstalteten bundesweiten Fortbildungstagungen waren in den 1990er-Jahren z. B. *Im Spannungsfeld der Leseförderung* (Bad Godesberg 1995) und *Lese-Lustmach-Werkstatt* (Bad Herrenalb 1998). Die Empfehlung von Titeln blieb ein Kernstück, wurde aber zunehmend literaturdidaktisch ergänzt. In den *Taschenbuch-Tipps* (1999-2005), die 1999 das eingestellte Verzeichnis *Das Buch der Jugend* ablösten, wurden Bücher, zu denen unterrichtspraktische Materialien verfügbar waren, gekennzeichnet. Diese Betonung des literaturdidaktischen Ansatzes ist mit dem Namen Jörg Knobloch verbunden, der den Vorsitz ab 1991 innehatte. In dieser Zeit benutzte die AJuM den Namenszusatz *Netzwerk Leseförderung*. Das Engagement für Leseförderung und Literaturdidaktik der AJuM wurde in den Materialienheften durch eine kurze Zusammenfassung der Aktivitäten vorgestellt: *Leseförderung mit der AG Jugendliteratur und Medien in der GEW*.

Der Weg ins Internet

Bereits 1999 war die AJuM mit einer sehr einfachen Webseite im Internet vertreten. Die Gestaltung der Seite wurde nach und nach professionalisiert und ausgebaut. 2002 wurde die Beurteilungsarbeit der AJuM auf EDV umgestellt. Diese Umstellung war das Ergebnis eines langen Weges: Bereits Mitte der 1980er-Jahre forderte Konrad Kallbach auf den sog. Verzeichniskonferenzen, auf denen die Verzeichnisse *Das Buch der Jugend* zusammengestellt wurden, die Umstellung auf EDV; die Arbeitsgemeinschaft von Jugendbuchverlagen, die die Verzeichnisse herausgab, war interessiert und wollte die Umstellung durch die Einrichtung eines Computerraumes unterstützen. Ab 1994 wurde diese Umstellung inhaltlich und formal konzentriert vorangetrieben, erste Entwürfe für Programme, Überlegungen zu Schulungen und Fragen zu inhaltlichen Aspekten wurden diskutiert, bis dann *Julim* zur Verfügung stand (vgl. Dörr/Pantos 2002, 3). Die Umstellung hat einen offensichtlichen Vorteil: Alle Buchbesprechungen sind online für Interessierte einsehbar, und die Recherchemöglichkeiten über Schlagworte, Titel, Freitextsuche oder Autor*innen in Verbindung mit empfohlenem Lesealter sind groß. Wurden bislang einzelne Rezensionen ausgewählt und in stark gekürzter Form, die meist mehr einer Inhaltsangabe ähnelten, im Verzeichnis abgedruckt, musste nun keine Auswahl mehr getroffen werden. Heute werden die Rezensionen in eine komfortable Maske eingegeben, und die Recherche-

Abb. 5: Fortbildungstagung *Aus dem Rahmen gefallen – Bilderbücher im Medienverbund*: Michael Ritter stellt Bilderbuch-Apps vor (2013 in Ludwigsfelde, © Ulrich Baselau)

möglichkeiten in der mehrfach überarbeiteten Datenbank sind vielseitig. Allerdings entstanden dadurch Herausforderungen an die Fortbildung der Mitarbeiter*innen, um die Qualität der Rezensionen zu fördern. Es gab immer schon Handreichungen und Leitfäden zum Verfassen von Buchbeurteilungen. Diese Anstrengungen wurden nun intensiviert. Ein großes Ziel war dabei, den Rezensent*innen Handwerkszeug zu vermitteln, mit dem nicht nur die „Reflexion der Leservoraussetzungen" und die „wirkungsästhetische Dimension" berücksichtigt werden, sondern auch die „Frage nach der ästhetischen Qualität der Texte" (vgl. Hurrelmann 1990, 48 ff.).

Die Internetpräsenz begünstigte auch die Bekanntheit einer neuen Auszeichnung, des *LesePeters*. Im Herbst 2003 erstmals vergeben, zeichnet der *LesePeter* im monatlichen Wechsel ein Bilder-, Kinder-, Jugend- oder Sachbuch aus. In den ausführlichen Vorstellungen der ausgezeichneten Bücher, die von einem ausgewiesenen Fachmann oder einer ausgewiesenen Fachfrau für die jeweilige Sparte verfasst werden, ist Raum für eine intensivere Auseinandersetzung mit den drei von Bettina Hurrelmann formulierten Bewertungsdimensionen.

Das Internet ist Grundlage einer weiteren neuen Publikationsmöglichkeit, des *Julim-Journals*. Hier können umfassendere (oder auch kürzere) Texte zu allen Arbeitsfeldern der AJuM online veröffentlicht werden. Das *Julim-Journal* wird redaktionell u. a. von Ulrich Baselau betreut, 2005 nahm das Online-Magazin seine Arbeit auf.

Seit 2000 waren Vorsitzende der AJuM die Literaturdidaktikerin Regina Pantos, der Medienpädagoge Wolfgang Antritter und seit 2017 die Literaturdidaktikerin Alexandra Ritter.

Abb. 6: Buchmesse Leipzig: Ein Clown am Stand der AJuM. Von links: Gustaf Adolf Schmidt, Madeleine Braunagel, 2017 (© Ulrich Baselau)

2001 fusionierten die *Beiträge Jugendliteratur und Medien* mit der Zeitschrift *Schulbibliothek aktuell*, die als Einzelzeitschrift nach Auflösung des Herausgebers, des Deutschen Bibliotheksinstituts, eingestellt wurde. Die Fusion war für die *Beiträge* eine sinnvolle Bereicherung, knüpfte man hiermit doch an die intensiven Bemühungen um das Thema *Schulbibliothek* an. Die Redaktion des Teils *Schulbibliothek aktuell* übernahmen die bisherigen Redakteure. Niels Hoebbel, einer dieser Redakteure, betreute 2003 das 14. Beiheft der *Beiträge* unter dem Thema *Schulbibliotheken* (Hoebbel 2003). 2007 dann wechselte die Zeitschrift vom Verlag Beltz Juventa zum Verlag kopaed und bekam wieder einen neuen Namen: *kjl&m – forschung. schule.bibliothek*, ausgeschrieben: *Kinder- und Jugendliteratur und Medien*. Die *Beihefte* heißen seitdem *kjl&m extra*.

Redakteure seit 1997 waren neben Malte Dahrendorf (bis 2001) und Steffen Peltsch (bis 2003) Jörg Meyenbörg, Gudrun Stenzel, Jörg Knobloch, Caroline Roeder und Ricarda Dreier. Heute besteht die Redaktion aus vier Personen: Julia Benner, Petra Josting, Michael Ritter und Sebastian Schmideler.

Die AJuM ist seit 2001 auf der Leipziger Buchmesse vertreten. Zuerst war dort nur die Landesstelle Sachsen aktiv, doch nachdem der Dachverband AKJ seinen Mitgliedsverbänden keine Möglichkeit zur Präsentation der Arbeit auf der Frankfurter Buchmesse mehr ermöglichte, wurde nach einer anderen Option gesucht. Die Leipziger Buchmesse mit ihrem Schwerpunkt in Literaturvermittlung und ihrer Öffnung für ein breites Publikum bot sich da an. Der Messestand wird gemeinsam von der Landesstelle Sachsen und der Bund-AJuM betreut und ermöglicht Kontakt zu vielen Interessierten.

Die überregionalen Fortbildungstagungen der AJuM, die in der Regel nach wie vor alle drei Jahre stattfinden, sind fester Bestandteil der inhaltlichen Arbeit. Themen waren unter anderem die Leseförderung durch Methoden des kreativen Schreibens (*Lesen – Schreiben – Lesen* 2001), die Theaterpädagogik (*Literatur macht Theater* 2004), Medienpädagogik und Ganztag (*Lesen – Hören – Filmen* 2007) oder Bilderbücher (*Aus dem Rahmen gefallen* 2013). Mit *Schatz und Schund im Silbersee* wurde 2016 die Suche nach dem *guten Buch* mit kritischem Blick neu betrachtet. 2018 feierte die AJuM im Rahmen einer Tagung im Ursprungsort Hamburg, im ehemaligen *Vorort* der VDP bzw. VJA: *125 Jahre von der Jugendschriften-Warte bis zu kjl&m*.

Primärliteratur

Everwyn, Klas Ewert: Achtung Baustelle. Baden-Baden: Signal, 1982
Pausewang, Gudrun: Hörst du den Fluss, Elin? Zürich: Nagel & Kimche, 1998

Sekundärliteratur

Becker, Jörg/ Dieter Richter: Ein Problemaufriß. In: Informationen Literatur und Medien 26 (1974) H. 1, 1-2
Bödecker, Hans: Die Leseinteressen Jugendlicher von 11 bis 15 Jahren. Ergebnis einer Breitenbefragung im Jahre 1955, durchgeführt von den VJA. In: JSW 9 (1957) H. 3, 17-21
ders.: Thesen über die Neufassung der Aufgaben und Ziele der Abteilung Jugendschriften in der GEW. In: JSW 23 (1971) H. 4, 13
Dahrendorf, Malte: Kriminalgeschichten für die Jugend. In: JSW 21 (1969) H. 10, 33-35
ders.: Zur Situation der Jugendbuch-Kritik heute. In: JSW 24 (1972) H. 4, 13-16
ders.: Rückblick auf einen noch nicht überholten Kinderbuch-Typ – Ansätze zu einer neuen Ästhetik der Kinderliteratur. In: JSW 25 (1973) H. 3, 9-10
ders. (Hg.): Grenzen der Literaturvermittlung. Leseverweigerung – Sprachprobleme – Analphabetismus. Weinheim 1995 (Beiträge Jugendliteratur und Medien; Beih. 6)
ders. (Hg.): Die Darstellung des Holocaust in der Kinder- und Jugendliteratur. Weinheim 1999 (Beiträge Jugendliteratur und Medien; 10. Beih.)
Doderer, Klaus: Die Kinder- und Jugendliteraturforschung in den 1970er Jahren. In: kjl&m 67 (2015) H. 1, 3-7
Dolle-Weinkauff, Bernd: Studentenbewegung, Germanistik und Kinderliteratur. Neue Positionen der Kritik nach 1968. In: Dolle-Weinkauff, Bernd/ Hans-Heino Ewers (Hgg.): Theorien der Jugendlektüre. Beiträge zur Kinder- und Jugendliteraturkritik seit Heinrich Wolgast. Weinheim [u. a.] 1996, 211-238
Dörr, Heinz (Hg.): Taschenbücher in der Schule. [s. l.] 1980 (Materialienheft der AJuM)
ders./ Regina Pantos: Liebe Kolleginnen und Kollegen! In: van Nahl, Astrid/ Jan van Nahl/ Elmar Broecker/ Heinz Dörr (Hgg.): Einführung in die Rezensionsarbeit am PC und Richtlinien für die Beurteilungsarbeit. Frankfurt/ M. 2002 (Materialien Jugendliteratur und Medien; 45), 3
Ewers, Hans-Heino: Kinderliteratur der Nachkriegszeit. Progressive Aspekte der Theorie des „guten Jugendbuchs" der 50er und 60er Jahre. In: Dolle-Weinkauff, Bernd/ Hans-Heino Ewers (Hgg.): Theorien der Jugendlektüre. Beiträge zur Kinder- und Jugendliteraturkritik seit Heinrich Wolgast. Weinheim [u. a.] 1996, 165-178
Grützmacher, Jutta/ Barbara John: Lektüre für Hassan und Roxani. Bücher für Gastarbeiter-Kinder und mit Gastarbeiter-Problematik. In: Informationen Literatur und Medien 26 (1974) H. 2, 12-14
Haisch, Christa: Kritischer Überblick über die Mädchenbücher des Jahres 1969. In: JSW 23 (1971) H. 1, 1-2
Heidtmann, Horst: Hörspiel- und Literaturkassetten für Kinder und Jugendliche. [s. l.] 1988 (Materialienheft der AJuM)
ders. (Hg.): TJW und das Geheimnis der Gummibärchen. Medienpädagogische Beiträge. Weinheim 1991 (Beiträge Jugendliteratur und Medien; 2. Beih.)
Hoebbel, Niels (Hg.): Schulbibliotheken. Weinheim 2003 (Beiträge Jugendliteratur und Medien; 14. Beih.)

Hurrelmann, Bettina: Literaturkritik im Bereich der Kinder- und Jugendliteratur. In: Informationen Jugendliteratur und Medien 42 (1990) H. 3, 98-110
Josting, Petra: Der *Jugendschrifttums-Kampf* des Nationalsozialistischen Lehrerbundes. Hildesheim 1995 (Germanistische Texte und Studien; 50). Zugl.: Bielefeld, Univ., Diss., 1994
Kallbach, Konrad: Provocatio. In: JSW 19 (1967) H. 12, 41-42
Karl, Friedrich: „Sittenwächter" und „Sexjäger". In: JSW 21 (1969) H. 12, 41
Knobloch, Jörg u. a. (Hgg.): Grundwissen Didaktik der Kinder- und Jugendliteratur. [s. l.] 1981 (Materialienheft der AJuM)
ders. (Hg.): Thema 3. Welt. [s. l.] 1983 (Materialienheft der AJuM)
Martens, Alexander U.: Das vermaledeite „gute" Jugendbuch. In: JSW 20 (1968) H. 12, 44
Müller, Sonja: Das *gute Jugendbuch* in den 1950er-Jahren in Westdeutschland und Österreich. In: kjl&m 65 (2013) H. 3, 14-22
Peltsch, Steffen (Hg.): Auch Bilder erzählen Geschichte. Weinheim 1997 (Informationen Jugendliteratur und Medien; Beih. 8)
Schmidt-Dumont, Geralde (Hg.): Texte zur Arbeitswelt. [s. l.] 1982 (Materialienheft der AJuM)
dies.: (Hg.): Liebe, Sexualität und Partnerschaft in Jugendliteratur und Medien. [s. l.] 1984 (Materialienheft der AJuM)
dies.: (Hg.): Von den Anfängen der Jugendschriftenbewegung – Die Jugendschriftenausschüsse und ihr „Vorort" Hamburg um 1900. Weinheim 1990 (Informationen Jugendliteratur und Medien; 1. Beih.)
Weber, Hans (Hg.): Schulmediothek/ Bibliothek. [s. l.] 1980 (Materialienheft der AJuM)
ders. (Hg.): Kinderliteratur kreativ. [s. l.] 1984 (Materialienheft der AJuM)

Sebastian Schmideler

Das Erbe Wolgasts?
Jugendschriftenkritik in der SBZ/DDR

Die Bewertung und Empfehlung von Jugendschriften aus einer pädagogischen Perspektive, an die nicht zuletzt oftmals auch eine Einschätzung für die bibliothekarische Praxis gebunden ist, bildeten seit dem 18. Jahrhundert einen wichtigen Bestandteil des Handlungssystems der Kinder- und Jugendliteratur (vgl. Ewers 2012, 105-118).[1] Die Normen und Instanzen ihrer Beurteilung unterlagen dabei im historischen Verlauf einem enormen Bedeutungs- und Funktionswandel (vgl. Weinkauff 2015, 31-43; zur aktuellen Entwicklung vgl. Roeder 2015). Dies lässt sich anhand der vielfältigen, religiös, ästhetisch, pädagogisch und weltanschaulich begründeten Argumentationen am Beispiel der überaus kontroversen Bewertung von beliebten und zeitweilig häufig gelesenen Vielschreiber*innen des 19. Jahrhunderts wie dem Dresdner Kinderbuchautor und Lehrer Gustav Nieritz rezeptionsgeschichtlich besonders deutlich veranschaulichen; auch das seit Beginn des 20. Jahrhunderts einsetzende relativ rasche Verschwinden des Lektüreinteresses an den Werken dieser Verfasser*innen wurde durch die Einflüsse der Jugendschriftenkritik wesentlich bedingt (vgl. zuletzt Schmideler 2017, 11-19).

Für die Entwicklung einer Theorie der Kinder- und Jugendlektüre des 20. Jahrhunderts spielte in diesem Kontext speziell die Kinder- und Jugendliteraturkritik des Hamburger Reformpädagogen und Jugendschriftenerziehers Heinrich Wolgast eine unbestritten herausragende Rolle. Diese Jugendschriftenkritik bewirkte innerhalb des Bewertungswesens sowohl mit der Betonung des Kunstwerkanspruchs an das Jugendbuch als auch mit der Ablehnung des sog. spezifischen Jugendschrifttums und der *Schmutz und Schund*-Debatten einerseits einen in Richtung der ästhetischen Autonomie der Kinder- und Jugendliteratur drängenden Modernisierungsschub und somit einen Paradigmenwechsel, aber andererseits auch einen in seiner Polemik und Radikalität differenziert zu betrachtenden Beurteilungskampf (vgl. die Beiträge in Dolle-Weinkauff/Ewers 1996).

Dieser folgenreiche Einfluss von Wolgast, seinen Mitstreiter*innen und Nachfolger*innen reichte über die Hochphase der Jugendschriftenbewegung um die Jahrhundertwende bis weit über die Mitte des 20. Jahrhunderts hinaus. Inwiefern die befürwortete oder ausgezeichnete, die unbeachtet gebliebene und die von den Instanzen der Beurteilung abgelehnte Lektüre von Kindern und Jugendlichen[2] jedoch auch in der Jugendschriftenkritik der DDR direkt oder indirekt von der scharf profil-

1 Der Verfasser dankt Christian Pommerening vom Archiv der AJuM der GEW Sachsen in Leipzig für zahlreiche nützliche Hinweise und bereitwillig erteilte Auskünfte.

2 In der allgemeinen systemtheoretischen Terminologie des Kinder- und Jugendliteraturforschers Hans-Heino Ewers entspricht dies den Begriffen der sog. positiv sanktionierten, nicht sanktionierten oder negativ sanktionierten Kinder- und Jugendlektüre (Ewers 2012, 121).

prägenden Auffassung Wolgasts und der Jugendschriftenbewegung beeinflusst war oder aber eigene und für die DDR typische und zentrale Ziele verfolgte, ist eine Frage, die innerhalb der Kinder- und Jugendliteraturforschung bislang noch nicht im Fokus des wissenschaftlichen Interesses stand.[3] Überhaupt bietet die Erforschung der Spezifik der Theorie und Praxis der Kinder- und Jugendlektüre in der SBZ und der DDR noch viele offene Fragen, denen sich die literaturwissenschaftliche Aufarbeitung dieses Teils der Literaturgeschichte künftig noch intensiver stellen sollte.

Gegenstand und Ziel des folgenden Beitrags soll es daher sein, die phasenweise sichtbaren, direkten und indirekten Einflüsse der Jugendschriftenbewegung auf die Jugendschriftenkritik der DDR zu rekonstruieren, aber gleichzeitig auch zu kontextualisieren, wie stark Praxis und Theorie der Jugendschriftenbewertung einen eigenen Weg mit abweichenden Zielen verfolgten, die sich entscheidend von den Ideen Wolgasts abgrenzten, wie rasch deutlich werden sollte.

Kontinuitäten und Diskontinuitäten nach 1945: Auf dem Weg zur Jugendschriftenkritik der DDR

Personelle Kontinuitäten

Indirekte oder direkte Einflüsse der Jugendschriftenbewegung auf die Entstehung einer professionalisierten Jugendschriftenkritik in der SBZ und der DDR zeigen sich auf der institutionellen, personellen und publizistischen Ebene in der Kontinuität zu Entwicklungen vor 1933. Anknüpfungen an diese Tradition lassen sich insbesondere in der frühen Phase der SBZ in den späten 1940er-Jahren und nach Gründung der DDR in der Mitte der 1950er-Jahre rekonstruieren. Hier vor allem sind die Namen von Paul Wagner und Gertrud Rosenow hervorzuheben,

> „die aus dem Kreis der Reformpädagogik und der Jugendschriftenbewegung stammten, in der sozialistischen Literaturentwicklung ihren Platz gefunden hatten und zu neuer, umfassender Tätigkeit angeregt worden waren" (Holtz-Baumert 1972, 42),

wie der Kinderbuchautor, Kinderliteraturforscher und Literaturfunktionär Gerhard Holtz-Baumert konstatierte. In der Mitte der 1950er-Jahre kam es für eine vergleichsweise kurze Phase der gegenseitigen Annäherung zu zeitweiligen persönlichen Kontakten zwischen linksemanzipativen Autor*innen in Ost und West mit Vertreter*innen der alten Jugendschriftenbewegung aus der BRD und der DDR, unter denen so prominente Namen aus dem Kinderliteraturbetrieb der Weimarer Republik wie der Jugendschriftentheoretiker und -historiker Hermann Leopold Köster oder der Autor der Bremer *Peter-Stoll*-Romane Carl Dantz zu finden sind:

> „In der Gemeinschaft des Schwelmer Kreises kam es zu einer Reihe von Gesprächen, besonders in Hamburg und München, an denen in den Jahren 1955 bis 1957 unter anderen Professor Rosenow, Professor Wagner, Dr. Nadeshda Ludwig, Fred Rodrian, Alfred Holz, Hans Baltzer aus der DDR teilnahmen. Aus der Bundesrepublik kamen Frau Arndt-Wolgast,

3 Das umfangreiche Handbuch zur KJL der SBZ/DDR von Steinlein/Strobel/Kramer 2006 dokumentiert nur vereinzelt verstreute Informationen zu diesem Thema. Einen grundlegenden Überblick zum Gegenstand gibt Richter 1996.

> die Tochter Heinrich Wolgasts, und die Jugendschriftler Walter Flacke, Fritz Westphal, Frau Dehmel, die Tochter von Fritz und Paula Dehmel, Carl Dantz, John Barfaut, der neue Vorsitzende der ‚Vereinigten Prüfungsausschüsse'; auch Köster suchte Kontakte zur sozialistischen Kinderliteratur der DDR" (ebd.).

Es waren vor allem Akteur*innen wie Gertrud Rosenow, die in dieser kurzen Phase zwischen 1955 und 1957 mit Verve darum bemüht waren, im Kontext der *Arbeitsgruppe des Schwelmer Kreises* ein Wiederaufflammen der Ideen „im Geiste Wolgasts" zu initiieren und damit die Hoffnung verbanden, an die gewachsenen Traditionen anzuknüpfen, „mit den westdeutschen Prüfungsausschüssen Verbindung zu suchen und gute Jugendschriften auszutauschen. Die Fühlungnahme hat begonnen" (Rosenow 1956a, 182). Rosenow stand der Jugendschriftenbewegung in der Weimarer Republik in Berlin nahe, war dort Regierungs- und Schulrätin für Volks- und Mittelschulen und erhielt 1933 durch die nationalsozialistische Gesetzgebung Arbeitsverbot. Von 1949 bis 1957 war sie Professorin an der Pädagogischen Fakultät der Humboldt-Universität, seit 1951 Direktorin des Instituts für Praktische Pädagogik.[4] Rosenow sah speziell in Wolgast den eigentlichen „Begründer einer Wissenschaft der Jugendschriften-Pädagogik" (ebd., 180), einem Erbe, dem sich die DDR und die BRD gleichermaßen verpflichtet fühlen sollte, wie Rosenow zu plausibilisieren versuchte:

> „Wenn Westdeutschland schon wieder über 120 Jugendschriften-Prüfungsausschüsse verfügt, wenn in unserer Direktive für den Deutschunterricht die Jugendschrift [...] zum Pflichtstoff erhoben wird, so sind das Zeichen dafür, dass Wolgast weiterwirkt" (ebd.).

Deshalb bemühte sich Rosenow gemeinsam mit Paul Wagner, eine Lizenz von Wolgasts Programmschrift *Das Elend unserer Jugendliteratur* (1896) im Verlag Wunderlich für eine Ausgabe in der DDR zu bekommen. Dies gelang jedoch nicht.[5] Die kurzzeitigen direkten Kontakte zwischen der DDR und Protagonist*innen und deren Nachfahren aus den Anfängen und der Hochphase der Jugendschriftenbewegung sind daher primär aus dem Umfeld dieser Akteur*innen zu suchen, die seitens der DDR eine bewusste kontinuitätsstiftende Verstetigung und die erfolgreiche Integration der Ideen der Jugendschriftenbewegung in die literaturpädagogische Diskussion initialisieren wollten. Die personellen Kontinuitäten zur Jugendschriftenbewegung, die sich in diesem Zusammenhang in den Biografien von Vertreter*innen wie Gertrud Rosenow und Paul Wagner zeigen, bedürfen allerdings der sorgfältigen Rekonstruktion und Kontextualisierung, insbesondere im Hinblick auf die Spuren, die Wolgasts Jugendschriftenbewegung in der Jugendschriftentheorie der 1950er-Jahre in der DDR bei diesen Vertreter*innen hinterlassen hat. So ist es aufschlussreich zu sehen, dass der Jugendschriftler Paul Wagner in seiner für das *Fernstudium der Mittelschullehrer* seit

4 http://www2.gender.hu-berlin.de/ausstellung/Infocomputer/Biographien/N_Rosenow.html (14.06.2018).

5 Vgl. die Rezension Rosenow 1956a. Siehe auch den Brief von Wagner an Rosenow vom 14. März 1956: „Ich halte es aber für notwendig, dass gerade Wolgasts sozialpädagogische Gedanken im Vorwort betont und seine Forderungen für die lit. Erziehung in diese eingegliedert werden müssen. Gerade das haben die Hamburger bei ihrer Neuausgabe nicht betont, da sie völlig im Kunsterzieherischen befangen sind." (Bibliothek für Bildungsgeschichtliche Forschung (Berlin)/Deutsches Institut für Internationale Pädagogische Forschung/Archiv, Nachlass Getrud Rosenow, Mappe 253, Bl. 2-3; zit. nach Pommerening 2011, 94)

1959 mehrfach aufgelegten Schrift *Einführung in die Kinder- und Jugendliteratur* einige der zentralen Grundannahmen der Jugendschriftenbewegung für seinen literaturpädagogischen Standpunkt in der DDR deutlich erkennbar weitertradiert hat und somit bewusst Kontinuität stiftete, wie sich nach genauer Lektüre zeigen lässt.

Ausdrücklich berief sich Wagner in seinem Abriss zur historischen Entwicklung der Kinder- und Jugendliteratur auf Wolgasts Programmschrift *Das Elend unserer Jugendliteratur* (vgl. Wagner 1959, 16-22). Die Schilderung von Wolgasts Standpunkt nahm einen verhältnismäßig breiten Raum ein; auch bei der Darstellung von Gattungen wie dem Mädchenbuch kam Wagner auf Wolgast zurück, dessen Einschätzung er übernommen hat (vgl. ebd., 50). Ausdrücklich teilte Wagner als Konsequenz aus diesem geschichtlichen Verlauf die Ziele Wolgasts, die er in seiner Abhandlung geäußert hat: „Auch wir fühlen uns Wolgast verpflichtet, und sein Buch ist für jeden, der sich mit den Fragen der Kinder- und Jugendliteratur befasst, eine unerschöpfliche Grundlage" (ebd., 22). Wolgasts Forderung des Kunstwerkcharakters der Kinder- und Jugendliteratur wurde von Wagner explizit „bejaht" (ebd.). Einschränkend konzedierte Wagner: „Aber wir erkennen heute auch seine zeitbedingten Irrtümer" (ebd.). Von Wagner kritisiert wurde Wolgasts Verkennung „der politischen Wirklichkeit", seine als „irrig" charakterisierte „Auffassung von der völligen Tendenzlosigkeit der Kunst", sein Schwanken „zwischen Individualismus und Sozialismus" und die Unterschätzung „des bildenden Werts belehrender Literatur" (ebd.; vgl. auch ebd., 54). Doch trotz aller Kritik kulminierte die Passage in einer unverhohlenen Wertschätzung Wolgasts durch Wagner: „Trotzdem gehört Wolgast zu den fortschrittlichsten und im politischen Leben tapfersten Persönlichkeiten der Reformpädagogik" (ebd., 22).

Neben dieser direkten Bezugnahme auf Wolgast im historischen Zusammenhang hat Wagner Schlussfolgerungen als Konsequenzen für seinen eigenen Standpunkt formuliert, die als Versuch der Weitertradierung des Erbes von Wolgast verstanden werden können. Wagner kritisierte u. a. in der Tradition der Jugendschriftenbewegung das wahllose Viellesen und das verkopfte, rein informationsentnehmende Lesen zum Zweck des Wissenserwerbs als gleichermaßen schädlich für die junge Leserschaft, die stattdessen im Sinne Wolgasts zur ästhetischen Genussfähigkeit gebildet werden sollte:

> „Der jugendliche Leser darf weder zum Vielleser, noch zum Buchgelehrten werden. Beide sind kritiklose Leser. Während der eine sich nur ablenken und unterhalten, ja sogar berauschen will, nimmt der andere lediglich Wissen auf und registriert und inventarisiert es nur mit seinem Verstand. Weder das eine, noch das andere ist ein wirklich bildendes Lesen" (ebd., 13).

Vielmehr komme es auf die „Erziehung zum guten Buch" an, auf die ästhetische Fähigkeit, das „Wertvolle und Gesunde auswählen und sich aneignen zu können" (ebd.). Auch das ist eine typische Argumentation der Jugendschriftenbewegung. So wundert es nicht, dass Wagner von einer engagierten Lehrerschaft ganz im Sinn der Jugendschriftenbewegung mit Nachdruck einforderte, dass sie „von den Grundsätzen der Jugendschriftenkritik [...] gründliche Kenntnis haben" soll (ebd., 8); ebenso wie der Lehrer „von wertvollen Kinder- und Jugendbüchern, die er seinen Schülern empfehlen kann", einen Überblick erworben haben soll (ebd., 9). Auch an dieser Stelle korrespondierte Wagners Auffassung zur Jugendschriftenkritik und zur Kinder- und Jugendliteratur mit seiner von der Jugendschriftenbewegung geprägten Biografie.

Wagners beruflicher Lebensweg (vgl. Pommerening 2011, 93) war wesentlich beeinflusst vom Leipziger Lehrerverein, von seiner Arbeit an der Leipziger Versuchsschule, von seinen Leistungen als einer „der Initiatoren der Schülerbüchereibewegung und Mitglied des Jugendschriftenausschusses, als Mitarbeiter der Oberprüfstelle zur Bekämpfung von Schmutz- und Schundliteratur" (Lange 1988, 204),[6] aber auch geprägt von seiner Strafversetzung nach 1933 infolge seiner offenen Gegnerschaft zum Nationalsozialismus und seiner Mitgliedschaft in der SPD seit 1916 (vgl. ebd.). Innerhalb der Rezeption von Wagners Werk in den Fachveröffentlichungen seitens der Literaturpädagogik der DDR wurde hingegen bezeichnenderweise sein „partiell kritisches Verhältnis zu Ansichten Heinrich Wolgasts" betont (ebd.). Wichtig war Wagner für die Literaturpädagogik der DDR insbesondere deshalb, weil er „fruchtbarste pädagogische Aufbautätigkeit" geleistet hatte, als die „Pädagogische Fakultät der Karl-Marx-Universität Leipzig erkannte, dass Paul Wagner für die Erziehung der akademischen Deutschlehrer nicht entbehrt werden könne", was ihm bereits 1947 eine Dozentenstelle und dann eine „Professur für Methodik des Deutschunterrichts" einbrachte (Rosenow 1956b, 247). Der Fokus von Wagners Bemühungen um die Jugendschriftenkritik und Jugendschriftenpädagogik wurde in Bezug auf die Literaturpädagogik und Literaturmethodik in der DDR selbst von seiner Wolgast ebenfalls sehr zugewandten Kollegin Gertrud Rosenow deutlich ideologiekonform ausgelegt:

> „Aus der Reformpädagogik trägt er die pädagogisch-psychologische Aufgeschlossenheit in den Aufbau einer marxistisch begründeten wissenschaftlichen Methodik des Deutschunterrichts hinein." (Ebd.)

Wichtig war sein Wirken für die Ziele des Literaturunterrichts der DDR. Noch in seinem Nachruf wird Wagners Talent, „die Jugend zu erziehen im Geiste der Demokratie und des Sozialismus" (Riehmes 1968, 187), und seine Mitgliedschaft in der SED betont: „Entscheidende Impulse für sein Leben und Werk hat ihm die Partei gegeben, er selbst hat wertvolle Arbeit in ihrem Dienste geleistet" (ebd., 188). So zeigt sich, dass der biografische Bezug zur Jugendschriftenbewegung mit partieller Integration zentraler Ideen in die Literaturpädagogikdiskussion der DDR im Fall Paul Wagners eindeutig nebenrangig war. Es dominierte seine deutlich hervorgehobene erfolgreiche Integration in die sozialistische Literaturpädagogik, wie sich innerhalb der Rezeption seiner Schriften in der DDR nachweisen lässt.

Institutionelle Kontinuitäten

Auch auf der Ebene der Institutionen gab es Kontinuitäten im Wandel, die den Ursprüngen der Jugendschriftenbewegung zumindest partiell verpflichtet waren und Wolgasts Ideen in die Literaturpädagogik der DDR zu integrieren versuchten (vgl. Pommerening 2011, 92). Hierzu zählten vor allem die Aktivitäten der Zentralstelle für Kinder- und Jugendliteratur in Dresden. Die Vorläuferorganisation wurde bereits 1877 gegründet und war als Dresdner Jugendschriftenkommission ein früher Vorreiter

6 Christian Pommerening vom Archiv der AJuM wies mich darauf hin, dass Wagners Funktion genau genommen diejenige eines Beisitzers der Oberprüfstelle war.

der Sächsischen Jugendschriftenbewegung. Ab 1920 war sie die von der Hauptstelle der sächsischen Jugendschriftenausschüsse verwaltete und kommunal finanzierte Geschäftsstelle für gute Jugendliteratur, bevor sie nach 1933 NS-Gaustelle und nach dem Zusammenbruch des Nationalsozialismus 1946 gewerkschaftlich wiedereröffnet wurde. Daraus ging die Zentralstelle hervor.[7] Durch „glückliche Umstände" konnte der „Buchbestand während des Terrorangriffs auf Dresden gerettet werden" (Weidauer 1963). Rasch nach der politisch-territorialen Neugliederung der SBZ infolge des Zusammenbruchs des Nationalsozialismus wurde die Wiederbegründung der Bibliothek forciert:

> „Bei ihrer Eröffnung 1946 wurde davon ausgegangen, dass bereits das Kinder- und Jugendbuch Einfluss auf die geistige Erneuerung unseres Volkes nehmen solle. 1949 erhielt die Geschäftsstelle ihren endgültigen Namen: ‚Zentralstelle für Kinder- und Jugendliteratur'" (ebd.).

Hier wurde der Gedanke der Jugendschriftenbewegung mit ihren Jugendschriftenausschüssen als einer Institution der Prüfung von Neuerscheinungen von aktueller Kinder- und Jugendliteratur am deutlichsten in ihrer ursprünglichen Bedeutung weitergeführt:

> „Eine der wichtigsten Aufgaben ist die Beurteilung neuer Jugendliteratur. Geprüft wird ihr Wert für Unterricht und Erziehung, aber auch für die außerschulischen Arbeitsgemeinschaften" (ebd.).

In Vordrucken von Beurteilungsbögen wurden einzelne Bücher neben den bibliografischen Angaben und einer kurzen Inhaltsangabe sowie der Erfassung von Lesealter und besonderer Eignung einer eingehenden Beurteilung unterzogen, die Gründe der Ablehnung (*zu schwierig, literarisch unbedeutend, minderwertig, stofflich ungeeignet*) sowie der ideologische Gehalt der jeweiligen Bücher eingeschätzt. Die Beurteilung basierte auf der konkreten Bewertung folgender Aspekte: *Gestaltung des Inhalts und der Idee, Vorzüge und Mängel in sprachlicher Beziehung, sachlicher, wissenschaftlicher, gesellschaftlicher und pädagogischer Wert, Bildschmuck, Einband, Ausstattung, Druck, Preiswürdigkeit, Erfahrungen beim Lesen mit Kindern oder Jugendlichen*.[8] Die Beurteilung berücksichtigte daher sowohl die ästhetische Gestalt des Buchs, seine materielle und illustrative Gestaltung als auch den ideologischen Gehalt als Grundlage für die am Ende getroffene Leseempfehlung. Zwischen 1945 und 1960 wurden von der Zentralstelle ca. 14.000 Besprechungen erstellt. Sie standen vornehmlich den Mitarbeiter*innen der Institution, aber auch den Nutzenden der Bibliothek, also den Pädagog*innen, Wissenschaftler*innen und Studierenden, zur Verfügung.

Zur Arbeit der Zentralstelle für Kinder- und Jugendliteratur in Dresden gehörte außerdem die Betreuung des auf Initiative aus Burgstädt gegründeten Kinder- und Jugendbuchklubs. In der Zentralstelle wurden die Absprachen mit den Verlagen jener Bücher getroffen, die ausgewählt worden waren, um in einer Massenauflage mit einem Rabatt für die Buchklubmitglieder erneut veröffentlicht zu werden. Die Zentralstelle arbeitete hierbei eng mit den ehrenamtlichen Buchklub-Betreuenden aus den

7 Auskunft von Christian Pommerening vom Archiv der AJuM, GEW Sachsen, Leipzig.
8 Vgl. den Vordruck im Literaturpädagogischen Archiv der AJuM, GEW Sachsen, Leipzig, Bestand: Zentralstelle für KJL, Sammelordner Rezension.

Kreisen der Lehrerschaft zusammen. Die Wirkung dieses Kinder- und Jugendbuchklubs erstreckte „sich über die gesamte DDR" (ebd.).

Die Zentralstelle unterstand direkt dem Ministerium für Volksbildung und hatte die Aufgabe, Hinweise und Empfehlungen zur Arbeit mit Kinder- und Jugendliteratur in und außerhalb der Schule zu geben. Sie verfolgte diesen Auftrag u. a. mithilfe eines ehrenamtlichen Aktivs, das den Gedanken eines Jugendschriftenausschusses in gewisser Weise ebenfalls weitertrug. Durch die umfangreichen Bestände der Fachbibliothek erhielt die Zentralstelle den Charakter einer wissenschaftlichen Einrichtung, sie erfüllte jedoch ebenso die Funktion einer fachöffentlichen Beratungsstelle.[9]

Neben der Arbeit in dieser Zentralstelle beschäftigten sich auch die Fachkommissionen einiger Pädagogischer Kreiskabinette auf dem Gebiet der DDR in der Tradition der Jugendschriftenbewegung Ende der 1950er-Jahre mit der Bewertung und Empfehlung von Kinder- und Jugendliteratur. Es ging nicht nur um die Erarbeitung von Empfehlungslisten und Materialien für den Unterricht, sondern auch um die Ermittlung von Leseinteressen, sodass hier auf Basis des aus der Jugendschriftenbewegung erwachsenen Empfehlungswesens offenbar auch einige der wesentlichen legitimierenden Grundlagen für die Jungleserforschung in der DDR gelegt worden sind. Einzelne Kommissionen haben sogar Kinder dezidiert an der Bewertung der Kinder- und Jugendbücher teilhaben lassen:

> „Die Begründung der Kinder für eine Ablehnung oder Anerkennung einzelner Bücher lassen Rückschlüsse auf die Leserbedürfnisse, die Entwicklung der Schülerbüchereien und die übrige Arbeit mit dem Kinderbuche zu." (Richter 1958, 20)

Eine nicht minder charakteristische Initiative, die sich ausdrücklich in die Tradition von Wolgast stellte (vgl. Wojtasiak 1957, 9), war die von Burgstädt bei Karl-Marx-Stadt ausgehende Gründung der bereits erwähnten Lesergemeinschaft im Sinn eines Buchklubs für Kinder. Dem Arbeitskreis zu dieser Lesergemeinschaft gehörten 1957 nicht weniger als 68 Schulen aus verschiedenen Bezirken der DDR an, darunter 59 aus dem Bezirk Karl-Marx-Stadt (vgl. ebd., 21). In den Leseklubs verfolgten die Initiator*innen das Ziel der Leseförderung an der „kleinsten Zelle für die weitere Jugendschriftenarbeit"; sie versuchten, durch das Verschenken und den verbilligten Verkauf von ausgewählten Kinderbüchern ihren Leitspruch in die Tat umzusetzen: „Jedem Schüler seine eigene kleine Bibliothek" (ebd., 10). In diesem Sinn dienten die Leseklubs zur Verbreitung von als empfehlenswert ausgewiesener Kinder- und Jugendliteratur.

Publizistische Kontinuitäten

Am deutlichsten sichtbar wird die für die 1950er-Jahre noch typische Nähe und das Weiterführen der Traditionen Wolgasts in der Jugendschriftenfrage der DDR in der Gründung der Zeitschrift *Neue Jugendschriftenwarte* (Abb. 1), die programmatisch den Titel des seit 1893 veröffentlichten Gründungsorgans der Jugendschriftenbewegung, *Jugendschriften-Warte*, im Namen führte. Die Zeitschrift erschien von 1957 bis 1960 und wurde vom Zentralvorstand der Gewerkschaft *Unterricht und Erziehung* im FDGB

9 Auskunft von Christian Pommerening vom Archiv der AJuM, GEW Sachsen.

herausgegeben. Inhaltlicher Schwerpunkt der Einzelhefte waren Kinder- und Jugendliteratur, Kinderfilm, Kindertheater und Laienspiel.

Ausgangspunkt war die Initiative von Gertrud Rosenow und ihre forcierten Versuche, durch die Aktivitäten im *Schwelmer Kreis* und ihre initialzündende Würdigung der Wiederauflage von Wolgasts Hauptwerk *Das Elend unserer Jugendliteratur* (vgl. die Rezension Rosenow 1956a) mit der Gründung der Zeitschrift direkt an diese Traditionen anzuknüpfen, obwohl es ihr nicht gelang, für die DDR eine Lizenz zu erhalten. Wojtasiak verwies in einem grundlegenden Beitrag zum Programm der Zeitschrift unmittelbar auf diesen Zusammenhang:

Abb. 1: Umschlag der vom Zentralvorstand der Gewerkschaft *Unterricht und Erziehung* im FDGB herausgegebenen Zeitschrift *Neue Jugendschriftenwarte* (1957-1960)

„Wenn jetzt mit dem Erscheinen der *Neuen Jugendschriften-Warte* im pädagogischen Raum der deutschen pädagogischen Schule der Versuch unternommen wird, die Probleme der Kinder- und Jugendliteratur mehr als bisher ins Blickfeld der Lehrerschaft zu stellen [...], so dürfte eine Besinnung auf die Ideen Heinrich Wolgasts [...], des Vorkämpfers der Jugendschriftenbewegung, und eine Auseinandersetzung mit ihnen für unsere Bildungs- und Erziehungsarbeit nur fruchtbringend sein" (Wojtasiak 1957, 9).

Enthusiastisch begab sich Wojtasiak auf die Spuren der Jugendschriftenbewegung und versuchte mit Emphase, ganz im Sinne Rosenows eine Renaissance von Wolgasts Ideen zu forcieren, da ihm Wolgasts Auffassungen „fast wie für unsere Zeit geschrieben" anmuteten (ebd.).

Ähnliche Intentionen verfolgte die Zeitschrift *Der Jugendschriftenfreund* (Abb. 2), die vom Pädagogischen Bezirkskabinett Karl-Marx-Stadt herausgegeben wurde und zwischen 1958 und 1961 in zwangloser Folge jeweils drei- bis viermal jährlich erschien und nochmals von 1968 bis 1974 als Manuskriptdruck (Hektografie) veröffentlicht wurde. Hier war der Arbeitskreis Jugendschriftenpädagogik bzw. die Arbeitsgemeinschaft der ehrenamtlichen Buchklub-Betreuenden aus der Lehrerschaft Initiator der Materialhefte. Die Anknüpfung des *Jugendschriftenfreunds* an die ursprüngliche Idee der Jugendschriftenbewegung zeigt sich u. a. darin, dass Paul Wagner zum Beirat der Zeitschrift gehörte.

Ziel der Zeitschrift, die gemeinsam von der Bezirksbibliothek Karl-Marx-Stadt, dem Pädagogischen Kreiskabinett Karl-Marx-Stadt, dem Arbeitskreis für die Verbreitung guter Kinderbücher und weiteren Pädagogischen Kreiskabinetten des Bezirks Karl-Marx-Stadt initiiert wurde, war in der direkten Tradition der Jugendschriftenbewegung zum einen der „Kampf gegen Schmutz und Schund", zum anderen die ebenfalls in der Nachfolge der Jugendschriftler stehende Aufgabe „mitteilen, beraten, anregen, werten" zu wollen (Anonym 1958, 3). Die Zeitschrift sollte, wie es im Untertitel des *Jugendschriftenfreunds* hieß, „ein Ratgeber" sein „für die sozialistische Erziehung unserer Kinder zum guten Buch". Der Arbeitskreis verfolgte darüber hinaus das Ziel, „die Lehrerschaft als uneigennützigen Träger dieser Institution zu gewinnen", um eine „umfassende Kinder- und Jugendbuchgemeinschaft unserer Republik" zu finanzieren; sie sollte die Buchgeschenke für Kinder bezahlen, die auch die Aufgabe hatten, die Lehrerschaft „in unaufdringlicher Weise an den wertvollen, aber bislang kaum oder wenig beachteten Erziehungsfaktor Kinder- und Jugendbuch" heranzuführen, um „seinen Einfluss im Erziehungsprozess zu beobachten und zu lenken" (Wojtasiak 1957, 15). Damit verbunden war das zweite Ziel, „die uneigennützige Vermittlertätigkeit des Lehrers und des Bibliothekars" zu fördern, die durch den rabattierten Verkauf von empfohlenen Kinderbüchern an die Mitglieder der Kinder- und Jugendbuchgemeinschaft einen erheblichen Einfluss auf die Freizeitlektüre der Kinder ausüben konnten (ebd.).

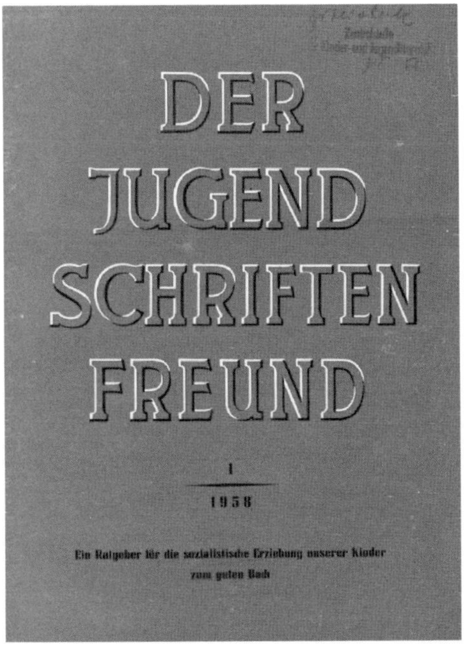

Abb. 2: Umschlag der Zeitschrift *Der Jugendschriftenfreund*, die vom Pädagogischen Bezirkskabinett Karl-Marx-Stadt herausgegeben wurde (1958-1961)

In der Zeitschrift selbst wurde die konkrete Rezensionsarbeit im Sinn des pädagogischen Empfehlungswesens für die Lehrerschaft fokussiert, die an die Vorgehensweise der Jugendschriftenausschüsse erinnert. Die Sondernummer des *Jugendschriftenfreunds* vom Mai 1970 hatte ausdrücklich zum konkreten Zweck dieser Professionalisierung des Empfehlungswesens zu diskutieren,

> „nach welchen Kriterien und Wertmaßstäben Kinderbücher zu beurteilen sind; wie die Kinder bei der Auswahl der Bücher beraten werden, wie sie von den Eltern an die Literatur herangeführt werden können; welche Bücher empfohlen werden, wie Lehrer Kinderbücher beurteilen und wie Kinder über gelesene Bücher urteilen" (Swarowsky 1972, 60).

Die überaus kritische Rezension dieser Sondernummer des *Jugendschriftenfreunds* im Fachorgan *Beiträge zur Kinder- und Jugendliteratur* (verantwortlicher Redakteur war Gerhard Holtz-Baumert) war derartig missgünstig und passagenweise geradezu feindselig, dass die Argumente der die Jugendschriftenbewegung diskreditierenden Stimmungsmache von Gerhard Holtz-Baumert von 1972 (vgl. die Ausführungen im Folgenden) hier ebenfalls umgesetzt sind. Die Zeitschrift war wegen ihrer separatistischen, auf die Jugendschriftenbewegung rekurrierenden Ideen ein Dorn im Auge der offiziellen Kinder- und Jugendliteraturpolitik der DDR. Kritisiert wird nicht nur die „nicht befriedigende redaktionelle Arbeit", sondern auch der „Titel der Publikationsreihe", der deutlich auf die Tradition der *Jugendschriften-Warte* anspielte, was der Rezensent „für antiquiert hielt" und dies zum Anlass nahm, um am Ende seiner Besprechung in einer Polemik auch den Namen der Zeitschrift „einer eingehenden Prüfung zu unterziehen" (ebd., 62).

Die Professionalisierung und Spezifizierung der Jugendschriftenkritik der DDR

Abgrenzung von Heinrich Wolgast und der Jugendschriftenbewegung

Das in den 1940/50er-Jahren gegenüber einer fruchtbaren Rezeption Wolgasts noch aufgeschlossene Klima wandelte sich in der DDR in den 1960er-Jahren grundlegend, wie bereits Karin Richter in einem Beitrag von 1996 festgestellt hat (vgl. Richter 1996, 197). So wurde beispielsweise 1965 in einem Artikel von Joachim Schmidt für die *Beiträge Kinder- und Jugendliteratur* zur historischen Bedeutung Wolgasts und der Jugendschriftenbewegung, trotz der oberflächlichen Bemühungen um ein ausgewogenes Urteil, zwischen den Zeilen mehr oder minder offene Kritik geäußert, die eine gewachsene Distanzierung dokumentierte: Wolgasts „Gesellschaftskritik" sei „im Widersprüchlichen der kapitalistischen Ordnung stecken" geblieben (Schmidt 1965, 121), „seine gesellschaftspolitischen Gedanken, sein Reformprogramm" seien „äußerst widerspruchsvoll" geblieben (ebd., 127). Hier wurden die in der Darstellung Paul Wagners bereits deutlich gewordenen Vorbehalte gegenüber Wolgasts ästhetischen Grundannahmen einseitig ablehnend ideologisiert, ohne dass Wagners wertschätzende historische Relativierung von Wolgasts Leistung weitergeführt worden ist.

Der sich deutlich ankündigende Paradigmenwechsel im Verhältnis zu Wolgast und der Jugendschriftenbewegung insgesamt manifestierte sich jedoch erst im Konflikt um den Kunstwerkcharakter, also die Poetizität und Literarizität, des Kinderbuchs. Der Stellenwert der ästhetischen Dimension stand in Konkurrenz zum Anspruch an die Emanzipation der Kinderliteratur für den Zweck der sozialistischen Ideale. Hatte die Diskussion der 1960er-Jahre bereits im Unterschied zu Wolgast immer auch die *spezifische* Jugendliteratur im Blick (vgl. Richter 1996, 197), die Wolgast bekanntlich ablehnte, zeigte sich nun deutlich eine Verlagerung der ästhetischen zugunsten von gesellschaftlichen Interessen. Dies musste schließlich geradezu zwangsläufig als notwendiges Abgrenzungsphänomen einen deutlichen Bruch mit der Jugendschriftenbewegung nach sich ziehen: Der Anspruch Wolgasts „verliert sich in der aktuellen Literaturentwicklung [...], die in erster Linie über gesellschaftliche Verhältnisse aufklären und erst in zweiter Linie poetische Literatur sein wollte" (ebd.). Damit verbindet sich die „Kritik an einer unreflektierten Aufnahme der Ansichten Wolgasts", da „die Kinderliteratur der DDR auf ihrer erzieherischen Funktion" bestehe, „die nichts mit einer pädagogischen Vereinnahmung zu tun" habe, wie Richter mit Bezug auf Holtz-Baumert nachgewiesen hat (ebd.).

Deutlich wandelte sich nun das Klima, Wolgast und die Jugendschriftenbewegung gerieten unverkennbar in das Kreuzfeuer der Kritik einer sozialistischen Literaturpädagogik im Gefolge einer marxistischen Literaturtheorie. Egon Schmidt formulierte diese Abgrenzung 1973 punktgenau: „Bei aller Anerkennung der Verdienste Wolgasts muss sich die sozialistische Kinderliteratur von ihm und allen seinen Nachfahren abgrenzen" (Schmidt 1973, 82; vgl. auch Richter 1996, 197). Die von Richter in ihrem Beitrag von 1996 vermisste „Erklärung dafür", die in Schmidts Aufsatz „auch in Ansätzen nicht gegeben wird" (Richter 1996, 197), findet sich ein Jahr zuvor, 1972, an anderer prominenter Stelle, nämlich in der ausführlichen Exploration des Literaturfunktionärs Gerhard Holtz-Baumert, der die gewissermaßen unhintergehbare Notwendigkeit dieser Abgrenzung deutlich mit den dazugehörigen Argumenten einer marxistisch geprägten sozialistischen Literaturwissenschaft begründet hat. Da Holtz-Baumert auch persönlich seine Haltung als Vertreter einer jugendschriftenkritischen sozialistischen Position in den Gesprächen im Umfeld des *Schwelmer Kreises* bestimmen konnte – er hatte an den wichtigen Zusammenkünften selbst teilgenommen und war über die Entwicklungen im Umfeld der alten Jugendschriftler daher aus erster Hand informiert –, war es seine prinzipientreue sozialistische Argumentation, die er bereits auf diesen Treffen klar benannt hatte, die er nun im publizistischen Nachgang mit Nachdruck und für die Fachöffentlichkeit für jedermann nachlesbar durchsetzte, um die gegenseitige Annäherung von Ost und West auf der Basis der Ideen der Jugendschriftenbewegung bewusst zu beenden und zu verhindern.

Holtz-Baumert hob damit die Argumentation von Paul Wagner und Gertrud Rosenow und anderen Gefolgsleuten Wolgasts mit Beharrlichkeit und seinem Bestehen auf einer spezifisch sozialistischen Kinderliteratur in der DDR aus den Angeln. Die Initiativen aus der Lehrerschaft erschienen ihm wohl als zu gefährlich für die mögliche und unkontrollierbar werdende Entstehung einer als reaktionär aufgefassten Parallel- und Gegenbewegung abseits der offiziellen Linie der Kinder- und Jugendliteraturpolitik der DDR. Daher holte er nun zum polemischen Gegenschlag aus. Holtz-Baumert negierte vor allem die von Wolgast und seinen Nachfolger*innen geforderte Tendenzfreiheit von Kinderbüchern, um die Argumentation aufrechterhalten zu können, dass eine sozialistische Kinderliteratur progressiv, erzieherisch fortschrittlich und eben nicht neutral zu sein habe. Auf der Basis dieser Forderung des Verzichts auf Tendenzfreiheit grenzte sich Holtz-Baumert voller Polemik von der Jugendschriftenbewegung ab, da dieser aus seiner Sicht falsch verstandene Ästhetizismus zur „Agonie" tendiere und nichts anderes sei als ein historisch überlebtes Relikt einer „kleinen, verbitterten Sekte" (Holtz-Baumert 1972, 42). Die neuen Aufgaben einer weltanschauungsprägenden progressiven Phase der sozialistischen Kinderliteratur hätten die „Uralt-Wolgastianer" angeblich „immer noch nicht begriffen" (ebd.). Sie gerieten dadurch vermeintlich in den Sog eines „spätbürgerlichen Kulturzerfalls", wurden Opfer von „Manipulation und Steuerung", nahmen die reaktionäre Gestalt von „Fossilien" an, deren Jugendschriftenarbeit nur eine „entleerte Tätigkeit" sei – nichts mehr als

> „ein Feigenblatt vor der hemmungslosen Expansion, bei der kapitalistisches Profitstreben, sichtbar in der ständig zunehmenden Konzentration der Verlage, und Verbreitung imperialistischer Ideologie sich paaren" (ebd., 42 f.).

Holtz-Baumerts Ausweg aus dieser als Krise des Verfalls charakterisierten Fehlentwicklung wurde von ihm ebenso klar benannt: Eine „Grundlehre für alle diejenigen, die in der heutigen kapitalistischen Welt für die Kinder etwas tun wollen", könne nur darin bestehen, „wenn sie sich eng mit der sozialistischen Kinderliteratur, mit dem Sozialismus verbünden" (ebd., 43). Dies sei jedoch lediglich durch eine Abgrenzung der Jugendschriftenkritik vom Kapitalismus möglich, denn der „Abschied von dieser Jugendschriftenbewegung" weise „im Nachschauen tragikomische Züge auf", da gelte: „Jedes Verschmelzen und Anbiedern mit einer bürgerlichen Kulturbewegung, jedes undifferenzierte Bündnis führt zum Opportunismus und zum Aufgeben der Klassenfrage" (ebd.). Damit war der Stab über die Jugendschriftenbewegung gebrochen und die Forderung nach einem klaren Bekenntnis zur Tendenz einer spezifisch sozialistischen Kinderliteratur mit einer dominant weltanschaulichen Prägung klar definiert und umrissen. Sie war argumentativ nur aufrechtzuerhalten, wenn die deutlich abgrenzende Trennung zu Wolgast und seinen Nachfolger*innen vollzogen wurde. Eine Annäherung an westdeutsche Vertreter*innen in der Tradition der Jugendschriftenbewegung wurde damit ausgeschlossen. Dies gelang allerdings nicht ganz ohne Widersprüche. Umgekehrt nutzte man Wolgasts theoretische Grundannahmen in diesem Kontext auch als ideologisches Instrument, um die *künstlerische Qualität* der sozialistischen Kinderliteratur der DDR in Abgrenzung der westdeutschen Entwicklung hervorzuheben (vgl. dazu Richter 1996, 198).

Entwicklung einer professionellen sozialistischen Jugendschriftenkritik

Die weitere Genese einer genuin sozialistischen Jugendschriftenkritik war mit einem Prozess der Professionalisierung verbunden, der wesentlich mit einer zunehmenden Zentralisierung verknüpft war. Durch die Initiative eines Preisausschreibens für Kinder- und Jugendliteratur, die Arbeitsgemeinschaft für das Kinder- und Jugendbuch, die regelmäßigen Publikationen zur Praxis der Kinderliteratur und zur Theorie der Kinderliteraturforschung, insbesondere in dem jährlich in einem Heft im Kinderbuchverlag veröffentlichten zentralen Fachorgan der *Beiträge zur Kinder- und Jugendliteratur*, die Organisation von Konferenzen wie die jährlich stattfindenden *Tage der Kinderliteratur* und schließlich durch die Gründung des DDR-Zentrums für Kinderliteratur in Ostberlin wurde dieser Professionalisierungsprozess entscheidend vorangebracht (vgl. auch Richter 1996, 193-195). Dadurch wurde der gesamte publizistische und fachöffentliche kinderliterarische Vermittlungsprozess verstärkt zentralisiert und staatlich gelenkt. Der umfangreiche Rezensionsteil der Fachzeitschrift *Beiträge zur Kinder- und Jugendliteratur* erwies sich hierbei als ein wichtiger Faktor der professionellen sozialistischen Jugendschriftenkritik, zumal hier – als durchaus bemerkenswerte Besonderheit der Praxis der Kritik in der DDR – häufig Kinder- und Jugendbuchautor*innen selbst die Neuerscheinungen ihrer Kolleg*innen anzeigten und besprachen, jedoch auch durch ausgewiesene Fachleute wissenschaftliche Monografien und Sammelbände in entsprechenden Fachkritiken besprochen wurden.

Die Frage nach einer spezifisch sozialistischen Jugendschriftenkritik in der DDR wurde 1973 in Heft 26 der *Beiträge zur Kinder- und Jugendliteratur* diskutiert. An dieser Stelle wurde ein aufschlussreiches Referat Günter Eberts auf dem II. Kritiker-Seminar des DDR-Zentrums für Kinderliteratur in Berlin publiziert, das einmal mehr den entscheidenden Wandel der Jugendschriftenkritik in den 1970er-Jahren dokumentieren kann, der den Bruch und die Abkehr von der Tradition Wolgasts und der Jugendschriftenbewegung in Hinblick auf die Jugendschriftenkritik manifestierte. Unter dem programmatischen Titel *Wirkung und Wahrheit. Über die Beurteilung von Kinderliteratur* hob Ebert die Notwendigkeit einer empirischen Jungleserforschung für das Feld der Jugendschriftenbeurteilung hervor, deren aus seiner Sicht besonders vorteilhafte Erträge er an einigen Beispielen veranschaulichte, bevor er auf die professionelle Jugendschriftenkritik im Zeitschriftenwesen der DDR einging. Ebert plädierte in diesem Zusammenhang als argumentative Basis für seine Vorstellung einer sozialistischen Jugendschriftenkritik für die Stärkung der

> „Frage der ästhetischen Reife. Sie zu entwickeln, sind wir alle bemüht. Ich stelle diese Frage, damit wir bei unseren Diskussionen das Kind nicht als Kind aus den Augen verlieren" (Ebert 1973, 11).

Um dies zu verhindern, wollte Ebert die Erträge der empirischen Jungleserforschung in besonderer Weise für die weitere Entwicklung der Jugendschriftenkritik berücksichtigen. Zum Schluss seines Beitrags wird allerdings unmissverständlich deutlich, dass die Traditionen Wolgasts keine Rolle mehr in der sozialistischen Jugendschriftenkritik spielten. Zentraler Dreh- und Angelpunkt der Argumentation wurden nun die „Lebensfragen der Kinder. Auf die ihre Lektüre antworten muss" (ebd., 17). Damit verbunden ist nicht der ästhetische Gehalt, die Poetizität der Gestalt des Kinderbuchs oder der Grad an Literarizität seiner Formen und Inhalte, einzig verbindlich ist die einseitig akzentuierte Relevanz hinsichtlich der Berücksichtigung der sozialistischen Weltanschauung und ein genuin sozialistischer Lebensweltbezug:

> „Deshalb gehe ich gleich ins Zentrum der Sache. Eine solche Lebensfrage für die Kinder lautet: Wie entwickelt sich ihr Klassenbewusstsein? [...] Was liefern wir über den Unterricht in Staatsbürgerkunde, den Aufträgen in der Pionierorganisation, den Gesprächen in der Familie hinaus an ästhetischen Erlebnissen, die das lebensnotwendige Klassenbewusstsein festigen? Zuwenig!" (Ebd.)

Hier begab sich die Jugendschriftenkritik geradezu überdeutlich in das Fahrwasser einer Ideologisierung von Kinder- und Jugendliteratur, die mehr denn je davon entfernt war, sich auf die Grundlagen der Jugendschriftenbewegung und den Ästhetizismus von Heinrich Wolgast zu berufen.

Andererseits rissen damit die professionalisierten Publikationen einer fundierten pädagogischen Jugendschriftenkritik nicht ab. Zahlreich sind die fachwissenschaftlichen und methodischen Anleitungen, Unterrichtshilfen und Empfehlungsschriften für die Lehrerschaft, die in den 1960er- bis 1980er-Jahren entstanden und ein ausgeprägtes Beurteilungswesen von Kinder- und Jugendliteratur für den schulischen Verwertungskontext erkennen lassen. Aufschlussreich sind in diesem Kontext die für die Praxis bestimmten konkreten Maßnahmen zur „Lenkung der außerschulischen Lektüre" (Gemkow/Gerecke/Horak 1975, 163), die im Sinne einer Verstetigung des Leseinteresses in einer „dauernden Einflussnahme auf die Leseinteressen" münden sollte (ebd., 164). Die Lehrerschaft war nach wie vor dazu angehalten, sich regelmäßig über Neuerscheinungen zu informieren (vgl. ebd., 165), illustrierte Kinderbuchbibliografien zu studieren und daraus „eine gewisse Auswahl dessen, was man lesen muss", zu treffen (ebd.). Sie sollte sich „Informationen über Vielfalt und Breite des Buchangebots" beschaffen und eine

> „zunehmende Differenzierung in den Leseinteressen [...] bei der Lenkung dergestalt [...] beachten, dass sowohl vorhandene Vorlieben für bestimmte Themen, Sujets, Genres oder Gestaltungsweisen berücksichtigt werden, als auch bisher weniger Gelesenes ins Blickfeld gerückt wird" (Haust 1986, 168).

Diese Forderungen bezogen sich auf den Literaturunterricht in Klasse 6. Die von Vertreter*innen einer theoretischen und praktischen Jugendschriftenkritik wie Günter Ebert geforderte Bezugnahme auf die Interessen des Kindes wurde demnach in der gewünschten Form auch in der literaturunterrichtlichen Praxis umzusetzen versucht. Um diesen Anspruch verfolgen und professionell verwirklichen zu können, erschien bspw. ein eigener Band mit *Besprechungen zur Gegenwartsliteratur. Für Deutschlehrer der Klassen 5 bis 7*, der eigens der vergleichsweise intensiven Beschäftigung mit aktueller Kinder- und Jugendliteratur der DDR verpflichtet war (vgl. Albrecht 1979). Dieser Sammelband mit teilweise bereits vorab in Zeitungen und Fachzeitschriften veröffentlichten, jedoch ebenso eigens für die Publikation verfassten Rezensionen, Werkstattberichten, Kurzbiografien, Werkverzeichnissen und Interviews bot einen anregenden Überblick über die neuere und neueste Kinder- und Jugendbuchproduktion der DDR, der in besonderer Weise als ein professioneller Beitrag zum Besprechungs- und Empfehlungswesen herausragte, da die „in diesem Buch [...] ausgewählten Werke durchgängig unter *literaturkritischen Aspekten* beurteilt und interpretiert" worden waren (ebd., 7, Hvh. i. O.). Der Band diente somit der geforderten Lenkung der Freizeitlektüre, verdeutlichte jedoch auch, dass die literaturästhetische Komponente hier überwog. Die Wertung und Beurteilung ging überwiegend von einer unabhängigen Literaturkritik aus, die sich den platten Vorgaben an eine weltanschaulich angepasste sozialistische Kinder- und Jugendliteratur entzog und sich von einseitigen Ideologisierungen nicht durchgängig vereinnahmen ließ. Dies zeigt, dass am Ende einige der Forderungen Wolgasts und der Jugendschriftenbewegung in einigen dieser Rezensionen gewissermaßen durch die Hintertür doch noch Eingang in das Rezensionswesen und die Jugendschriftenkritik gefunden haben, befinden sich doch unter den vorgestellten Werken auch solche von namhaften herausragenden Schriftsteller*innen und poetisch kraftvollen Autor*innen wie bspw. Franz Fühmann und Günter de Bruyn, deren Kinderbücher einen auffälligen ästhetischen Überschuss aufweisen, der deutlich über die geforderten mehr oder minder platten Tendenzen der sozialistischen Kinder- und Jugendliteratur hinausging.

Sekundärliteratur

Albrecht, Günter (Hg.): Besprechungen zur Gegenwartsliteratur. Für Deutschlehrer der Klassen 5 bis 7. Bd. 1 Kinder- und Jugendliteratur. Berlin 1979

Anonym: Dem „Jugendschriftenfreund" zum Geleit. In: Der Jugendschriftenfreund 1 (1958) H. 1, 3

Dolle-Weinkauff, Bernd/ Hans-Heino Ewers (Hgg.): Theorien der Jugendlektüre. Beiträge zur Kinder- und Jugendliteraturkritik seit Heinrich Wolgast. Weinheim [u. a.] 1996

Ebert, Günter: Wirkung und Wahrheit. Über die Beurteilung von Kinderliteratur. In: Beiträge zur Kinder- und Jugendliteratur 26 (1973), 5-21

Ewers, Hans-Heino: Literatur für Kinder und Jugendliche. 2. Aufl. Paderborn 2012

Gemkow, Hilde/ Renate Gerecke/ Brigitte Horak (Red.): Literaturunterricht 5. Klasse. Fachwissenschaftliche und methodische Anleitung. 7. Aufl. Berlin 1975 [EA 1966]

Haust, Irmtraut (Red.): Unterrichtshilfen. Deutsche Sprache und Literatur. Lesen und Literatur. Klasse 6. 2. Aufl. Berlin 1986 [EA 1985]
Holtz-Baumert, Gerhard: „Überhaupt brauchen wir eine sozialistische Literatur ...". Skizzen vom Kampf um eine sozialistische deutsche Kinderliteratur mit einem Dokumenten-Anhang (Resultate). Berlin 1972
Lange, Marianne: Paul Wagner – sein Wirken für die „aktivierende Kraft des Buches". In: Schmidt, Joachim (Red.): Aufsätze zur Kinder- und Jugendliteratur und zu anderen Medienkünsten (Schauplatz; 2). Berlin 1988, 203-208
Pommerening, Christian: Aus der AJuM und der GEW: Im Literaturpädagogischen Archiv der AJuM in Leipzig. Quellenkundliche Streiflichter durch Zeiten und Welten der Jugendschriften. In: kjl&m 63 (2011) H. 4, 92-95
Richter, Karin: Kinderliteratur und Kinderliteraturforschung in der DDR. In: Dolle-Weinkauff, Bernd/ Hans-Heino Ewers (Hgg.): Theorien der Jugendlektüre. Beiträge zur Kinder- und Jugendliteraturkritik seit Heinrich Wolgast. Weinheim [u. a.] 1996, 191-209
Richter, W.: Aus der Arbeit einiger Pädagogischer Kreiskabinette mit der Kinderliteratur. In: Neue Jugendschriftenwarte 2 (1958) H. 1, 20-21
Riehmes, Joachim: Ein Lehrer und Freund ging von uns. Am 25. Januar starb Prof. Dr. Paul Wagner. In: Deutschunterricht 20 (1968) H. 3, 187-188
Roeder, Caroline: Das Elend unserer Jugendliteraturkritik. Positionsbestimmung für eine peripher gescholtene Sparte. In: Kaulen, Heinrich/ Christina Gansel (Hgg.): Literaturkritik heute. Tendenzen – Traditionen – Vermittlung. Göttingen 2015, 267-285
Rosenow, Gertrud: Wolgast in neuer Auflage! In: Deutschunterricht 8 (1956a) H. 3, 180-182
dies.: Umschau. Professor Dr. Paul Wagner 65 Jahre alt. In: Deutschunterricht 8 (1956b) H. 4, 247-248
Schmideler, Sebastian: Art. Gustav Nieritz (1795-1876). In: Franz, Kurt (Hg.): Kinder- und Jugendliteratur. Ein Lexikon. Lose-Bl.-Slg. 64. Erg.-Lfg. Meitingen 2017, 1-23
Schmidt, Egon: Rezension zur Publikationsreihe Resultate. In: Beiträge zur Kinder- und Jugendliteratur (1973) H. 23, 79-84
Schmidt, Joachim: Zur Geschichte der bürgerlichen Jugendschriftenbewegung in Deutschland: Heinrich Wolgasts reformpädagogischer Standort als Grundlage für seine Jugendschriftentheorie und -kritik. In: Beiträge zur Kinder- und Jugendliteratur (1965) H. 7, 117-130
Steinlein, Rüdiger/ Heidi Strobel/ Thomas Kramer (Hgg.): Handbuch zur Kinder- und Jugendliteratur. SBZ/DDR. Von 1945 bis 1990. Stuttgart [u. a.] 2006
Swarowsky, Heinz: Rezension „Der Jugendschriftenfreund" Sondernummer. In: Beiträge zur Kinder- und Jugendliteratur (1972) H. 23, 60-62
Wagner, Paul: Einführung in die Kinder- und Jugendliteratur (Lehrbriefe für das Fernstudium der Mittelschullehrer). Bad Langensalza 1959
Weidauer, C.: Jährlich vier Bücher aus dem Klub. Besuch in der Zentralstelle für Kinder- und Jugendliteratur Dresden. In: National-Zeitung. Das Blatt der National-Demokratischen Partei Deutschlands 15 (1963) vom 13. November 1963[10]
Weinkauff, Gina: „Verständlich, unterhaltend und lehrreich zugleich". Normen und Instanzen der Beurteilung von Kinder- und Jugendliteratur im historischen Wandel. In: Freudenberg, Ricarda/ Petra Josting (Hgg.): Norm und Normüberschreitung in der Kinder- und Jugendliteratur und ihren Institutionen. München 2015 (kjl&m 15.extra), 31-43
Wojtasiak, F.: Die Lesergemeinschaft – ein Schritt vorwärts in der Jugendschriftenarbeit. In: Neue Jugendschriftenwarte 1 (1957) H. 1, 9-21
Wolgast, Heinrich: Das Elend unserer Jugendliteratur. Ein Beitrag zur künstlerischen Erziehung der Jugend. 7. Aufl. Hamburg 1950 [EA 1896]

10 Zitiert nach einem Zeitungsausschnitt des Literaturpädagogischen Archivs der AJuM, GEW Sachsen, Leipzig, Bestand: Zentralstelle für KJL, Mappe Zst18, Dokument 14.

Susanne H. Becker

Schatzkarte oder Wünschelrute?[1]

Ein Blick auf Auswahlkriterien zum *Deutschen Jugendliteraturpreis*

Jährlich wird der Deutsche Jugendliteraturpreis, organisiert vom *Arbeitskreis für Jugendliteratur*, in verschiedenen Kategorien vergeben: Eine aus Erwachsenen zusammengesetzte Kritikerjury nominiert insgesamt 24 Titel in den Sparten Bilder-, Kinder-, Jugend- und Sachbuch. Die Jugendjury trifft eine Vorauswahl von sechs Titeln – hier sind Bücher aus allen Sparten möglich. Eine Sonderpreisjury vergibt einen Preis für das Gesamtwerk – im jährlichen Wechsel an Autor*innen, Übersetzer*innen und Illustrator*innen – und seit 2017 auch an ein *Neues Talent*.[2] Was die literarische Öffentlichkeit bewegt, ist die Frage: Wie kommt diese Auswahl jeweils zustande?

Für die einen ist die jährliche Nominierungsliste der erwachsenen Kritikerjury zum Deutschen Jugendliteraturpreis eine Schatzkarte, andere sehen eine Auswahl nach dem *Wünschelrutenprinzip* vor sich. Gibt es eine *Schatzkarte* und kann der, der über sie verfügt, die Bücherschätze mittels eindeutiger Koordinaten finden? Oder gilt das Wünschelrutenprinzip, sodass nur ausgewählte Menschen Kraft ihres Genius in der Lage sind, Preisbücher auszuwählen? Wer die alljährlich wiederkehrenden Debatten verfolgt, kennt die typischen Artikulationsmuster von Kritiker*innen der Auswahl: Die Marktsichtung sei willkürlich oder unvollständig, die Jury bevorzuge bestimmte Verlage und wähle häufiger Übersetzungen als deutsche Originalausgaben; Auswahlkriterium sei sowieso das persönliche (bildungsbürgerliche) Geschmacksurteil der Juror*innen, und schließlich bewerte die Jury die Kinder- und Jugendbücher aus der Sicht Erwachsener, die nichts über die kindlichen und jugendlichen Leser*innen wüssten. Wer aber die Auswahlliste als Schatzkarte wahrnimmt, sieht die nominierten Titel als Bücher, bei denen sich ein zweiter Blick lohnt, als Entdeckungen, die man selbst vielleicht nicht gemacht hätte, als eine wichtige Orientierung für Eltern und Vermittler*innen und versteht den Preis als wirksames Instrument der Förderung von Schreibenden, Übersetzenden, Illustrierenden und Verlagen.

Halten die Auswahlkriterien wissenschaftlichen Standards stand?

Die negativen *Ondits* müssen uns nicht weiter beschäftigen. Allerdings stellt sich die Frage nach der *Wissenschaftlichkeit* der Auswahl, denn es handelt sich immerhin um den einzigen deutschen Staatspreis für Literatur – und da darf man eine gewisse Sorg-

1 Der Beitrag ist die verschriftlichte Version eines Vortrags, gehalten auf der AJuM-Fachtagung 2016 *Schatz oder Schund im Silbersee? Eine mehrperspektivische Suche nach dem guten Buch* an der Akademie für kulturelle Bildung in Remscheid.

2 Ausführliche Informationen zum Preis, zur aktuellen Ausschreibung, den aktuellen Nominierungen und ehemaligen Preisträgern finden sich im Netz unter http://www.djlp.jugendliteratur.org (27.07.2018).

falt und Transparenz der Preisfindung erwarten. Führen denn aber die Auswahlkriterien zu verlässlichen Ergebnissen, würde also eine Jury in jeder beliebigen Zusammensetzung zu den gleichen Ergebnissen kommen? Sind die Kriterien valide und führen sie zur Selektion des tatsächlich Besten? Und wie steht es mit der Objektivität und der Reliabilität? Und nein, die sind natürlich nicht gegeben. Denn abgesehen von harten Fakten, die die Ausschreibung zum Deutschen Jugendliteraturpreis vorgibt, hat bis jetzt noch jede Jury eigene Akzente gesetzt. Und das ist auch so beabsichtigt: Nicht umsonst ist nach zwei Amtsperioden und nach insgesamt vier Jahren erst mal Schluss mit dem Kritikeramt, denn die Diskussion soll sich permanent erneuern, und

Die Jury zum aktuellen Deutschen Jugendliteraturpreis im Überblick

Kritikerjury
je zwei Juror*innen in den Sparten Bilder-, Kinder-, Jugend- und Sachbuch und ein Vorsitz

Jugendjury
sechs Leseclubs i. w. S.

Sonderpreisjury
drei Juror*innen, davon eine als Vorsitzende

Die Mitglieder der Jurys werden vom Vorstand des AKJ gewählt und vom Stifter berufen

dazu braucht es immer wieder einen frischen Blick – sonst hätten sich die Kriterien im Laufe der Jahre und immer mit Blick auf die je aktuelle Produktion nicht gewandelt (vgl. Brunken 2006). Die Kritikerjury setzt sich übrigens zusammen aus je zwei Juror*innen in den Sparten Bilder-, Kinder-, Jugend- und Sachbuch sowie einem Vorsitz. Kriterium für die Wahl zum Jurymitglied ist die je berufsspezifische Perspektive als Literaturvermittler*in im weitesten Sinne.

Kann die Auswahl der Nominierungen eine gewisse Validität beanspruchen? Ja, denn es zeigt sich regelmäßig im Diskurs der Rezensionen und fachlichen Buchempfehlungen sowie durch weitere Preise und Auszeichnungen, dass sich aus den derzeit etwa 9000 jährlich erscheinenden Kinder- und Jugendliteraturtiteln eine erstaunlich große Schnittmenge herauskristallisiert. Und Objektivität im Sinne quantitativer Forschungen kann es im Hinblick auf die Analyse und Bewertung literarischer Texte nicht geben. Aber die Auswahl kann sich durch Nachvollziehbarkeit beweisen – und die braucht für die literarische Öffentlichkeit erkennbare Kriterien. Also geht es letztlich um das übergeordnete Thema der Möglichkeit und Unmöglichkeit literarischer Wertungen. Dieser Frage geht der vorliegende Beitrag zunächst nach, führt dann aus, mithilfe welcher Quellen sich die Kriterien und die Bewertungspraxis der Auswahl zum Deutschen Jugendliteraturpreis rekonstruieren lassen, und diskutiert abschließend vor dem Hintergrund des literaturwissenschaftlichen Diskurses zur literarischen Kritik, inwieweit die je ausgezeichneten Bücher per *Schatzkarte* oder per *Wünschelrute* bestimmt werden.

Quellen für die Rekonstruktion der Auswahlkriterien

Die lebendigen und immerwährenden öffentlichen Debatten sollten einen Blick darauf wert sein, was die literarische Öffentlichkeit über die Kriterien zur Auswahl von Nominierungen und Preisbüchern wissen kann. Was kann nach außen transparent gemacht werden, wenn doch die Jurydiskussionen selbst nicht öffentlich sind und auch nicht öffentlich gemacht werden dürfen? Ich konzentriere mich in diesem Beitrag auf die Arbeit der erwachsenen Kritikerjury. Als deren ehemaliges Mitglied kann ich versichern, dass, wenn viele Stunden mit Fachkolleg*innen diskutiert wurde, das *Nominierungspaket* jeweils logisch und zwangsläufig erscheint. Aber ohne eine solche Teilhabe am Auswahlprozess kann diese Sammlung von 24 Titeln vollkommen disparat wirken – jedenfalls auf den ersten Blick. Deswegen beschäftigt hier die große Frage: Welche Auswahlkriterien spielen eine Rolle bei der Auswahl der Titel für den Deutschen Jugendliteraturpreis? Welche Quellen können auf ihre je spezifische Weise Aufschluss darüber geben, welche Aspekte bei der Auszeichnung von Büchern im Rahmen dieses Preises herangezogen werden?

Ausgewertet wurden dazu folgende Quellen:

- die jährliche Ausschreibung des Preises, die jeweils der Stifter, das Bundeministerium für Familie, Frauen, Senioren und Jugend, freigibt;
- die *Präambel* zum Deutschen Jugendliteraturpreis, die seit 1978 in jeweils verschiedenen Fassungen veröffentlicht wurde;
- archivierte, bislang nicht veröffentlichte Beurteilungsbögen der Jury in den 1950er-Jahren (vgl. Brunken 2006) sowie das Korpus der je nominierten Bücher seit 1956 selbst, das sich vollständig über die Online-Datenbank des Arbeitskreises für Jugendliteratur erschließen lässt;[3]
- öffentliche Kriterienkataloge der Jurys, die es seit 2010 gibt;
- Jurybegründungen und Pressemitteilungen zu den jeweils nominierten Titeln in analogen und digitalen Publikationen des Arbeitskreises für Jugendliteratur, wie Booklets zu den Preisbüchern, Dokumentationen von Jubiläen des Preises;
- der Diskurs über die je ausgezeichneten Bücher in der Öffentlichkeit und im Fachpublikum.

Wir haben es also bei diesen Quellen mit verschiedenen Arten zu tun: Zum einen gibt es öffentlich formulierte Kriterien, zum anderen können Erkenntnisse aus Zeugnissen der Bewertungs*praxis* rekonstruiert werden.

3 http://www.djlp.jugendliteratur.org/archiv_datenbanksuche-26.html (08.08.2018).

Fakten! Die Ausschreibung zum Deutschen Jugendliteraturpreis

Für jedes Segment im Gefüge des Deutschen Jugendliteraturpreises (s. Kasten) wird jährlich eine Ausschreibung veröffentlicht, die der Stifter freigibt. Hier werden für jeden Preis – den der Kritikerjury, den der Jugendjury und den der Sonderpreisjury – die Bewerbungskriterien für die einreichenden Verlage festgehalten. Nominiert und ausgezeichnet werden können von der Kritikerjury ausschließlich Bücher, die im Vorjahr erstmals erschienen sind (maßgeblich ist die Angabe im Impressum). Es muss sich dabei entweder um deutschsprachige Originalwerke lebender Autor*innen,

Das Preisgefüge des DJLP

Preis der *Kritikerjury* in den Sparten Bilderbuch, Kinderbuch, Jugendbuch und Sachbuch

Preis der *Jugendjury* – spartenoffen

Sonderpreis für das *Gesamtwerk* im jährlichen Wechsel an Autor*in, Übersetzer*in, Illustrator*in durch die Sonderpreisjury

Sonderpreis Neue Talente (seit 2017) im jährlichen Wechsel an Autor*in, Übersetzer*in, Illustrator*in durch die Sonderpreisjury

Herausgeber*innen und Illustrator*innen handeln oder um im Vorjahr erschienene deutsche Übersetzungen von fremdsprachigen Werken lebender Autor*innen und Herausgeber*innen. Die Sonderpreise hingegen werden für das Gesamtwerk einer lebenden deutschen Autor*in, Übersetzer*in oder Illustrator*in verliehen, deren literarisches Werk im deutschsprachigen Raum veröffentlicht wurde. Infrage kommen Bücher aller Genres. Auch der Sonderpreis *Neue Talente* wird spartenübergreifend vergeben und geht an jene Autor*in, Illustrator*in oder Übersetzer*in, die mindestens ein erstes und als herausragend beurteiltes literarisches Werk im Bereich der KJL im deutschsprachigen Raum veröffentlicht hat, und deren Werk für den Deutschen Jugendliteraturpreis eingereicht wurde. Dieses letzte Kriterium sollte man nicht übersehen, denn für die anderen Preissegmente ist die Einreichung *nicht* verbindlich: Es können im Prinzip sämtliche Publikationen des Vorjahres für den Preis von Kritiker- und Jugendjury und alle lebenden Akteur*innen der Kinder- und Jugendliteratur für den Sonderpreis *Gesamtwerk* ausgewählt werden. Umgekehrt bedeuten die Ausschreibungskriterien, dass von den derzeit ca. 9000 Titeln pro Jahr alle Werke ausscheiden, deren Urheber*in tot ist und die eine nicht wesentlich veränderte Neuausgabe darstellen, wie etwa ein neu illustriertes oder neu übersetztes Werk, wobei die Urheber*in des illustrierten oder übersetzten Originals in diesem Fall nicht ausgezeichnet wird. Keinen der beiden Sonderpreise können nicht-deutsche Akteur*innen erhalten – also auch niemand aus Österreich oder aus der Schweiz.

Fakten? Die Kriterien der Präambel

Eine weitere Quelle für die Suche nach den Wertungskriterien für den Deutschen Jugendliteraturpreis bildet die *Präambel* zum Preis: Ausgezeichnet werden sollen „herausragende Werke", die die „Entwicklung der KJL fördern" und das „öffentliche Interesse an ihr wach halten". Sie sollen „Kinder und Jugendliche zur Begegnung und Auseinandersetzung mit Literatur anregen" und „die Öffentlichkeit, insbesondere Eltern und alle Vermittlerinnen und Vermittler, auf wichtige Neuerscheinungen der Literatur für Kinder und Jugendliche" hinweisen. Außerdem hat die Auswahl das Ziel, die „Bedeutung der Literatur innerhalb des vielfältigen Medienangebotes für Kinder und Jugendliche" hervorzuheben.[4] Das schließt erst einmal nur solche Titel aus, die man als epigonal, durchschnittlich und rückwärtsgewandt einordnen kann. Was aber *herausragend* in der Praxis bedeutet, ist nur im Diskurs zu klären und bezieht sich jeweils auf die aktuellen Entwicklungen des Kinder- und Jugendliteraturmarktes. Während also die jährliche Ausschreibung *harte* Kriterien liefert, die nicht hintergehbar sind, bedarf die Füllung der *weichen* Kriterien der *Präambel* der Auslegungen der jeweiligen Jury.

Rekonstruktion der Bewertungspraxis: Historische und aktuelle Quellen

Bei seiner umfänglichen Auswertung von Beurteilungsbögen der Jury der 1950er-Jahre (vgl. Brunken 2006) stellt Brunken drei Qualitätsmerkmale heraus: Das Kriterium der „Übereinstimmung und Wechselwirkung von Form und Gehalt", den Nachweis der „Kindgemäßheit" und den des „Bildungswertes" (ebd., 60 ff.). Von dort aus konstatiert Brunken eine Entwicklung „von der Betonung des Primats pädagogisch-psychologischer und sittlicher Ansprüche hin zur vorrangigen Wertschätzung ästhetisch-literarischer Qualitäten" (ebd., 57). Man kann es auch so formulieren: Die literarische Wertung verschiebt im Laufe der Jahre die Wirkungs- bzw. Funktionszuschreibung preiswürdiger Bücher als „persönlichkeitsbildend" zu „leserbildend" und vom möglichen Beitrag eines Werkes als „Lebens- und Herzenshilfe", wie es Theodor Rutt von der pädagogischen Akademie in Köln 1958 formulierte (ebd., 59), zum möglichen Beitrag eines Werks zum „Leserwerden", also zur Förderung der versierten Leser*in literarischer Texte, wie es im Kriterienkatalog der Kritikerjury von 2010 (s. u.) formuliert ist. Die durch und durch pädagogische Sicht jener frühen Jahre des Preises lässt sich mit zwei Zitaten belegen. Zu literarischen Figuren heißt es, dass die Identifikationsmöglichkeiten mit dem „Helden" von „pädagogischem oder sittlichem Wert" sein müsse, und der „Charakter, und es muss ein unkomplizierter Charakter sein, muss in Handlung umgesetzt erscheinen. Sind mehrere Helden vorhanden, so ist ihr Zueinander zu beobachten, das den Aufbau des Buches bestimmt" (ebd., 62).

Und wo heute von aktuellen Entwicklungen gesprochen wird, hieß es seinerzeit beispielsweise „Man hüte sich, Illustrationen von Kinderbüchern nach ihrer Modernität zu beurteilen" (Anonym: *Grundsätze der Jugendbuchkritik*; zit. nach Brunken 2006, 62). Wir können festhalten, dass es schon in den Anfangsjahren des Deutschen Jugendliteraturpreises (damals noch Deutscher Jugendbuchpreis) Bemühungen gab, die Auswahl preiswürdiger Bücher im Hinblick auf die jungen Leser*innen und das Werk in seinen Eigenschaften sorgfältig zu begründen. Machen wir aber nun einen großen

4 http://www.djlp.jugendliteratur.org/ausschreibung-7.html (08.08.2018).

zeitlichen Sprung ins 21. Jahrhundert, um zu schauen, wie sich in der jüngeren Vergangenheit der Fokus auf literarische Wertmaßstäbe richtete.

Öffentliche Kriterien-*Kataloge* der Kritikerjury

2010 wurden das erste Mal in der Geschichte des Preises *Grundlegende Kriterien der Kritikerjury* festgehalten und auf der Website des Arbeitskreises für Jugendliteratur veröffentlicht. Nach dem Wechsel des Juryvorsitzes wurden 2013 daraus *Aspekte der Kinder- und Jugendliteratur*.[5] Diese bislang ausführlichste Darlegung der Kriterien war Grundlage der Juryarbeit in den Jahren 2013 bis 2014 und ist mit einer eigenen *Präambel* versehen, die die Topoi der Begrenztheit solcher Kriteriensammlungen aufruft und ausdrücklich „kein Kriterienkatalog" (Brendel-Perpina/Stumpf 2013, 238) sein will. Sie enthält nicht nur Aspekte zur Beurteilung, sondern auch Wertungsvorschläge in einem angefügten Katalog von 10 Punkten, die Reinbert Tabbert zu Sprache und Stil und ihrer qualitativen Wertung von Übersetzungen 1996 formulierte (vgl. ebd.). Der nach einem erneuten Wechsel des Vorsitzes veröffentlichte Katalog kehrt wieder zur einfachen Version zurück, ist aber ebenfalls mit einem kleinen Vorwort versehen.

Der schmale Katalog von 2010 verfolgte die Absicht, eine Reihe von Kriterien zu nennen, die an jedes Buch gleich anzulegen sind, und sich der Vergleichbarkeit des eigentlich aufgrund der Vielfältigkeit des kinder- und jugendliterarischen Marktes Unvergleichlichen anzunähern. Er fokussierte als Hauptkriterien die sprachlichen und die erzählerischen Qualitäten mit Subkategorien, wie *sprachliche Genauigkeit und Originalität* oder *Stilebenen*; formulierte gattungsspezifische Bewertungsmaßstäbe für Bilderbuch und Sachbuch mit ihren Besonderheiten sowie die Adressatenorientierung – z. B. die Funktion des Werkes als Sozialisationsliteratur (zum Begriff vgl. Becker 2015a, 157), also als Literatur, die Kinder und Jugendliche durch ihre Darstellungsstrategien dabei unterstützt, zu Leser*innen zu werden und Literatur *als* Literatur lesen und verstehen zu lernen. Abschließend verweist die Übersicht auf die Bedeutung der in der *Präambel* (s. o.) genannten Kriterien. Alles in allem also ein Katalog, der lediglich die Vergleichsaspekte benennt, die aber qualitativ immer noch *qua* des Diskurses innerhalb der Jury auszufüllen sind.

Die 2013 bis 2014 gültigen Wertungsaspekte umfassen die Kategorien „Thematik, Sprache, textimmanente Leserentwürfe und Rezeptionslenkung, Gattungsbezüge/Formenspektrum/Intertextualität" unter dem Punkt „Übergreifende Aspekte" (Brendel-Perpina/Stumpf 2013, 235 f.). Die Hinweise zum „kinder- und jugendliterarischen Erzählen" (ebd., 236) mit den Subkategorien „Aufbau der Handlung, Figurenkonzepte, Wirklichkeitsmodell, zeitliche Ordnung, Tempo, Perspektivierung und Fokalisierung sowie Formen der Rede- und Gedankenwiedergabe" (ebd.) zeugen von einer stärker erzähltheoretischen Terminologie in der Ausrichtung der strukturalistischen Erzähltextanalyse als die Fassung von 2010. Die Ausführungen zum Bilderbuch und zum Sachbuch wurden beträchtlich erweitert, und die Bewertung von Übersetzungen erhielt einen deutlich höheren Stellenwert (vgl. ebd., 237 f.). Manche Formulierungen scheinen Wertungen zu implizieren, wie beispielsweise „ausgesparte, angedeutete oder detailfreudig ausgemalte Handlungsräume", oder eine Wertung an sich anzudeuten, wie beispielsweise beim Sachbuch die „mediale Präsenz des Themas" (ebd., 237) oder

5 Beide Übersichten sind abgedruckt in Brendel-Perpina/Stumpf 2013, 233-238.

beim Bilderbuch „Verhältnis verbaler und piktoraler Ebene der Darstellung (redundant, additiv oder kontrapunktisch)" (ebd., 236). Expliziert wird dies jedoch an keiner Stelle dieser Übersicht. Bei den angefügten Hinweisen zur Güte der Übersetzungen nach Tabbert fällt auf, dass *geschmäcklerische* Kriterien benannt sind, wie „unschöne Klang- und Wortballung" (ebd., 238) oder „hinkt die Sprache unbeholfen (und womöglich verständnislos) dem Original nach" (ebd.). Alles in allem sind auch in dieser Darlegung von Wertungsaspekten die jeweiligen Füllungen und Konkretisierungen zu diskutieren.

Die dritte Veröffentlichung von Kriterien nach einem neuerlichen Wechsel des Juryvorsitzes beschränkt sich wieder auf wenige Aspekte, vereint aber Kategorien der Vorgängerentwürfe und nennt: Thematik, Sprache, Erzählweise, spezifische Merkmale im Bilderbuch, spezifische Merkmale im Sachbuch.

Öffentliche Kriterienkataloge: Schlussfolgerungen

Was der Vergleich zeigt: Die Jurydiskussionen bilden sich in einem steten Diskurs ab, wobei es zu Übereinstimmungen und Abgrenzungen von der Vorgängerjury kommen kann. Letztlich aber sind sie alle von dem Versuch getragen, zumindest die Vergleichskategorien transparent zu machen und zu verdeutlichen, dass die Preisentscheidungen, wie Gina Weinkauff es formuliert, „nicht nur auf der Grundlage persönlicher Geschmacksurteile getroffen werden" (ebd.).

Und immerhin wird in den drei Veröffentlichungen des jeweiligen Vorsitzes der Kritikerjury – Stichwort *Wünschelrute* – sichtbar, dass eine Bevorzugung bestimmter oder überhaupt auch nur die Berücksichtigung von Verlagen nicht in die Überlegungen einbezogen wird und auch Übersetzungen gegenüber deutschen Originalausgaben in keiner Weise bevorzugt werden. Im Gegenteil: Gerade Übersetzungen müssen besonderen Qualitätsmaßstäben standhalten, wenn auch die Übersetzer*in ausgezeichnet werden soll. Ferner zeigen alle drei, dass das von Brunken für die 1950er-Jahre ausgemachte Qualitätsmerkmal der *Kindgemäßheit* einem deutlich analytischeren und von der Leseforschung aufgeklärten Blick auf die jeweiligen Adressierten gewichen ist. Natürlich bergen auch die in den aktuellen Fassungen hinterlegten Bewertungskriterien der Adressatenorientierung, der literarischen Qualität und des Innovationsgrades *kritische* Diskussionspunkte: Was sind jeweils die wissenschaftlichen Grundlagen der Altersangemessenheit eines Werkes? Welche Rolle spielt das jeweilige Bild vom Kind oder Jugendlichen bei den Juror*innen? An was genau messen sie diese Qualität und innovativen Charakter? Und wie schaffen sie jeweils Vergleichbarkeit innerhalb eines Spartenkorpus? Auf was sich die Öffentlichkeit hier aber stützen kann, ist die je fachliche Perspektive der einzelnen Jurymitglieder und die Einsicht, dass eine Bibliothekar*in vielleicht anders akzentuierte Qualitätsmaßstäbe anlegt als eine Lehrer*in oder eine Literaturwissenschaftler*in und dass gerade das Nebeneinander dieser Perspektiven bei der Auswahl der Nominierungen auf das Glücklichste zusammenfließt.

Zusammengefasst: Die Veröffentlichung der jeweils gültigen Kriterien einer Kritikerjury gewährt im Rahmen des Möglichen Vergleichbarkeit von Unvergleichbarem und stützt durch die Nachvollziehbarkeit der Bewertung die Transparenz der Entscheidungen gegenüber der Öffentlichkeit. Die Kriterien bleiben jedoch selbst wiederum deutungsoffen und unterliegen in ihrer jeweiligen Auslegung und Gewichtung dem Einfluss durch die wechselnden Entscheidenden und damit auch gruppendynamischen Prozessen der je amtierenden Jury in ihrer spezifischen Zusammensetzung.

Das Textkorpus und die Jurybegründungen im Kontext des Diskurses zur literarischen Wertung

Bei jährlich 24 durch die Kritikerjury nominierten Titeln und angesichts der jährlichen Flut von Neuerscheinungen haben wir es mit einer Art *Eisbergproblem* zu tun (Abb. 1): Sichtbar sind nur die Titel, die ausgewählt wurden – die große Menge der diskutierten,

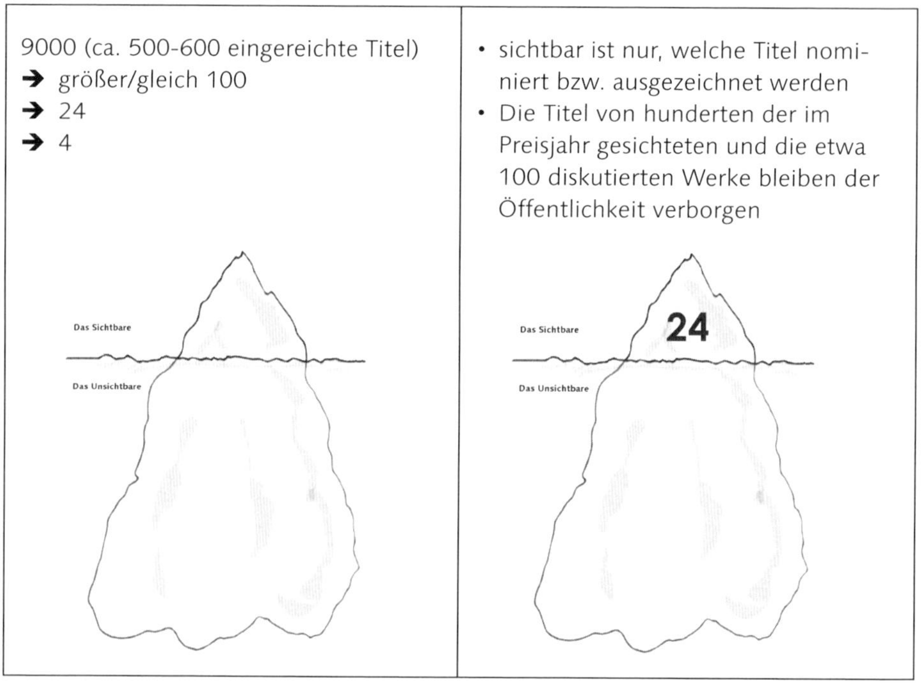

Abb. 1: Die Auswahl als *Eisbergproblem*

aber letztlich nicht weiter berücksichtigten Titel bleibt unsichtbar. Von derzeit ungefähr 9000 Neuerscheinungen im Jahr werden von den Verlagen – jährlich steigend – etwa 600 Titel eingereicht, zahlreiche weitere Bücher sichten die Spartenjuror*innen, und der Juryvorsitz ist um die Marktübersicht aller vier Sparten bemüht. Von diesen gesichteten Büchern kommen etwa 100 bis 120 auf die Vorauswahlliste – alle diese Bücher werden von allen Jurymitgliedern gelesen und in zwei Jurysitzungen auf die Nominierungslisten – je sechs Titel pro Sparte – reduziert.

In der großen Überschau auf das gesamte jemals ausgezeichnete Textkorpus zeichnen sich Konjunkturen ab, die im Großen und Ganzen die Geschichte der Kinder- und Jugendliteratur exemplarisch abbilden (vgl. dazu auch Brunken 2016). Meine Studien zeigen hier nur kleine Momentaufnahmen nach einigen Stichproben. Deutlich wird bei einem Schnelldurchlauf jedoch, dass es einen signifikanten Wechsel gegeben hat von der Orientierung an der *Histoire* der ausgewählten Werke zur Orientierung an deren *Discours*. Typisch für die 1950er-Jahre sind z. B. Geschichten über Italienreisen, in den 1980er-Jahren sind erzählerische Gegenstände in den Bereichen der *Interkulturalität* und der *Dritten Welt* bei den ausgewählten Titeln vertreten (vgl. Becker 2015b). Das Interesse am Gegenstand verliert gegenüber der Literarizitätsdominanz an Boden – beginnend in den 1980er-Jahren und mit wachsender Bedeutung: Ausgezeichnet wird – vermehrt noch nach der Jahrtausendwende –, was *literarische* Qualität aufweist.

Belegen lässt sich diese Tendenz nicht nur am Korpus der je ausgezeichneten Titel, sondern auch mithilfe der letzten hier zu sichtenden Quelle: der Jurybegründungen. Sie ließen sich lückenlos seit 1956 analysieren – ich habe lediglich einige zeitliche Querschnitte exemplarisch ausgewählt, um zu veranschaulichen, dass sich aus dieser Bewertungs*praxis* weitere Auswahlkriterien rekonstruieren lassen. Seit 2008 wird bei der Preisverleihung auf der Frankfurter Buchmesse auf die *Laudationes* zu den Preisbüchern verzichtet, die Texte online und im Booklet sind nun kürzer, was natürlich eine gewisse Begrenzung des Raums für Argumentationen nach sich zieht. Natürlich, Vokabeln des Einzigartigen – sog. Wertwörter – dominieren in einer solchen legitimierenden Textsorte. Sie zeigen zugleich aber auch, dass sich die Begründungen jetzt mehr auf die Darstellungsstrategien beziehen: „stilistische Prägnanz", „konzise" oder „differenzierte" Sprache, „vielschichtig", „mehrperspektivisch". Das Vokabular zur Adressatenorientierung ist gegenüber dem der 1950er-Jahre (s. o.) analytischer geworden, mit Phrasen wie „Kenner der kindlichen Erlebniswelten", „empathisch" und einem klaren Bekenntnis zur literarischen gegenüber der pädagogischen Relevanz des ausgewählten Titels, was in Urteilen zum Ausdruck kommt wie „erzählen, nicht erziehen" sei das Ziel des Autors.

Gemessen an dem, was im literaturwissenschaftlichen Diskurs unter einem Werturteil verstanden wird, können die Jurybegründungen als „echte Werturteile" gelten, insofern sie „über den jeweiligen Gegenstand" ergehen und „beanspruchen, für alle urteilsfähigen Rezipienten gültig zu sein" (Stenzel 2007, 837). Sie unterscheiden sich aktuell ganz deutlich von „Eignungsurteilen" (ebd.), die „bloße Zustimmungs- oder Ablehnungserlebnisse" formulieren (ebd.) – tendieren aber dennoch auch zu „Leistungsurteilen" (ebd.) über die Kompetenz(en) des literarischen Akteurs mit Wörtern, wie „meisterhaft", „herausragend" oder „einzigartig". Wenn Werturteile formal, inhaltlich, relational und wirkungsbezogen ausgerichtet sein können, so spiegeln die Auswahlkriterien, die sich aus allen genannten Quellen extrahieren lassen, dass der Deutsche Jugendliteraturpreis sich in all diesen Dimensionen bewegt.

Offenbar wird auch, dass die Kriterien geschichtlichen Konjunkturen unterliegen, die ich in Abhängigkeit zur Geschichte des Bildes von Kindern und Jugendlichen, der Kinder- und Jugendliteratur und der Geschichte des Lesens sehe. Die Elastizität und historische Varianz der Auswahlkriterien, die in der Geschichte des Deutschen Jugendliteraturpreises je herangezogen wurde, entfalten in eben diesem historischen Rahmen ein Werturteil, das „auf argumentativ begründbare, aber eben auch widerlegbare, verbindliche Präferenzen" dringt und damit „zu einer Konstituierung literarischer Kultur" (ebd., 838) beiträgt – ganz wie es die Präambel des deutschen Jugendliteraturpreises fordert. Wenn von Heydebrand und Winko die literarische Wertung als eine Handlung verstehen, bei der „aufgrund von Wertmaßstäben" und „bestimmten Zuordnungsvoraussetzungen" einem Werk „Werteigenschaften" zugeschrieben werden (von Heydebrand/Winko 1996, 39), dann kann die Bewertungspraxis des Deutschen Jugendliteraturpreises als ein Bündel solcher Handlungen gesehen werden – als eine Bewertungspraxis, die einerseits von den harten Fakten der Ausschreibung bestimmt ist und deren Wertmaßstäbe andererseits historisch, personell und zeitgeschichtlich je neu ausgehandelt werden müssen.

Zusammenfassung

Ja, die Kritikerjury ist nicht unfehlbar. Ja, sie wertet – natürlich, aber eine literarische Wertung ist eine literarische Wertung ist eine ... Und demzufolge kann sie nur mehr oder weniger nachvollziehbar gestaltet, also objektiviert, aber nicht objektiv sein und sie unterliegt den je ausgehandelten *Zuordnungsvoraussetzungen* in der Perspektive der je aktuellen Jury. Trauen wir dieses Schatzkarten-Potenzial den Expert*innen zu. Und schauen wir voller Neugier, was ihre Auszeichnungen uns zu sagen haben. Jedes Preisjahr ist eine Momentaufnahme einer sich immer wieder wandelnden literarischen Kultur – mehr als 60 Jahre *work in progress*. Nicht mehr. Aber auch keinesfalls weniger. Und gerade das ist das Interessante und Wichtige. Oder kurz: „Als Werturteil kann eine Äußerung gelten, solange über sie mit Gründen gestritten wird oder werden könnte." (Stenzel 2007, 837)

Sekundärliteratur

Ausschreibung zum Deutschen Jugendliteraturpreis. http://www.djlp.jugendliteratur.org/ausschreibung-7.html (22.07.2018)

Becker, Susanne H.: Über das Spiel mit literarischen Normen in der aktuellen Kinder- und Jugendliteratur. Beobachtungen zu ihrer Funktion für die literarische Sozialisation. In: Freudenberg, Ricarda/ Petra Josting (Hgg.): Norm und Normüberschreitung in der Kinder- und Jugendliteratur und ihren Institutionen. München 2015a (kjl&m 15.extra), 157-169

dies.: Zur Entfaltung des (post)modernen Kinder- und Jugendromans in den 1980er-Jahren bis heute. In: kjl&m 67 (2015b) H. 4, 9-18

Bernd, Kristina: Schaut her, dieses Buch ist lesenswert. Ein Interview mit Susanne Helene Becker, Vorsitzende der Kritikerjury. In: JuLit 35 (2009) H. 2, 55-61

Brendel-Perpina, Ina/ Felix Stumpf: Leseförderung durch Teilhabe. Die Jugendjury zum Deutschen Jugendliteraturpreis. München 2013 (Kulturelle Bildung; 36), 233-238

Brunken, Otto: Vom „guten Jugendbuch" zur ausgezeichneten Jugendliteratur. Bewertungskriterien im Wandel oder „Preiswürdige Bücher dürfen ruhig schwierig sein". In: Momo trifft Marsmädchen. Fünfzig Jahre Deutscher Jugendliteraturpreis. München 2006, 56-77

ders.: Kinderliteraturgeschichte im Spiegel des Deutschen Jugendliteraturpreises. Narratologische Aspekte kinderliterarischen Erzählens in historischer Perspektive. In: kjl&m 68 (2016) H. 1, 11-26

Datenbank zum Deutschen Jugendliteraturpreis. http://www.djlp.jugendliteratur.org/archiv_datenbanksuche-26.html (22.07.2018)

Heydebrand, Renate von/ Simone Winko: Einführung in die Wertung von Literatur. Paderborn 1996

Keller, Friederike: Ein Blick hinter die Kulissen. In: JuLit 35 (2009) H. 4, 57-61

Stenzel, Jürgen: Wertung. In: Reallexikon der deutschen Literaturwissenschaft, Bd. 3, Berlin 2007, 837-840

II. Aktuelle Kinder- und Jugendmedien im Spannungsfeld von Ästhetik, Leserbezug und Wirkung

Ute Wegmann

Gesellschaft im Spiegel des aktuellen Jugendromans

Die Gesellschaft ist im Umbruch und entsprechend zeigen sich auch Veränderungen in Form und Inhalt der aktuellen Jugendromane. Neben Liebesgeschichten, die vor allem bei Leserinnen und Bloggerinnen beliebt sind, gibt es eine hervorragende Auswahl erzählender Literatur für alle Alter, etwas weniger Angebote für die Altersgruppe im Zwischenbereich, nicht mehr Kind, noch nicht wirklich Teenager. Ich unterscheide bezüglich des Lesealters zwischen der *Tschick-Gruppe* (ab 14 Jahre) und der *Potter-Gruppe* (10-13 Jahre). Bei letzterer kann man zwei Entwicklungen feststellen: erstens das Bemühen, die Jungen mit *Detektiv-* oder *Alien-* und *Science-Fiction-*Motiven zum Lesen zu bewegen, und zweitens das Bemühen der Verlage, mit Titeln als Schullektüre in die Schulen zu gelangen. Diese Geschichten müssen definitiv die Idee einer Möglichkeit enthalten, dass es zwischen einem Jungen und einem Mädchen zu einer eventuellen Annäherung zumindest je nach Alter zu Blickkontakt und zarten Annäherungsversuchen kommen kann, d. h. es werden beide Geschlechter als Protagonisten etabliert.

Veränderungen und Identifikation

Wie kann man junge Menschen heute, nahezu alle mit Smartphone und viele mit dem Zugriff auf den elterlichen Netflix-Account ausgestattet, neugierig auf ein Buch machen? Wie kann man vermitteln, dass der langsame Spannungsaufbau, die nicht direkte Befriedigung durch Auflösungen (wie bei einem 90-Minuten-Film), das Entwickeln eigener Bilder aufregend, anregend, sogar erotisch und exotisch sein kann? Das wird nur gelingen über Neugierde, Begeisterung und Empathie. Und das gelingt am besten mit Geschichten, die mit der physischen oder emotionalen Wirklichkeit der jungen Menschen zu tun haben. Es muss gelingen, auf Romane hinzuweisen, mit deren Charakteren junge Menschen mitfühlen können, mit denen sie sich auf eine Reise begeben, in die sie sich hineinversetzen wollen: in den verlassenen Adam, der dachte, er hätte die Liebe seines Lebens getroffen; in die angstbesessene Marie, die fürchtet, sie könne sich bei einem Kuss lebensgefährlich anstecken; in Nick, der immer der Dicke ist und sich nicht traut zuzugeben, dass er nicht schwimmen kann; in Clementine, die aus Feigheit lügt und damit jemandem schadet, den sie sehr mag. Geschichten, Schicksale, menschliche Situationen, menschliche Defizite, menschliche Abgründe. Wer kann sich ernsthaft NICHT dafür interessieren? Immer geht es um Macht, Tod und Liebe. Früher wie heute. Also hat sich nichts verändert?

Doch! Vieles hat sich verändert! Unser ganzes Leben hat sich verändert! Unser Zusammenleben! Unsere Gesellschaft! Unsere Familien! Unsere scheinbaren Sicherheiten! Unsere Zukunftsperspektiven – oder Nicht-Perspektiven! Unsere Ängste und Krankheiten! Unsere Idee vom Glücklichsein! – Und alles das spiegelt sich in Form und Inhalt der Jugendliteratur, oder besser gesagt, in der Literatur für junge Menschen.

Themen beim DJLP

Werfen wir einen Blick auf die Nominierungsliste des DJLP 2017. Inhaltlich ging es um das Grenzen ziehen und das Grenzen überwinden. Allein drei Bilderbücher findet man zum Thema *Flucht*. Im erzählenden Buch offenbart sich eine Bandbreite verschiedener Alltagsthemen und -problematiken: *Trennung der Eltern* (betrifft alle Altersgruppen), *Familie und Familiengeheimnisse*, *Erste Liebe*, auch *Homosexualität*, *Anderssein* als Handicap (z. B. *Wunder* von Raquel J. Palacio. 2017 und *Eins* von Sarah Crossan. 2016) und daraus resultierend *Mobbing*, *Krankheit* der Eltern oder auch der Protagonisten, oft in Form psychischer Labilität (z. B. John Green: *Schlaft gut, ihr fiesen Gedanken*. 2017), *Flucht* (rückblickend erzählt *Im Jahr des Affen* von Que Du Luu. 2016). Im Sachbuch kann man eine Konzentration auf Naturthemen festmachen und damit verbunden rückt die Achtsamkeit für Natur und Tiere als unsere Partner in den Fokus: z. B. *Bienen* von Piotr Socha (2016) oder *Die Geschichte der letzten Wandertaube* von Atak (2016) und natürlich in direktem Zusammenhang dazu unser Essverhalten, wie in *Iss was?!* von Gesine Grotian (2017) über den Fleischkonsum.

Potter und andere

Aber was sagt der Markt? Jugendliche lesen angeblich nicht mehr. Oder zumindest viel weniger. Verkaufszahlen gehen zurück. Der Buchmarkt hat seit 2013 laut einer Studie des Börsenvereins des Deutschen Buchhandels 6,4 Millionen Leser*innen verloren (vgl. Deutschlandfunk, Büchermarkt vom 25. Juni 2018). Ist der Jugendroman am Ende? – NEIN! Sicherlich nicht. Die Studie verweist in erster Linie auf die Altersgruppe der 20-49-Jährigen, das Buch für junge Leser*innen bleibt stabil, heißt es. Erfolgsgeschichten wie *Harry Potter* (1997-2016), *Twilight* (2006-2009) und *Die Tribute von Panem* (2009-2011) sollen nicht in die Betrachtung einfließen, sie sind Ausnahmen. Diese Reihen wurden u. a. derart erfolgreich, weil sie nachweislich auch von ebenso vielen Erwachsenen wie Jugendlichen oder Kindern gelesen wurden (wie der Carlsen Verlag im Fall von *Twilight* und *Potter* zu berichten wusste). Dank sei dennoch J. K. Rowling, weil sie mit der richtigen Mischung aus Spannung, Fantasie, Psychologie, Magie und Humor dem Kinderbuch eine neue Aufmerksamkeit und einen neuen Respekt verschaffte. Man fahre nach Edinburgh und wundere sich über 20-, 30-, 40-Jährige, die über einen Friedhof laufen, anstatt schottischen Whisky zu probieren, weil sie hier auf den Grabsteinen die Namen der Potter-Figuren suchen und finden (Rowling hat die Namen einiger ihrer Figuren nachweislich den Grabsteinen des Greyfriars Kirkyard entlehnt). Die Literatur führt zu einem selbstverständlichen Besichtigungsort auf einer Reise.

Der Nicht-Bestseller-Jugendroman

Aber was macht derweil der Nicht-Bestseller-Jugendroman? Wir finden eine Themen- und Formenvielfalt auf dem deutschsprachigen Buchmarkt wie Brötchen in einer gutsortierten Bäckerei, wo jeder meistens zwei bis drei Lieblingssorten finden kann. Ergänzend zu den bereits dargestellten Themen sollte die für die Pubertät selbstverständliche *Selbstsuche* angeführt werden, die in allerlei Facetten auftaucht, egal ob bei männlichen oder weiblichen Protagonisten. Ebenso nicht zu vergessen der politische und gesellschaftliche Diskurs, der sich im historischen Roman mit den Themen *Faschismus*, *Erster oder Zweiter Weltkrieg*, *Widerstand* wiederfindet (z. B. Herbert Günther: *Der Widerspruch.* 2017 oder Johannes Herwig: *Bis die Sterne zittern.* 2017).

An dieser Stelle sei erwähnt, dass die wenigsten Bücher sich monothematisch präsentieren. Fast immer geht im Jugendroman ein herausgestelltes Thema einher mit einer glückenden oder glücklosen Liebesgeschichte. In *Bis die Sterne zittern* überragt die Liebesgeschichte das politische Thema. Betrachtet man die realistischen Romane von Christian Linker (*Dschihad Calling.* 2016 und *Der Schuss.* 2017) und Martin Schäuble (*Blackbox Dschihad.* 2011 und *Endland.* 2017), so erkennt man seit Jahren bei diesen Autoren den Rückgriff auf gesellschaftlich-aktuelle Themen. Die beiden Romanautoren betten *IS*-Themen oder rechtspopulistische Tendenzen sowie soziologische oder gesellschaftliche Veränderungen wie die Verrohung von Sprache in jugendaffine Geschichten ein. Andere aktuelle Motive wie *Flucht*, *Migration*, verbunden mit den Aspekten der *Heimat*, *des Ankommens oder des Andersseins*, werden meist auf der Basis der Berichte oder von Betroffenen direkt erzählt. Zu erwähnen sind: Que Du Luu, selber mit vietnamesischen Wurzeln, widmet sich dem Thema *Boatpeople* und dem Anderssein in *Im Jahr des Affen* (2016), Julya Rabinowich, in Russland geboren und nach Österreich ausgewandert, erzählt von der Schwierigkeit des Ankommens in *Dazwischen ich* (2016):

> „Wo ich herkomme? Das ist egal. Es könnte überall sein. Es gibt viele Menschen, die in vielen Ländern das erleben, was ich erlebt habe. Ich komme von Überall. Ich komme von Nirgendwo." (7)

So beginnt der Tagebuch-Roman von Rabinowich. Manfred Theisen hat anhand der aufgezeichneten Gespräche mit einem syrischen Flüchtling ein Schicksal im heutigen Europa beleuchtet: *Checkpoint Europa* (2016), Martin Schäuble orientiert sich an den rechtsnationalen Straftaten und den Programmen der AfD-Parteitage: *Endland* (2017), Mehrdad und Mehrnousch Zaeri-Esfahani spiegeln ihre Flucht Ende der 1980er-Jahre aus dem Iran: *33 Bogen und ein Teehaus* (2016).

Ein Thema, das in den letzten Jahren etwas zurückgetreten ist, aber in Europa ebenso große Relevanz hat wie in den USA, ist die literarische Auseinandersetzung mit Rassismus. Im Jahr 2011 erinnerten der italienische Autor Fabrizio Silei und der Künstler Maurizio Quarello mit dem Bilderbuch *Der Bus von Rosa Parks* an die großartige Rosa Parks, die im Bus ihren Platz nicht für einen Weißen geräumt hat. Das geschah im Jahr 1955 und wird als Beginn der schwarzen Bürgerrechtsbewegung bezeichnet. Mehr als sechzig Jahre später verweist der Debütroman einer schwarzen Amerikanerin auf das gesellschaftliche Problem des Rassismus, führt uns in das heutige Amerika und zeigt den Alltag einer schwarzen Bevölkerung. Angie Thomas' *The Hate U Give* (2017) orientiert sich an einem wahren Ereignis, als ein unbewaffneter junger Schwarzer bei einer Verkehrskontrolle von einem Polizisten erschossen wird. Beeindruckend wird der Kampf um die Gerechtigkeit und die Wahrheit literarisch ausgeleuchtet, indem nicht nur die Perspektive der Ich-Erzählerin dargelegt wird, sondern ebenso die Positionen des Polizisten, der schwarzen Bewohner*innen des Gettos, des Vaters des Polizisten – durch Verhöre oder Interviews in Medien, durch Gespräche und Demonstrationen dargelegt; außerdem lernt man den Polizisten, der den Jungen erschoss, in seinem sozial-gesellschaftlichen Umfeld kennen.

Das letzte Thema, ein festverankertes Motiv in der Jugendliteratur, wird mit neuer Vehemenz und Konsequenz in den aktuellen Büchern präsentiert, immer noch zu oft unterschätzt oder nicht erkannt: Das Mobbing, und zwar Mobbing in potenzierter Form, indem Bilder, Filme, Posts online gestellt und über die sozialen Netzwerke verbreitet werden. Und das nicht nur heimlich, begrenzt auf die Klasse oder Schule, hinter dem Rücken des Opfers, sondern feist, frech, öffentlich, vor der ganzen Welt, auf Facebook, Instagram oder auf geheim gehandelten Blogs. Clementine Beauvais schildert in *Die Königinnen der Würstchen* (2017) neben anderen Themen, wie drei Mädchen das Problem mit Humor und Initiative zu meistern versuchen. Iben Akerlie thematisiert die Radikalität der Verleumdung und das eigene Schuldbewusstsein in *Lars, mein Freund* (2018).

Formale Veränderungen

Insgesamt zeigt sich im erzählenden Kinderbuch ein zunehmendes Arbeiten mit Bildern bis hin zu großartigen Comics auch für jüngere Leser*innen, z. B. Annette Herzog/Katrine Clante: *Pssst!* (2016). Das erweiterte Bebildern der Texte lässt Rückschlüsse auf ein verändertes Rezeptionsverhalten zu: Gewohnt durch Fernsehen und Instagram immerzu Bilder aufzunehmen und bedingt durch ein erhöhtes Lebenstempo, geht das bebilderte Kinderbuch der Zielgruppe entgegen. Auch sprachlich und stilistisch kann man ein erhöhtes Erzähltempo wahrnehmen, hervorgerufen durch kurze Kapitel und Lakonie bis zu Ein-Wort-Sätzen in der Geschichte über die siamesischen Schwestern in *Eins* (2016) von Sarah Crossan: „Schwestern / Hier. / Sind. Wir. / Und wir leben. / Ist das nicht unglaublich? / Wie wir es schaffen / überhaupt / zu existieren." (Ebd., 9) Mit Auslassungen arbeitet Tamara Bach in *mausmeer* (2018):

> „Zurück auf der Straße. Ich gehe den Weg weiter, da ist nichts, da ist nur Land, Natur, der Regen, der Regen mezzo forte. Der Weg gelangweilt geradeaus, rechts, links immer nur Feldwege, die eben auch nur dahin führen, zu Feldern. Im Märzen der Bauer, verdammt noch mal." (Ebd., 31)

Vermischung von englischem und deutschem Vokabular kennzeichnet den Selbstfindungsroman *ich#was immerdasauchheißenmag* (2017) von Sarah Michaela Orlovsky:

> „So viele Möglichkeiten. So viele Versionen von mir selbst. Versinonen. Nonosionen. Und jetzt frage ich mich: Was ist Kleidung? Was ist Ver-Kleidung? Und wo genau liegt die Grenze? To dress or to dress up. Sät's se quästschn." (Ebd., 101)

Diese veränderten Erzählformen und sprachlichen Varianten sind auch eine Folge der Veränderung der gesprochenen Sprache, eine Folge der Globalisierung und globalisierten Kommunikation. Der Einzug des Englischen, der bereits vor langer Zeit begonnen hat, setzt sich nun durch IT-Begriffe, Smartphone-Technik, Musik und Kunst fort. Am deutlichsten spiegelt sich der gesellschaftliche Wandel jedoch im hohen Tempo, wie man es schon seit Jahren an einer Veränderung des Schnittrhythmus beim Film feststellen kann und inzwischen auch beim Erzählen in der Kinder- und Jugendliteratur:

> „Er seufzt. Seufzet, frohlocket. Hinter mir klopft es an die Fensterscheibe, er schiebt mich zur Seite, öffnet das Fenster. […] ‚Hätten Sie vielleicht Lust auf ein Käffchen?' Da sagt man nicht Nein, fragt aber mal, ob man an den Schuppen könnte, da sei der Anschluss für den Strom, der aber innen drin, dazu das Verlängerungskabel, und der Schlüssel sei nicht da, wo er sein sollte." (Bach 2018, 25)

Des Weiteren fällt eine Tendenz zum multiperspektivischen Erzählen auf, meist aus einer weiblichen und einer männlichen Sicht. Reduziert sich nun durch die zuvor erwähnte Verknappung im Erzählen der Inhalt auf Oberflächliches oder auf Wesentliches? Und was ist überhaupt das Wesentliche? Bleibt noch Raum für Traum, Magie und Poesie? Eine Gattung verbindet jedenfalls all das, die lyrische Prosa, und diese Gattung zeigt, dass Knappheit und Poesie durchaus sehr gut vereinbar sind, wie in Steven Herricks *Ich weiß, heute Nacht werde ich träumen* (2018):

> „Ich stand da,/ mit dem Kuchen in der Hand,/ und betrachtete Lindas Zeichnung/ von meiner Mum/ im Himmel mit Gott/ und den Engeln,/ alle mit Buntstift/ in Rosa und Blau gezeichnet./ Linda winkte vom Tor aus/ und ging die Keeling Street runter,/ mit der Sonne auf ihrem grünen Kleid/ und den langen, dunklen Haaren./ Ich hatte noch nie einen so süßen/ und köstlichen Kuchen genossen./ Zwei Abende lang,/ nach dem Essen,/ entführte er mich/ von Mum,/ die vor einer Woche gestorben war,/ und von Dad,/ der allein in der Küche saß/ und so lange in seiner Tasse rührte, bis der Tee kalt war,/ rührte und rührte,/ während ich zwei Stück/ von Lindas Kuchen aß,/ sieben Jahre und vier Tage,/ ehe sie starb/ in der Flut." (Ebd., 25 f.)

Die deutschsprachige Jugendliteratur

Die deutschsprachige Jugendliteraturszene hat hervorragende Erzähler*innen: Susan Kreller, die sich dem erhöhten Tempo widersetzt und ihre leisen, psychologisch fein gesponnenen Geschichten in ihrem Tempo erzählt. Tamara Bach bedient im Gegensatz dazu den Tempowechsel im Erzählen hervorragend und erfindet immer neue Gestaltungsmöglichkeiten (in *mausmeer* erzählt ein Ich, ein Er ist im Dialog, ein Wir wird gefühlt); in Sarah Michaela Orlovskys Formen- und Sprachvielfalt spiegelt sich das Heute im Spiel mit Sprachformen (SMS, Hashtags etc.), Elisabeth Steinkellner bricht auf geschickte Weise sprachlich Gendergrenzen auf, denn wir assoziieren in unseren Denkmustern, ordnen Verhaltensmuster zu und werden überrascht, wenn das erzählende Ich zum Schluss ein anderes als das erwartete Geschlecht hat.

Viele andere, die entscheidend die Literatur für junge Menschen beeinflussen und prägen, sind Andreas Steinhöfel, Nils Mohl, Reinhard Kleist, Barbara Yelin und Birgit

Weyhe. Die drei Letztgenannten sind bemerkenswerte Geschichtenerzähler aktueller und historischer Ereignisse in Bild und Wort mit dem Mittel der Graphic Novel. Nicht zu vergessen Alois Prinz, der große Biograf, der vor Jesus und Goebbels nicht zurückschreckte. Dank der übersetzten Literatur können deutschsprachige junge Leser*innen von den Geschichten und Blickwinkeln unserer Nachbarn profitieren, und sie lernen durch sie nicht nur fremde Kulturen kennen, sondern auch Formales und Experimentelles. So sind die übersetzten Werke aus den Niederlanden, Frankreich, Belgien, Großbritannien sowie aus den skandinavischen Ländern und über alle Ozeane hinweg ein wirklicher Gewinn auch für die Weiterentwicklung im literarischen Schreiben.

Einzelne preisgekrönte Romane

An einzelnen Buchbeispielen sollen die gesellschaftlichen Aspekte aufgezeigt werden: Stefanie Höflers *Tanz der Tiefseequalle* (2016) ist eine Mobbing-Geschichte, die sich gleichzeitig mit *erster Liebe* und *Körperkult* auseinandersetzt, im Wechsel aus der Perspektive der beiden Protagonisten (männl./weibl.) erzählt; der Roman vereint viele der angeführten Themen und Strukturen. Eine Schönheit mit *Wortsparsamkeit*, die in kurzen, abgehackten Sätzen spricht, ein Opfer, das mit Witz und Charme sein Leben meistert: „Dort, wo sich die beiden Figuren nahe kommen, wechselt die Perspektive. Das war der literarische Reiz an der Geschichte", sagte Stefanie Höfler im DLF 2017. Ein Buch über Familiengeheimnisse, die offen bleiben, ein Buch über Herzensstärke. Um Familiengeheimnisse geht es auch in Anna Woltz' Geschichte *Gips oder wie ich an einem Tag die Welt reparierte* (2015). Im Mittelpunkt stehen Trennung und die Frage, ob man noch eine Familie ist, wenn die Eltern geschieden sind. Großartig der am Seriellen orientierte Spannungsaufbau mit Cliffhangern und einer Vielzahl von Wortneuschöpfungen wie „das Schirmgespräch" (ebd., 11) oder „die Hin-und-Her-Tasche" (ebd., 36). Woltz führt, wie auch Michael Roher in *Tintenblaue Kreise* (2017), anhand sehr gut gearbeiteter Dialoge und mit dem Blick für das Kleine, für den Augenblick, für die Gesten, die Brücken bauen, ganz nah an kindliches Empfinden und Denken. Mit Sensibilität erzählt, offenbart sich in den Geschichten eine Liebe zu den Figuren und somit zu den Menschen überhaupt, gepaart mit einem feinen Sinn für Humor, starken Kindern – vor allem mit starken Mädchenfiguren – und zuweilen überforderten Erwachsenen.

Die norwegische Schriftstellerin Marit Kaldhol, die in ihrem Buch *Allein unter Schildkröten* (2012) sich dem Thema *Suizid* unter Jugendlichen zuwendet, greift in *Zweet* (2017) das Thema *Mobbing* und die damit verbundene Feigheit, *erste Liebe* und krankheitsbedingtes *Anderssein* auf. Multiperspektivisch stellt sie eine besondere Spannung her, erzählt in der verknappten Form der lyrischen Prosa und wirft große philosophische Fragen auf – siegt die Gruppe immer über das Individuum? – und sie zeigt die Kraft der Liebe und Menschlichkeit. Alina Bronskys *Und du kommst auch drin vor* (2017) spielt mit dem Genre der Literatur und dem, was Literatur zu leisten vermag oder wie Literatur wirken kann, wenn die Wirklichkeit der Fiktion vorauseilt oder die Fiktion der Wirklichkeit. Ein gelungenes formales Spiel über die Sehnsucht des Menschen, sich in der Welt in irgendeiner Weise wiederzufinden, am besten natürlich in einem Roman. In Steven Herricks lyrischem Prosawerk *Wir beide wussten, es war was passiert* (2016) treffen in einer ebenfalls multiperspektivisch erzählten Geschichte drei Figuren des Hier und Jetzt aufeinander: Der Aussteiger, ein Obdachloser, der aus dem System herausgerutscht ist, der Aussteiger, der der väterlichen Gewalt entflieht, und die Aussteigerin, die dem *satten* System eines reichen Elternhauses den Rücken zukehrt. In kurzen Kapiteln, lakonisch, auf den Punkt, sehr knapp und mit Auslassungen für eigenen Denkraum erzählt, führt er die drei Figuren zusammen. Elisabeth Steinkellner hält Augenblicke fest. In Gedichten, Gedankensplittern, kurzen Geschichten folgt sie der Frage: Wer oder was bin ich? Durch die undefinierten, alters- und geschlechtsoffenen unbestimmten Ichs und Dus können Alltäglichkeiten neu fokussiert und gesehen werden, rütteln die Texte auf, führen dem Leser eingefahrene Sichtweisen auf Männliches und Weibliches vor Augen und ermöglichen einen Perspektivwechsel durch das Lesen. Literarische Kleinode, die darüber hinaus Farben, Gerüche und Töne lebendig werden lassen. Mit poetisch schönen Illustrationen: *die Nacht, der Falter und ich* (2016).

Durch extreme und kluge Wechsel der Stimmungen und Situationen, selten vorhersehbar, gelingt es Angie Thomas in *The Hate U Give* (2017), über die lange Strecke von 500 Seiten die Spannung zu halten. Sie wirft die Frage nach der Grenze zwischen Schwarz und Weiß auf, die Frage nach Gerechtigkeit, die Frage nach einer Chance, das Milieu, in dem man lebt, zu verlassen und aus dem Kreislauf der Vorurteile auszubrechen. Angie Thomas ist es wichtig, die dargestellten Ereignisse von allen Seiten auszuleuchten. Sie hat eine Erzählerin gewählt, die sich in zwei Welten bewegt, und somit gelingt auch der umfassende Blick auf die gesellschaftlichen Entwicklungen nach dem Mord an dem jungen Schwarzen, den es aufzuklären gilt und für den es nur eine einzige Zeugin gibt: Starr, die Protagonistin. Parallele Welten, Vielschichtigkeit der Interessen, ein Kampf um Freiheit und Gerechtigkeit mit sehr guten Dialogen spannend und überraschenderweise in vielen Momenten mit Humor erzählt. Ein Buch von großer Relevanz hinsichtlich der Auseinandersetzung mit Rassismus.

Und wenn die Welt verbrennt von Ulla Scheler (2017) ist ein Roman über Familiengeheimnisse, Ängste, die sich zu einer Krankheit entwickeln, und eine Liebe. Aus den Perspektiven der beiden Protagonisten Felix und Alisa im Wechsel erzählt, erfolgt von Kapitel zu Kapitel eine Art Stabübergabe der psychologisch einfühlsam und gleichzeitig spannend erzählten Geschichte um Geschwisterliebe und Geschwisterbindung und einem Geheimnis, das weit in die Gegenwart hineinragt. Eine facettenreiche Geschichte, ein Roman mit vielen Wendungen, der den Leser über den Grund von Alisas Ängsten lange im Ungewissen hält und erst nach und nach die Wahrheit aufdeckt und zeigt, dass die Gabe der Geduld gepaart mit Liebe einen heilsamen Prozess in Gang setzen kann.

Neben den fiktiven, aber an realen gesellschaftlichen und politischen Ereignissen orientierten Romanen von Christian Linker und Martin Schäuble sind es die Graphic Novels von Reinhard Kleist und Birgit Weyhe, die auf beeindruckende Weise die Themen *Flucht* (Kleist: *Der Traum von Olympia*. 2015) oder *Heimat*, *Erinnerungskultur* und *Rassismus in der DDR* (Weyhe: *Madgermanes*. 2016) thematisieren. Einzelschicksale stehen für die Schicksale vieler Menschen. Bei Kleist ist es Samira, das Mädchen, das als Läuferin an der Olympiade in London teilnehmen möchte und bei der Flucht aus Somalia über viele berührend geschilderte Stationen schließlich im Mittelmeer ertrinkt. Bei Weyhe sind es drei schwarze Mosambikaner, die ihr Land Anfang der 1980er-Jahre verlassen haben, weil man ihnen in der DDR gute Ausbildungsmöglichkeiten und einen Verdienst in Aussicht stellte. Nach dem plötzlichen Mauerfall müssen sie erfahren, dass sie um ihr Geld betrogen wurden und darüber hinaus heimatlos geworden sind: Made in Germany oder mad Germanes, *verrückte Deutsche*. Sie verlieren ihre Positionen in der nicht mehr existierenden DDR, werden aber auch im eigenen Land als Außenseiter oder Aussteiger betrachtet.

Über das einzelne Schicksal werden in den Jugendbüchern Unrecht, Widerstand, Missstände oder auch gesellschaftliche und politische Systeme aufgezeigt. Über das einzelne Schicksal, und so funktionieren auch Liebes- und alle anderen Arten von Geschichten, kann sich die junge Lesende identifizieren, neue Kulturen kennenlernen, neue Denkweisen erfahren, Perspektivwechsel im eigenen Denken erleben – vorausgesetzt, die Geschichte entspricht den literarischen Kriterien eines guten Buches. Das bedeutet, wir finden ein authentisches, psychologisch fein gearbeitetes Personal bis in die Nebenfiguren, einen dramaturgisch gut gebauten Handlungsbogen, eine dem Personal angemessene und differenzierte Sprache sowie wirklichkeitsnahe Dialoge.

Die hier vorgestellten aktuellen Bücher entsprechen diesen Kriterien, sind alle mit Preisen ausgestattet oder auf Nominierungslisten erschienen. Sie bilden mit literarischen Mitteln unsere Wirklichkeit ab, lassen uns aufmerken, sensibilisieren uns für Verhaltensweisen oder eingefahrene Denkmuster und vor allem für Sprache, die Kraft der Sprache und Kommunikation im Guten, aber auch die vernichtende Gewalt der Sprache, wenn sie für Beleidigungen missbraucht wird. Wir reisen um die Welt. Wir klicken uns um die Welt. Wir lesen uns durch die Welt. Wir schauen über unseren Tellerrand und nur so funktionieren Begegnungen, nur so erzeugt man Respekt und Toleranz. Über das Verstehen durch die Literatur.

Primärliteratur

Akerlie, Iben: Lars, mein Freund. A. d. Norweg. von Ina Kronenberger. München: dtv/Reihe Hanser, 2018
Atak: Martha. Die Geschichte der letzten Wandertaube. Hamburg: Carlsen, 2016
Bach, Tamara: mausmeer. Hamburg: Carlsen, 2018
Beauvais, Clémentine: Die Königinnen der Würstchen. A. d. Franz. von Annette von der Weppen. Hamburg: Carlsen, 2017
Bronsky, Alina: Und du kommst auch drin vor. München: dtv junior, 2017
Collins, Suzanne: Die Tribute von Panem. Bd. 1-3. A. d. Engl. von Peter Klös. Hamburg: Oetinger, 2009 ff.
Crossan, Sarah: Eins. A. d. Engl. von Cordula Setsmann. München: Mixtvision, 2016
Du Luu, Que: Im Jahr des Affen. Hamburg: Königskinder, 2016
Green, John: Schlaft gut, ihr fiesen Gedanken. A. d. Engl. von Sophie Zeitz. München: Hanser, 2017
Grotian, Gesine: Iss was?! Tiere, Fleisch & ich. Berlin: Heinrich-Böll-Stiftung, 2017
Günther, Herbert: Der Widerspruch. Hildesheim: Gerstenberg, 2017
Herrick, Steven: Wir beide wussten, es war was passiert. A. d. austral. Engl. von Uwe-Michael Gutzschhahn. Stuttgart: Thienemann, 2016
ders.: Ich weiß, heute Nacht werde ich träumen. A. d. austral. Engl. von Uwe-Michael Gutzschhahn. Stuttgart: Thienemann, 2018
Herwig, Johannes: Bis die Sterne zittern. Hildesheim: Gerstenberg, 2017
Herzog, Annette/ Katrine Clante (Ill.): Pssst! Wuppertal: Peter Hammer, 2016
Höfler, Stefanie: Tanz der Tiefseequalle. Weinheim [u. a.]: Beltz & Gelberg, 2016
Kaldhol, Marit: Allein unter Schildkröten. A. d. Norweg. von Maike Dörries. München: Mixtvision, 2012

dies.: Zweet. A. d. Norweg. von Maike Dörries. München: Mixtvision, 2017
Kleist, Reinhard: Der Traum von Olympia. Die Geschichte der Samia Yusuf Omar. Carlsen: Hamburg, 2015
Kreller, Susan: Pirasol. München: Piper, 2017
Linker, Christian: Der Schuss. München: dtv junior, 2017
ders.: Dschihad Calling. München: dtv junior, 2016
Meyer, Stephanie: Biss. A. d. Engl. von Sylke Hachmeister. Hamburg: Carlsen, 2006 ff.
Orlovsky, Sarah Michaela: ich#wasauchimmerdasheißenmag. Wien: Tyrolia, 2017
Palacio, Raquel J.: Wunder. A. d. Engl. von André Mumot. München: dtv/Reihe Hanser, 2017
Rabinowich, Julya: Dazwischen: Ich. München: Hanser, 2016
Roher, Michael: Tintenblaue Kreise. Wien: Luftschacht, 2017
Schäuble, Martin: Endland. München: Hanser, 2017
ders.: Blackbox Dschihad. München: Hanser, 2011
Scheler, Ulla: Und wenn die Welt verbrennt. München: heyne fliegt, 2017
Silei, Fabrizio/ Maurizio Quarello (Ill.): Der Bus von Rosa Parks. A. d. Ital. von Sarah Pasquay. Berlin: Jacoby & Stuart, 2011
Socha, Piotr: Bienen. A. d. Poln. von Thomas Weiler. Hildesheim: Gerstenberg, 2016
Steinkellner, Elisabeth/ Michaela Weiss (Ill.): die Nacht, der Falter und ich. Wien: Tyrolia, 2016
Theisen, Manfred: Checkpoint Europa. Flucht in ein neues Leben. München: Random House, 2016
Thomas, Angie: The Hate U Give. A. d. Amerik. von Henriette Zeltner. München: Random House, 2017
Weyhe, Birgit: Madgermanes. Berlin: avant, 2016
Woltz, Anna: Gips oder Wie ich an einem einzigen Tag die Welt reparierte. A. d. Niederl. von Andrea Kluitmann. Hamburg: Carlsen, 2015
Zaeri-Esfahani, Mehrnousch/ Mehrdad Zaeri-Esfahani (Ill.): 33 Bogen und ein Teehaus. Wuppertal: Peter Hammer, 2016

Sekundärliteratur

Deutschlandfunk, Büchermarkt 29.07.2017: Stefanie Höfler im Gespräch mit Ute Wegmann.
https://www.deutschlandfunk.de/kinderbuchautorin-stefanie-hoefler-es-gibt-immer-auch-was.1202.de.html?dram:article_id=392298 (08.08.2018)
Deutschlandfunk, Büchermarkt 25.06.2018: Alexander Skipis im Gespräch mit Jan Drees.
https://www.deutschlandfunk.de/literaturbranche-weniger-kaeufer-heisst-nicht-unbedingt.700.de.html?dram:article_id=421216 (08.08.2018)

Karin Vach

Aufbruch in die Ferne

Vom Reisen in der aktuellen Kinderliteratur

Cover *Die Mississippi Bande* (Morosinotto © Stuttgart: Thienemann, 2017)

Das Motiv des Reisens in der Kinderliteratur wird in diesem Beitrag exemplarisch an dem Kinderbuch *Die Mississippi-Bande. Wie wir mit drei Dollar reich wurden* (2017) von Davide Morosinotto untersucht. Im Hinblick auf die Bewertung des Buches finden zudem der innovative Gehalt, die Wirkungsästhetik sowie die leser*innenseitigen Voraussetzungen Berücksichtigung. Es wird deutlich, dass es sich hier um eine anregungsreiche Lektüre mit nachhaltiger Wirkung handelt, die im Literaturunterricht im Übergang von Grundschule bis zu Klasse 6 Eingang finden sollte. Didaktische Vorschläge dafür runden den Beitrag ab.

In der Literatur wird viel vom Reisen erzählt. Die Geschichten handeln von der Sehnsucht nach der Ferne, vom Aufbruch aus der Not und der Hoffnung auf ein besseres Leben, vom Überschreiten äußerer und innerer Grenzen, vom Überwinden von Widrigkeiten und Hindernissen, vom Erleben von Freiheit und Glück sowie vom Ankommen und Neuanfangen. Die Reisenden schildern ihre Wahrnehmungen beim Durchqueren von Landschaften, ihr Berührtsein durch Begegnungen mit anderen Menschen oder ihre Faszination von der Schönheit und Größe der Natur. Die Leser*innen können auf diese Weise mitgenommen werden auf eine imaginäre Reise und teilhaben an den Erlebnissen und Erfahrungen unterwegs. Sicherlich ist das Reisen ein zentrales Motiv in der Literatur, wenn man nicht sogar sagen kann, dass Selbst-, Fremd- und Weltverstehen, wie es insbesondere durch das Reisen angeregt wird, überhaupt zur Motivation von Literatur gehört. Bereits im Altertum sind Reiseberichte zu finden, etwa in der Geschichtsschreibung des Herodot. Mit den Entdeckungsreisen in der frühen Neuzeit und mit der zunehmenden Erschließung der Welt durch den weltweiten Handel stieg in den nachfolgenden Jahrhunderten die Zahl der Reiseliteratur enorm an. Berichte über Expeditionen in ferne Länder, exotische Landschaften, fremde Menschen und Kulturen waren gefragt und trugen auch bei den Daheimgebliebenen dazu bei, sich ein Bild von der Welt zu machen, zumindest imaginär neue Horizonte zu erschließen und sich selbst in das Weltganze einzuordnen. Die Reisebeschreibungen geben uns heute Aufschluss über die Weltbilder ihrer Zeit, über Natur und technischen Fortschritt, über politisch-gesellschaftliche Zusammenhänge und kulturelle Praktiken. Obwohl die Welt mittlerweile vielfach vermessen ist, bleibt Reiseliteratur nach wie vor gefragt.

Zu erkennen ist dies an den jährlichen Neuerscheinungen im Printbereich und an den vielen Reiseblogs im weltweiten Netz. Zur Reiseliteratur gehören dabei nicht nur Berichte über tatsächliche Reisen, sondern auch fiktionale Reisebeschreibungen. Diese fiktionalen Reisen können historische Reisen nachzeichnen und anreichern, sie können frei erfunden, aber eingebettet sein in historisch-geografisch reale Schauplätze oder auch in fantastische Welten. In den letzten Jahren sind im kinder- und jugendliterarischen Bereich einige fiktionale Bücher mit Geschichten über Reisen erschienen. Man ist hier unterwegs mit literarischen Figuren – Kindern, Jugendlichen oder tierischen Protagonist*innen –, begleitet sie durch Länder und Kontinente einer Idee oder einer Aufgabe folgend, Grenzen überschreitend, Abenteuer, Entwicklungs- und Identitätsprozesse erlebend.

Die enge Verbindung von Reiseroman und Abenteuerroman ist dabei offensichtlich. Beim Abenteuerroman wird i. d. R. ein Held (mitunter sind es auch Heldinnen) mit einem unerwarteten Ereignis konfrontiert, für das er eine Lösung finden muss und das zu seinem Aufbruch in die Ferne führt. Auf seiner Reise wird er immer wieder mit neuen Herausforderungen konfrontiert und muss sich bewähren, bis er am Ende erfolgreich wieder zum Ausgangspunkt zurückkehrt. Der Abenteuerroman bietet aufgrund seiner Spannungselemente einen attraktiven Lesestoff für die Heranwachsenden (vgl. Weinkauff/von Glasenapp 2010, 120 f.). Das Motiv des Reisens kann auch als innere Reise im Sinne der eigenen Entwicklung oder Identitätsfindung gedeutet werden. Damit realisiert sich der Reiseroman auch als Bildungs- und Entwicklungsroman, in dem eine Auseinandersetzung mit den Lebensfragen der Heranwachsenden stattfindet und Entwicklungsmöglichkeiten aufgezeigt werden (vgl. ebd., 125). In der Jugendliteratur sind die Reisen vielfach als Roadnovel aufbereitet und mit dem sog. Coming-of-Age-Genre verknüpft. Schaut man auf die Nominierungslisten für den Deutschen Jugendliteraturpreis, dann kommt eine Reihe von Publikationen zusammen, die das Motiv des Reisens bearbeitet haben. In der Sparte Jugendbuch ist dafür exemplarisch *Tschick* (2010) von Wolfgang Herrndorf zu nennen, der 2011 mit dem Deutschen Jugendliteraturpreis ausgezeichnet wurde und bereits in den Status eines modernen Klassikers erhoben ist. Auch im kinderliterarischen Bereich sind in den letzten zehn Jahren einige Bücher nominiert und ausgezeichnet worden, die mit dem Motiv des Reisens verknüpft sind. Zu nennen ist hier jüngst das Kinderbuch *Sally Jones. Mord ohne Leiche* von Jakob Wegelius (Preisträger 2017), in dem man einer technikaffinen Gorilladame von Portugal nach Indien folgt. Des Weiteren sind u. a. zu nennen *Ein neues Land* (2008) von Shaun Tan und *Alabama Moon* (2008) von Watt Key, beide 2009 nominiert, *Matti und Sami und die drei größten Fehler des Universums* (2011) von Salah Naoura, nominiert 2012, oder *Als mein Vater ein Busch wurde und ich meinen Namen verlor* (2012) von Joke van Leeuwen, nominiert 2013. Bei dem zuletzt genannten Titel handelt es sich um eine Variante, die unter dem Begriff *Fluchtliteratur* gefasst werden kann. Das Reisen geschieht hier aus der Not und Bedrohung heraus und beruht nicht auf Abenteuerlust und Freiwilligkeit (vgl. Wrobel 2016).

Im Rahmen dieses Beitrags wird ein Reiseroman in den Blick genommen, der im Frühjahr 2018 auf der Leipziger Buchmesse für den Deutschen Jugendliteraturpreis in der Sparte Kinderbuch nominiert wurde: *Die Mississippi-Bande. Wie wir mit drei Dollar reich wurden* von Davide Morosinotto, aus dem Italienischen übersetzt von Cornelia Panzacchi und mit Grafiken von Stefano Moro illustriert. Exemplarisch für die aktuelle Kinderliteratur sollen an diesem Buch die Kriterien der ästhetischen Qualität und der nachhaltigen Wirkung jeweils mit Blick auf die leser*innenseitigen Voraussetzungen untersucht werden (vgl. Hurrelmann 1990 u. das Vorwort in diesem Band).

Zur Geschichte der *Mississippi-Bande*

Das Buch erzählt die Geschichte von vier Kindern, die im Süden Louisianas im Mississippi-Delta zu Beginn des 20. Jahrhunderts und in meist ärmlichen Verhältnissen leben. In ihrer wenigen freien Zeit ziehen sie sich in die Sümpfe in ihre selbstgebaute Hütte zurück, angeln oder arbeiten an ihrem Einbaum. An einem solchen Nachmittag ziehen sie statt ein paar Fischen für das Abendessen eine Blechdose mit drei Dollar aus dem Wasser. Und damit beginnt das Abenteuer. Sehr wohl wissend, dass es sich bei diesen drei Dollar um einen echten Schatz handelt, der den armen Eltern helfen würde, die größte Not zu lindern, entscheiden sie sich, ihren Fund nicht preiszugeben und für sich allein zu behalten. Inspiration dafür, was sie sich von dem Geld leisten wollen, finden sie in dem Katalog des Versandhauses Walker & Dawn, der in der Abgeschlossenheit des Deltas das einzige Fenster zur Welt draußen ist. Die Kinder einigen sich, ihre Dollars gegen einen echten Polizeirevolver aus dem Versandhauskatalog einzutauschen. Um keinen Verdacht zu schöpfen, geht die Bestellung mit viel Raffinesse und Geschick vonstatten. Lange müssen sie auf das ersehnte Paket warten. Als es dann endlich ankommt, befindet sich aber kein Revolver darin, sondern eine kaputte Taschenuhr, genauer gesagt ein Eisenbahner-Chronometer der American Company. Zunächst fühlen sich die Kinder betrogen und sind enttäuscht, für ihr wertvolles Geld eine alte, noch dazu kaputte Uhr erhalten zu haben. Als aber bald darauf ein Handlungsreisender der Firma Walker & Dawn auftaucht und ihnen für die Uhr eine Belohnung verspricht, schöpfen sie Verdacht, dass doch mehr dahinter stecken könnte als ursprünglich angenommen. Zunächst geht es darum, dem habgierigen Handlungsreisenden zu entkommen und die Uhr vor ihm zu sichern. Als er in den Sümpfen unglücklich zu Tode kommt, entscheiden die Kinder, sich selbst auf den Weg zu machen, die Uhr nach Chicago zurückzubringen und den versprochenen Finderlohn in Höhe von 4000 Dollar zu erhalten. Ohne die Eltern zu informieren, verlassen sie ihre vertraute Heimat im Einbaum auf dem Mississippi, paddeln bis nach New Orleans und von dort geht die Reise weiter mit dem Schaufelraddampfer über den Mississippi bis nach Memphis. Sie steigen um in einen Zug mit Waggons mit Rindern und fahren quer durch die Prärie bis nach Chicago. Hier gelingt es ihnen aber nicht, auf direktem Wege den Finderlohn in Empfang zu nehmen. Sie müssen zunächst einen Mord aufklären, einen Schatz finden und mit etwas Glück, Klugheit und Unterstützung das Geheimnis der Taschenuhr aufdecken.

Dass es sich hier um einen sehr unterhaltsamen, spannenden Reiseroman handelt, der durch die Figurenzeichnungen, die Art des Erzählens und Präsentation seiner historisch-geografischen Schauplätze ästhetisch reichhaltig und erfahrungserweiternd ist, soll in Anlehnung an die Qualitätskriterien von Bettina Hurrelmann aufgezeigt werden (vgl. Hurrelmann 1990).

Zur ästhetischen Qualität und zum innovativen Gehalt

Bettina Hurrelmann macht im Diskurs der Kinderliteraturkritik deutlich, dass die Frage nach der ästhetischen Qualität und dem innovativen Gehalt der Kinderliteratur nicht losgelöst von den Leser*innen betrachtet werden soll. Dies soll im Folgenden exemplarisch an der Konzeption der Ich-Erzählungen und der Figurenzeichnungen sowie den Illustrationen untersucht werden. Im Mittelpunkt der Erzählungen stehen die vier Protagonist*innen Peter Chevalier, genannt Te Trois, Eddie (Edward) Brown, von den anderen auch Grille oder Eddie Schiefauge genannt, Julie Dart, genannt Jolie Julie oder Joju, Francis Dart, genannt Petite oder kurz Tit. Sie sind zugleich die autodiegetischen Erzähler*innen, aus deren Perspektive die Ereignisse der Reise geschildert werden. Die drei großen Abschnitte der Reise vom Ausgangspunkt am Bajou, weiter auf dem Mississippi und im Zug nach Chicago und schließlich in der großen Stadt werden von jeweils einer der vier Protagonist*innen selbst erzählt. Alle drei Ich-Erzählungen sind durch das erlebende Ich gekennzeichnet, obwohl die Erzähler*innen mit zeitlichem Abstand die Geschichte wiedergeben, was sich jedoch erst am Ende offenbart. Das letzte Kapitel spielt in der Gegenwart der erwachsenen Protagonist*innen. Hier erzählt der vierte von ihnen als Erwachsener retrospektiv, was aus den Kindern von damals geworden ist. Diese Passage weist im Vergleich zu den anderen eine größere Distanz zu den erzählten Ereignissen auf und ist daher stärker durch das erzählende Ich geprägt. Die Reise und die Abenteuer werden im Ganzen gesehen mehrperspektivisch geschildert. Das ist für das kinderliterarische Erzählen durchaus innovativ und für die Leser*innen anspruchsvoll. Denn im Vergleich der verschiedenen Darstellungen fällt eine gewisse Unzuverlässigkeit auf, zu der sich die Leser*innen positionieren können.

Mit den Ich-Erzählungen verknüpft ist auch die Ausgestaltung der entsprechenden Figuren. So erfahren die Leser*innen aus der Sicht des jeweils erlebenden Ichs die Ereignisse auf der Reise. Dabei tritt je nach Erzählerfigur deren subjektives inneres Erleben, Denken und Fühlen und zugleich deren subjektiver Blick auf die anderen Figuren der Geschichte zutage. In der Gesamtschau gewinnen so die Leser*innen differenzierte Eindrücke von den Figuren, ihrem Handeln und ihren Empfindungen. Die Leser*innen können dabei unterschiedliche Haltungen gegenüber den Figuren einnehmen. Je nach Nähe zu den Figuren können sie Rollen- und Perspektivenübernahme, Einfühlung oder sogar Figurenemotionen erleben (vgl. van Holt/Groeben 2006, 122). Denkbar ist auch eine Beobachtungshaltung, die aus einer größeren Distanz zu den Figuren entsteht. So können die Leser*innen quasi aus geschützter Position als unsichtbare Zeugen die Ereignisse verfolgen (vgl. ebd., 123).

Peter Chevalier ist der Erzähler des ersten Abschnitts. Er lebt mit seiner Mutter und seinen vier Brüdern in ärmlichen Verhältnissen auf einer kleinen Farm. An seinen Vater, der ebenso wie sein Bruder Te Quatre, früh verstorben ist, hat er kaum noch Erinnerungen. Der älteste Bruder, Chuck, wird als einziger mit seinem Namen angeredet, die anderen werden nach der Reihenfolge mit Te Deux, Te Trois und Te Cinq angesprochen. Die Mutter schlägt sich ohne den Ernährer durch und arbeitet hart. Dass sie um ihren Mann und ihren vierten Sohn trauert, zeigt sie an ihrer schwarzen Kleidung, die sie seither nicht mehr abgelegt hat. Te Trois inszeniert sich als verwegener Anführer der vier Freunde. Er versteht sich als Macher, der alles in die Hand nimmt und der die Vorhaben der Gruppe voranbringt. So präsentiert er sich als denjenigen, der den Einbaum gebaut hat, der auf die Idee kommt, aus dem Versandhauskatalog einen Revolver zu bestellen und der schließlich darauf drängt, sich auf den Weg nach Chicago zu machen, um das Lösegeld in Empfang zu nehmen. Dass nicht alle seine Aussagen zuverlässig sind, lässt sich hin und wieder herauslesen. Mitunter können ihm Übertreibungen unterstellt werden, etwa wenn er erzählt, dass er nie Zeit hat, sich mit seinen Freunden zu treffen, aber dann wiederum angibt, hauptsächlich allein den Einbaum gebaut zu haben. Er stellt sich als Abenteurer dar, dem die Gefahren des Bayous nichts anhaben können, wenngleich er auch Angst kennt:

> „Der Bayou begann hinter der Wegkreuzung. Ab dort ging es durch Unkraut weiter, das mir bis zur Brust reichte, über Pfützen und zwischen Bäumen hindurch. Ein Feigling hätte an diesem Punkt die Laterne angezündet, aber damit hätte ich mir ziemliche Probleme eingehandelt. Denn in dem blendenden Licht kann man feste Erde nicht vom Treibsand unterscheiden. Früher oder später hätte ich den Boden unter den Füßen verloren, der Sumpf hätte mich verschlungen und das wäre es dann gewesen. Außerdem zieht Licht Tiere an und wenn es im Bayou auch keine Gespenster und Irrgeister gibt, so gibt es dort auf jeden Fall Schlangen." (Morosinotto 2017, 30)

Während er seinen Mut, seine Tatkraft und Geschicklichkeit immer wieder betont, betrachtet er seinen besten Freund Eddie hingegen als schwach, kränklich und ungeschickt: „Eddie wollte mir zu Hilfe kommen, doch ich befahl ihm, dort zu bleiben, wo er war. Es fehlte gerade noch, dass er das Boot zum Kippen brachte und wir alle ins Wasser fielen." (Ebd., 14 f.)

Dass Eddi sich selbst gar nicht so sieht, wird im zweiten Teil auf dem Weg nach Chicago deutlich, den Eddie schildert. Dabei inszeniert er sich als Schamane des Sumpfes, der von Indianer Joe in das Schamanentum eingewiesen wurde. Während dieser als Säufer der Stadt verkannt wird, sei es Eddi gelungen, seine wahre Identität als Malihomma, einem Medizinmann der Choctaw, aufzudecken. Durch ihn hat Eddie viel über Magie erfahren und ist angeleitet worden, seine Sinneswahrnehmungen zu schärfen und sich anhand von Sternen, Pflanzen und Tieren zu orientieren. Ihm ist bekannt, dass er als Schiefauge gehänselt und in den Augen von Te Trois als schwächlich eingestuft wird. Dabei ist er sich selbst seiner eigenen Ängste auch bewusst: „Ich hatte genau 112 Sorgen. Ich hatte sie sorgfältig durchgezählt. Einmal hatte ich sie mir sogar in einem Heft aufgeschrieben und durchnummeriert." (Ebd., 107) Es handelt sich um 17 unbenennbare Sorgen, außerdem um schwere Sorgen und mittelschwere Sorgen und, seit sie unterwegs waren, um 20 neue Sorgen. Es wundert nicht, dass er so geplagt ist, sein Vater, ein Arzt, betritt nicht den Sumpf und auch die Kondition der Mutter ist nicht auf ein Leben im Mississippi-Delta eingestellt:

> „Meine Mutter war noch nie im Sumpf gewesen. Ich nahm gar an, dass sie, seit ich von zu Hause ausgerissen war, nicht mehr aus dem Bett aufgestanden war und die ganze Zeit nur darin lag, verschwitzt und leichenblass. Meiner Mutter ging es nicht gut, sie bekam eine Krankheit nach der anderen und schon bei der kleinsten Beunruhigung flüchtete sie sich in ihr Bett." (Ebd., 108)

Eddie ist jedoch empfänglich für Neues und bereit, auch bei allen Selbstzweifeln Grenzen zu überschreiten: „Und tatsächlich war ich im Bayou ein anderer Mensch, ich fühlte mich dort frei und stark, ganz anders als zu Hause in der Stadt." (Ebd., 109 f.) Im Einklang mit der Natur spürt er, dass er bei allem, was kommt, zuversichtlich sein kann (vgl. ebd., 113).

Der Blick der beiden Jungen auf ihre Freundin Julie unterscheidet sich und hebt sich zudem von Julies Selbstwahrnehmung ab. Das wird im dritten Teil deutlich, in dem Julie die Ereignisse in der großen Stadt Chicago schildert. Bis auf die Tatsache, dass sie ein Mädchen ist, betrachtet sie Te Trois fast gleichwertig. Sie ist es, die mit ihm den Einbaum baut, sich nicht so schnell das Messer aus der Hand nehmen lässt und sich durch Geschicklichkeit und Stärke auszeichnet: „Natürlich gab Joju das Messer nicht her, und nachdem ich eine Weile versucht hatte, es ihr abzujagen, blieb mir nichts anderes übrig, als an dem Paddel weiterzuhobeln." (Ebd., 12) Sie ergreift oftmals die Initiative, trifft Entscheidungen und zeichnet sich durch großen Mut aus: „Ich habe nie ein Mädchen erlebt, das so logisch denkt wie Joju." (Ebd., 89) Dass Julie eine schwere Kindheit hat, geht aus den Schilderungen Te Trois' hervor. Sie lebt zusammen mit ihrem Bruder Tit bei ihrer Mutter, beide haben verschiedene Väter und außerdem gehen viele fremde Männer in der Hütte der Mutter hinter der Plantage ein und aus. Blaue Flecken an Stellen, die nicht beim Spielen oder Laufen entstanden sein können, weisen auf Misshandlungen hin, die Julie erleidet. So erläutert Te Trois: „[...] es gibt Schläge, die sichtbare Spuren hinterlassen, und andere Schläge, die unsichtbare Spuren hinterlassen, und gewöhnlich sind es die Letzteren, die stärker wehtun." (Ebd., 33)

Während Te Trois mehr Julies Stärke und Mut betont, stellt Eddie Julies Feinfühligkeit heraus. So bemerkt er zum Beispiel, dass sie sich schämt, weil sie wie abgerissene Landstreicher aussehen: „Ihre Stimme zitterte ein bisschen, so als könne sie sich nichts Schlimmeres vorstellen." (Ebd., 121) Er sieht, dass sie feuchte Augen bekommt, als er ihr von seinem Einkaufsbummel ein Kleid und rote Schuhe mitbringt und nimmt wahr, dass es auch Situationen gibt, in denen sie sich ganz in sich zurückzieht. Dies kommt ihrer Selbstwahrnehmung schon sehr nahe:

> „Welchen Namen ich mir selbst geben würde? Ich weiß es nicht. Vielleicht würde ich mich ‚das Mädchen, das nicht weinen kann' nennen, denn ich habe in meinem Leben noch nicht geweint. Dass ich nicht weine, heißt nicht, dass ich glücklich bin. Im Gegenteil. Ich glaube, ich bin fast nie glücklich, außer wenn ich mit Tit und meinen Freunden zusammen bin. Dann ist es, als würde plötzlich die Sonne scheinen, und ich würde am liebsten lächeln und die Augen schließen und tanzen." (Ebd., 219)

Tit, der Bruder von Julie, ist in der Freundesgruppe die geheimnisvollste Figur. Bis in die Gegenwart als Erwachsene hinein wird er von seiner Schwester und seinen Freunden gegen die rassistischen Anfeindungen als Farbiger verteidigt. Er selbst spricht kaum, zeigt aber, dass er alles mitkriegt, und Julie betont auch immer wieder, wie schlau Tit sei. Während Eddie dieser Auffassung eher skeptisch gegenübersteht „Manchmal kam mir Tit mehr wie ein Tier des Waldes vor als wie ein Kind" (ebd., 125), staunt Te Trois immer wieder über Tits Fähigkeiten:

> „er [Chuck] behauptete, weil Tits Mutter ein Flittchen sei, hätte Tit einen Dachschaden. Aber ich wusste, dass alles Quatsch war: Tit war sehr schlau, schlauer als viele andere. Er redete nur nicht gerne. Er schaute zu, er hörte zu und war immer still." (Ebd., 11)

Im letzten Teil erzählt Tit, was aus den Kindern von damals geworden ist. Dabei geht es wenig emotional zu, sind es doch eher sparsame Beschreibungen, die bei den erwachsenen Leser*innen den Eindruck entstehen lassen, dass Tit vermutlich hochbegabt oder zumindest mit einer Inselbegabung ausgestattet ist und das Asperger-Syndrom hat. Denn Tit spricht mit den meisten Menschen nicht, lässt sich nicht gern anfassen, hat aber eine besondere Vorliebe für Zahlen, Zählen und Logik:

> „Ich blieb vor einer Drehtür stehen. Sie dreht sich so schnell wie ein Karussell und ich wusste nicht, wie ich durch sie hindurchgehen sollte. Aber es war eine schöne Tür. Sie drehte sich entgegen dem Uhrzeigersinn mit einer Geschwindigkeit von 2,4 Runden pro Minute. Das entsprach 4,8 Runden in zwei Minuten und genau 12 Runden in fünf Minuten. Aus Gründen der Symmetrie trat ich bei der zwölfte Runde in den Drehtürbereich ein." (Ebd., 352)

Zusammenfassend lässt sich festhalten, dass die Konzeption der vier autodiegetischen Erzählungen verschiedene Lesarten eröffnet und figurenbezogenes emotionales Erleben ermöglicht. Freude an der Lektüre, das Erleben von Spannung und das Eintauchen in andere Welten ist auch dann möglich, wenn die Vielschichtigkeit der Figuren nicht im Einzelnen wahrgenommen und durchschaut wird. Dies macht die Attraktivität des Buches für die Leser*innen aus. Es bietet ein Hineinwachsen und Verstehen auf unterschiedlichen Bedeutungsebenen, auch wenn die Potenziale des Buches nicht von Anfang an voll ausgeschöpft werden. Diese Vielschichtigkeit wird durch die Schwarz-Weiß-Illustrationen von Stefano Moro unterstützt, der in unkonventioneller Weise das Medium, das für den jeweiligen Reiseabschnitt von Bedeutung ist, in den Illustrationen aufbereitet. Im Bayou dreht sich alles um den Versandhauskatalog von Walker & Dawn. Daher wird zu Beginn eines jeden Kapitels eine fiktive Seite des Katalogs präsentiert und dabei ein Gegenstand, der im Kapitel erwähnt wird, gesondert herausgestellt, wie etwa ein Köderfisch mit der Produktbezeichnung *Phantom* oder der bereits erwähnte Polizei-Revolver für 1,95 Dollar. Auf der Reise durch das Land stehen Ausschnitte aus Landkarten und kurze Lexikonartikel im Mittelpunkt der ganzseitigen Kapiteleinführungen. Für den letzten Teil der Reise, der in Chicago spielt, hat der Illustrator fiktive historische Zeitungsausschnitte zusammengestellt, welche das Verbrechen und seine Aufklärung zu Beginn eines jeden Kapitels dokumentieren. Der letzte Teil ist dem Motiv des Buchs im Buch gewidmet: Hier ist die Titelseite des Buches *Die Mississippi-Bande* zu sehen, welches in der Erzählung selbst 1904 erschien und dessen Abschnitte von den einzelnen Protagonist*innen im Rückblick erzählt worden sind und die nun die Leser*innen lesen können.

Zur wirkungsästhetischen Dimension

In dieser Dimension der Beurteilung von Kinderliteratur geht es um die Frage, inwiefern die Lektüre eine nachhaltige Wirkung bei den Leser*innen hervorrufen kann (vgl. das Vorwort zu diesem Band). Zu erkennen ist das in dem hier vorliegenden Buch daran, dass die Figuren und die imaginierten Bilder der Landschaften noch über die Lektüre hinaus nachschwingen, dass bei der Lektüre genussvolles Erleben möglich ist und dass durch die anschaulich vermittelten Sachinformationen Einblick in fremde Welten und Kulturen gegeben und Fremdverstehen evoziert werden.

Wie für viele zeitgenössische Kinderromane üblich, liegt auch hier ein Genremix vor, der Strukturelemente des Reiseromans, des Abenteuer- und Detektivromans und des historischen Romans miteinander verbindet. Die Nähe von Reiseroman und Abenteuerroman ist eingangs bereits angeklungen und trifft auch auf dieses Buch zu. Wie im Abenteuerroman ist auch hier ein konkretes Ereignis der Auslöser für den Aufbruch der Kinder in das ferne Chicago. Mit dem Ziel, die Taschenuhr wieder zurückzubringen und reich – nämlich mit dem Finderlohn ausgestattet – wieder zurückzukehren, machen sich die Kinder auf den Weg. Dabei durchlaufen sie als individuelle Charaktere eine Entwicklung. Im Unterschied zum Abenteuerroman wird kein zyklischer Verlauf realisiert, denn die Kinder kehren nicht einfach wieder in ihre Heimat zurück. Die Zwischenzeit zwischen dem Ende der Reise und ihrem Leben als Erwachsene wird am Ende knapp geschildert und dabei wird erkennbar, dass sie nicht alle den von ihrer Herkunft her vorgezeichneten Weg eingeschlagen haben. Figurenbezogenes emotionales Erleben spielt eine wichtige Rolle dabei, den Leser*innen den Zugang zur Geschichte und zu den fernen, historischen Schauplätzen zu ebnen.

Insbesondere im dritten Teil des Romans kommen die Strukturelemente des Detektivromans zum Tragen. Typisch für den Detektivroman ist die Integration zweier Geschichten, nämlich die Geschichte der Aufklärung und des Verbrechens (vgl. Schulze-Witzenrath 1998, 218 ff.). Angekommen in Chicago übernehmen die Protagonist*innen zunehmend die Rolle der Detektive, die den Tathergang des Verbrechens und die damit verknüpften Verwicklungen aufdecken und schließlich den wahren Mörder überführen.

Die besondere Spannung, die durch die genrespezifischen Erzählstrategien hervorgerufen wird, zieht die Leser*innen von Anfang an in den Bann. So wird ein narrativer Bogen von der ersten Seite bis zum dritten Teil des Buches geschlagen. Die Ereignisse, die mit dem ersten Satz „Alles begann mit dem Mord an Mr Darsley." (Morosinotto 2017, 9) angesprochen werden, können erst am Ende aufgeklärt werden. Weitere Spannungselemente werden typisch für Detektivromane durch Rätsel- und Bedrohungsspannung hervorgerufen. Zusätzlich tragen Prolepsen, erzählerische Schleifen und Exkurse zur Spannungssteigerung bei.

Mit diesen Strukturelementen verwoben sind die des historischen Romans. Die Geschichte selbst ist zwar fiktional ausgestaltet, die Figuren und die mit ihnen verknüpften Ereignisse sind ausgedacht, sie stehen aber nicht im offenen Widerspruch zu den tatsächlichen Ereignissen in jener Zeit. Vielmehr eröffnet der Roman einen facettenreichen Einblick in die gesellschaftliche Sozialstruktur und Lebensverhältnisse der Menschen zu Beginn des 20. Jahrhunderts in den USA. Offensichtlich ist dabei der intertextuelle Bezug zu Mark Twains Klassiker *Life on the Mississippi* (1883). Dass der historische Roman über tatsächliche Ereignisse oder solche, die so ähnlich hätten eintreten können, informieren möchte, ist konstitutiv für dieses Genre (vgl. Weinkauff/von Glasenapp 2010, 123). So werden hier Unterschiede zwischen den armen und reichen Bevölkerungsgruppen, den Bewohnern auf dem Land und in den Städten, den Sprachgrenzen zwischen den Menschen mit frankophonen und anglophonen Wurzeln, zwischen Weißen und Schwarzen und nicht zuletzt zwischen Frauen und Männern entfaltet. Ein besonderes Augenmerk liegt auf der Lebenssituation der Landbevölkerung im Mississippi-Mündungsdelta. Die Menschen leben in einer unwirtlichen Landschaft, die für Außenstehende kaum zugänglich ist. Zentrales Merkmal sind die sogenannten Bayous, stehende und langsame fließende Gewässer bzw. Flussarme, die das Mündungsdelta charakterisieren oder die dem gesamten Gebiet seinen Namen gaben (vgl. Wikipedia: Bayou). Mittels einer bildreichen Sprache gelingt es Davide Morosinotto, die geografisch ferne Region und die historisch fremde Lebensweise den heutigen Leser*innen anschaulich zu machen und näherzubringen.

> „Die Hütte hatten ich und die anderen Mitglieder der Bande im vergangenen Sommer gebaut. Sie stand am Ufer des Bayou, eines Flussarms inmitten des riesigen Sumpfes, und war hinter einem Gewirr von Lianen und riesigen Mückenschwärmen versteckt. [...] Man konnte sie mit einem Boot über das Wasser erreichen oder aber über die Wackelbrücke und eine total gefährliche Stelle mit Treibsand, in dem angeblich schon Dutzende von Menschen versunken sind." (Morosinotto 2017, 10)

Der Begriff *Bayou* ist in den Südstaaten, insbesondere in Louisiana, verbreitet und geht vermutlich auf das indianische Wort *bayuk* zurück, mit dem die Choctaw einen *kleinen Strom* bezeichneten und der dann vermutlich von den Cajuns übernommen wurde. Daher wird der Begriff *Bayou* eng mit der Cajun-Kultur assoziiert. Bei den Cajuns handelt es sich um eine frankophone Bevölkerungsgruppe, deren Vorfahren im 18. Jahrhundert nach der Niederlage Frankreichs im Britisch-Französischen Krieg aus der ostkanadischen Provinz Akadie vertrieben wurden und die sich im Süden der USA in Louisiana ansiedelten. Bei ihrem Namen handelt es sich um eine Anglisierung der französischen Kurzfassung *Cadien*, abgeleitet von ihrer Herkunft aus der kanadischen Provinz Akadie. Die Cajuns bewahrten ihre eigene Kultur, ihre Sprache, Musik und Küche, und bis heute wird in einigen Regionen Louisianas der Cajun-Dialekt gesprochen (vgl. Wikipedia: Cajun). Dass auch die vier Protagonisten zu den Cajuns gehören, wird an verschiedenen Stellen des Buches angedeutet. Zum ersten Mal wird ihnen in New Orleans klar, dass in den Augen der anderen ihre Cajun-Kultur als etwas Exotisches gilt. So sind die Kinder sehr verwundert darüber, dass sie für ihren selbstgebauten Einbaum in New Orleans viel Geld erhalten:

> „Ich konnte es nicht glauben, doch Julie bestätigte es sofort: ‚Der Typ, der ihn gekauft hat, war ziemlich verrückt. Er sagte, es sei ein echter Cajun-Einbaum, und er wolle ihn unbedingt haben, Geld spiele keine Rolle.' ‚Wenn wir früher gewusst hätten, dass hier solche Irre herumlaufen', fügte Te Trois hinzu, ‚dann hätten wir einfach einen Einbaum nach dem anderen gebaut und sie alle hier in New Orleans verkauft.'" (Morosinotto 2017, 124)

Zugleich wird ihnen aber auch zum ersten Mal bewusst, wie sehr sie sich in ihrer Lebensweise und ihrem kulturellen Selbstverständnis von der Bevölkerung außerhalb der Bayous unterscheiden. Dies wird vor allem von Eddie reflektiert, dem – obwohl sein Vater ein Arzt ist und er nicht aus ärmlichen Verhältnissen wie seine Freunde stammt – klar wird, dass sie mit ihrer Herkunft zur unteren sozialen Schicht gehören, auf die andere herabblicken.

Dass mit Amerika nicht nur die englische Sprache verbunden ist, sondern zumindest noch vor hundert Jahren in den südlichen Regionen am Mississippi auch im öffentlichen Leben Französisch gesprochen wurde und es sogar eine Art Sprachgrenze gab, wird anschaulich erzählt:

> „Die Indianer vom Volk der Choctaw nennen den Mississippi *Bulbancha*. Das bedeutet: ‚Der Ort, an dem viele Sprachen gesprochen werden.' Je weiter wir nach Norden gelangten, desto besser passte der Choctaw-Name zum Fluss. Die Passagiere, die in Baton Rouge an Bord kamen, sprachen Französisch wie wir. Danach stiegen in den folgenden Häfen jedoch immer mehr Leute zu, die Englisch sprachen, aber derart seltsam, dass wir sie kaum verstanden." (Ebd., 139)

Aufschlussreich ist auch die Darstellung des technischen Fortschritts, etwa veranschaulicht an der Entwicklung der Mobilität, des Postwesens und der beginnenden Automatisierung bei der industriellen Fertigung von Waren. In Zeiten der Digitalisierung ist das Staunen über all diese historischen Neuerungen und Veränderungen kaum mehr nachzuvollziehen. Dennoch gelingt es Morosinotto, Reise, Abenteuer und Sachinformation anregungsreich zu verweben und somit den Leser*innen von heute eine vergangene Welt zugänglich zu machen. Zu wünschen ist, dass die durch die Lektüre gewonnene Fremdheitserfahrung auch im Umgang mit dem Fremden und Anderen in unserer heutigen Lebenssituation weiterhilft.

Anregungen für den Unterricht

Wie lässt sich ein so umfangreiches Buch im Unterricht lesen und bearbeiten? Als Lektüre für regelmäßige Vorleseeinheiten in der Schule ist das Buch sehr geeignet. Auch im Rahmen einer längeren Unterrichtsreihe gäbe es viele Ansatzpunkte, die Hör- und Leseeindrücke zu vertiefen. Je nach Klassenstufe könnten die Erzählkonzeption und die Figurengestaltung mit unterschiedlicher Tiefe betrachtet sowie geografische, kulturelle oder technische Aspekte bearbeitet werden. Bekannte Aufgabenformate wie das Lesetagebuch oder Schreibaufgaben würden hier zur differenzierten Auseinandersetzung dienen. Auch gezielte Rechercheaufträge böten sich zur Weiterführung an.

In der Schule gibt es jedoch oftmals für umfassende Unterrichtsreihen nicht genug Zeit. Wenn überhaupt, ist nur eine Klassenlektüre im Schuljahr möglich. Soll aber nicht auf die Vorstellung von verschiedenen aktuellen Kinder- und Jugendbüchern und auf die Ausbildung unterschiedlicher Leseinteressen verzichtet werden, so lassen sich eher verschiedene kürzere Unterrichtseinheiten umsetzen. Besonders für Morosinottos Kinderbuch mit 360 Seiten bietet es sich alternativ zu einer – durchaus empfehlenswerten – längeren Unterrichtsreihe an, mit einer sog. Segmentierung zu arbeiten (vgl. Scherer/Vach 2019 i. V.). Zur Vorbereitung dafür unterteilt die Lehrkraft das Buch in verschiedene Segmente (Abschnitte, Kapitel) und entscheidet vorab, welche davon kursorisch erzählend vorgestellt, welche vorgelesen oder von den Schüler*innen selbst gelesen werden. Die Lektüre eines ganzen Buches ist auf diese Weise in kürzerer Zeit möglich. Man benötigt für *Die Mississippi-Bande* etwa zwei bis drei Doppelstunden. Der Erzählton geht bei dieser Art der Buchpräsentation nicht verloren, weil das Buch in Ausschnitten im Original gelesen wird und so ein Eindruck von der Sprache, der Figurenzeichnung und den Spannungsmomenten gewonnen werden kann. Die verschiedenen, abwechslungsreichen Zugangsweisen erlauben eine dichte und konzentrierte Vorstellung. Zusätzlich angereichert werden sollte die Begegnung und Auseinandersetzung mit dem Buch durch Gesprächs- und Spieleinlagen (vgl. Spinner 2004). Mittels vorbereiteter Impulse kann ein Austausch über das Gehörte und Gelesene angeregt werden. Einzelne Szenen können die Schüler*innen zusätzlich spielerisch vertiefen. Hierfür ist vorab zu überlegen, welche Segmente besonders geeignet sind und welche Formen der szenischen Umsetzung sich hier anbieten (von gestischer und mimischer Nachgestaltung der Figuren über belebte Standbilder bis zum Nachspielen einzelner Szenen). Die Unterrichtserfahrungen mit diesem methodischen Konzept bestätigen, dass die Kinder diese Art der Lektüre genießen. Dass hier nicht wie in der Schule üblich viele Arbeitsblätter bearbeitet werden müssen, erleben die Kinder als Erleichterung. So lassen sie sich mit Freude und Interesse auf die spannende Geschichte ein.

Ein attraktives Zusatzangebot im Anschluss an die Erarbeitung der Lektüre ist die Produktion eines Videoclips zum Buch (Buch-Trailer), ähnlich angelegt wie ein Erklärvideo. Hierfür überlegen die Schüler*innen in Vierer- und Fünfergruppen unter Anleitung der Lehrer*in, was sie anderen über *Die Mississippi-Bande* zur Lesemotivation mitteilen möchten, ohne jedoch zu viel zu verraten und das Ende preiszugeben. Auf der Basis des inhaltlichen Rahmens erstellen die Schüler*innen ein einfaches Storyboard, bei dem bestimmt wird, in welcher Reihenfolge die einzelnen inhaltlichen Passagen angeordnet werden. Im nächsten Schritt wird in einer zweiten Spalte festgelegt, was genau gesagt werden soll. Es müssen dafür einzelne, kurze Sätze formuliert und im Storyboard fixiert werden. In einer weiteren Spalte wird notiert, was passend zu den Aussagen zur Visualisierung benötigt wird. Hierzu eignen sich unterschiedliche Bildelemente wie das Cover, einfache Figuren- und Gegenstandsumrisse (z. B. ein Revolver, eine Taschenuhr), Emoticons, Aufnahmen von Landschaften und Verkehrsmitteln oder auch Schriftzüge von Namen. In der Gruppe kann die Gestaltung der Bildelemente aufgeteilt werden. Im nächsten Schritt wird die Videoaufnahme vorbereitet. Ein bis zwei Schüler*innen üben die Lesung der Sätze ein. Ein*e Teilnehmer*in ist dafür zuständig, die jeweils benötigten Bildelemente auf ein weißes Plakat zu schieben, darauf anzuordnen und am Ende wieder herauszunehmen. Ein*e weitere Teilnehmer*in übernimmt die Bedienung der Kamera. Hierfür kann eine Handykamera der Schüler*innen genutzt werden, die an einem Stativ befestigt sein muss, um Verwackelungen zu vermeiden. Wichtig ist es, auf eine gute Audioaufnahme zu achten und gegebenenfalls ein externes Mikrofon zu nutzen. Nach der Einübung der Texte und des Einschiebens der Bildelemente können ein bis zwei Probeaufnahmen durchgeführt werden. Ob alle Aufnahmen nacheinander im Klassenraum durchgeführt werden oder ob Nebenräume genutzt werden können, muss geklärt werden. Die jeweiligen Ergebnisse sind in den Gruppen kritisch zu überprüfen. So ist zu überlegen, was verbessert werden kann, wie etwa die Reihenfolge und Richtung des Ein- und Ausschiebens der Bildelemente oder die Beachtung von Pausen beim Vorlesen. Anschließend kann die Abschlussaufnahme durchgeführt werden. Die fertigen Videoclips von etwa zwei Minuten werden schließlich in der Klasse vorgestellt und können zur Buchvorstellung in der Schule eingesetzt werden. Sie machen neugierig auf ein attraktives Buch und auf eine spannende Lektüre.

Primärliteratur

Herrndorf, Wolfgang: Tschick. 6. Aufl. Berlin: Rowohlt, 2010

Key, Watt: Alabama Moon. Roman. Hamburg: Dressler, 2008

Leeuwen, Joke van: Als mein Vater ein Busch wurde und ich meinen Namen verlor. Unter Mitarbeit von Hanni Ehlers. Hildesheim: Gerstenberg, 2012

Morosinotto, Davide: Die Mississippi-Bande. Wie wir mit drei Dollar reich wurden. A. d. Ital. von Cornelia Panzacchi. Mit Ill. von Stefano Moro. Stuttgart: Thienemann, 2017

Naoura, Salah: Matti und Sami und die drei größten Fehler des Universums. Weinheim [u. a.]: Beltz & Gelberg, 2011

Tan, Shaun: Ein neues Land. Hamburg: Carlsen, 2008

Twain, Mark: Leben auf dem Mississippi. Berlin: Neues Leben, 1969 [amerik. EA Montreal 1883]

Wegelius, Jakob: Sally Jones – Mord ohne Leiche. A. d. Schwed. von Gabriele Haefs. 4. Aufl. Hildesheim: Gerstenberg, 2016

Sekundärliteratur

Bayou. https://de.wikipedia.org/wiki/Bayou (08.08.2018)

Cajun. https://de.wikipedia.org/wiki/Cajun_(Bev%C3%B6lkerungsgruppe) (08.08.2018)

Hurrelmann, Bettina: Die Kinder- und Jugendliteraturkritik in der Jury für den Deutschen Jugendliteraturpreis. In: Scharioth, Barbara/Joachim Schmidt (Hgg.): Zwischen allen Stühlen. Zur Situation der Kinder- und Jugendbuchkritik. Tutzing 1990 (Tutzinger Studien; 2), 44-51

Schulze-Witzenrath, Elisabeth: Die Geschichten des Detektivromans. Zur Struktur und Rezeptionsweise seiner klassischen Form. In: Vogt, Jochen (Hg.): Der Kriminalroman. Poetik, Theorie, Geschichte. München 1998, 216-238

Scherer, Gabriela/ Karin Vach: Interkulturelles Lernen mit Kinderliteratur. Seelze-Velber 2019 (i. V.)

Spinner, Kaspar H.: Gesprächseinlagen beim Vorlesen. In: Härle, Gerhard/ Marcus Steinbrenner (Hgg.): Kein endgültiges Wort. Die Wiederentdeckung des Gesprächs im Literaturunterricht. Baltmannsweiler 2004, 291-307

Van Holt, Nadine/ Norbert Groeben: Emotionales Erleben beim Lesen und die Rolle text- und leserseitiger Faktoren. In: Klein, Uta/ Katja Mellmann/ Stefanie Metzger (Hgg.): Heuristiken der Literaturwissenschaft. Disziplinexterne Perspektiven auf Literatur. Paderborn 2006, 111-130

Weinkauff, Gina/ Gabriele von Glasenapp: Kinder- und Jugendliteratur. Paderborn 2010

Wrobel, Dieter: Flucht-Texte – Flucht-Orte. In: Praxis Deutsch 43 (2016) H. 257, 4-13

Nadine Naugk / Alexandra Ritter

Mein Zuhause – dein Zuhause

Mit Kinderliteratur über eigene und andere Herkunft nachdenken

Was ist meine Heimat, mein Zuhause, meine Kultur? Welche Überschneidungen oder Differenzen gibt es zu den Vorstellungen anderer Menschen? Um über andere, vielleicht auch uns fremde Kulturen nachzudenken, muss man sich eigenen Gewohnheiten, der eigenen Kultur, erst einmal bewusst werden. Was für den einen *normal* erscheint, kann auf andere ungewohnt und befremdlich wirken. Kinderliteratur kann solch einen Perspektivenwechsel anregen. Im folgenden Beitrag wird der Gegenstand interkulturellen Lernens am Beispiel zweier aktueller Bücher zum Thema Flucht und Migration/Integration umrissen. Zudem werden didaktische Zugänge zur Selbst- und Fremdwahrnehmung diskutiert.

Zum Aufeinandertreffen von Kulturen durch Migrationsbewegungen

In einer Zeit, in der Begriffe wie *Flüchtlingskrise*, *Obergrenze*, *Erstaufnahmeeinrichtung* u. a. m. zum alltäglichen Vokabular der Gesellschaft gehören und sich vielfach in mehr oder minder politischen Diskussionen niederschlagen, sind Kinder und Jugendliche längst mit ihren Auswirkungen konfrontiert. Gemäß Artikel 28 der UN-Kinderrechtskonvention hat jedes Kind das Recht auf Zugang zu Bildung und Schulunterricht (UNICEF 1989, 33). Auch wenn der Beginn der Schulpflicht von Bundesland zu Bundesland unterschiedlich geregelt ist,[1] liegt er spätestens sechs Monate nach Ankunft in Deutschland. Nicht erst, aber vermehrt, seit dem Jahr 2015 flüchten Menschen nach Deutschland. Die Gründe dafür sind vielfältig, häufig aber katastrophale Zustände in den Heimatländern, zumeist bedingt durch Krieg und Zerstörung, aber auch durch Korruption sowie andauernde Dürreperioden, die Hunger und Armut nach sich ziehen. Dies macht deutlich, dass die Themen *Flucht*, *Migration* und *Integration* längst zum Alltag von Kindern und Jugendlichen gehören. Sie sind innerhalb der Institution Kindertagesstätte und/oder Schule tagtäglich von Altersgenoss*innen umgeben, die andere sprachliche und kulturelle Erfahrungen gemacht haben als sie selbst. In Form von gemeinsamem Spielen, Kennenlernen und Austauschen wird ein ganz natürlicher Kontakt hergestellt. Was für Kinder und Jugendliche jedoch zur Normalität und Alltäglichkeit gehört, wird von Erwachsenen oftmals noch hinterfragt, wie das nachfolgende Zitat aus Stefanie de Velascos Mädchenroman *tigermilch* (2013) veranschaulicht:

1 Während in den meisten Bundesländern die Schulpflicht mit Verlassen der Erstaufnahmeeinrichtung beginnt, gilt sie in Baden-Württemberg bspw. erst nach sechs Monaten, in Hamburg hingegen bereits während der Zeit in der Erstaufnahmeeinrichtung. https://www.bildungsserver.de/Schulbesuch-von-Fluechtlingen-in-den-Bundeslaendern-11428-de.html (07.05.2018).

> „Schöner Name, Jameelah, wirklich schön, sagt er, die Araber sind ja sehr poetische Menschen, wo kommst du denn genau her, fragt er.
> Na von hier, sagt Jameelah.
> Klar, sagt der Kopps-Krüger und lächelt mild, als wäre Jameelah ein junger Hund, der ein paar alte Schuhe zerbissen hat.
> Ursprünglich, woher kommst du denn ursprünglich, will ich sagen. Du kommst doch nicht aus Deutschland, oder?
> Aus dem Irak.
> Aha, sagt der Kopps-Krüger, sehr schönes Land, die Landschaft und auch die Menschen, unglaublich gastfreundlich, die Irakis, aber, sagt er und hebt den Zeigefinger, ein Land, in dem die Menschenrechte verletzt werden. Und deswegen bist du nach Deutschland gekommen, oder?
> Richtiger Detektiv, denke ich, dieser Kopps-Krüger.
> Jameelah schweigt." (de Velasco 2013, 68 f.)

Es zeigt sich hier eine deutliche Kluft zwischen der Denkweise der erwachsenen und der jugendlichen Protagonist*innen. Für den Gruppenleiter einer bald stattfindenden Spendengelder-Sammelaktion für Straßenkinder in Guatemala Kopps-Krüger ist eine Einteilung in die einen (Deutsche) und die anderen (Zugewanderte) notwendig, in die er seine Gegenüber, damit auch Jameelah, einordnen muss. Mit der Auskunft über ihre Herkunft ist Jameelah schnell einer Menschengruppe zugeordnet, den *Irakis*, womit ihr aufgrund von Vorurteilen, Stereotypen und dergleichen bestimmte Eigenschaften von Kopps-Krüger zugeschrieben werden. Selbst wenn er versucht, ganz positiv und empathisch zu sein, ist die Jugendliche es leid, aufgrund ihrer ethnischen Zugehörigkeit in Schubladen gesteckt zu werden. Für sie nämlich steht es gar nicht zur Debatte, über ihre Herkunft nachzudenken. Sie fühlt sich in Berlin zwischen ihren Freund*innen, vor allem gemeinsam mit Nini, der Protagonistin und Ich-Erzählerin des Buches, zu Hause. Jedoch muss sich Jameelah alsbald mit ihrer Herkunft auseinandersetzen, da ihrer Mutter und ihr selbst die Abschiebung in den Irak droht, was den Lesenden von Beginn an offenbart wird. Dennoch gerät die drohende Abschiebung angesichts des Alltags und der Erlebnisse der Freund*innen in den Hintergrund, sodass man (die Lesenden wie auch die Handelnden) gar nicht darüber nachdenken will und kann. Das für den Deutschen Jugendliteraturpreis (2014) nominierte Buch *tigermilch* (2013) stellt Migration, Interkulturalität und das Zusammentreffen verschiedener Ethnien und Religionen als etwas Normales und Alltägliches dar. Dass es auch hier zu ethnischen Konflikten kommt, die sogar in Straftaten münden können, wird dabei keinesfalls ausgespart, sondern treibt die Dramaturgie wesentlich mit an.

Denkt man zudem noch an die Bedingungen des bilingualen Spracherwerbs in Familien mit Elternteilen unterschiedlicher sprachlicher und kultureller Herkunft sowie die zweite oder dritte Generation einer zugewanderten Familie, so muss klar herausgestellt werden, dass sprachliche und kulturelle Gruppen immer inhomogener, zunehmend vernetzt und vermischt auftreten. Einseitige und vereinfachende Kategorien und Stereotype scheinen nicht funktional und der Gegenwart nicht angemessen zu sein.

Kulturelle Diversität als Teil des Alltags der erzählten Welt (in der KJL)?

Die kulturelle Diversität ist aber nicht nur ein unsere Gesellschaft bewegendes Thema. Auch in der Kinder- und Jugendliteratur wird es zunehmend aufgegriffen: Wurde Migration und Integration lange Zeit im Problembuch verortet, so finden sich solche Themen aktuell in einem breiten Spektrum der realistischen Kinder- und Jugendliteratur. Auch unterhaltsame Literatur wie der komische Familienroman, Kinderbanden- und Detektivgeschichten u. v. m. bieten Auseinandersetzungen mit dem Eigenen und Fremden in Bezug auf kulturelle Diversität an. Gina Weinkauff spricht von einer „Problembuch-Müdigkeit“ (Weinkauff 2013, 47) auf dem deutschen Buchmarkt. Vielmehr ist eine Tendenz zur beiläufigen Thematisierung kultureller Diversität zu erkennen; eine Strategie, sich von der Problematisierung eines gesellschaftlichen Phänomens eher zu distanzieren. Ganz selbstverständlich wird dabei die Thematik als Teil der Auseinandersetzung mit der eigenen Identität aufgegriffen, ohne darauf explizit zu fokussieren. Das Thema Migration ist aber als Hintergrund der erzählten Welt häufig präsent (vgl. ebd.). Ein Beispiel für eine solche Herangehensweise ist der Roman *tigermilch*, in dem Jameelah mit ihrer Freundin Nini über Deutschsein diskutiert, zugleich aber viele andere Aspekte von Jugendlichen in der Adoleszenz aufgegriffen werden, wie die Auseinandersetzung mit der Familie, Grenzen erproben und erfahren, Peergroup-Prozesse u. Ä. Auch in Stefanie Höflers Roman *Tanz der Tiefseequalle* (2017) spielen die ägyptischen Wurzeln der Protagonistin Sera nur eine nebengeordnete Rolle. Sie erklären zwar ihr Verhalten, insbesondere die – kulturspezifisch gedeutete – Beziehung zu ihrem Vater, werden jedoch nicht problematisiert, sondern selbstverständlich als Charakterisierung der Figur aufgenommen. Noch offener geht Becky Albertalli in *Nur drei Worte* (2016) mit kultureller Diversität um. Nur im Nebensatz und eher nicht am Beginn des Buches erwähnt sie die unterschiedliche Hautfarbe und Herkunft der Protagonist*innen, die aber für den Handlungsverlauf, der eine Liebesgeschichte zwischen zwei Jungen ins Zentrum rückt, keine zentrale Rolle spielt.

Gleichzeitig ist – beeinflusst durch die Präsenz der Themen Flucht und Migration in den Medien – auch eine Reaktion des Buchmarktes auf ein gestiegenes gesellschaftliches Interesse zu beobachten. Im Gegensatz zu den beiläufigen Thematisierungen wird stark auf Migration, Flucht und Integration fokussiert. Beispiele sind die im späteren Verlauf noch besprochenen Bücher *Ramas Flucht* (Ruurs/Badr 2017) und *33 Bogen und ein Teehaus* (Zaeri-Esfahani 2016). Auch Que Du Luu reflektiert in ihrem Roman *Im Jahr des Affen* (Du Luu 2016) die Rolle der Chinesen in Deutschland, die mit bestimmten Stereotypen verbunden wird:

> „Wir waren Chinesen und bleiben Chinesen. Das Gegenteil von feinen deutschen Damen. Ich starrte auf meinen Teller, spürte aber immer noch die Blicke der anderen. Auf meinen Fingern, auf meinem Gesicht, auf meinem Hinterkopf.
> Die Chinesen. Sie haben schwarzes Haar, platte Nasen und Schlitzaugen. Sie kommen hierhin, essen Schnitzel und schwängern das ganze Café, das morgendlich nach frisch gebackenen Brötchen und Kaffee geduftet hat, mit dem Gestank von Frittenfett.“ (Du Luu 2016, 81)

Zum Teil mit autobiografischen Bezügen versehen werden in den Büchern Erfahrungen mit anderen Kulturen und Fragen und Probleme von Integration und Migration fokussiert. Solche authentischen Bücher können auch zur Auseinandersetzung mit eigenen Positionen führen und Anschlusskommunikation anregen. Dabei geht es nicht nur darum, Schattenseiten der Begegnung und des Austauschs zwischen Kulturen aufzuzeigen, sondern auch positive Aspekte hervorzuheben und für Besonderheiten zu sensibilisieren. Die Kinder- und Jugendliteratur lässt sich allerdings traditionell von Normen leiten (Pädagogikkonvention) und wählt nicht selten belehrende oder stereotype Darstellungen. Gerade Romane mit einer Fokussierung auf das hier besprochene Themenfeld zeigen ganz klar die Unterschiede zwischen den Kulturen und daraus folgende Konflikte auf. Die eher beiläufig thematisierenden Romane machen deutlich, dass die Kultur und Herkunft nur ein mögliches Merkmal einer Protagonist*in sein kann, das wenig über die Figur selbst aussagt. Außerdem wird deutlich, wie schwer Menschen bestimmten kulturellen Gruppen zuzuordnen sind. Stattdessen gibt es viele Überschneidungen und Vermischungen. Diese Dynamiken spiegeln sich in den Konzepten von Inter- und Transkulturalität wider.

Wenn Kulturen sich begegnen – Trans-, Multi- und Interkulturalität

Der Begriff *Transkulturalität* betont eine wechselseitige Durchdringung der Kulturen: Diese treten miteinander in Verbindung, fügen jeweils neue Akzente hinzu, schließen sie ein oder aus. *Transkulturalität* geht davon aus, dass Kulturen in sich nicht abgeschlossen, sondern insbesondere durch Migrationsbewegungen und Globalisierungsprozesse in Bewegung sind (vgl. Vach 2017, 5). Solch eine Fluidität lässt keine eindeutigen Rückschlüsse mehr zu, welche Werte, Normen und Praktiken welcher Kultur entstammen, da sie selbst schon beeinflusst und inhomogen sind. Es kann dementsprechend von keinen klar abgrenzbaren kulturellen Einheiten menschlichen Zusammenlebens ausgegangen werden. Hybridität steht im Mittelpunkt, die aus den unterschiedlichen kulturellen Einflüssen eine neue Transkultur schafft. Dieses Faktum unterscheidet Transkulturalität vom Begriff der *Interkulturalität*, der stärker die Diversität fokussiert und den Dialog über unterschiedliche kulturelle Praktiken anregt (vgl. Rösch 2013, 24). Unter *Interkulturalität* lassen sich ebenfalls Veränderungen im kulturellen Gesamtgefüge subsumieren, die auf das Zusammentreffen verschiedener Kulturen zurückzuführen sind. Die daraus entstehende Interkultur, die zum Ziel hat, gegenseitiges Verstehen zu ermöglichen, umschreibt einen konstruktiven Interaktionsprozess aus der Begegnung von Fremdem und Eigenem (vgl. Becker 2017, 25).

Dass der Begriff der *Multikulturalität*, der erst einmal nur rein additiv die Vielfalt von Kulturen innerhalb einer Gesellschaft in den Blick nimmt, zur Beschreibung kulturellen Wandels nicht mehr ausreicht, leuchtet daher schnell ein. Doch nicht nur Gesellschaften, sondern Individuen selbst können mehreren Subsystemen angehören und damit von mehreren Kulturen beeinflusst sein (vgl. ebd., 26). Dies zeigt sich im folgenden Gedicht der 17-jährigen Schülerin Luisa M. C. Beinert:

„**Heimat?**
Neues Land, neue Kultur, andere Welt.
Alte Heimat, altes Leben, alles zerfällt.

Wo ist dein zu Hause? Wo gehörst du hin?
Ich frag mich oft, wer ich eigentlich bin.

Es sind zwei Welten, die beide ein Stück meines Herzens verschlungen haben.
In beiden Welten, der alten und der neuen, ist ein kleines Stück von mir vergraben.

Zu keiner Welt gehöre ich absolut.
In die eine bin ich gezogen, aus der anderen entstammt mein Blut.

Die beiden Welten zerreißen meine Seele,
es schnürt sich immer enger zu, meine Kehle.

Ich ersticke, ertrinke – in dem Meer, das mich nicht hört.
Sinke zu Boden, wie ein Stein; meine Seele zerstört.

Dort rotte ich am Grund des Meeres vor mich hin.
Meine Schreie verstummen, weiß nicht mehr, wer ich bin."
(Auswärtiges Amt 2016, 274)

Das lyrische Ich offenbart innerhalb dieser Verse, dass die gegenseitige Durchdringung unterschiedlicher Kulturen für die eigene Identitätsbildung auch zu Unsicherheiten führen kann, dass wenn klar abgrenzbare, eindeutig zuordenbare Kulturspezifika aufgrund dynamischer Prozesshaftigkeit bezüglich des Kulturbegriffs fehlen, die Gefahr besteht, sich selbst zu verlieren („weiß nicht mehr, wer ich bin" Z. 14). *Was ist die Mehrzahl von Heimat?* (Kurt 1995) fragt der deutsch-türkische Schriftsteller Kemal Kurt in einem Essay und stellt schnell fest, dass die eine und die andere Heimat weder eine neue noch zwei Heimaten ergeben. In dieser Auseinandersetzung kommen immer wieder neue Widersprüche ans Licht, die von Entfremdungen und Verwerfungen einerseits genauso aber auch von Vertrautheit und Gemeinsamkeit andererseits geprägt sind. Das Problem gründet sich, so zeigt Luisa Beinerts Gedicht, vor allem auf Zugehörigkeit („Zu keiner Welt gehöre ich absolut." Z. 7), die wiederum von anderen Personen des sozialen Handlungsraumes abhängig ist. Ob sich jemand zugehörig fühlen kann oder nicht, ist weitgehend von der Toleranz und Akzeptanz sowie aktiven Einbeziehung anderer abhängig. Damit das hieraus resultierende Selbstkonzept nicht wie im Gedicht gefährdet wird, bedarf es einer guten (pädagogischen) Begleitung und einer Stärkung des eigenen Selbstwertgefühls. Daneben zeichnet selbstverständlich auch Sprache die eigene Zugehörigkeit und Identität aus, was sich vielfach in aktueller Forschung und Fachpublikationen widerspiegelt (z. B. *Sprachen und Identitäten.* Wildemann/Hoodgarzadeh 2013). Das folgende Zitat aus dem Jugendbuch *33 Bogen und ein Teehaus* zeigt dies exemplarisch auf:

> „Zu der Zeit, als ich noch kein Deutsch verstand, kam einmal eine Durchsage des Rektors [...]. Mit den Durchsagen war es so eine Sache. Im Iran hingen in unserer Schule auf dem Hof riesige Lautsprecher, über die Korangesänge, die Nationalhymne oder Bombenalarmübungen ertönten. In der IGH gab es solche Anlagen in jedem Raum, und unser Rektor machte oft und gern davon Gebrauch. [...] Dann konzentrierte ich mich und versuchte zu verstehen, was er sagte. [...] Ich schnappte das Wort „Pommes" auf. [...] Tatsächlich brach umgehend Jubel aus in der Klasse und aus den Klassenräumen um uns herum hörte ich auch Jubeln. [...] Was war los? Leider hatte ich das Mitjubeln verpasst. Wie immer war ich ein paar Sekunden später dran gewesen als die anderen. Wieder einmal fasste ich das als Bestätigung dafür auf, dass ich nicht dazu gehörte." (Zaeri-Esfahani 2016, 129 f.)

Für die Autorin ist das Verstehen der Durchsage des Rektors, wenn es in der Schule Pommes gibt, und die damit verbundene Jubelreaktion ein Zeichen für Integration. Erst wenn man nicht zeitverzögert, sondern zeitgleich jubeln kann, gehört man dazu. Sprachverständnis und entsprechendes Verhalten sind für die junge Migrantin Merkmale der Zugehörigkeit zur Gruppe.

Empathie und Perspektivenwechsel im interkulturellen Lernen

Interkulturelles Lernen

> „soll Lernende dazu befähigen, mit Personen aus verschiedenen kulturellen Systemen sinnvoll und erfolgreich interagieren zu können, d. h. gleichberechtigte Beziehungen aufzubauen, ohne eine Kultur abzuwerten, und kulturbedingte Konflikte lösen zu können." (Grittner 2009, 663; zit. nach M. Ritter 2017, 240)

Kinder und Jugendliche müssen in einer Welt aufwachsen können, in der Gemeinsamkeiten und Unterschiede zwischen Kulturen herausgearbeitet, bewusst thematisiert und daraus resultierende Stereotype im gleichen Moment wieder verworfen werden, um Sensibilität für andere Kulturen herzustellen (vgl. Trudewind 2017, 10). Dies setzt sich auch eine interkulturelle Literaturdidaktik zum Ziel, wenn sie insbesondere kulturelle Selbst- und Fremdreflexion und Empathieentwicklung in den Blick nimmt. Es geht um Perspektivübernahme und um mehrfache Perspektivenwechsel zwischen Innen- und Außensichten von Figuren und auch zwischen den Figuren selbst (vgl. Rösch 2013, 28). Interkulturelles Verstehen setzt dabei beim eigenen Selbstbild an, in Abgleich dessen Fremdbilder erst entstehen können und setzt damit einhergehend voraus, dass die eigene Identität als greifbarer Fixpunkt für die Relationierung mit anderen Identitäten fungieren kann (vgl. M. Ritter 2017, 240). Heidi Rösch fordert daher für eine interkulturelle Literaturdidaktik, nicht nur Fremdverstehen zu fördern, sondern durch empathisches Lesen Selbstreflexion in der Auseinandersetzung mit dem Befremden, das die Literatur oder Anschlusskommunikation auslöst, zu ermöglichen (vgl. Rösch 2013, 29). Dies gelingt beispielsweise über originelle Bilder, das Spiel mit Sprachvarietäten oder Erzählperspektiven (vgl. Weinkauff 2013, 50), wie im folgenden Ausschnitt sichtbar wird.

> „Mischmumkin! Unmöglich! Mara ging tatsächlich mit Kleid, Bluse und Kopftuch ins Wasser. ‚Aber da wird doch alles nass!' Mina verstand die Welt nicht mehr. ‚Du wirst krank werden.' ‚Frauen sollen sich beim Baden nicht ausziehen', antwortete Mara nur. Mina schaute angestrengt in den Dampf. Wirklich, alle Frauen und Mädchen ließen ihre Kleider an. Die Großmutter ging sogar mitsamt ihrem schwarzen Mantel ins Wasser! Wie ein Tintengeist. Außer Mina hatten nur die Jungen Badebekleidung. Aber ich bin doch kein Junge, dachte sie. ‚Muss ich mir jetzt auch etwas anziehen?'" (Karimé 2011, 25)

Dieser kurze Ausschnitt aus Andrea Karimés Roman *Tee mit Onkel Mustafa* (2011) zeigt besonders eindringlich Minas Befremden und ihre daraus resultierenden Unsicherheiten in Bezug auf ihre kulturelle Identität. Aufgrund ihrer Beobachtung, dass „*alle* Frauen und Mädchen [...] ihre Kleider an[lassen]", gerät die Protagonistin mit ihren eigenen sozialen Praktiken in Konflikt und hinterfragt diese. Sie wird sich der unterschiedlichen sozialen Praktiken beim Baden bewusst, gerät aber gleichzeitig in die Lage, sich entscheiden zu müssen, ob sie sich der fremden Badepraxis anpasst oder ihrer eigenen Praxis nachgeht, was aber eine deutliche Separierung zur Folge haben kann. Die eigene Praxis eines Schwimmbadbesuchs, als Teil der eigenen Kultur, wird innerhalb dieser Situation nicht mehr als *normal* betrachtet, sondern als *besonders*. Die Leser*in wird damit nicht nur über andere kulturelle Bräuche informiert, sondern gleichzeitig mit einer konkreten Situation und den Gedanken einer darin handelnden Person konfrontiert. Innerhalb einer Anschlusskommunikation können Fragen zu eigenen Erfahrungen, Einschätzungen und Handlungsabsichten sowie zu denen Minas die Auseinandersetzung mit dem Eigenen, Fremden und Befremden im Sinne interkulturellen Lernens[2] stützen. Weitere Ziele wären ein reflektierter Umgang mit Stereotypen und Vorurteilen (z. B. siehe Zitat oben: de Velasco 2013, 68 f.) und die Fähigkeit zur Empathie.

Solch interkulturelles Lernen sollte sich jedoch keineswegs als additives Angebot auf spezifische Unterrichtssettings bzw. -phasen beziehen, sondern als „Dauerperspektive" (Wrobel 2006, 40 f.) stets mitgedacht werden, indem Interkulturalität nicht als Zusatz-Aufgabe betrachtet wird, sondern diese Dimension im Literaturunterricht bereits angelegt ist. Diese Maßgabe wird als „Dezentrierung" (Griesmayer/Wintersteiner 2000, 9) bezeichnet und findet sich auch in der aktuellen Kinder- und Jugendliteratur, wie oben bereits angeführt. Literatur, die diesen Ansprüchen genügt, bietet Anlässe zur (Selbst-)Orientierung, indem gewohnte Denkmuster durchbrochen, Erwartungen irritiert und Befremden oder gar Widerstand hervorgerufen werden, sodass sich die Lesenden mit Normen und Werten auseinandersetzen, mit kulturellen Zugehörigkeiten beschäftigen, sich in andere Perspektiven eindenken müssen; dadurch trägt die Literatur zur persönlichen Reflexion und Horizonterweiterung bei (vgl. Vach 2017, 8). Hurrelmann und Richter sprechen hier von einer universellen Funktion von Kinder- und Jugendliteratur, das Spannungsfeld von Eigenem und Fremdem zu erschließen, indem

---

2 Aufgrund der dichotomen Gegenüberstellung der zwei Kulturen in diesem Buch handelt es sich eher um interkulturelle Literatur. Von transkultureller Kinder- und Jugendliteratur ist dagegen die Rede, wenn die Komplexität der Kulturen aufgezeigt und keine starren homogenen Kulturen präsentiert werden, sondern vielgestaltige Welten, in denen Kulturen miteinander verstrickt sind, sodass von polyvalenten kulturellen Zugehörigkeiten und mehrfachen Identitäten erzählt wird (vgl. Langenohl 2015, 100 ff.; Barmeyer 2012, 72 f.; zit. nach Vach 2017, 6).

„sie [die Literatur, d. Verf.] das, was den Leser befremdet, kommunizierbar macht und dem Befremden Sprache verleiht, das zugleich immer auch das Ausgeschlossene, Nicht-Zugelassene, Fremde im Eigenen ist" (Hurrelmann/Richter 1998, 8).

Bücher können zu ästhetischen Erkundungsräumen werden, wenn durch Irritationen und/oder Leerstellen Befremden ausgelöst wird. Durch das Befremden gelingt es den Lesenden, einen neuen Blick auf sich selbst und andere zu entwickeln und auch im Rückbezug auf den Text diesen neu zu lesen (vgl. Naugk/Ritter/Ritter/Zielinski 2016, 178).

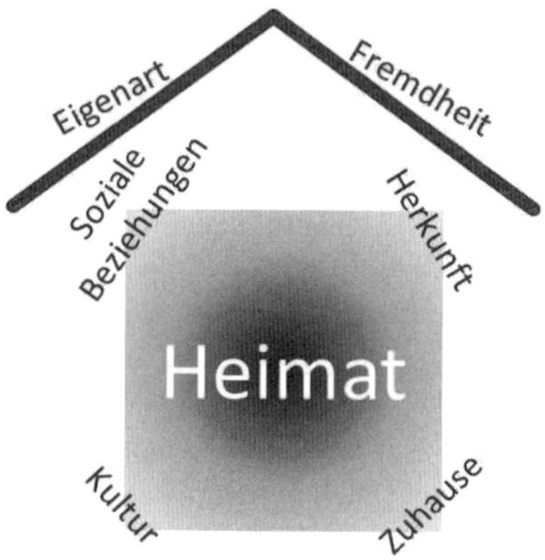

Abb. 1: Aspekte von Heimat als Modelldarstellung

Für die interkulturelle und transkulturelle Literaturdidaktik spielt die Phase der Irritation, des Befremdens durch kulturelle oder soziale Praktiken, eine wichtige Rolle. Einige Beispiele für solche Textstellen wurden bereits genannt. In Dawidowskis Phasenmodell für den Literaturunterricht ist die Irritation ebenfalls der Ausgangspunkt, an die sich die Phase der Transparenz anschließt, in der Unterschiede und Gemeinsamkeiten von Kulturen offengelegt werden. In der Phase des Perspektivenwechsels und Oszillierens können, wie bereits oben erläutert, auch Handlungskonflikte und Verständnisprobleme nachvollzogen werden. Abschließend bietet die Phase des Transfers die Möglichkeit, Erfahrungen auf eigene Situationen zu übertragen und Empathie und Verständnis zu entwickeln (vgl. Dawidowski 2006, 30). Bezogen auf die Thematik von Heimat und Zuhause soll das Modell an zwei Beispielen konkretisiert werden.

Mein Zuhause – dein Zuhause. Abstraktion und Annäherung mit der Legemethode

Um ein kulturelles Selbstbild auch mit Blick auf andere Kulturen entwickeln und sich dessen bewusst werden zu können, bedarf es der Auseinandersetzung mit eigenen und anderen (fremd anmutenden) sozialen Praktiken. In dem Spannungsfeld zwischen Eigenart und Fremdheit, das durchaus kein Spezifikum der interkulturellen Pädagogik ist, sondern ein Grundkonstrukt der Kinder- und Jugendliteratur, sollte man sich auch mit dem Heimatbegriff auseinandersetzen (Abb. 1).

Wie different und herausfordernd dieses Thema ist, hat bereits das eingangs besprochene Gedicht gezeigt. Heimat beinhaltet Fragen nach der Herkunft, den kulturellen Wurzeln, aber auch den aktuellen kulturellen und sozialen Praktiken, den sozialen Beziehungen und einem Verständnis von Zuhause. Diese Begriffe stehen unter dem Dach von Eigenart und Fremdheit. Zu fragen wäre, wie das individuelle Heimatverständnis beschaffen ist oder wie es sich verändert hat, auch im Vergleich oder in Abgrenzung zu anderen Vorstellungen.

Das im Folgenden vorgestellte didaktisch-methodische Vorgehen stellt eine Verbindung zwischen der in der Religionspädagogik etablierten und von Franz Kett entwickelten *Legemethode* und der Thematik des *Zuhauses* her. Die Legemethode ist im Rahmen der Kettpädagogik ein ganzheitlich-sinnesorientierter Zugang zu Themen, der persönliche Involviertheit und eigene Erfahrungen einbeziehen möchte. Durch das selbstständige Legen von Bodenbildern mit Naturmaterialien als symbolisierende Handlung kommt es zur Verbildlichung eigener Vorstellung, die auch Versprachlichung nach sich zieht.[3]

Abb. 2: Cover von *Ramas Flucht* (Ruurs/Badr © Gerstenberg: Hildesheim, 2017)

Mit der Legemethode kann ein erster Zugang zum Thema *Zuhause* eröffnet werden. In einer jahrgangsgemischten Lerngruppe mit Kindern von der zweiten bis zur achten Klasse wurde die Methode erprobt. Ausgangspunkt war das Gedicht *wo zuhause ist* von Arne Rautenberg (kulturkind e.V. 2014). Das Gedicht wurde vorgetragen und zunächst wurden Assoziationen zum Thema gesammelt. Durch die Struktur der Strophen, die in kreisenden Bewegungen immer detaillierter über die Stadt, zum Haus und eigenen Zimmer und zuletzt zum Bett das Zuhause eines lyrischen Ichs beschreiben, werden sowohl vertraute Stadtbilder und wichtige Personen als auch Gegenstände bzw. Orte wie das Bett als Bezugspunkte für das Zuhause angesprochen. Die sprachlich gebundene, sich wiederholende Form des ersten Verses „zuhause ist, wo ich alles kenn" wurde sofort von den Kindern übernommen. Sie antworteten beispielsweise auf die Frage, was sie sich unter dem Zuhause vorstellen: „wo meine Mami mich ins Bett bringt" oder „wo meine Freunde sind".

Anschließend wurde das Bilderbuch *Ramas Flucht* (Ruurs/Badr 2017; Abb. 2) vorgestellt, das ebenfalls von einem zunächst glücklichen Zuhause berichtet, in dem Rama mit ihrem Bruder und den Eltern wohnt. Doch bald ändern sich die Zustände, es gibt Krieg und die Familie muss das Land verlassen. Sie kommen übers Meer in ein neues Land, das ihr Zuhause werden soll. So endet hoffnungsvoll das Bilderbuch. Während es sich um eine exemplarische, realitätsnahe und eher typisierte Fluchtgeschichte handelt, die sowohl thematisch als auch sprachlich z. T. vorhersehbar und wenig poetisch wirkt, stellen die Bilder des syrischen Künstlers Nizar Ali Badr eine Besonderheit dar. Er legt aus Steinen Bildwelten, Figuren und Räume, die reduziert und auch anonym bleiben. Diese werden abfotografiert und geben dem Bilderbuch so einen einzigartigen Charakter. Die

3 https://www.franzkett-verlag.de/verlagsinfo/paedagogischer-ansatz/ (20.06.2018).

Figuren aus Stein wirken wenig spezifisch und lassen Raum für die eigene Ausgestaltung. Allein durch äußere Handlungen können Emotionen ausgedrückt werden, z. B. indem die Menschen vor Freude ihre Hüte in die Luft oder die Arme hochwerfen. Die Mimik der gesichtslosen Figuren fehlt.

Durch das Legen bestimmter abstrahierender Bilder mit Material können auch Kinder mit sehr differenten Lernvoraussetzungen ihre Vorstellungen bildlich umsetzen, ohne dass besondere Fähigkeiten in bestimmten Maltechniken vorauszusetzen sind. Dennoch hat die Arbeit mit dem gleichen Material durchaus auch verbindende Aspekte.

Im konkreten Fall bekamen die Kinder nach der Betrachtung des Bilderbuchs und

Abb. 3: Die Kinder beim Legen
(© Alexandra Ritter)

Abb. 4: Präsentation der fertigen Arbeiten
(© Alexandra Ritter)

einem Gespräch über Bild und Text die Möglichkeit, entweder *Mein Zuhause* oder *Dein Zuhause* mit Naturmaterialien, insbesondere unterschiedlich großen Steinen zu legen. Dafür hatte jedes Kind ein platzdeckchengroßes Stück dunklen Stoff zur Verfügung (Abb. 3 u. 4). So konnte über das Gestalten eines Bodenbildes zum eigenen Zuhause ein persönlicher Bezug zur Thematik *Heimat* aufgebaut werden, während das Legen eines fiktiven Zuhauses den Blick aus einer anderen Perspektive, z. B. von Rama aus dem Bilderbuch schärfen sollte. So konnten auch Unterschiede und Gemeinsamkeiten festgemacht werden.

Zu beobachten war während dieses Legeprozesses (Abb. 3), dass die Kinder mit einer großen Ernsthaftigkeit ihre Arbeit aufgenommen hatten. Sie mussten sich jeweils darüber klar werden, welche wesentlichen Elemente *Mein Zuhause* oder *Dein Zuhause* ausmachen und wie diese dargestellt werden. Die Mehrzahl der Kinder wählte das eigene Zuhause. Neben Häusern wurden häufig auch Eltern, Geschwister oder Haustiere gezeigt. Auffällig war, dass sich Kinder, die *Dein Zuhause* gewählt hatten, viel häufiger auf die Beschreibung abstrakter Räume oder Orte beschränkten (z. B. ein Tipi oder ein Katzenhaus). Mithilfe von kleinen Zetteln sollten die Kinder ihre Bilder beschriften und zu dem Bild ein Gedicht oder eine Geschichte schreiben. Der folgende Text ist in diesem Zusammenhang entstanden:

Mein Zuhause
Mein Zuhause ist mein Zuhause.
Es gehört nur mir und meiner Familie.
Mein Zuhause ist da,
wo ich mich wohlfühle,
wo meine Freunde sind,
wo ich lebe und liebe.
Da wo ich esse und trinke,
da wo ich wohne,
da ist mein Zuhause. (Selina, 4. Klasse)

In Selinas Text findet sich erneut die Struktur des Eingangsgedichts *wo zuhause ist* wieder. Selina beschreibt ihr Zuhause zunächst als Besitz („es gehört nur mir" Z. 3), dann mit einem Gefühl („wo ich mich wohlfühle", Z. 4) und im Folgenden mit essenziellen Tätigkeiten, die dort ausgeführt werden (z. B. „esse und trinke", Z. 7). So kommt sie nach den literarischen Irritationen im Gedicht und im Bilderbuch durch die Legemethode zu einem Transfer zu ihren eigenen, evtl. vorher noch nicht bewussten Vorstellungen von ihrem Zuhause.

Zusammenfassend kann man feststellen, dass mit dieser Methode ein erster, niedrigschwelliger Zugang zur Thematik mit hohem Aufforderungscharakter geschaffen wird. Selbstständig handelnd können die Kinder eigene Vorstellungen nach der Vorlage des Buches umsetzen, wobei dieser Handlungsvollzug ein Pendant zu häufig gewählten kognitiven Zugängen darstellen kann. Von daher ist die Methode besonders für heterogene Gruppen geeignet. Gerade auch die Beschriftung der Bilder kann einen überschaubaren, individuell adaptierbaren Schreibanlass für Kinder mit besonderen Förderbedarfen bieten. Die Frage nach *meinem oder deinem Zuhause* verlangt in der Methode eine Reduktion auf zentrale Elemente und die Fähigkeit zur Abstraktion oder symbolischen Darstellung. In der Phase der gegenseitigen Präsentation (die Kinder umkreisen das Bodenbild und können so alle Legebilder betrachten und wertschätzen) können die Bilder als Gesprächs- und Erzählanlass aufgegriffen werden. Grenzen hat die Methode allerdings bei der Begegnung mit dem Fremden, beim Wechsel der Perspektiven und beim Fremdverstehen. Andere Perspektiven werden zwar aufgegriffen, bleiben aber noch unkonkret und schematisch. Daher soll an dieser Stelle noch ein zweiter Zugang vorgestellt werden.

Mehrfache Perspektivenwechsel mit Lapbooks

Stärker auf das Nachempfinden der Perspektive eines Kindes mit einem anderen kulturellen Hintergrund ist die Lektüre des Romans *33 Bogen und ein Teehaus* von Mehrnousch Zaeri-Esfahani (2016, Abb. 5) ausgerichtet.

In dem autobiografischen Roman beschreibt die Autorin ihr Leben als Kind in Isfahan im Iran, die Migration in die Türkei und schließlich die Ankunft und Integration in Deutschland. Anhand von konkreten Situationen macht die kindliche Ich-Erzählerin deutlich, welche Schwierigkeiten, aber auch welch schöne Momente es geben kann, wenn man den eigenen Kultur- und Sprachraum verlässt und einen neuen erschließen muss. Dabei schildert sie z. B. den ersten Schultag in der neuen Schule in Heidelberg, in der niemand ihre Sprache spricht und auch sie sich nicht verständigen kann. Als sie ein Mädchen entdeckt, das Türkisch spricht, ist sie überglücklich, denn Türkisch hat sie bereits gelernt. So hat sie eine Übersetzerin, die sie die ersten Wochen begleiten kann.

Aus dem Buch wurden in der bereits oben besprochenen Lerngruppe bei einer Tasse Tee Sequenzen zum Leben im Iran und Sequenzen zum Leben in Deutschland vorgelesen. Im Anschluss daran hatten die Kinder den Auftrag, sich in die Ich-Erzählerin hineinzuversetzen und entweder eigene Vorstellungen von der Familie im Iran zu entwickeln oder aber sich mit dem Ankommen in Deutschland auf Basis der Textstellen zu befassen. Produktive Fragen, die auf die Vorstellungsbildung ausgerichtet waren, waren beispielsweise: *Wie stellst du dir Mehrnouschs Familie vor? Wie fühlt sich Mehrnousch, als sie von ihren Eltern erfährt, dass sie aus ihrer Heimat weggehen? Was stellst du dir vor, würde Mehrnousch gern von Zuhause mitnehmen? Wie fühlt sich Mehrnousch an ihrem ersten Schultag? Was haben Mehrnousch oder ihre Brüder noch in der Schule erlebt? Was könnte ihre Familie in Deutschland noch erlebt haben?*

Abb. 5: Cover 33 *Bogen und ein Teehaus* (Zaeri-Esfahani © Peter Hammer: Wuppertal, 2016)

Diese Fragen wurden mit konkreten Schreib- und Gestaltungsaufträgen (z. B. Schreibe einen Tagebucheintrag. Gestalte ein Bild von der Familie.) verknüpft. Die Kinder sollten ihre Gedanken dazu in kleinen Falt- oder Klappbüchern festhalten, die dann zu einem Lapbook zusammengefügt wurden.[4] Da jedes Kind sich mit unterschiedlichen Aspekten des Textes auseinandergesetzt hatte, wurden im Lapbook die Werke geordnet zusammengestellt, sodass sie sich gegenseitig ergänzen konnten. Während einige Kinder über die Gründe für das Weggehen der Familie nachgedacht hatten, versetzten sich die meisten Kinder in die Lage des Mädchens am ersten oder zweiten Schultag; dazu wurden Tagebucheinträge verfasst. Die handlungs- und produktionsorientierten Verfahren (Tagebucheintrag, Episode weiterschreiben, Bild gestalten) ermöglichten an dieser Stelle literarische und gleichzeitig auch interkulturelle Lernprozesse. Die Kinder setzten sich mit dem Text auseinander, übernahmen die Perspektive der Ich-Erzählerin und entwickelten eigene Vorstellungen in den jeweiligen Situationen.

Durch den Perspektivenwechsel wurden die Handlungen unmittelbar nachvollziehbar und Empathie konnte entwickelt werden. Gleichzeitig war die Perspektivenübernahme auch ein Schritt zur Entwicklung einer eigenen Identität in Abgrenzung von anderen. Durch das Angebot unterschiedlicher Fragen zum Buch konnten die Kinder interessengeleitet auswählen und das Thema verschiedenartig umsetzen (malen, schreiben, erzählen). Gleichzeitig wurden durch das Lapbook die unterschiedlichen Gedanken der Kinder gebündelt und gleichberechtigt nebeneinander gestellt. Die kleinen Klappbücher, die die Kinder zu den Fragen gestaltet hatten, wurden in ein großes Buch geklebt. Schon war ein Klassenlapbook zum Roman entstanden. Dieses kann beispielsweise auch in Ausstellungen von Eltern aufgeklappt und entdeckt werden.

4 Zur Methode der Lapbooks vgl. Pols 2016; A. Ritter 2017.

Ein Beispiel für einen Text stammt von Luca:

> *Mehrnouschs Schul-Tagebuch, Tag Nr. 2*
> „Heute hat mich Zuhal vom Schultor abgeholt und in die Klasse gebracht. Ich mag sie und ich glaube sie mag mich auch. Die Lehrerin war nett und hat mich neben sie gesetzt. In der Hofpause begannen drei Jungen mich auszulachen. Etwas von Ausländer, Ausländer brüllten sie. Ich selbst wusste zwar nicht, was das bedeutete, aber es klang nicht nett. Mama hat heute einen Hund mitgebracht. Sie sagt, er war völlig verfroren und da hat sie ihn mitgenommen. Er ist braun und reicht mir knapp bis unters Knie. Ich habe ihn jetzt schon lieb."
> (Luca, 4. Klasse)

Abb. 6: Einen Tee zum Buchlesen (© Alexandra Ritter)

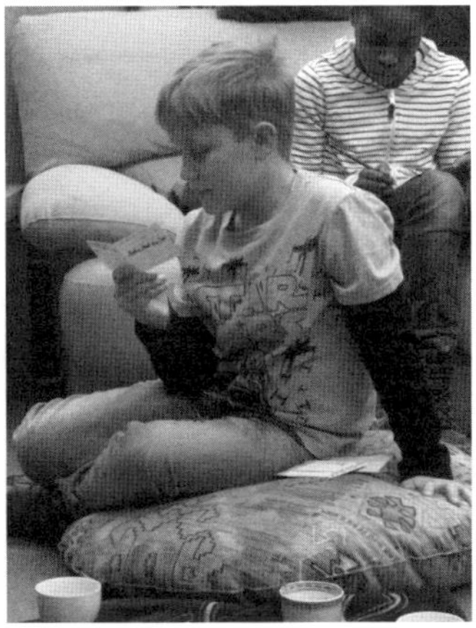

Abb. 7: Bei der Präsentation (© Alexandra Ritter)

In dem Text schildert Luca knapp unterschiedliche Ereignisse des Tages in Form eines Tagebucheintrags. Dabei werden persönliche Zuneigungen und Abneigungen formuliert. Auch der Moment des Verspottens wird angesprochen, wobei die Situation an dieser Stelle nicht weiter verfolgt wird. Dennoch werden deutlich auch Schattenseiten der Migration erkannt und benannt. Von daher ist es konsequent, dass sich die Erzählerin im Text Beistand von einem Haustier holt, das eine Stütze sein kann, auch um mit schwierigen Situationen in der Schule umgehen zu können. Mit Blick auf das Phasenmodell von Dawidowski kann hier die Irritation zur den vorgelesenen Textstellen identifiziert werden, die im Gespräch erörtert und zu einer Transparenz bezüglich der Situation im Iran und den Gründen für die Migration führen können. Die Fragen und handlungs- und produktionsorientierten Aufgaben regen den Perspektivenwechsel an und verknüpfen schließlich auch Selbst- und Fremderfahrungen.

Fazit

Mein Zuhause – dein Zuhause, diese Gegenüberstellung impliziert bereits Unterschiede und Gemeinsamkeiten zum Thema Heimat. Während jedes Kind Vorstellungen von seinem Zuhause und der Heimat haben kann, können diese jedoch auch kulturell sehr verschieden gestaltet sein. Ziel des interkulturellen Lernens ist es nun, über das Thema Verständnis und Empathie für Vorstellungen von Anderen zu entwickeln. Im Vergleich auch mit den eigenen Werten, Normen und sozialen Praktiken wird ebenfalls die eigene Perspektive geschärft und neben Fremdverstehen auch ein Selbstverstehen gefördert. Dazu können auch die vorgestellten Methoden beitragen. Über Legebilder werden eigene Vorstellungen von Zuhause konkretisiert und verbildlicht, eher symbolisierend finden die Kinder Ausdrucksformen dafür. In der zweiten Methode der Zusammenstellung eines Lapbooks steht hingegen stärker der Perspektivenwechsel durch produktive Aufgaben im Mittelpunkt. Gerade durch die Kombination der beiden Methoden werden unterschiedliche Lernangebote geschaffen, die Vorstellungen sichtbar machen, Austausch ermöglichen und über eigene und andere Zugänge reflektieren lassen. Aus transkultureller Perspektive gilt es anschließend von dichotom getrennten kulturellen Zugehörigkeiten Abstand zu nehmen und die insbesondere durch Generationenwechsel hybrid geprägten Identitäten in den Blick zu nehmen. Hierfür können bspw. eigene soziale Praktiken, die ursprünglich anderen kulturellen Hintergründen entstammen (z. B. das Halloween-Fest, der Valentinstag), thematisiert und hinterfragt werden. Damit kann für einen offenen Kulturbegriff, der Kultur generell im ständigen Wandel sieht, sensibilisiert werden. Kinder- und Jugendliteratur wie bspw. *tigermilch* kann für solche Anschlussgespräche eine wichtige Ausgangsbasis darstellen.

Primärliteratur

Albertalli, Becky: Nur drei Worte. Hamburg: Carlsen, 2016

Auswärtiges Amt (Hg.): Ein Planet, viele Welten. Berlin: Aufbau Verlag, 2016. http://www.aufbau-verlag.de/einplanetvielewelten (07.05.2018)

Du Luu, Que: Im Jahr des Affen. Hamburg: Königskinder, 2016

Höfler, Stefanie: Tanz der Tiefseequalle. Weinheim [u. a.]: Beltz, 2017

Karimé, Andrea: Tee mit Onkel Mustafa. Wien: Picus, 2011

Kulturkind e.V.: Wo zuhause ist. Material im Rahmen des Viva literatura!-Festivals. Kinderliteraturen aus Mittel- und Osteuropa. 15.-20. Juni 2014. Berlin. http://www.viva-literatura.com/wo_zuhause_ist (04.05.18)

Kurt, Kemal: Was ist die Mehrzahl von Heimat? Reinbek bei Hamburg: Rowohlt, 1995

Ruurs, Margriet/ Nizar Ali Badr (Ill.): Ramas Flucht. Hildesheim: Gerstenberg, 2017

Velasco, Stefanie de: tigermilch. Roman. Köln: Kiepenheuer & Witsch, 2013

Zaeri-Esfahani, Mehrnousch: 33 Bogen und ein Teehaus. Wuppertal: Peter Hammer, 2016

Sekundärliteratur

Becker, Susanne Helene: Facetten des Fremdverstehens. In: JuLit 43 (2017) H. 2, 25-32

Dawidowski, Christian: Theoretische Entwürfe zur Interkulturellen Literaturdidaktik. Zur Verbindung pädagogischer und deutschdidaktischer Interkulturalitätskonzepte. In: Dawidowski, Christian/ Dieter Wrobel (Hgg.): Interkultureller Literaturunterricht. Baltmannsweiler 2006, 18-36

Griesmayer, Norbert/ Werner Wintersteiner: „Das Gespräch zwischen den Sprachen in uns". In: dies. (Hgg.): Jenseits von Babylon. Wege zu einer interkulturellen Deutschdidaktik. Innsbruck 2000, 7-10

Hurrelmann, Bettina/ Karin Richter: Einleitung. In: dies. (Hgg.): Das Fremde in der Kinder- und Jugendliteratur. Interkulturelle Perspektiven. Weinheim [u. a.] 1998, 7-18

Naugk, Nadine/ Alexandra Ritter/ Michael Ritter/ Sascha Zielinski: Deutschunterricht in der inklusiven Grundschule. Perspektiven und Beispiele. Weinheim [u. a.] 2016

Pols, Regina: Wortschatzarbeit mit den Lapbook. Lernergebnisse verstecken und entdecken. 2016. https://bildungsserver.berlin-brandenburg.de/fileadmin/bbb/themen/sprachbildung/

Durchgaengige_Sprachbildung/Publikationen_sprachbildung/Lapbooks_WEB_2016_07.pdf (12.06.2018)

Ritter, Alexandra: Was hinter der Familie steckt. Lapbooks als lektürebegleitende Methode zum Umgang mit aktuellen Kinderromanen. In: Roeder, Caroline/ Michael Ritter (Hgg.): Familienaufstellungen in Kinder- und Jugendliteratur und Medien. München 2017 (kjl&m 17. extra), 279-292

Ritter, Michael: Fremde Federn – neues Land. Eigenart und Fremdheit in neuen Bilderbüchern – Spannungsverhältnisse (inter)kulturellen Lernens. In: Kruschel, Robert (Hg.): Menschenrechtsbasierte Bildung. Inklusive und Demokratische Lern- und Erfahrungswelten im Fokus. Bad Heilbrunn 2017, 239-252

Rösch, Heidi: Interkulturelle Literaturdidaktik im Spannungsfeld von Differenz und Dominanz, Diversität und Hybridität. In: Josting, Petra/ Caroline Roeder (Hgg.): „Das ist bestimmt was Kulturelles". Eigenes und Fremdes am Beispiel von Kinder- und Jugendmedien. München 2013 (kjl&m 13.extra), 21-32

Trudewind, Stephan: Mittler zwischen Kulturen. In der Edition Orient kommen Buchschaffende aus anderen Ländern zu Wort. In: JuLit 43 (2017) H. 2, 10-14

UNICEF: Konvention über die Rechte des Kindes. 1989. https://www.unicef.de/blob/9364/a1b-bed70474053cc61d1c64d4f82d604/d0006-kinderkonvention-pdf-data.pdf (21.06.2018)

Vach, Karin: Ästhetische Suchprozesse. Literatur kann eine neue Weltsicht erlebbar machen. In: JuLit 43 (2017) H. 2, 3-9

Weinkauff, Gina: Kulturelle Vielfalt (in) der deutschsprachigen Kinder- und Jugendliteratur. In: Josting, Petra/ Caroline Roeder (Hgg.): „Das ist bestimmt was Kulturelles". Eigenes und Fremdes am Beispiel von Kinder- und Jugendmedien. München 2013 (kjl&m 13.extra), 33-52

Wildemann, Anja/ Mahzad Hoodgarzadeh (Hgg.): Sprachen und Identitäten. Innsbruck [u. a.] 2013

Wrobel, Dieter: Texte als Mittler zwischen Kulturen. Begegnung und Bildung als Elemente des interkulturellen Literaturunterrichts. In: Christian Dawidowski/ Dieter Wrobel (Hgg.): Interkultureller Literaturunterricht. Konzepte – Modelle – Perspektiven. Baltmannsweiler 2006, 37-52

ders.: Interkulturelle Literatur in Kanon und Unterricht. Entwicklungen und Textvorschläge. In: Hamann, Christof/ Michael Hoffmann (Hgg.): Kanon heute. Literaturwissenschaftliche und fachdidaktische Perspektiven. Baltmannsweiler 2009, 97-114

Alina Wanzek

Vom Leben erzählen

Die Vielfalt biografischer Darstellungen und deren Funktionen im Medium Bilderbuch

Einleitung

Dass das Leben berühmter, aber auch unbekannter Persönlichkeiten zunehmend in bildbasierter Erzählliteratur für Kinder- und Jugendliche dargestellt wird, ist mit Blick auf die Nominierungslisten des Deutschen Jugendliteraturpreises zu bestätigen. In diesem Zusammenhang sei auf die enorme Popularität sog. *grafischer Biografien* verwiesen, die in Deutschland eng mit dem Comiczeichner Reinhard Kleist verbunden sind. Lebensgeschichten werden immer häufiger auch im Medium Bilderbuch umgesetzt und somit für jüngere Rezipient*innen zugänglich gemacht. Der biografische Bezug wird darin jedoch nicht immer offengelegt bzw. ist unterschiedlich explizit. Dies führt zu einer enormen Pluralität biografischer Erzählformen im Bilderbuch, was eine Typologisierung oder auch eine Festlegung auf spezifische Merkmale sehr schwierig oder gar unmöglich erscheinen lässt. Hinzuzufügen ist, dass der Forschungsstand unbefriedigend ist, denn seit der Studie Hesse-Hoerstrups (2001) zur biografischen Jugendliteratur sind nur noch punktuell entsprechende Beiträge in Zeitschriften[1] erschienen, die Bilderbücher zumeist aber nicht berücksichtigen. Das Spannungsfeld der Biografie, sich „in einem Grenzgebiet von Wissenschaft und Kunst" (Scheuer 1982, 9) zu bewegen, gilt besonders für das biografische Bilderbuch mit seinem Anspruch, einen authentischen Stoff kindgerecht und ästhetisch ansprechend in Bild und Text aufzubereiten. Die jeweilige Perspektive ist dabei maßgeblich für die oben beschriebene Formvielfalt, denn

> „[j]e nachdem, ob die Biografien als Detektive, Historiker oder Anwälte ihrer Objekte oder als deren Therapeuten auftreten, reichen die biografischen Darstellungsformen von der wissenschaftlich orientierten Biografie, die jedes Detail mit Fußnoten belegt, bis hin zu rein fiktionalen Darstellungen. Dazwischen befinden sich zahlreiche Mischformen, die sich kaum kategorisieren lassen." (Hesse-Hoerstrup 2011, 8)

Explizit als Sachbilderbücher ausgewiesen sind z. B. die Bilderbücher von Peter Sís. Sein letztes Werk *Der Pilot und der kleine Prinz. Das Leben des Antoine Saint-Exupéry* (2014), das von dem Leben des berühmten Schriftstellers und Piloten Saint-Exupéry (1900-1944) erzählt, wurde 2015 für den Deutschen Jugendliteraturpreis nominiert. Die aufwendig gestaltete Bild-Schriftkomposition führt nicht nur durch sein Leben

1 Vgl. z. B. *Beiträge Jugendliteratur und Medien* 58 (2006) H. 3 mit dem Themenschwerpunkt *Biografien als Kinder und Jugendliteratur*; JuLit 37 (2011) H. 3 mit dem Themenschwerpunkt *Lebenslinien. Biografisches und Autobiografisches in der Kinder- und Jugendliteratur*.

und sein geheimnisvolles Verschwinden, sondern bietet zudem Sachwissen über die Geschichte der Luftfahrt. Eine andere Darstellungsform schafft Annemarie van Haeringen mit ihrem Werk *Coco und das Kleine Schwarze* (2014), in dem sie die Lebensgeschichte der großen Modeschöpferin Coco Chanel anhand ausgewählter Stationen skizziert. Entgegen der üblichen Gattungskonventionen kommt die Erzählung ohne biografische Bezüge, ohne Quellenverweise oder Datums- und Ortsangaben aus, sodass ein Bezug zur Realität nicht offengelegt wird. Ebenso konsequent wird auch das Hinzufügen von paratextuellen Hinweisen verweigert. Somit rückt die Erzählung, die auf einer wahren Begebenheit beruht, in die Nähe einer märchenhaft anmutenden Geschichte mit der Botschaft, dass mit viel Mut und Fleiß der scheinbar vorgesehene Weg zu verändern ist und ein sozialer Aufstieg gelingen kann.

Schon an diesen beiden Beispielen zeigt sich, dass die Art und Weise der lebensgeschichtlichen Darstellung enorm variieren kann. Im vorliegenden Aufsatz soll anhand von drei aktuellen Bilderbüchern der Frage nachgegangen werden, welche Tendenzen in biografischen Bilderbüchern zu erkennen sind. Die Analysen folgen nach einer kurzen theoretischen Einführung zum biografischen Bilderbuch sowie zu allgemeinen Entwicklungen der zeitgenössischen biografischen Kinder- und Jugendliteratur.

Biografische Bilderbücher im Spiegel allgemeiner biografischer Kinder- und Jugendliteratur

Stevenson formuliert 2006, bezogen auf den britischen Kinder- und Jugendbuchmarkt, dass biografische Bilderbücher eine der beliebtesten Formen der zeitgenössischen Biografie darstellen würden (vgl. Stevenson 2006, 164). Hesse-Hoerstrup (2001) zufolge zeichnet sich das biografische Bilderbuch dadurch aus, dass es „sowohl realistische als auch fiktionale Elemente [integriert], wobei das zeitliche Nacheinander einer Lebensgeschichte erzählt und illustriert wird" (ebd., 76). Dies geschehe, indem die wichtigsten Lebensabschnitte einer Persönlichkeit zu „biographischen Szenen" (ebd.) gebündelt würden. Obwohl das biografische Bilderbuch aufgrund seines geringeren Umfanges nur auf ausgewählten Lebensstationen einer Persönlichkeit gründet, könne es das Interesse an fremden Lebensentwürfen für sehr junge Kinder wecken (vgl. ebd., 77). Somit zeichnet sich auch für das biografische Bilderbuch eine Funktionsveränderung ab, die parallel zur Entwicklung der allgemeinen biografischen Kinder- und Jugendliteratur verläuft. Biografien für junge Leser*innen waren jahrhundertelang traditionell einem erzieherischen und belehrenden Duktus unterworfen. Insbesondere im 19. Jahrhundert und während des *Dritten Reiches* wurden der Zeit entsprechende heldenhafte Lebensläufe von zumeist Männern mit historischer Relevanz präsentiert, denen es nachzueifern galt (vgl. z. B. Hesse-Hoerstrup 2006, 163). Nach einem neueren Gattungsverständnis fungiert die Biografie als eine Art Lebenshilfe, indem sie diverse Lebensmodelle und -muster anbietet, um Orientierung zu bieten und bei der Entwicklung der eigenen Persönlichkeit zu unterstützen. Dabei gehe es nicht mehr darum, Bewunderung für die besonderen Talente zu erzeugen, stattdessen liege der Schwerpunkt vielmehr „auf der Ebene der Erfahrung menschlicher Stärke-, Tat- und Durchsetzungskraft" (Hesse-Hoerstrup 2011, 10).

In Biografien für jüngere Kinder dominieren zwei Formen, die sich als besonders geeignet erweisen, eine Nähe zum biografischen Subjekt herzustellen. Dies geschieht

„entweder auf der authentischen, unmittelbaren Begegnung mit der historischen Persönlichkeit oder auf der kindgerechten Montage überlieferter Dokumente zu einer Lebensgeschichte " (ebd., 5). Wie genau dies im Einzelnen umgesetzt wird, soll im vorliegenden Aufsatz anhand dreier exemplarischer Analysen aufgezeigt werden. Folgende Leitfragen liegen den Untersuchungen zugrunde: Wie wird im erzählenden, biografischen Bilderbuch die o. g. Funktionsveränderung explizit? Ist das Bilderbuch ebenso dazu in der Lage, nicht nur „den äußeren, abbildbaren Lebensweg" (Hesse-Hoerstrup 2001, 77) zu präsentieren, sondern auch die gesamte Persönlichkeit des biografischen Subjektes, d. h. auch das Innere, auszudrücken? Wie kann das geschehen, welche literarischen und biografischen Verfahrensweisen sind zu entdecken? Bei der Analyse der Bilderbücher ist daher neben der inhaltlichen Betrachtung des Lebensweges besonders auf die Darstellungsebene zu achten, denn

> „[b]ei biografischen Texten handelt es sich um narrative Konstruktionen, also textuell gestiftete Sinnzusammenhänge mit je spezifischen Kommunikationsabsichten. Nicht nur das, *was* in Biographien geschrieben wird, sondern auch *wie* [Hervorh. i. O.] das geschieht, beeinflusst maßgeblich die Wahrnehmung der biographierten Person und den Gattungsanspruch einer Biographie." (Klein/Martínez 2009, 213)

Für die Untersuchungen werden sowohl aktuelle Modelle und Grundlagen der Bilderbuchanalyse (vgl. Hopp 2015) berücksichtigt als auch Überlegungen zum biografischen Erzählen auf Discours- (Klein/Martínez 2009) und Histoire-Ebene (Klein 2009) zugrundegelegt, auf die hier nur verwiesen werden kann. Auch die erarbeiteten Merkmale zeitgenössischer biografischer Jugendliteratur (vgl. z. B. Hesse-Hoerstrup 2001, 2006) werden eingebunden, um das Bilderbuch auch im Kontext der Entwicklung der allgemeinen biografischen Kinder- und Jugendliteratur zu verorten.

„Fridas Tiere waren ihre Kinder, ihre Freunde, ihre Inspiration." Analyse des Bilderbuches *Frida Kahlo und ihre Tiere* (2017)

Biografische Bilderbücher konzentrieren sich oft auf die Kindheit berühmter Persönlichkeiten, um für die jungen Rezipient*innen einen hohen Grad an Identifikation zu schaffen. Ein Beispiel dafür ist das Bilderbuch *Frida Kahlo und ihre Tiere* (2017) von Monica Brown, illustriert von John Parra, das vom Leben und dem schillernden Charakter der mexikanischen Malerin Frida Kahlo handelt.

Obwohl die Handlung mit dem Verweis auf das Museum in der *La Casa Azul* einen Bogen bis zu ihrem Tod und der lebendigen Erinnerungskultur schlägt, wird besonders auf ihre Kindheit und Jugend, die Entfaltung ihrer Persönlichkeit sowie die Liebe zu ihren Tieren und zur Malerei fokussiert.

Der explizit biografische Charakter wird über die Eingangsformel transparent: „Dies ist die Geschichte eines kleinen Mädchens namens Frida, aus dem später eine der berühmtesten Malerinnen aller Zeiten wurde." (Brown 2017, o. S.) Darüber hinaus wird ausschließlich im Paratext auf den Realitätsbezug hingewiesen, Quellenverweise im Text hingegen werden ganz ausgespart. Anders verhält es sich – zumindest indirekt – auf visueller Ebene. Die bunten, großflächigen Illustrationen, die Frida mitsamt ihren Tieren abbilden und aufgrund ihrer Farbprächtigkeit Parallelen zur mexikanischen Kultur erkennen lassen, orientieren sich sowohl an authentischen Fotografien als auch an berühmten Selbstportraits der Malerin. Die als Vorlage dienenden Gemälde und Fotos wurden vom Illustrator jedoch interpretierend umgestaltet. Als Beispiel aufzuführen ist die Illustration von Frida mit ihren drei Affen, die das Gemälde *Selbstbildnis mit Affen* (1943) zitiert. Übereinstimmend sind das Grundmotiv sowie die Kleidung der Kahlo. Im Gegensatz zum Original, auf dem Frida eine aufrechte Sitzposition einnimmt und einen sehr ernsten und abwesenden Gesichtsausdruck zeigt, wird auf der Zeichnung im Bilderbuch eine lächelnde, einen ihrer Affen liebevoll im Arm haltende Frida gemalt. Im Unterschied zu den Selbstportraits, die den Selbstzweifel und die Schmerzen der Kahlo zum Ausdruck bringen, haben die Illustrationen einen euphemistischen Charakter, was sich auch in dem Kindchen-Schema der gemalten Tierfiguren spiegelt. Das Bild-Text-Verhältnis erweist sich größtenteils als redundant, wobei die Bildebene eine eigene erzählerische Qualität aufweist und den Text anreichert. Zu nennen ist z. B. das Zusammenspiel von Text und Bild bezüglich der Schilderung ihres schweren Unfalls. Im Text heißt es dazu nur sehr knapp: „Mit 18 hatte Frida einen schlimmen Unfall und wieder musste sie monatelang das Bett hüten" (ebd.). Auf der Illustration offenbaren sich die grausamen Details ihres Busunfalls, z. B. die Eisenstange, die sich durch ihren Körper bohrt und sie lebensgefährlich verletzt. Das Skelett, als Symbol für den Tod, verweist auf den schmalen Grat zwischen Leben und Tod, auf dem sie ihr ganzes Leben lang wandelt.

Abb. 1: Cover *Frida Kahlo und ihre Tiere* (Brown/Parra © Zürich: NordSüd, 2017)

Auf Diskursebene haben insbesondere Erzählstimme und -modus Einfluss auf die Wirkung des Biografierten bei den Rezipient*innen sowie auf den zu beanspruchenden Authentizitätsgrad (vgl. Klein/Martínez 2009, 215 ff.). Ein heterodiegetischer Erzähler leitet durch die sehr chronologisch aufbereitete Handlung, was als typisch für das biografische Erzählen zu werten ist. Der Erzähler ist jedoch intern fokalisiert, denn er kennt die Gefühle und Gedanken der Protagonistin, wobei er diesen nur sehr dezent Ausdruck verleiht: „Frida umarmte sie innig, wann immer sie einsam oder traurig war" (Brown 2017, o. S.). Fridas Wesensmerkmale, die als statische Motive aneinandergereiht sind, werden ausschließlich über die Beschreibungen des Erzählers vermittelt. Sie sind nicht neutral, sondern zeugen von einer großen Bewunderung und Zuneigung. Dies hat zur Konsequenz, dass negative Aspekte ausgespart werden und eine Lenkung der Leser*innen bezüglich der Wahrnehmung der Protagonistin impliziert wird. Der distanzwahrende narrative Modus wird an einer einzigen Stelle mittels eines Zitates aus Fridas Tagebuch (vgl. z. B. Kroll 2007, 165), das als wörtliche Rede markiert wird, unterbrochen: „Wozu brauche ich Füße, wenn ich Flügel habe?"

(Brown 2017, o. S.) Das Zitat, das isoliert am unteren Rand der Bilderbuchseite steht, ist in mehrfacher Hinsicht relevant. Zum einen erlaubt es einen authentischeren Einblick in die Gedankenwelt Kahlos, als der Erzähler zu geben vermag. Zum anderen setzt es eine Leerstelle, die es von den Rezipienten zu deuten gilt und mit den äußeren Gegebenheiten in Beziehung zu setzen ist. Dass Fridas Fantasie ihr dabei hilft, trotz der sie lebenslang begleitenden Schmerzen die Lust am Leben zu bewahren, wird sowohl visuell als auch verbalsprachlich als Metapher ausgedrückt: „Wie ihr Adler konnte auch Fridas Fantasie schwindelerregende Höhen erreichen" (ebd.). Die Freiheit bei der Auswahl und Anordnung von Quellenmaterial zeigt sich im vorliegenden Werk in der Entscheidung, die Tiere, die Frida Kahlo zahlreich im Erwachsenenalter besaß, in die Kindheitsphase zu *transportieren*. Im Nachwort heißt es dazu seitens der Autorin:

> „Ich war schon immer fasziniert von Fridas Beziehung zu ihren Tierfreunden. Obwohl Frida ihre berühmten Haustiere erst im Erwachsenenalter bekam, entschied ich mich, Fridas Tiere als Zeichen zu sehen für ihre magische Kreativität, ihre Stärke, ihren Sinn für Abenteuer und ihren unbändigen Geist während ihres ganzen Lebens" (ebd., o. S.).

Hier offenbart sich der Konstruktionscharakter der Narration; das Zusammenspiel von Rekonstruktion des Quellenmaterials und der individuellen Deutung der Autor*innen erweist sich als wesentliches Merkmal zeitgenössischen biografischen Erzählens (vgl. Hesse-Hoerstrup 2006, 165 f.).

Die Merkmalsbeschreibung, ein biografisches Bilderbuch könnte nur die äußeren Gegebenheiten eines Lebensweges darstellen, trifft auf das vorliegende Werk nicht zu – im Gegenteil. Die dynamischen Motive, Geschehnisse und Aktionen im Leben der Kahlo begrenzen sich auf einzelne Episoden in Kindheit und Jugend sowie auf den Unfall als Schlüsselszene. Ansonsten werden primär statische Motive miteinander verkettet, um den Rezipient*innen eine Annäherung an die Persönlichkeit der Künstlerin zu ermöglichen. Die Freundschaft mit ihren Tieren wird – neben der Liebe zur Malerei – nicht nur als Fridas Lebensmittelpunkt markiert, sondern mittels des Vergleiches mit ihren Tieren eine Möglichkeit geschaffen, die unterschiedlichen Facetten ihrer Persönlichkeit kindgerecht und verständlich aufzubereiten („verspielt wie ein Kätzchen", „frech wie ihre Affen", „intelligent und sensibel wie ihre Truthähne" etc.). Dabei werden auch Widersprüche in ihrem Charakter deutlich: Einerseits wird Frida als starkes, unabhängiges, fantasievolles und warmherziges Mädchen charakterisiert, zugleich finden sich auf verbaler Ebene auch Hinweise auf ihre Einsamkeit, die Traurigkeit und die Schmerzen als wesentliche Lebensbegleiter. Insgesamt ist zu konstatieren, dass in der gesamten Erzählung Reduktion als Erzählprinzip dominiert. Dies gilt zum einen für Aussparungen von zeitgeschichtlichen sowie biografischen Aspekten, z. B. der selbstzerstörerischen Liebesbeziehung mit Diego Rivera oder dem unerfüllten Kinderwunsch, sowie für das reduzierte Figurenpersonal. Auch die Anzahl der Räume ist mit der Konzentration auf ihr Elternhaus, das sie auch als Erwachsene bewohnt, überschaubar. Dies betont die Funktion der *La Casa Azul* einerseits als Rückzugsort sowie als Ort der künstlerischen Entfaltung, andererseits als ein Ort der Einsamkeit und des Gefangenseins.

Das beschriebene Erzählprinzip dient der Elementarisierung und ist zugleich mit einer ganz spezifischen Wirkungsabsicht verbunden: An erster Stelle werden nicht die

Berühmtheit und das Lebenswerk der Protagonistin gesetzt, sondern ihre faszinierende Persönlichkeit, ihre Stärke und die unbändige Lebenslust der widrigen Umstände zum Trotz. Das Bilderbuch liegt somit als Beispiel vor für das allgemeine „zeitgenössische [...] Bestreben, die Vielschichtigkeit einer Persönlichkeit zu erfassen" (Hesse-Hoerstrup 2001, 96).

„Doch mit ihren Ideen setzte sich Ada Lovelace weit über das Gewöhnliche hinweg." Analyse des Bilderbuches *Ada Lovelace und der erste Computer* (2017)

Einen anderen Weg wählt Fiona Robinson mit dem 2017 erschienenen Bilderbuch über die Mathematikerin und Computerpionierin Ada Lovelace (1815-1852), indem sie sich dem Anspruch stellt, deren gesamte Lebensgeschichte von ihrer Geburt bis hin zum Tod zu erzählen.

Während bei *Frida und ihre Tiere* der Fokus auf der Verbindung statischer Motive liegt und somit eine Motivierung auf der „Ebene des Seins" (Klein 2009, 205) vorherrscht, werden in diesem Werk zahlreiche Handlungselemente im Sinne einer finalen Motivierung organisiert (vgl. ebd., 208). Diese zeichnet sich dadurch aus, dass „der Handlungsverlauf [...] von Anfang an festgelegt [scheint] und [...] einer Art großem Masterplan folgt" (ebd.). Diese Form der Motivverknüpfung wird bereits zu Beginn der Erzählung mit den folgenden Worten explizit

> „Wie kam es dazu, dass sich ein Mädchen jener Epoche seiner gestrengen Mutter widersetzte und eine Computerprogrammiererin werden konnte, noch lange bevor Computer überhaupt existierten?" (Robinson 2017, o. S.)

Die Lebensleistung als Wissenschaftlerin, die aufgrund des zeitgeschichtlich bedingten Rollenverständnisses einer adeligen Frau besonders außergewöhnlich ist, bestimmt den Handlungsverlauf wesentlich. Dabei wird die Abhängigkeit ihres Lebensweges von den Nebenfiguren sowie von den zeitgeschichtlichen Entwicklungen viel stärker herausgearbeitet als bei *Frida Kahlo und ihre Tiere*. Adas alleinerziehende Mutter, die sich sehr früh vom Vater, dem Dichter Lord Byron, trennt, ist eine wichtige Schlüsselfigur. Die Beziehung von Tochter und Mutter wird sehr ambivalent dargestellt. Zum einen fördert die Mutter ihre Tochter, indem sie ihr eine allumfassende Bildung ermöglicht, zum anderen wird sie als sehr streng, dominant und engstirnig charakterisiert, die der Tochter die eigenen Vorstellungen aufstülpen will: „Adas Mutter zählte darauf, dass ihr eigenes Lieblingsthema, die Mathematik, schon dafür sorgen würde, dass ihre Tochter solide und ernsthaft blieb." (Robinson 2017, o. S.) Der heterodiegetische Erzähler beeinflusst die Rezipienten in der Figurenwahrnehmung maßgeblich, indem er wertet und kommentiert: „Arme Ada! Wenn sie im Unterricht hinterherhinkte, sperrte ihre Mutter sie in eine winzige Kammer ein!" (Ebd.) Nach Hopp (2015) ist das Erzählen auf Bildebene „definiert über die Unauflöslichkeit der Beziehungen zwischen Bildebene und Sprachebene und ihrer Synthese im Ikonotext" (ebd., 64). Auch im zu betrachtenden Bilderbuch entfaltet sich das besondere Wirkungspotenzial erst im Zusammenspiel des Verbaltextes mit der visuellen Erzählebene. Im ersten Teil der Erzählung über ihre Kindheit und Jugend ist auf Verbalebene die Abhängigkeit Adas von den mütterlichen Plänen und

Vorstellungen dominant. Die visuelle Ebene betont hingegen den eigenwilligen Charakter des Mädchens. So wird sie als aktives, unbändiges und vor Energie strotzendes Mädchen gezeichnet, beispielsweise indem sie auf einer Bildseite mehrfach und in Folge abgebildet wird, um – ähnlich der Funktionsweise eines Daumenkinos – ihre Bewegungen im Raum zu visualisieren.

Generell ist die Bildebene als Ergebnis eines aufwendigen Entstehungsprozesses hervorzuheben: Gezeichnet auf hochwertigem Aquarellpapier mit japanischen Farben hat die Illustratorin die Bilder mithilfe von spezifischen Messerklingen ausgeschnitten, collageartig zusammengefügt und abfotografiert, sodass ein 3D-Effekt entsteht. Ada selbst sticht hervor durch das leuchtend rote Kleid, das sie als außergewöhnlich kennzeichnet. Die Prägung durch die Eltern – der Kreativität des Vaters und des mathematischen Verständnisses der Mutter – offenbart sich überall in den sehr fantasievollen, beinahe fantastischen Illustrationen.

Abb. 2: Cover *Ada Lovelace und der erste Computer* (Robinson © München: Knesebeck, 2017)

Als Beispiel ist auf dem Cover Ada reitend auf einem maschinell angetriebenen, fliegenden Pferd zu sehen, ein Motiv, das Assoziationen zu griechischen Mythen und Legenden erzeugt. Im Hintergrund werden unterschiedliche geometrische Formen und Zirkelzeichnungen abgebildet, die sich auch auf anderen Bildern wiederholen. Das fruchtbare Zusammenspiel von Kreativität, Neugier und mathematischem Talent, das sich in ihren Genen vereint, ist somit besonders auf Bildebene allgegenwärtig und betont das Außergewöhnliche ihres Wesens und ihrer wissenschaftlichen Leistung. Im weiteren Erzählverlauf werden verschiedene dynamische Motive miteinander verwoben, um ihren Weg als Wissenschaftlerin darzustellen. Erzählt wird von der voranschreitenden Industrialisierung und der damit verbundenen Entwicklung von Maschinen, die Ada mit ihrer Mutter in den Fabriken besichtigt und die ihre Kreativität beflügeln. Darüber hinaus wird eine weitere Nebenfigur relevant für ihre Entwicklung als Forscherin: Der Ingenieur, Erfinder und Mathematikprofessor Charles Babbage, der sie in seine Erfindungen, z. B. die analytische Maschine, einweiht. Der Algorithmus, den Ada mithilfe der Bernoulli-Zahlen entwickelt und der heute als erstes Computerprogramm gilt, wird den kindlichen Adressaten in elementarisierter Form vermittelt:

> „Den Algorithmus für die Zahlen zu entwickeln war ein wenig, als würde man in einem Labyrinth eine Schatzsuche veranstalten. Man stelle sich vor, Ada wollte einen dazu bringen, die Schätze in eine bestimmte Reihenfolge zu finden. Die Schätze entsprachen den Zahlen, die der Computer berechnen sollte" (Robinson 2017, o. S.).

Bezogen auf die biografischen Wesensmerkmale Mensch, Zeitgeschichte und Lebenswerk (vgl. Hesse-Hoerstrup 2001, 87 ff.) liegt der Fokus im Bilderbuch auf der Betonung der besonderen Lebensleistung und deren Einfluss auf unsere heutigen technischen Errungenschaften: „Heute gilt sie weithin als die erste Computerprogrammiererin der Welt. [...] Damit sah sie eine Zukunft vorher, die sich damals noch niemand ausmalen konnte" (Robinsn 2017, o. S.). Eine wichtige Funktion liegt somit in der Wissensvermittlung mit Gegenwartsbezug, was u. a. mit dem Mittel der Selbstreferenzialität verdeutlicht wird: Eine Bilddoppelseite zeigt Ada Lovelace, die auf ein Kind blickt, das mittels eines Tablet-Computers die digitale Version des Bilderbuches betrachtet und somit eine Vorausschau in die für Ada noch ferne Zukunft gibt.

Ada als Privatperson hingegen wird im Bilderbuch über ihre Kindheit hinaus wenig erfasst. Zwar wird in einem Nebensatz ihre Hochzeit mit dem *Earl of Lovelace* und ihre Mutterschaft erwähnt, aber in der Darstellung ihrer Persönlichkeit bleibt die Protagonistin *blass*. Diesbezüglich ist zu betonen, dass jede lebensgeschichtliche Erzählung auf dem biografischen Fundament, d. h. dem vorhandenen Quellenmaterial, basiert (vgl. Hesse-Hoerstrup 2001, 123 f.). Im Gegensatz zu Frida Kahlo existieren nur wenige wissenschaftliche Schriften, nicht aber persönliche Dokumente von Ada Lovelace, sodass ihre Gedanken- und Gefühlswelt weitgehend verborgen bleiben.[2] Eine Markierung der Leerstellen und Zweifel, die es aufgrund der geringfügigen Quellenlage in Bezug auf ihre wissenschaftliche Leistung gibt (vgl. z. B. Hartmann 2015, 17 f.), findet im Bilderbuch nicht statt. Dies scheint ein wesentlicher Unterschied zu den Montagebiografien für Jugendliche zu sein, die beanspruchen, eben diese Leerstellen zu kennzeichnen, um die Illusion der Ganzheitlichkeit einer erzählten Lebensgeschichte zu dekonstruieren (vgl. Hesse-Hoerstrup 2001, 130 f.). Trotz des genannten Aspektes zeigt sich aber, dass auch in diesem Bilderbuch nicht nur der äußere Lebensweg abgebildet wird. Mit einfachen Mitteln werden in *Ada und der erste Computer* die kausalen Wirkungszusammenhänge in Bild und Text sehr nachvollziehbar vermittelt, indem insbesondere die Dynamik von Figurenkonstellationen sowie der Entwicklung durch Umwelt und Anlage als relevant gesetzt werden. Für diese lebensgeschichtliche Darstellung gilt, was auch Hesse-Hoerstrup bezüglich ihrer Untersuchung von Frauenbiografien in Jugendbüchern beschreibt:

Abb. 3: Ada, die Zukunftsvisionärin (Frier/Fronty © München: Knesebeck, 2017)

> „Die Auslegung einer Lebensleistung als Ausdruck des Beziehungsgefüges zwischen früheren Anlagen und äußeren Einflüssen bietet sich gerade für die lebensgeschichtliche Verfolgung einer Begabung an und verdeutlicht die Nähe zur Biographie auch zu soziologischen und biologischen Ansätzen." (Hesse-Hoerstrup 2001, 98)

2 Einen kurzen Überblick über das zugrundeliegende Quellenmaterial bietet z. B. Hartmann 2015, 17 ff. In diesem Aufsatz werden z. B. Ausschnitte aus Briefen an ihre Mutter zitiert, die auch im Bilderbuch genannt werden. Direkte Zitate aus diesen Briefen werden im Bilderbuch kaum integriert.

„Den Taliban ist es nicht gelungen, sie zum Schweigen zu bringen." Analyse des Bilderbuches *Malala. Für die Rechte der Mädchen* (2017)

Dass nicht nur vergangene Lebensgeschichten im Bilderbuch aufbereitet werden, beweisen Raphaële Frier (Text) und Aurélia Fronty (Illustration) mit dem Bilderbuch *Malala. Für die Rechte der Mädchen* (2017). Darin wird die Geschichte der inzwischen 20-jährigen Malala Yousafzai beschrieben, die aufgrund ihres sozialen Engagements weltweit Berühmtheit erlangt hat.

Abb. 4: Cover *Malala für die Rechte der Mädchen* (Frier/Fronty © München: Knesebeck, 2017)

Erzählt wird ihre Geschichte chronologisch von der Geburt bis zu ihrem Wirken als internationale Friedensbotschafterin seit dem Jahr 2014, in dem ihr der Friedensnobelpreis verliehen wird. Es liegt eine kausale Motivierung vor, da sich erst in Abhängigkeit der zeitgeschichtlichen Geschehnisse ihr soziales und politisches Engagement entwickelt. Die Rezipient*innen wissen von Beginn an nicht, wie der Lebensweg von Malala verlaufen wird. Jedoch wird das wichtigste Thema, das ihr Leben bestimmen soll – Gleichberechtigung von Mädchen und Frauen – schon zu Beginn als bewusst inszenierte Erzählepisode integriert. Indem der Vater Malalas alle Bekannten und Verwandten dazu auffordert, seine neugeborene Tochter genauso würdevoll zu begrüßen wie es für einen Jungen üblich ist, vermag er sich gegen die Traditionen seiner Kultur aufzulehnen. Dies spiegelt zum einen seinen Charakter als auch die liberalen Einstellungen innerhalb ihres familiären Umfeldes wider. Malalas Kindheit wird als glücklich und unbeschwert beschrieben, denn sie pflegt eine enge und liebevolle Beziehung zu ihrer Familie und bezeichnet ihren Heimatort, die pakistanische Stadt Mingora im Swat-Tal, als Paradies. Wieder nimmt die Bildebene über eine sehr ausgeprägte Farbsymbolik eine wichtige Funktion ein, um Atmosphäre herzustellen und Gefühle zu vermitteln. Vor der Herrschaft der Taliban dominieren bunte, sehr farbenfrohe und großflächige Illustrationen, die den paradiesischen Charakter ihrer Kindheit und Heimat unterstreichen und eine märchenhaft-orientalische Kulturwelt suggerieren. Mit Beginn der Unterdrückung durch die Taliban verbleichen diese Farben und es dominieren Grau-, Schwarz- und Rottöne, um den Krieg, die Zerstörung und den Tod zu symbolisieren. Was auf den Illustrationen so ausdrucksstark mittels Farbkontrasten geschaffen wird, wirkt im Text eher nüchtern und sachlich: „Panzer und Gewehre kommen ins Tal. Es ist Krieg. Viele Einwohner verlassen die Stadt" (ebd.). Ein wichtiges Handlungsmotiv ist der Erlass eines neuen Gesetzes der Taliban, das Mädchen verbietet, die Schule zu besuchen. Malala, unterstützt und ermutigt von ihrem Vater, rebelliert im Alter von 11 Jahren öffentlich gegen dieses Unrecht: „Wie können Sie es wagen, mir mein Grundrecht auf Bildung zu nehmen?“ (Ebd.) Dieses Zitat aus einer Radiosendung, in der sie öffentlich spricht, wird als wörtliche Rede in die Erzählung montiert, um ihre Empörung auszudrücken und einen Ausgangspunkt für ihr politisches und soziales Engagement zu setzen. Ein tragisches Geschehnis, das ihr Berühmtheit über die Landesgrenzen hinaus verschafft, ist der Mordversuch an Malala seitens der Taliban am 09.10.2012, den sie schwerverletzt überlebt und der zugleich eine Wende in ihrem Leben bedeutet.

Insgesamt wird sehr zeitraffend erzählt, um in komprimierter Form alle Ereignisse auch in ihrer Dynamik beschreiben zu können. Größere Zeitsprünge werden dabei im

Abb. 5: Diskrepanz zwischen Realität und den Träumen und Hoffnungen Malalas (Frier/Fronty © München: Knesebeck, 2017)

Text als solche markiert, wobei explizite Angaben von Daten und Orten für den Überblick sorgen. Der heterodiegetische Erzähler ist nullfokalisiert, denn er kennt neben den Gefühlen und Gedanken Malalas auch die der anderen Figuren und gibt zudem übergreifende Informationen preis. So weiß er beispielsweise von den Ängsten der Mutter um ihre Tochter zu berichten und akzentuiert somit die Gefahr, die von dem Widerstand der Tochter ausgeht.

Hervorzuheben ist des Weiteren die Auswahl und Integration der lebensgeschichtlichen Dokumente im literarischen Text auf Ebene des Erzähldiskurses. In *Malala* werden zahlreiche authentische Quellen als direkte Zitate im Text übernommen und markiert, z. B. Sätze aus ihrem Online-Tagebuch, ein Radiobeitrag sowie Auszüge aus ihrer Rede auf der Versammlung der Vereinten Nationen in New York. Diese Zitate erlauben Einblicke in ihre Gefühlswelt. Ein weiterer Unterschied ergibt sich zudem in der flexiblen Gestaltung des Erzählmodus, der von Erzählerberichten, über transponierte Rede bis hin zu Dialogen reicht. Da die Handlungsfiguren noch heute leben und ausreichend Interviews und Quellenmaterial zur Verfügung stehen, vermögen die zahlreichen Dialoge und Zitate die Glaubwürdigkeit der biografischen Erzählung nicht zu reduzieren.

Das Bilderbuch unterscheidet sich von den anderen Werken, indem an die kunstvoll arrangierte Bild-Text-Erzählung ein umfangreicher dokumentarischer Teil mit zusätzlichen Sachinformationen sowie Fotos und Quellenbezügen angeschlossen wird. Zu erkennen ist daran, wie paratextuelle Hinweise in biografischen Bilderbüchern sowohl die Funktion als auch die Wirkungsabsicht des jeweiligen Werkes beeinflussen und den Authentizitätsanspruch zu erhöhen vermögen. Die Funktion des vorliegenden Bilderbuches besteht im Wesentlichen darin, Malala und ihre Geschichte als ein Beispiel für menschlichen Mut und Zivilcourage zu präsentieren. Die Rezipient*innen sollen nicht nur über die Hintergründe von Malalas Friedensaktivitäten aufgeklärt werden, sondern ihren Lebensweg als Vorbild für mutiges, tolerantes Denken und Handeln begreifen und nutzen. Der appellative Charakter wird am Ende der Erzählung auch auf Bildebene deutlich. Auf der vorletzten Doppelseite wird eine Diskrepanz zwischen der Realität und den Wünschen Malalas für eine bessere Welt im Bildvergleich deutlich. Im Text dazu heißt es in einem Zitat der Protagonistin: „,Wir dürfen die Hoffnung nicht aufgeben. [...] Alles kann sich ändern!'" (Ebd.)

Dieser Appell wird an die Leser*innen gerichtet, dass jede*r Einzelne seinen Beitrag dazu leisten kann, diesen Traum zu verwirklichen und eine friedliche, gerechte Welt hervorzubringen.

Fazit und Ausblick

Die Einzelanalysen zeigen die zu Beginn des Aufsatzes konstatierte Vielfalt biografischer Darstellungen im Bilderbuch exemplarisch auf. Entsprechend der Kommunikations- und Wirkungsabsicht sind unterschiedliche Gestaltungsformen zu entdecken, die von explizit biografischen Darstellungen mit der Schilderung chronologischer Lebensläufe unter Zugabe von Sachinformationen bis hin zu Bilderbüchern reichen, die reduziert einzelne Ereignisse oder Persönlichkeitsmerkmale fokussieren und diese künstlerisch ausgestalten. Die Konzentration auf die Darstellung einer Persönlichkeit und ihrer Entwicklung impliziert zumeist eine Vernachlässigung des zeitgeschichtlichen Kontextes. Bei Betonung der herausragenden Lebensleistung eines Menschen dient besonders die Schilderung der Verflechtung von Lebenswerk und Zeitgeschichte als Legitimation für die Biografiewürdigkeit eines Menschenlebens. Häufig entpuppen sich erst im Zusammenspiel von inneren Bedürfnissen und äußeren Bedingungen die Durchsetzungskraft und der Mut einer Person, die es für die Rezipient*innen abzubilden gilt. Zu resümieren ist aller Unterschiede zum Trotz, dass die betrachteten Bilderbücher über die reine Darstellung des äußeren Lebensweges hinauszugehen vermögen. Dies geschieht insbesondere durch die geschickte Anordnung der biografischen Motive und/oder der Möglichkeit, über die Integration von Quellenmaterial Zugang zu der Innenwelt zu schaffen. Relevant ist auch die erzählerische Qualität der Bildebene, die funktional ist, um die Außenschichten eines erzählten Lebens zu durchdringen und über die Informationsfunktion hinaus Identifikationspotenziale zu erzeugen, ohne auf verbaler Ebene den sachlich-informativen Charakter aufzugeben. Auf diese Weise entsteht ein komplexes Kompositions- und Wirkungsgefüge, das den Werken eine besondere ästhetische Qualität verleiht.

Bei den zu betrachtenden Biografien fallen weitere Gemeinsamkeiten auf, die auf einen allgemeinen Trend hinweisen: Zunehmend werden Lebensgeschichten von Frauen porträtiert, die ihrer Zeit voraus waren und Außergewöhnliches für Wissenschaft, Kunst und Gesellschaft vollbrachten. Diese Entwicklung kann mit der Nennung weiterer, innerhalb der letzten drei Jahren publizierter Bilderbücher konsolidiert werden: *Das blaue Herz des Planeten. Die Geschichte einer Meeresforscherin: Sylvia Earle* (2015) von Claire A. Nivola. Sie schildert das Leben Sylvia Earles und ihre verschiedenen Stationen und Arbeitsbereiche als Meeresforscherin. Das Leben und Schaffen der französischen Künstlerin Louise Bourgeois entfaltet sich in *Lied für Louise. Das bunte Leben von Louise Bourgeois* (2016), verfasst von Amy Novesky mit Illustrationen von Isabelle Arsenault, auf sehr poetische Weise in Bild und Text, sodass es zur Hommage ihres künstlerischen Schaffens wird. *Der Schwan. Das Leben der Anna Pawlowa* (2017) von Laurel Snyder beschreibt den Werdegang der russischen Primaballerina von ihrer Kindheit bis zum einsamen Tod. In *Sybilla und der Tulpenraub. Die wilde Kindheit der Maria Sibylla Merian* (2017) von Benita Roth wird ein Ausschnitt aus ihrer Kindheit und damit der Beginn ihrer Leidenschaft der Erforschung von Pflanzen und Insekten fokussiert. Etwas zeitverzögert zeigt sich somit auch im Bilderbuch der Trend zur Darstellung weiblicher Lebensläufe, der schon zu Beginn des 21. Jahrhunderts für die Jugendliteratur dargelegt wurde:

> „[...] [D]ie quantitative wie thematische Expansion weiblicher Lebenslaufliteratur mit dem aktuellen Interesse an literarisch vermittelten weiblichen Lebensmodellen und -erfahrungen [steht] in unmittelbarem Zusammenhang mit dem skizzierten veränderten biographischen Gattungsbegriff, der [...] Raum für die bislang kaum gewürdigten Heldentaten ‚schafft'." (Hesse-Hoerstrup 2001, 75)

Primärliteratur

Brown, Monica/ John Parra (Ill.): Frida Kahlo und ihre Tiere. A. d. Engl. von Elisa Martins. Zürich: NordSüd, 2017 [engl. EA 2017]

Frier, Raphaële/ Aurélia Fronty (Ill.): Malala. Für die Rechte der Mädchen. A. d. Franz. von Maren Illinger. München: Knesebeck, 2017 [franz. EA 2015]

Nivola, Claire A.: Das blaue Herz des Planeten. Die Geschichte einer Meeresforscherin: Sylvia Earle. Stuttgart: Freies Geistesleben, 2015

Novesky, Amy/ Isabelle Arsenault (Ill.): Lied für Louise. Das bunte Leben von Louise Bourgeois. A. d. Amerik. von Katharina Bendixen. Leipzig: E.A. Seemann, 2016 (E.A. Seemanns Bilderbande) [amerik. EA 2016]

Robinson, Fiona: Ada Lovelace und der erste Computer. A. d. Engl. von Carolin Müller. München: Knesebeck, 2017 [engl. EA 2016]

Roth, Benita: Sibylla und der Tulpenraub. Die wilde Kindheit von Maria Sibylla Merian. Leipzig: E.A. Seemann, 2017 (E. A. Seemanns Bilderbande)

Sís, Peter: Der Pilot und der kleine Prinz. Das Leben des Antoine de Saint-Exupéry. A. d. Amerik. von Brigitte Jakobeit. Hamburg: Aladin, 2014 [engl. EA 2015]

Snyder, Laurel/ Julie Morstad (Ill.): Der Schwan. A. d. Amerik. von Elisa Martins. Zürich: NordSüd, 2017 [amerik. EA 2015]

van Haeringen, Annemarie: Coco und das Kleine Schwarze. Aus dem Niederl. von Marianne Holberg. Stuttgart: Freies Geistesleben, 2014 [niederl. EA 2013]

Sekundärliteratur

Hartmann, Doreen: Zwischen Mathematik und Poesie. Leben und Werk von Ada Lovelace. In: Krämer, Sybille (Hg.): Ada Lovelace. Die Pionierin der Computertechnik und ihre Nachfolgerinnen. Paderborn 2015, 17-33

Hesse-Hoerstrup, Dorothee: Lebensbeschreibungen für junge Leser. Die Biographie als Gattung der Jugendliteratur – am Beispiel von Frauenbiographien. Frankfurt/ M. 2001 (Kinder- und Jugendkultur, -literatur und -medien. Theorie – Geschichte – Didaktik; 11). Zugl.: Köln, Univ., Diss., 2000

dies.: Biografien für jugendliche Leserinnen und Leser. In: Beiträge Jugendliteratur und Medien 58 (2006) H. 3, 163-172

dies.: Leben auf Probe. In: JuLit 37 (2011) H. 3, 3-10

Hopp, Margarete: Sterben, Tod und Trauer im Bilderbuch seit 1945. Frankfurt/ M. 2015 (Kinder- und Jugendkultur, -literatur und -medien; 100). Zugl.: Bielefeld, Univ., Diss., 2015

Klein, Christian/ Matías Martínez: ›Discours‹: Das ›Wie‹ der Erzählung – Darstellungsfragen. In: Klein, Christian (Hg.): Handbuch Biographie. Methoden, Traditionen, Theorien. Stuttgart 2009, 213-219

Klein, Christian: ›Histoire‹: Bestandteile der Handlung. In: ders. (Hg.): Handbuch Biographie. Methoden, Traditionen, Theorien. Stuttgart 2009, 204-212

Kroll, Renate: Blicke, die ich sage. Frida Kahlo. Das Mal- und Tagebuch. Berlin 2007

Scheuer, Helmut: Biographie. Überlegungen zu einer Gattungsbeschreibung. In: Grimm, Reinhold/ Jost Hermand (Hgg.): Vom Anderen und vom Selbst. Beiträge zur Fragen der Biographie und Autobiographie. Königstein 1982, 9-29

Stevenson, Deborah: Biography. In: Zipes, Jack (Hg.): The Oxford Encyclopedia of Children's Literature. Vol. 1. Oxford 2006, 163-165

Felix Giesa

Kindercomics – zwischen Anspruch und Unterhaltung

Nach den Verwerfungen der *Schmutz-und-Schund*-Debatten galten Comics über Jahrzehnte hinweg als minderwertige Unterhaltungsmedien. Im Zuge der Etablierung der Comics als literarische Gattung unter dem Begriff der *Graphic Novel* findet allerdings spätestens ab den 2010er-Jahren eine Neubewertung grafischer Erzählungen auch für Kinder und Jugendliche statt. Doch wie sieht es mit der „Frage nach der ästhetischen Qualität [dieser] Texte" (Hurrelmann 1990, 48) aus? Welche Möglichkeiten zur Enkulturation bieten kinder- und jugendliterarische Comics, können sie inkommodieren (vgl. Brunken 2006, 76)? Der Beitrag möchte anhand von Beispielen einerseits die bild- und literarästhetischen Potenziale von aktuellen Kindercomics aufzeigen und andererseits deutlich machen, dass durch die Diskussion um die Graphic Novel die Entwicklung kinderliterarischer Comics teilweise überlagert wurde.

Der aktuelle Kindercomicmarkt

„Kindercomics machen Spaß!" – So bewirbt der Berliner Reprodukt Verlag aktuell sein Kindercomics Imprint auf der verlagseigenen Webseite (vgl. Reprodukt). Das sei einem selbst zwar schon klar gewesen, doch immer mehr Kinder und Erwachsene sähen das mittlerweile ebenfalls so (vgl. ebd.). Einmal abgesehen von der zugrundeliegenden Marketingstrategie, wird hier der Versuch unternommen, Comics als eine Erzählform für Kinder zu etablieren, wenn nicht sogar eher zu erklären. Und tatsächlich hatten und haben es Comics innerhalb der Kinder- und Jugendliteratur schwer, stellten sie doch gemeinhin eine sanktionierte, und wenn überhaupt, dann geduldete Kinderlektüre dar (vgl. Ewers 2000). Die Vorwürfe im Umfeld der *Schmutz-und-Schund*-Kampagne wirkten noch Jahrzehnte nach und sprachen den Comics eine kulturelle Relevanz ab (vgl. Staiger 2018). Während in den 1950er-Jahren Comics eine finanzierbare Massenlektüre für die Kinder im Nachkriegsdeutschland darstellten (vgl. Rosenfeld 2016, 7 f.), sind Comics heutzutage eine Zufallslektüre für Kinder und Jugendliche geworden: Die aktuellen KIM- und JIM-Studien präsentieren Zahlen, in welchem Umfang Comics überhaupt noch von Kindern gelesen werden. Für die Sechs- bis Dreizehnjährigen wird festgestellt: „38 Prozent lesen mindestens wöchentlich Comics" (Feierabend/Plankenhorn/Rathgeb 2017a, 11), während dies bei den Zwölf- bis Neunzehnjährigen nur noch 20 Prozent sind (vgl. Feierabend/Plankenhorn/Rathgeb 2017b, 41).

Diese Entwicklung lässt sich auch anhand der Auflagenzahlen von Kinderzeitschriften nachzeichnen; dem Medium, in dem aktuell Comics ihre weiteste Verbreitung erfahren (vgl. Dolle-Weinkauff 2010, 319 ff.). Die Auflagenzahlen liegen mittlerweile klar im fünfstelligen Bereich, bei gleichzeitigem Ausweichen auf einen weitestgehend monatlichen Publikationszyklus (vgl. ivw 2018). In diesem Kontext müssen die Bestrebungen des Berliner Reprodukt Verlages und ähnliche Ambitionen zur Comic-Revitalisierung gesehen werden: Im Nachgang der Etablierung des Comics als literarische Unterhaltung für Erwachsene unter dem Titel *Graphic Novel* (vgl. Giesa 2014b) soll nun ebenfalls ein Segment vermeintlich literarisch anspruchsvollerer – und unterhaltsamer – Comics für Kinder installiert werden. Doch hat diese Segmentierung der Comicbranche eine regelrechte Gettoisierung zur Folge: So werden im kinder- und jugendliterarischen Diskurs ausnahmslos Comics und Graphic Novels von KJL-Verlagen und Comicverlagen, die sich als Graphic-Novel-Verlag verstehen, rezipiert. Die Texte, die über den Comicfachhandel und Kioske vertrieben werden, sind vom Diskurs abgeschnitten.

Scheinbar wird hier zudem einem tradierten Begriff des Hochkulturellen gefolgt, der Graphic Novels und zumindest Kindercomics aus Graphic-Novel-Verlagen literarisch höher bewertet als *Comics*.[1] Die Vorstellung der literarisch wertvollen Bild-Text-Narrative erfolgt hier also im Anschluss an alte Vorstellungen vom *guten Kinderbuch*. Fast könnte man meinen, in Sorge, Kinder schauten nur noch auf ihre Smartphones, nimmt man lieber mit dem alten *Feind* Comic vorlieb. Der ist wenigstens noch analog. Doch jenseits einer solchen Polemik muss auch festgehalten werden, dass es einen Bereich des Comicmarktes gibt, der sich großer Beliebtheit erfreut: die Manga.[2] Manga lassen sich aus westlicher Perspektive als *Comics aus Japan* begreifen (vgl. Brunner 2010, 12). Die eingeschränkte Auswahl der hierzulande als Übersetzungen erscheinenden Titel erlaubt eine solche vereinfachende Kategorisierung auch für eine stilistische Beschreibung: Demnach handelt es sich bei Manga um schwarz-weiß gezeichnete Geschichten mit cartoonesken Figurenzeichnungen und einem Verzicht auf detaillierte Hintergründe (vgl. Berndt 2014, 49 f.). Es scheinen gerade diese Merkmale zu sein, die für die Rezipient*innen einen äußerst kreativen Umgang mit den Manga ermöglichen. Berndt fasst diese denn auch eher als *user* denn als reine Leser*innen auf (vgl. ebd.). Geprägt ist der komplexe Zugriff auf die Geschichte aus einem Medienverbund von Animes und Games heraus. Im Sinne eines Prosumers erfolgt die Aneignung durch etwa „*fan art*, Online-Kommentare und Cosplay" (ebd.). Insbesondere das Cosplay, also das Verkleiden im Stile bevorzugter Figuren, hat dabei ein deutlich Gemeinsamkeit stiftendes Element. Dieser hohe Grad an Involviertheit stellt auch die Grundlage für den teils sehr lang anhaltenden Erfolg einzelner Serien dar.

Youth Comics Explosion

Jenseits dieser Spielart der Comics ist der Bereich der ästhetisch und poetisch anspruchsvollen Comics recht überschaubar. Woran liegt das? Es liegen international ausreichend Publikationen vor und schließlich ist die Kinder- und Jugendliteratur hierzulande seit jeher von Übersetzungen geprägt. Es scheint so zu sein, dass der Um-

1 Zur Problematik des Begriffs Graphic Novel vgl. Giesa 2018a. Der Gewinn des Begriffs Graphic Novel ist, dass er eindeutig vom vorbelasteten Begriff Comic abgrenzbar ist. Mit dem sich nun etablierenden Kindercomic scheint eine ganz ähnliche Strategie verfolgt zu werden.

2 Der Manga wird von seinen Leser*innen ganz bewusst nicht als Comic wahrgenommen, sondern als eine eigenständige Erzählform (vgl. Berndt 2014). Trotz teils hoher Auflagen und insbesondere auch langlebiger Reihen spielt der Manga in der KJL-Forschung – und in der Comicforschung – quasi keine Rolle. Es ist auch zu vermuten, dass bei den Umfragen der KIM- und JIM-Studien Manga nicht mit dem Frage-Item Comic auf Seiten der Teilnehmenden in Verbindung gebracht wurden (vgl. Giesa 2018a).

gang mit Comics, das sich Einlassen auf Comics nach wie vor gesellschaftlich nicht etabliert ist und sich somit eine aussagekräftige Sparte des kinder- und jugendliterarischen Comics nicht herausbilden kann. Während das Klientel der Comickäufer international, abgesehen von den Manga, immer weiter überaltert, konnte sich in den USA seit den 1990er-Jahren ein solches eigenständiges Segment herausbilden. Aufgrund demografischer Wandlungen richtete sich der Comicmarkt dort immer stärker an ein erwachsenes Publikum, während Kindercomics beinahe gänzlich verschwunden waren. Seit den späten 2000er-Jahren etablierten Bibliotheks- und Lehrerverbände die in die entstandenen Lücken drängenden Comics für Kinder und Jugendliche von Kleinverlagen, indem sie diese rezensierten und in Empfehlungslisten aufnahmen (vgl. Mazur/Danner 2014, 301). Dieses „Goldene Zeitalter" (ebd.) wurde jedoch sowohl jenseits als auch diesseits des Atlantiks durch als Adoleszenzcomics zu bezeichnende Erzählungen vorbereitet bzw. begleitet (vgl. dazu Giesa 2015). Die oftmals autobiografischen Erzählungen der eigenen Jugendzeit, wie etwa Craig Thompsons *Blankets* (2009) waren adressatenunspezifisch in kleinen Comicverlagen erschienen, wurden jedoch oftmals auch jugendliterarisch rezipiert. Die damit einhergehende Erkenntnis ist, dass grafische Erzählungen neben den gemeinhin mit Comics assoziierten Superheldengeschichten genuin jugendliterarische Themen anzubieten haben. Dabei gelingt ihnen, wie in *Pssst!* (Herzog/Clante 2016) oder auch *Blankets* (Thompson 2009), oftmals eine Visualisierung von inneren Prozessen, wie man sie in der traditionellen Adoleszenzliteratur nicht kennt.

Abraham Riesman spricht für die USA von einer regelrechten „Youth-Comics Explosion" (Riesman 2017). Hinter der Behauptung einer solchen explosionsartigen Veränderung der gesamten Comicbranche in den USA steht die konkrete Feststellung, dass Comics für Jugendliche zu einem weiten Teil den Comicmarkt prägen (vgl. ebd.). Dabei überrascht, dass einige der von Riesman angesprochenen Comics auch in deutscher Übersetzung erschienen sind – ohne dass jedoch eine nennenswerte Wahrnehmung in der kinder- und jugendliterarischen Rezeption zu verzeichnen gewesen wäre. Eine Künstlerin, anhand der sich die Unterschiede in der Rezeption nachvollziehen lassen, ist Raina Telgemeier. Ihre autofiktionale Comicerzählung *Smile* (2010) war mehr als 200 Wochen in der *New York Times* Comics Bestseller-Liste (vgl. ebd.), zeitweise waren es auch noch ihre drei folgenden Titel. *Smile* erschien 2013 in deutscher Übersetzung im Panini Verlag. Panini – bekannt für seine Publikation von Superheldencomics – veröffentlichte den Band zwar fest gebunden, aber in einem US-Format; also größer als ein Taschenbuch und kleiner als ein Album.[3] Da Panini-Comics in erster Linie über den Comicfachhandel sowie den Zeitschriftenhandel vertrieben werden, ist davon auszugehen, dass neben dem Format insbesondere das Fehlen im Buchhandel dazu geführt hat, dass KJL-Rezensent*innen nicht auf sie aufmerksam wurden.

Smile (2010) erzählt von den Zahnproblemen der Autorin und dem Leben mit einer Zahnklammer während ihrer frühen Jugendjahre. Insbesondere wurde in der Rezepti-

---

3 Ein Comic, dem es ähnlich erging, ist Jeff Smith' *Bone* (1991-2004). Der in den USA selbstverlegte Comic wurde zwar sehr früh von Carlsen übersetzt (1994), erschien aber ebenfalls in einem Tradepaperback-Format und wurde von der kinder- und jugendliterarischen Kritik kaum wahrgenommen. Für den Graphic Novel-Boom war der Comic deutlich zu früh. Die spätere Neuauflage in einem Manga-Format (2006-2008) änderte kaum etwas daran. Beide Publikationsformen waren dabei durchaus erfolgreich und wurden auch positiv rezensiert, allerdings in der allgemeinen Presse, wie auch das Gros der Leser unter Erwachsenen vermutet werden dürfte.

on hervorgehoben, wie gut es der Zeichnerin gelänge, in einem einfachen grafischen Stil präadoleszente Erfahrungen visuell zu fassen (vgl. ebd.). Mithin erfüllt der Band offensichtlich die Forderungen Hurrelmanns, „in Identitätsprozesse stabilisierend, verunsichernd, anregend" einzugreifen und Empathie und Fremdverstehen zu fördern (Hurrelmann 1990, 49 f.).

Königsdisziplin Kindercomic?

Die „Königsdisziplin Kindercomic" (Schikowski 2010) bietet ästhetisch und erzählerisch durchaus avancierte Geschichten, die im kinderliterarischen Segment auch durch den Erfolg der Graphic Novel ermöglicht wurden. Diese Entwicklung lässt sich anhand der Nominierungen von Comics für den Deutschen Jugendliteraturpreis ablesen. So wurden im Jahr 2010 *Meine Mutter ist in Amerika und hat Buffalo Bill getroffen* (Regnaud/Bravo 2009), *Such dir was aus, aber beeil dich* (Budde 2009) und *drüben!* (Schwartz 2009) in unterschiedlichen Sparten nominiert. Alle drei Titel erscheinen in einem Buchformat, adaptieren also den erfolgreichen Graphic-Novel-Trend. In der Folge versuchen die Kinderbuchverlage vereinzelt, Comics in ihren Programmen zu etablieren, jedoch mit unterschiedlichem Erfolg. Erfolgreich waren dabei insbesondere Comicadaptionen von kinderliterarischen Klassikern wie etwa Isabel Kreitzens Comics der Kinderbücher von Erich Kästner (vgl. Giesa 2014a). Der Zeichnerin gelingt es in Anlehnung an die Titelillustrationen Walter Triers eine eigene Bildwelt zu den beliebten Kinderbuchfiguren zu entwerfen und die Geschichten erzählerisch behutsam zu entstauben. Es ist sozusagen dieser Umweg über das Qualitätssiegel der Namen etablierter Kinderbuchautoren, der schließlich auch zur erfolgreichen Publikation originärer kinderliterarischer Comics führt. So deckt etwa Reprodukt von der Reihe *Kleiner Strubbel* bis zu Sandra Brandstätters *Paula. Liebesbrief des Schreckens* den gesamten kinderliterarischen Bereich vom Kindergarten bis zur frühen Sekundarstufe ab. Im Verlag Peter Hammer liegt mit der oben bereits erwähnten *coming-of-age*-Geschichte *Pssst!* (Herzog/Clante 2016) ein Comic vor, der gestalterisch zu den beeindruckendsten Comics der letzten Jahre gehört. In einem sehr komplexen Geflecht aus Collagen, Sachillustrationen und traditionellen Comicseiten erschaffen die Künstlerinnen eine beeindruckende Bildwelt für die psychologischen Unsicherheiten während der Pubertät (vgl. Giesa 2018b). Doch was die Marktanteile betrifft, scheint sich die Sparte Kindercomics noch nicht wirklich durchzusetzen. So gibt Reprodukt etwa an, die Verkaufszahlen seien erfolgreich (vgl. die Website von Reprodukt), allerdings bewegen sich die Auflagen nur im vierstelligen Bereich (vgl. Wiersching 2013).

Insbesondere bei den verlagseigenen Produktionen fehlt noch ein gewisses Unverständnis für das, was man vielleicht am besten als kinder- und jugendliterarischen *state of the art* bezeichnen könnte. Die Eigenproduktionen zeichnen sich zwar meistens durch einen versierten künstlerischen Zugriff aus, doch was oftmals fehlt, ist die kinder- und jugendliterarische Erzählkompetenz. Es findet keine Auseinandersetzung mit den besonderen „Probleme[n] und Leseinteressen" (Hurrelmann 1990, 50) von Kindern und Jugendlichen statt. Abgesehen von den Schwierigkeiten einer Spartenzuordnung,[4] dürfte auch hierin ein Grund liegen, warum kinder- und jugendliterarische Comics so selten bei Kinder- und Jugendbuchpreisen berücksichtigt werden, denn erzählerisch

4 Gemeint sind hier das Bilder-, das Kinder- und das Jugendbuch.

leisten sie nur einen eingeschränkten Beitrag zu einer Weiterentwicklung der Kinder- und Jugendliteratur (vgl. dazu Brunken 2006, 75). Ein vergleichendes *close reading* zweier Kindercomics soll das verdeutlichen.

Das Idyll der romantischen Kinderferien

Sandra Brandstätters Debütcomic *Paula. Liebesbrief des Schreckens* (2016) spielt auf einem Campingplatz während der Sommerferien. Die titelgebende Hauptfigur Paula möchte eigentlich Zeit mit ihrer Freundin Suse verbringen, verliebt sich jedoch in Toni.

Abb. 1: Die Geheimtinte muss erklärt werden, aus: *Paula. Liebesbrief des Schreckens* (Brandstätter © Berlin: Reprodukt, 2016, 18)

Ein mit Geheimtinte geschriebener Liebesbrief von Paula an Toni wird versehentlich gefunden, kann jedoch nicht entschlüsselt werden und so entspannt sich eine Detektivgeschichte um Paula und Toni, die beide gerne Rätsel lösen und Fans von Detektivgeschichten sind (Abb. 1). Brandstätter findet, wie in Abb. 1 deutlich wird, in ihrem Kindercomic einen an zeitgenössische Bilderbuchillustrationen erinnernden cartoonhaften Zeichenstil, mit einer einfachen Figurenanlage und einem schlichten Layout. Beides ordnet sich der Handlung unter, die linear erzählt ist. Als Anpassung an die Altersgruppe ist der Comic mit Zwischenüberschriften versehen, was die Erzählung klar gliedert und eine etappenweise Lektüre vereinfacht.

Abb. 2: Belesene Kindheit, aus: *Paula. Liebesbrief des Schreckens* (Brandstätter © Berlin: Reprodukt, 2016, 20)

Erzählungen von den Sommerferien und speziell auch von Campingurlauben stellen einen gut tradierten Topos in der Kinderliteratur dar, von daher fügt sich *Paula* problemlos in kinderliterarische Erzählwelten.

Besonders augenfällig ist dies in der bildlichen Gestaltung. Obwohl die Handlung in der Gegenwart angesiedelt ist, vermitteln die weichen Farben, die Bekleidung der Figuren und die Ausstattung der Umgebung eine vergangene Welt (Abb. 2). Würde nicht Paulas Schwester Esther einmal kurz ihr Mobiltelefon nutzen, könnte die vollständige Abwesenheit von Technik die Vermutung nahelegen, die Handlung spielte in den 1980er-Jahren. So tauschen sich Paula und Toni über *Spürnasen*-Hefte aus, die mit ihren Gimmicks an das *YPS*-Magazin erinnern (Abb. 1); Paula liest heimlich unter der Decke (Abb. 2); ihre Schwester Esther begeistert sich für Fotolovestorys (vgl. Brandstätter 2016, 21). Neben solchen Sujets, die wie Zitate der Kindheit der heutigen Elterngeneration wirken, ist die Rolle Paulas zumindest ambivalent. Vordergründig erscheint sie ihrem Umfeld als forsches Mädchen, das Toni als Assistenten bei ihren Ermittlungen in der Causa Liebesbrief einspannt. Tatsächlich ist sie aber selbst die Urheberin und versucht lediglich, die Spuren ihres ihr peinlichen Briefes zu verschleiern. Bei aller Selbstständigkeit ist es dann aber eben Toni, der in den entscheidenden Momenten aktiv wird. So ergreift er im Nebel ihre Hand (Abb. 3), was Paula erröten lässt, er stellt schließlich auf eigene Faust Ermittlungen an und kann Paula als Briefeschreiberin enttarnen – wenn er auch die falschen Schlüsse daraus zieht (vgl. ebd., 83 f.) – und er gibt ihr zum Abschied einen Kuss (vgl. ebd., 113). Erzählerisch und grafisch entwirft der Comic so ein Kindheitsidyll, das nicht mehr aufrechtzuerhalten ist und eher dem Wunsch der Erwachsenen als kindlicher Realität entspricht.

Wie kann das sein? Aufschluss geben kann die Analyse von Klaus Schikowski über die beim Deutschen Jugendliteraturpreis nominierten Comics um das Jahr 2010: Diese seien „erzählerisch zu komplex für Kinder und grafisch zu eigenwillig" (Schikowski 2010,

20). Schnell wird hier deutlich, dass Comicszene und KJL-Szene zu wenig voneinander wissen. Denn im Vergleich zu den Bildprogrammen der in den letzten zwanzig Jahren nominierten und ausgezeichneten Comics und der erzählerischen Besonderheiten der Kinderliteratur dieser Zeit sind etwa Nadia Buddes *Such dir was aus, aber beeil dich* (2009) oder Simon Schwartz *drüben!* (2009) nun wahrlich keine schwerere Kost. Auch scheint man sich unsicher zu sein, welche Lesevoraussetzungen zu erwarten sind bzw. welche Möglichkeiten zur kulturellen Einübung Comics mit ihren vielfältigen und komplexen Möglichkeiten darstellen. In diesem Horizont bleibt Paula hinter den Möglichkeiten des Mediums zurück und tradiert damit ein romantisches Bild einer unschuldigen und beschützenswerten Kindheit, die lediglich ein konstruiertes Ideal ist.

Abb. 3: Wer muss wen beschützen?, aus: *Paula. Liebesbrief des Schreckens* (Brandstätter © Berlin: Reprodukt, 2016, 46)

Spielerische Welterschließung

Das echte Leben (2015) erzählt ebenfalls aus dem präadoleszenten Leben einer Jugendlichen. Der Autor Cory Doctorow und die Zeichnerin Jen Wang erzählen die Geschichte der ungefähr vierzehnjährigen Anda, die in einer reinen Mädchengilde im fiktiven Onlinerollenspiel *Coarsegold* spielt. Der Science-Fiction-Autor und Aktivist Doctorow verknüpft in *Das echte Leben* Computerspiele und Ökonomie zu einem narrativen Geflecht, das soziale Ungleichheiten und ökonomische Abhängigkeiten in Zeiten des Internets umspannt. Anda dient ihm dabei als Avatar für das Aufzeigen

Abb. 4: Der Aufruf, aus: *Das echte Leben* (Doctorow/Wang © New York: First Second, 2015)

Abb. 5: Anda levelt up, aus: *Das echte Leben* (Doctorow/Wang © New York: First Second, 2014, 20 f.)

von gemeinschaftlichen Problemlösestrategien in Zeiten der globalen Vernetzung. Klar wird die Geschichte als nicht *gaming*-feindlich positioniert, die Figuren und ihre Avatare formen eine on-/offline erweiterte *persona*, reales und virtuelles Leben bedingen und ergänzen sich. Die Spielerinnen des Clans Fahrenheit können dabei Mentorinnen, Weggefährtinnen und Freundinnen sein und unterlegen die Geschichte mit einer für die *gaming*-Kultur oft noch unüblichen positiven feministischen Note.

Der ökonomische Aspekt der Handlung kommt ins Spiel, wenn Anda Aufträge annimmt, sog. Goldfarmer *ingame* zu töten. Solche ernten *items*, um online Gold anzuhäufen. Dieses wird in der realen Welt zu teils hohen Beträgen an andere Spieler*innen verkauft. Sie lernt jedoch einen dieser Goldfarmer kennen und erfährt, dass die Farmer dieser Tätigkeit lediglich aus finanzieller Not heraus nachgehen und unter schwierigen Bedingungen arbeiten. Dieser Umstand einer durch die Vernetzung erst ermöglichten Ausbeutung von Menschen in gänzlich anderen Regionen der Welt und im Zusammenhang mit etwas wie Computerspielen erschüttert Andas Sicht auf die Welt. Eine Möglichkeit für einen Ausweg erfährt sie schließlich in der Auseinandersetzung mit ihrem Vater, der sich im Streik befindet. Die aktivistische Haltung mag hier etwas deutlich in den Vordergrund treten, doch das ist angesichts der sonstigen Komposition verschmerzbar.

Die Einladung, Coarsegold zu spielen und Mitglied der Gilde zu werden, setzt voraus, einen weiblichen Avatar zu wählen – und sich damit gegen das übliche Vorgehen bei gamenden Mädchen zu entscheiden. Abb. 4 zeigt die Wirkung dieser Aufforderung auf Anda, die mit geweiteten Augen und geröteten Wangen einem Erweckungserlebnis gleich gezeigt wird. Man erkennt hier den Manga-Einfluss bei Weng im Figurendesign, der in den überzeichneten Emotionen eine wirkungsästhetische Dimension eröffnet, die durchaus identifikatorisch wirken kann. Und tatsächlich sind es die Einflüsse aus beiden Erfahrungssphären, die Anda in ihrer Suche nach Sinn stärken und ihr weiterhelfen.

Andas Ausdauer und Wille, ihren Avatar immer weiter auf ein höheres Level zu spielen (Abb. 5), verschafft ihr Zutrauen und Respekt von Seiten der anderen Spielerinnen. Die Engführung zwischen online und offline wird dabei kaum deutlicher als in der Szene,in der Anda entscheidet, ihre Haare in demselben Rot zu färben, das sie ihrem Avatar gegeben hat (vgl. Doctorow/Wang 2014, 117-119).

Abb. 6: Anda wird von einem chinesischen Goldfarmer für ihre Überheblichkeit zurechtgewiesen, aus: Das echte Leben (Doctorow/Wang © New York: First Second, 2014, 153)

Während Anda und auch weitestgehend die anderen Spielerinnen als positive Identifikationsfiguren, die sich über geschlechtliche Klischees hinwegsetzen, sowohl auf der Ebene der Handlung als auch auf der Ebene der Darstellung inszeniert werden, irritiert der kulturelle Zugriff auf den ersten Blick: Ist es wirklich so einfach, dass man als amerikanisches Mädchen chinesischen Goldfarmern nur das gewerkschaftliche Einmaleins erklären muss, um die eigene Situation zu verbessern? Dass dem nicht so ist, macht der Comic in scharfer Weise deutlich: Andas Aktion führt zur Entlassung des Goldfarmers und damit der Entziehung seiner Existenzgrundlage. Der damit einsetzende Erkenntnisprozess liefert als Strategie ein vernetztes Miteinander über alle Grenzen hinweg.

Fazit

Mit dem Vergleich der beiden sehr unterschiedlichen Comics konnte die Bandbreite der erzählerischen und grafischen Mittel im Kindercomic gezeigt werden. Auf unterschiedlichen Ebenen und in unterschiedlichem Ausmaß lassen sich die beiden Comics in den drei Bewertungsdimensionen von Hurrelmann verorten. Doch während *Paula* Unterhaltung im besten Sinne verspricht, erfordert *Im wahren Leben* aufgrund seiner reichhaltigen, aktuellen und vielfältigen Darstellungsmodi gänzlich andere Anstrengungen bei der Lektüre. Doctorow und Wang erfüllen also, was Ingeborg Bayer 1989 forderte, als sie meinte, Poesie solle „in Erstaunen setzen, beunruhigen, um auf Leser zu wirken" (zit. nach Brunken 2006, 76).

Primärliteratur

Brandstätter, Sandra: Paula. Liebesbrief des Schreckens. Berlin: Reprodukt, 2016

Budde, Nadia: Such dir was aus, aber beeil dich! Kindsein in zehn Kapiteln. Frankfurt/ M.: Fischer Schatzinsel, 2009

Doctorow, Cory/ Jen Wang (Ill.): Das echte Leben. A. d. Amerik. von Sanni Kentopf. Stuttgart: Panini, 2015 [EA New York: First Second, 2014]

Fraipont, Céline/ Pierre Bailly (Ill.): Kleiner Strubbel. Die nimmersatte Meerjungfrau. A. d. Franz. von Volker Zimmermann. Berlin: Reprodukt, 2013

Herzog, Annette/ Katrin Clante (Ill.): Pssst! Wuppertal: Peter Hammer, 2016

Regnaud, Jean/ Émile Bravo: Meine Mutter ist in Amerika und hat Buffalo Bill getroffen. A. d. Franz. von Kai Wilksen. Hamburg: Carlsen, 2009

Schwartz, Simon: drüben! Berlin: avant-verlag, 2009

Smith, Jeff: Bone. Hamburg: Carlsen, 1994-2004

ders.: Bone. Hamburg: Tokyopop, 2006-2008

Telgemeier, Raina: Smile. Stuttgart: Panini, 2013

Thompson, Craig: Blankets. A. d. Amerik. von Claudia Fliege. Hamburg: Carlsen, 2009

Sekundärliteratur

Berndt, Jaqueline: Manga ist nicht gleich Manga: Plädoyer für eine Differenzierung. In: Aus Politik und Zeitgeschichte 64 (2014) H. 33-34, 49-54

Brunken, Otto: Vom „guten Jugendbuch" zur ausgezeichneten Jugendliteratur. Bewertungskriterien im Wandel oder: „Preiswürdige Bücher dürfen ruhig schwierig sein". In: Daubert, Hannelore/ Julia Lengte (Hgg.): Momo trifft Marsmädchen. 50 Jahre Deutscher Jugendliteraturpreis. München 2006, 56-79

Brunner, Miriam: Manga. Paderborn 2010

Dolle-Weinkauff, Bernd: *Comic, Manga und Graphic Novel für Kinder und Jugendliche.* In: Lange, Günter (Hg.): Kinder- und Jugendliteratur der Gegenwart. Ein Handbuch. Baltmannsweiler 2010, 307-332

Ewers, Hans Heino: Was ist Kinder- und Jugendliteratur? Ein Beitrag zu ihrer Definition und zur Terminologie ihrer wissenschaftlichen Beschreibung. In: Lange, Günter (Hg.): Taschenbuch der Kinder- und Jugendliteratur. Baltmannsweiler 2000, 2-16

Feierabend, Sabine/ Theresa Plankenhorn/ Thomas Rathgeb: KIM-Studie 2016. Kindheit, Internet, Medien. Basisstudie zum Medienumgang 6- bis 13-Jähriger in Deutschland. Stuttgart 2017a. https://www.mpfs.de/fileadmin/files/Studien/KIM/2016/KIM_2016_Web-PDF.pdf (08.08.2018)

dies.: JIM 2017. Jugend, Information, (Multi-) Media. Basisstudie zum Medienumgang 12- bis 19-Jähriger in Deutschland. Stuttgart 2017b. https://www.mpfs.de/fileadmin/files/Studien/JIM/2017/JIM_2017.pdf (08.08.2018)

Giesa, Felix: „... die Wunder werden nur vollbracht, von dem, der sich nicht wundert!" – Graphic Novel-Adaptionen von erfolgreichen und kanonisierten Kinderbüchern. In: Weinkauff, Gina/

Ute Dettmer/ Thomas Möbius/ Ingrid Tomkowiak (Hgg.): Kinder- und Jugendliteratur in Medienkontexten. Adaption – Hybridisierung – Intermedialität – Konvergenz. Frankfurt/ M. 2014a (Kinder- und Jugendkultur, -literatur und medien. Theorie – Geschichte – Didaktik; 89), 59-74

ders.: Comic, Graphic Novel & Co. als bildbasierte Erzählliteratur. In: Abraham, Ulf/ Julia Knopf (Hgg.): BilderBücher. Bd. 1: Theorie. Baltmannsweiler 2014b, 66-77

ders.: Graphisches Erzählen von Adoleszenz. Deutschsprachige Autorencomics nach 2000. Frankfurt/ M. 2015 (Kinder- und Jugendkultur, -literatur und medien. Theorie – Geschichte – Didaktik; 97). Zugl.: Köln, Univ., Diss., 2014

ders.: Comic, Manga und Graphic Novel. In: Kurwinkel, Tobias/ Philipp Schmerheim (Hgg.): Handbuch Kinder- und Jugendliteratur. Stuttgart 2018a [i. Ersch.]

ders.: Erzählen mit Bildern. Wer erzählt in den Comics? In: Pieper, Irene/ Bettina Uhlig: Erzählen zwischen Bild und Text. München 2018b [i. Ersch.]

Hurrelmann, Bettina: Die Kinder- und Jugendliteraturkritik in der Jury für den Deutschen Literaturpreis. In: Scharioth, Barbara/ Joachim Schmidt (Hgg.): Zwischen allen Stühlen. Zur Situation der Kinder- und Jugendbuchkritik. Tutzing 1990, 44-51

ivw – Quartalsauflagen 4/2017 (2018). http://www.ivw.eu/aw/print/qa?sachgrp%5Bmin%5D=224&sachgrp%5Bmax%5D=224 (08.08.2018)

Mazur, Dan/ Alexander Danner: Comics. A Global History, 1968 to the present. London 2014

Reprodukt: Kindercomics. https://www.reprodukt.com/programm/kindercomics/ (08.08.2018)

Riesman, Abraham: Forget Brooding Superheroes – the big money is in Kid's Comics (2017). http://www.vulture.com/2017/06/raina-telgemeier-kids-comics.html (08.08.2018)

Rosenfeld, Reginald: Comic-Pioniere. Die deutschen Comic-Künstler der 1950er Jahre. Berlin 2016

Schikowski, Klaus: Königsdisziplin Kindercomic. Comics für jüngere Leser im Buchhandel. In: Ihme, Burkhard (Hg.): COMIC! Jahrbuch 2011. Stuttgart 2010, 12-23

Staiger, Michael: Wozu grafische Literatur im Deutschunterricht gut ist! Ein Blick zurück nach vorn. In: Engelns, Markus/ Felix Giesa/ Ulrike Preusser (Hgg.): Comics in der Schule. Berlin 2018 [i. Vorb.]

Wirsching, Daniel: Kindercomics sind im Kommen. Augsburger Allgemeine 2013. https://www.augsburger-allgemeine.de/panorama/Kindercomics-sind-im-Kommen-id25449621.html (08.08.2018)

Philipp Schmerheim

Zwischen Kindheitsnostalgie und Film-Spielen in digital(isiert)en Welten

Jim Knopf, *Offline* und der aktuelle deutsche Kinder- und Jugendfilm[1]

Ein kleiner Lokomotivführer mit rotem Pullover auf Seereise mit einer charmanten Eisenlokomotive; ein Junge, der sich mit einem Roboter anfreundet, ein einsamer schwedischer Bauer, der zum Ersatzvater für einen quirligen Findelkater wird sowie kleine Hexen unterhalb oder jenseits der Volljährigkeit: Im deutschen Kino des 21. Jahrhunderts kommt man an aufwendig produzierten Filmen, die sich (auch) an ein minderjähriges Publikum richten, nicht vorbei. Es rechnet sich für deutsche Filmproduzent*innen mittlerweile offenbar, ein besonders junges Publikum zu adressieren.[2]

Dieser Beitrag skizziert einführend einige Faktoren für diesen Aufschwung des Kinder- und Jugendfilms und fokussiert anschließend zwei nur scheinbar gegensätzliche narratoästhetische Entwicklungen in diesem „Hypergenre" (Kurwinkel/Schmerheim 2013, 26): Erstens instrumentalisieren auffällig viele aktuelle Filme wie *Jim Knopf und Lukas der Lokomotivführer* (Gansel 2018) oder *Timm Thaler* (Dresen 2017) die Kindheitsnostalgie von älteren bzw. medienerfahreneren Rezipierenden, indem sie auf Ästhetik, Erzählstrategien und Motive früherer Adaptionen zurückgreifen. Andere Filme wiederum rekurrieren – zweitens – auf digitale Lebensräume, sind in digitalen (Computer-Spiel-)Welten angesiedelt oder nutzen Level-Strukturen, um ihre Geschichten zu erzählen. Dies sind – so die These dieses Beitrags – Versuche, erlebte und erinnerte kindlich-jugendliche Lebenswelten einzubeziehen.

Bevor wir uns dieser Inszenierung von Kindheitsnostalgie und digitalen Lebenswelten zuwenden, sollen einige Rahmenbedingungen des aktuellen Kinder- und Jugendfilms skizziert werden.

Erfolg garantiert? Zur Adaptionslastigkeit des deutschsprachigen Kinder- und Jugendfilms

Der Kinder- und Jugendfilm profitiert von den zunehmenden Förderbemühungen der deutschen Filmbranche etwa durch die Filmförderungsanstalt (FFA) oder die Initiative *Der besondere Kinderfilm e.V.* Zudem sind auf Publikumserfolg ausgerichtete Filmprojekte typischerweise in Medienverbünde eingebunden und somit Teil eines aus Einzelmedien bestehenden Systems, das aus einem (populären) originären Text

1 Der vorliegende Beitrag greift in Teilen auf weitere meiner Arbeiten zum Thema zurück: Schmerheim 2016 u. 2018.

2 Die Filme, von denen im einleitenden Absatz die Rede ist, sind: *Jim Knopf und Lukas, der Lokomotivführer* (Gansel 2018), *Robbi, Tobbi und das Fliewatüüt* (Groos 2016), *Pettersson & Findus – Kleiner Quälgeist, große Freundschaft* (Ahadi 2014), die *Bibi & Tina*-Filmreihe (Buck 2014-17) sowie *Die kleine Hexe* (Schaerer 2018).

hervorgegangen ist (vgl. Kurwinkel 2017b). Auf die Leinwand schaffen es dementsprechend oft Adaptionen erfolgreicher (Fortsetzungs-)Erzählungen wie Enid Blytons *Fünf Freunde* (Marzuk 2012) oder Sven Nordqvists *Pettersson & Findus* (Ahadi 2014), die Quervermarktung ermöglichen. Auch deshalb ist der Kinder- und Jugendfilm – anders als noch im westdeutschen Filmmarkt der Vorwendezeit – mittlerweile ein fester Bestandteil der gesamtdeutschen Filmindustrie, der renommierte Regisseur*innen anzieht, beispielsweise Arend Agthe (*Flussfahrt mit Huhn* 1984; *Rettet Raffi!* 2015), Fatih Akin (*Tschick* 2016), Franziska Buch (*Emil und die Detektive* 2001), Detlev Buck (*Bibi & Tina – Der Film* 2014), Andreas Dresen (*Timm Thaler* 2017), Hermine Huntgeburth (*Bibi Blocksberg* 2002; *Tom Sawyer* 2011), Caroline Link (*Pünktchen und Anton* 1999), Hans-Christian Schmid (*Crazy* 2000) und Neele Vollmar (*Rico, Oskar und die Tieferschatten* 2014).

Trotz des zunehmenden Brancheninteresses gilt weiterhin: Kinder- und auch Jugendfilme haben es im Vergleich zu Filmen für ein allgemeines Publikum schwerer, ihre Produktions- und Vermarktungskosten wieder einzuspielen. Angesichts des spezifischen Adressatenbereichs und der damit einhergehenden durchschnittlich niedrigeren Eintrittspreise benötigen Filme für ein jüngeres Publikum die zwei- bis vierfache Zeit, um sich im Vergleich zu altersgruppenübergreifend adressierten Filmen zu amortisieren. Beispielsweise hat *Bibi & Tina – Tohuwabohu Total* (Buck 2017) unter den Top-25-Filmen des ersten Kinohalbjahrs 2017 mit 6,84 € den geringsten durchschnittlichen Eintrittspreis generiert; der Top-Wert liegt bei 11,57 € für *Rogue One: A Star Wars Story* (vgl. Filmförderungsanstalt 2018, 25).

Der auf Rezipient*innen möglichst vieler Altersgruppen und Milieus ausgelegte Familienfilm bzw. Family Entertainment Film ist eine Reaktion auf diese Produktionsbedingungen; ein Filmgenre, das wie der Kinder- und Jugendfilm „sowohl inhaltlich als auch formal auf Verständnis, Auffassungsvermögen und Bedürfnisse von Kindern besondere Rücksicht nimmt" (Kurwinkel 2017a, 103), zugleich aber auch Erwachsene als Rezipierende und nicht lediglich Vermittelnde adressiert. Dies geschieht etwa, indem man analog zur Kinderliteratur

> „erwachsenen [Rezipient*innen] eine anders lautende Botschaft anbietet. Die für Kinder bestimmte Botschaft ist dabei in der Regel leicht zugänglich, die für Erwachsene dagegen mehr oder weniger versteckt" (Ewers 2012, 64).

Family Entertainment Filme ermöglichen explizit verschiedene Lesarten, die sich Rezipierenden abhängig vom jeweiligen Wissensstand und der kognitiven Entwicklung erschließen. Tobias Kurwinkel schlägt vier Merkmalsbereiche des Family Entertainment Films vor. Zentral unter diesen ist die Intra- und Intermedialität, die auf das vergleichsweise umfangreichere kulturelle Wissen von älteren oder erfahreneren Rezipierenden zielt, etwa indem Filme „Kindheits- und Jugenderinnerungen als Konsumbiographie der Eltern- und Großelterngeneration" (Kurwinkel 2017a, 105) evozieren.[3]

Von Gerhard Lamprechts Adaption *Emil und die Detektive* (1931) – einer der Gründungsfilme des deutschen Kinderfilms – bis hin zu Franziska Buchs jüngster Modernisierung des Kästner-Romans (2001) sind auffällig viele auf Publikumserfolg ausge-

3 Weitere Merkmale sind Selbstreferenzialität, Ästhetisierung und Auralität (vgl. ebd., 105-112). Zur Auralität im Kinder- und Jugendfilm vgl. auch Kurwinkel/Schmerheim 2014.

richtete Kinder- und Jugendfilme Adaptionen erfolgreicher (literarischer) Prätexte und damit vielen Kindern und Jugendlichen ebenso wie ihren Eltern bereits vor dem Kinobesuch vertraut.[4] Mit insgesamt gut 6 Millionen Zuschauer*innen in deutschen Kinos besonders erfolgreich war beispielsweise die vier Teile umfassende *Bibi & Tina*-Filmreihe (Buck 2014-2017). Diese basiert stofflich auf der gleichnamigen Hörspielreihe, die wiederum ein Spin-Off der von Elfie Donnelly kreierten *Bibi Blocksberg*-Hörspiele ist (vgl. Schenker 2016). Auch Adaptionen wie *Heidi* (Gsponer 2015), *Timm Thaler oder das verkaufte Lachen* (Dresen 2017), *Wendy – Der Film* (Seume 2017), *Die kleine Hexe* oder *Liliane Susewind* (Masannek 2018) schafften es in die deutschen Kinocharts.[5]

Teils übernehmen diese Filme lediglich den Stoff des Prätextes mitsamt Grundkonflikten, Figurenkonstellationen und Settings als Grundlage für eine mal mehr, mal weniger eigenständig umgesetzte Um- oder Forterzählung. Ein Beispiel hierfür ist die Filmreihe um die *Vorstadtkrokodile*: Christian Ditters Filmadaption von 2009 ist eine aktualisierende Adaption, da sie Handlung und Setting von Max von der Grüns Kinderbuchklassiker von 1973 in die Gegenwart des 21. Jahrhunderts verlegt. Zwei weitere *Vorstadtkrokodile*-Filme (Ditter 2010; Groos 2011) beruhen auf eigenständigen Drehbüchern, in denen die Ruhrpott-Kinderbande neue Abenteuer erlebt, die nicht in der Literaturvorlage enthalten sind (vgl. Maiwald 2015, 41-57).

Zur filmischen Inszenierung von Kindheitsnostalgie

Dafür, dass Adaptionen eine so wichtige Rolle für deutschsprachige Kinder- und Jugendfilmproduktionen spielen, gibt es auch qualitative Gründe: Die deutschsprachige Kinder- und Jugendliteratur insbesondere des 20. Jahrhunderts bietet einen reichhaltigen Fundus an klassischen wie aktuellen Erzähltexten etwa von Michael Ende, Cornelia Funke, Kerstin Gier oder Otfried Preußler, die sich mit vergleichsweise geringem Aufwand als Event vermarkten lassen.

Gerade diese *klassischen*, also älteren, aber weiterhin (vor allem bei Älteren) bekannten und beliebten Texte laden dazu ein, Kindheitsnostalgie als Bestandteil der Inszenierungs- und Wirkungsstrategie des Films zu nutzen. Die Literaturwissenschaftlerin Svetlana Boym beschreibt Nostalgie als „a longing for a home that no longer exists or has never existed. Nostalgia is a sentiment of loss and displacement, but it is also a romance with one's own fantasy" (2001, XIII). Kindheitsnostalgische Kinder- und Jugendfilme ermöglichen in dieser Perspektive eine Art kompensatorischer Rezeption von Geschichten, die Teil der eigenen Kindheit und Jugend sind, die dort emotionale und bisweilen prägende Rezeptionserlebnisse hervorgerufen haben, die auch im Erwachsenenalter abgerufen werden können und das von Boym beschriebene Gemisch aus Verlusterfahrung und autoromantischem Spiel mit der Fantasie ermöglichen – gleichsam eine stellvertretende Rückreise in die eigene Vergangenheit. Dies liefert ein Erklärungsmuster für den derzeitigen Massenappeal von Remakes, Reboots und neuen Klassikeradaptionen in der Film- und Populärkultur des 21. Jahrhunderts mit ihren Reboots bzw. Neuauflagen von bereits häufiger adaptierten Comicreihen wie *Batman* und *Superman* sowie von Remakes klassischer Stoffe wie etwa die bereits erwähnten *Vorstadtkrokodile* oder *Bibi & Tina*.

4 Zur Geschichte der Emil-Adaptionen vgl. Tornow 1998, 30-41 und Richter/Fuhs 2015, Kap. V u. V/2.

5 Zwischen 2015 und 2017 stellen Filme für ein Kinder- oder Jugendpublikum jeweils die Hälfte der in den Jahresberichten der FFA erhobenen nationalen Top-20-Filme des jeweiligen Jahrgangs.

Jeder Film, der sich eines bereits älteren und zuvor mindestens einmal adaptierten Prätextes annimmt, wird damit teilweise ein Publikum ansprechen, das den neuen Film zumindest stillschweigend mit früheren Adaptionen vergleicht. Dementsprechend ist beispielsweise der intermediale Bezugspunkt für Andreas Dresens Filmadaption *Timm Thaler* nicht nur der 1962 erschienene Roman von James Krüss, sondern auch die 1979 erstmals ausgestrahlte dreizehnteilige ZDF-Fernsehserie und die 2002 veröffentlichte 26-teilige Zeichentrickserie, die älteren Rezipierenden noch aus ihrer Kindheit vertraut sein dürften.

Auch der Kultur- und Filmtheoretiker Georg Seeßlen verortet den Kinderfilm pointiert innerhalb einer grundsätzlichen populärkulturellen Tendenz zu „retroromantischen Affekten":

> „Übrigens folgen auch die meisten deutschen Kinderfilme der letzten Jahre retroromantischen Affekten: von den Verfilmungen der Kinderkassetten-Kultur der Achtzigerjahre mit *Benjamin Blümchen* (nächstes Remake im kommenden Jahr) über *Bibi und Tina* (nächstes Sequel) bis zu *Das doppelte Lottchen* – eine der Kästner-Verfilmungen, die offensichtlich für jede Generation von Kinozuschauern neu aufbereitet werden muss, ein Leitfossil zur immer neuen Verkennung von Kindheit. Können wir uns an einen halbwegs erfolgreichen Kinderfilm nach einem Originalstoff erinnern? Auch die Kino-Kinder wachsen in eine Welt hinein, in der das Neueste immer nur das neueste Gespenst des alten [sic.] ist." (Seeßlen 2018)[6]

Jim Knopf als retroromantischer Film

Im Folgenden soll die filmische Evozierung von Kindheitsnostalgie am Beispiel von *Jim Knopf und Lukas der Lokomotivführer* exemplarisch aufgezeigt werden. Die am 29. März 2018 angelaufene Realfilmadaption von Michael Endes Kinderroman ist das aktuellste Großprojekt des deutschen Kinderkinos. Der Film wurde mit einem für deutsche Verhältnisse hohen Budget von 25 Mio. Euro produziert und von einer umfangreichen Marketingkampagne flankiert. Stand Juli 2018 hat der Film gut 1,6 Mio. Zuschauende in die Kinos gelockt. Die Adaption des zweiten Romans *Jim Knopf und die Wilde 13* soll 2019 erscheinen.

Es handelt sich nach drei Fernsehserien um die vierte audiovisuelle Adaption von Endes Roman um die Abenteuer des Lokomotivführers Lukas und seines kleinen Freunds Jim Knopf, die ihre überbevölkerte Heimatinsel Lummerland verlassen, in China (in den Ausgaben ab 1983 *Mandala* genannt) stranden und beim Versuch, die entführte Kaisertochter Li Si aus den Fängen der bösartigen Drachendame Frau Mahl-

---

6 Seeßlens Diagnose eines „Retro-Wahns" (2018) lässt sich auch auf die Netflix-Serie *Stranger Things* (seit 2016) anwenden, deren Handlung in den 1980er-Jahren angesiedelt ist und narratoästhetisch auf diese Zeit zurückgreift. Serial inszeniert wird hier ein nordamerikanisches Kleinstadtsetting, das denjenigen vertraut ist, die mit den Filmen Steven Spielbergs oder den Romanen Stephen Kings aufgewachsen sind. Auch Andrés Muschiettis Neuadaption (2017) von Stephen Kings Horror-Roman *It* (1986) rekurriert nicht nur auf diesen, sondern greift ikonographisch auf den von Tommy Lee Wallace gedrehten Fernsehfilm *Stephen King's It* aus dem Jahre 1990 zurück. Muschiettis Remake nimmt eine publikumsorientierte Aktualisierung vor: In Roman und Fernsehfilm von 1990 spielt der in der Kindheit der Hauptfiguren angesiedelte Teil der Geschichte in den 1950er-Jahren (also zu einer Zeit, in der Stephen King selber Kind war), während die erwachsen gewordenen Kinder sich in den 1980er-Jahren gegen Pennywise behaupten müssen. Muschiettis 2017er-Adaption, die sich ausschließlich den Kindheitsereignissen des Romans widmet, ist Ende der 1980er-Jahre angesiedelt – also zu der Zeit, in der ein großer Teil des heutigen erwachsenen Kinopublikums aufgewachsen ist.

zahn zu befreien, eine Abenteuerreise an exotischen Orten erleben, die klingende Namen wie *Tal der Dämmerung*, *Krone der Welt* oder *Ende der Welt* tragen – Letzteres eine Wüste, in der ein Scheinriese namens Herr Tur Tur lebt.

Jim Knopf und Lukas der Lokomotivführer begründete 1960 die Karriere des zuvor in prekären Verhältnissen arbeitenden Autors und Gelegenheitsfeuilletonisten Michael Ende; 1962 erschien der zweite Band *Jim Knopf und die Wilde 13*.[7] Um die beiden *Jim-Knopf*-Romane bildete sich schnell ein Medienverbund, der zu ihrer dauerhaften Popularität und Verankerung im bundesdeutschen popkulturellen Gedächtnis beitrug und beiträgt, mit der auch der Kinofilm von 2018 kalkuliert: Die Augsburger Puppenkiste adaptierte die Bücher mit Unterstützung des Hessischen Rundfunks 1961 und 1962 als zehnteilige Miniserie in Schwarz-Weiß; 1976 und 1977 wurde eine neue Version in Farbe produziert, die bis heute im deutschen Fernsehen zu sehen ist. Vor allem diese Adaption verankerte *Jim Knopf* im bundesdeutschen populärkulturellen Gedächtnis. Dazu trugen etwa die prägnant geschnitzten Puppen bei, die mit ihren mondrunden Gesichtern auf Franz Josef Tripps markante Roman-Illustrationen verweisen.[8] Zudem komprimiert die *Puppenkisten*-Adaption geschickt Endes zweimal 250 Seiten umfassende Geschichte zu einer Serie mit einer überschaubaren Gesamtlänge von 240 Minuten, aufgeteilt in acht Folgen jeweils zu altersgerechten 30 Minuten.

Populär sind bis heute nicht nur die Puppen als solche, sondern auch das von Hermann Amann und Manfred Jenning komponierte Titellied *Eine Insel mit zwei Bergen*, das so bekannt ist, dass das Dancefloor-Projekt *Dolls United* 1995 mit einer Techno-Instrumentalversion des Lieds eine Nummer-2-Platzierung in den deutschen Charts erreichte und es für das aktuelle Film-Reboot zweimal neu eingespielt wurde: Der österreichische Musiker Andreas Gabalier hat eine mit Violinensoli unterlegte Popballade vorgelegt, zudem ist eine von Ralf Wengenmayr arrangierte Orchesterversion des Lieds Teil des Scores der neuen Kinofilmfassung, die in verschiedenen Varianten die Filmhandlung unterlegt. *Jim Knopf* erweist sich somit als musikaffine Geschichte, die dementsprechend auch zwei Musical-Adaptionen inspiriert hat – eine 1970 entstandene Version von Emil Moser und Jörg Schneider sowie eine 1999 veröffentlichte Version von Christian Berg mit Musik von Konstantin Wecker, die bis heute regelmäßig aufgeführt wird; auch letztere Version enthält wiederum eine Fassung von *Eine Insel mit zwei Bergen*.[9]

1999/2000 wurde eine 52-teilige deutsch-französische Zeichentrickserie produziert, die sich an Setting und Figuren aus Endes Zweiteiler orientiert, ansonsten aber eigene Geschichten aus Lummerland erzählt. Diese Serie hat – nicht-repräsentativen Umfragen in Lehrveranstaltungen zufolge – bei jüngeren, in den 1990er-Jahren oder später geborenen Menschen die Version der Augsburger Puppenkiste als Referenz-

7 Ende hat das ursprüngliche Manuskript in einem Zug geschrieben; die Aufteilung in zwei Bände geht auf unternehmerische Erwägungen seiner Verlegerin Lotte Weitbrecht zurück. Zur Entstehungsgeschichte von Jim Knopf vgl. Dankert 2016, 97-125 u. Pohlmann 2013. Aktuelle Exegesen der beiden Romane finden sich in Voss 2009 und Ewers 2018.

8 Zu einer Analyse der Jim Knopf-Illustrationen Tripps vgl. Steinhauser 2018, 164-215.

9 Das auf Werke von Michael Ende spezialisierte Düsseldorfer Marionettentheater führt Jim Knopf seit 2008 auf und hat auch eine DVD-Fassung produziert. Die Musik stammt von Wilfried Hiller, mit dem Ende zu Lebzeiten verschiedene Musikopern bzw. -theaterstücke wie *Der Goggolori* oder *Die musikalischen Fabeln* erarbeitet hat. Unter den zahlreichen Hörbuch- und Hörspiel-Fassungen findet sich u. a. eine von Christoph Maria Herbst eingelesene Fassung (2018), der in der Realfilmadaption die Rolle des Herrn Ärmel übernimmt.

punkt autobiografischer Jim-Knopf-Erinnerungen abgelöst. Es ist gleichsam eine Generationenfrage, *was* eigentlich als Referenzpunkt für die Erinnerung an *Jim Knopf* angesehen wird. Das hat auch zur Folge, dass weniger das Lied *Eine Insel mit zwei Bergen* mit den Geschichten um Jim Knopf verknüpft wird, sondern das Titellied der 1999er-Zeichentrickserie, das von der populären Band *Die Prinzen* geschrieben und eingespielt wurde.[10]

Jim Knopf ist somit auch dank seiner zahlreichen Adaptionen tief im kollektiven Bewusstsein heutiger Kinobesucher*innen verankert. Zusätzlich entgegen kommt der

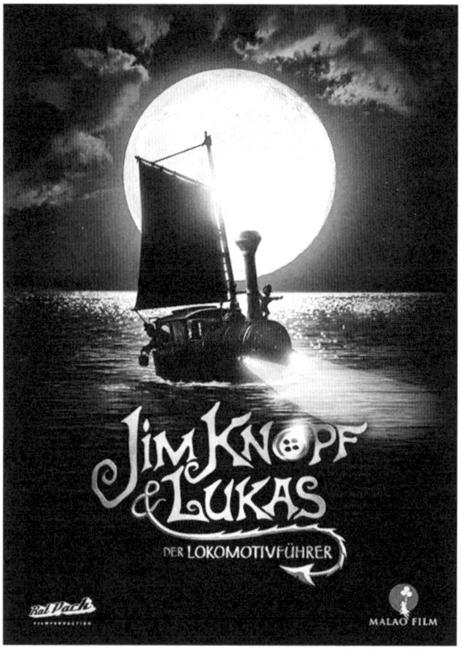

Abb. 1: *Emma im Mondschein auf dem Meer.* Filmplakat von *Jim Knopf und Lukas der Lokomotivführer* (Gansel 2018 © Warner Bros. 2018)

Abb. 2: *Emma im Mondschein auf dem Meer.* Szene aus der Adaption der Augsburger Puppenkiste (Jenning © hr Media 1976)

2018er-Version die hohe Dichte an ikonischen Bildern, Figuren und Denkfiguren in den Romanen: Die Orte, an denen die Geschichte spielt, wirken wie zum Leben erwachte Kinderzimmerecken, etwa die als Spielzeugeisenbahnwelt beschriebene Insel Lummerland, das Echo-Steinlawinen auslösende Tal der Dämmerung oder die Drachenstadt Kummerland. Dies wurde von Ende bewusst so angelegt:

> „[I]ch [bin] beim Schreiben meines Buches davon ausgegangen [...], daß möglichst jede Szene für Kinder spielbar sein sollte, daß alle ihre Spielsachen darin vorkommen und daß alles im Kinderzimmer vor sich geht und daß schließlich auch bei den schauerlichsten Abenteuern niemals die Behaglichkeit der Geborgenheit ganz verloren geht." (Brief an Richard Weitbrecht, zit. nach Dankert 2016, 109)

10 Es gibt noch eine weitere Zeichentrickadaption; eine hierzulande wenig bekannte, 1974/1975 ausgestrahlte japanische Anime-Serie, die in Deutschland nicht verfügbar ist.

Gansels Filmadaption greift die popkulturelle Verankerung von *Jim Knopf* auf, indem gezielt nostalgische Erinnerungen der erwachsenen Rezipierenden an ihre eigene Kindheit einschließlich der damaligen womöglich prägenden Rezeptionserfahrungen mit *Jim Knopf* evoziert werden. Dies geschieht einerseits auf der inhaltlichen Ebene der histoire, wird hier doch eine älteren Rezipierenden bereits bekannte Geschichte neu erzählt, andererseits auf der narratoästhetischen Ebene des discours mitsamt seinen Paratexten.

Diese gleichsam evokative Erzählstrategie prägt bereits die Marketingkampagne: der krakelig-verspielte Titelschriftzug (Abb. 1) orientiert sich an demjenigen der Buchfassung; zudem ist es kein Zufall, dass eines der ersten Ankündigungsplakate eine im Vollmondlicht über das spiegelglatte Meer fahrende Emma zeigt – eine Einstellung, die sich in ähnlicher Form in der Puppenkisten-Version findet, während der Roman an der entsprechenden Stelle, die den Exodus von Jim und Lukas aus Lummerland beschreibt, nur kurz die Präsenz des Mondes erwähnt (Abb. 1, 2 u. 3):

Abb. 3: *Abschied von Lummerland* (Ende, 33 © Stuttgart: Thienemann, 1960)

> „Lukas hatte seinen Arm um Jims Schulter gelegt und beide schauten schweigend zu, wie Lummerland mit dem Haus von Frau Waas und dem Haus von Herrn Ärmel, mit der kleinen Bahnstation und dem Schloss des Königs zwischen den beiden ungleichen Gipfeln immer weiter zurückblieb, still und mondbeschienen." (Ende 1960, 30)

Narratoästhetisch orientiert sich vor allem die Ausstattung des Films an der Adaption der Augsburger Puppenkiste: Der Warenladen von Frau Waas ist ebenso eine Reinkarnation seines Augsburger Puppenkisten-Gegenstücks wie der rote Rollkragenpullover, den Jim Knopf trägt, und der in Tripps Illustrationen noch breiter ausfällt als in den audiovisuellen Aneignungen.

Gansels *Jim Knopf* steht somit exemplarisch für eine jüngst häufiger angewandte retroromantische Inszenierungsstrategie: Aufwendige Kinderfilmproduktionen greifen auf literarische Vorlagen und frühere mediale Adaptionen zurück, die noch die Kindheit der jetzigen Eltern- oder Großelterngeneration geprägt haben und dadurch deren Neigung zum gemeinsamen Kinobesuch mit Kindern und/oder Enkeln erhöhen. Bereits die Entscheidung, *Jim Knopf* erneut zu adaptieren, kalkuliert diesen Sogeffekt auf ältere Rezipierende ein; wenig überraschend ist es dementsprechend, dass der Film dabei – wie beschrieben – auch die Adaptionsgeschichte des Jim-Knopf-Stoffs referiert. Ebenso wie Tripps Illustrationen haben die Augsburger Puppen Michael Endes *Jim Knopf* maßgeblich im bundesdeutschen kulturellen Gedächtnis verankert.[11]

Film-Spiele in digital(isiert)en Welten[12]

Kindheitsnostalgische Inszenierungen sollen die Lebenswelt älterer bzw. medienerfahrener Rezipierender wiederaufleben lassen. Entsprechenden Filmen kommt dabei zu Gute, dass sich die Kindheitserfahrungen in westlichen Konsumgesellschaften zumindest ab der zweiten Hälfte des 20. Jahrhunderts hinreichend ähneln, um als Variationen der Grunderfahrung von Kindheit zu erscheinen.

Abb. 4: Filmplakat *TRON* (Lisberger © Disney 1982)

Abb. 5: Filmplakat *TRON Legacy* (Kosinski © Disney 2010)

Diese Überlagerung von erinnerten und erlebten Kindheitserfahrungen zeigt sich beispielsweise im Aufwachsen mit und in digitalen (Spiel-)Welten: Diese sind ein prägender Bestandteil heutiger Medienkindheiten, fungieren zugleich aber auch als kindheitsnostalgische Trigger für die heute 35- bis 50-Jährigen, die zu den ersten Kindergenerationen gehören, die mit den Auswirkungen der zunehmenden Computerisierung und Digitalisierung unseres Lebensalltags konfrontiert wurden. Digitale Spiele sind seit den frühen 1970er-Jahren Massenphänomene: Arcade-Spielhallen dienten

11 Endes Werk ist generell offen für kindheitsnostalgische Überlegungen, schrieb er doch weniger für Kinder als „eher für das Kind im Menschen. Das ewig Kindliche, das sich sein Staunen bewahrt, das überrascht werden will, das nicht von Vorurteilen verformt ist und Selbstverständliches hinterfragt." (Roman Hocke in Hörnlein/Otto 2018)

12 Die Ausführungen in diesem Abschnitt greifen auf Ausführungen in meinem Beitrag *Remediationen des digitalen Spiels in „Offline – Das Leben ist kein Bonuslevel"* zurück (Schmerheim 2018).

vor allem in den USA und in Japan als populäre jugendkulturelle Treffpunkte, bevor ab Ende der 1970er-Jahre Videospielkonsolen und Personal Computer auch den privaten Bereich des Kinder- bzw. familiären Wohnzimmers eroberten.[13] Digitale Spiele ermöglichen es, im übertragenen und mittlerweile zunehmend buchstäblichen Sinne, in neue Umgebungen bzw. Spielwelten einzutauchen – Spielraum und Spielerraum verschmelzen, mit Matthis Kepser (vgl. 2014) gesprochen, zunehmend.

Einzelne Filme – auch für Kinder und Jugendliche – greifen derlei Digitalisierungsphänomene auf, entweder indem sie im Rahmen des Handlungsverlaufs thematisiert oder aber für narratoästhetische Innovationen genutzt werden. Bereits der mittlerweile zum „Kultfilm" (Jockenhövel 2011, 101) avancierte Science-Fiction-Film *TRON* (Lisberger 1982) greift Digitalisierungsphänomene kinematisch auf, wenn er seine Hauptfiguren Kevin Flynn/Clu (Jeff Bridges) und Alan Bradley/Tron (Bruce Boxleitner) buchstäblich *in* die Welt eines Computerspiels versetzt und sie in frühen Szenen in einer Arcade-Spielhalle agieren lässt. *TRON* exemplifiziert, wie eine digitale Spielwelt entweder *in toto* als Diegese und somit Handlungsraum der jeweiligen Filmhandlung, zumindest aber als Bestandteil eines ansonsten *analog* verfassten Handlungsumfelds der (kindlich-jugendlichen) Filmfiguren dienen kann.

Jüngere Beispiele dieses Erzählmusters sind US-amerikanische Filme wie *Matrix* (Wachowski/Wachowski 1999), *Spy Kids 3-D: Game Over* (Rodriguez 2003), *Wreck-It-Ralph* (Moore 2012) und *TRON: Legacy* (Kosinski 2010). Das *TRON*-Sequel spielt wiederum mit Motiven der Jugendnostalgie: Sam (Garrett Hedlund), der Sohn des 20 Jahre zuvor spurlos verschwundenen Flynns, entdeckt in der verlassenen, verfallenen, verstaubten Arcade-Spielhalle seines Vaters das alte TRON-Arcade-Spiel und in der Mauer hinter diesem einen Zugang zu einem Computer-Raum, in dem er versehentlich in die digitale Welt, die sein Vater erschaffen hat, transferiert wird. Um dort zu überleben, muss Sam – dem Erzählmuster des ersten Teils folgend – verschiedene Queste wie Motorradrennen und tödliche Diskuswerf-Wettbewerbe meistern, die der Formensprache des Videospiels entlehnt und spielaffinen Rezipierenden aller Altersstufen vertraut sind (Abb. 4 und 5).

Auch der dritte Teil der *Spy Kids*-Filmreihe um die Kinder zweier Geheimagenten ist in einer Computerspielwelt angesiedelt: In diesem Film muss der kindliche Geheimagent Juni Cortez (Daryl Sabara) seine Schwester Carmen Cortez (Alexa Vega) aus einer 3D-Spielumgebung befreien, in der sie vom Antagonisten *Toymaker* (Sylvester Stallone) gefangen gehalten wird. Wie die *TRON*-Filme ist dieser Film narrativ durch verschiedene Queste strukturiert – Autorennen, Beat'em'Up-Kampfsequenzen oder Geschicklichkeits-Parcours – die es für die Hauptfiguren zu überstehen gilt, um buchstäblich zum nächsten Level der Filmhandlung zu gelangen.

Dies sind Beispiele für die filmische Indienstnahme von Gamifizierungs-Elementen: Es wird weniger eine zusammenhängende kausallogische Handlung erzählt, als ein Handlungsumfeld etabliert, innerhalb dessen die Filmfiguren verschiedene Herausforderungen meistern müssen, um schließlich zu der finalen Konfrontation zu gelangen – in den meisten Fällen ein finaler Kampf gegen den wichtigsten Antagonisten (in *Spy Kids 3D* der *Toymaker*, in *TRON: Legacy* der digitale Klon von Kevin Flynn, der die Weltherrschaft übernehmen will). Im Vordergrund steht der Quest-Charakter der Handlung, ihre „ludic architecture rather than cinematic logic" (Rauscher 2017, 210).

13 Zur Kulturgeschichte der Arcade-Spielhallen vgl. June 2013.

Im konkreten Fall werden etablierte dramaturgische Konventionen des auf Heldenreise-Narrativen basierenden Abenteuerfilms ludisch zugespitzt.

Auch in der deutschsprachigen Kinder- und Jugendfilmbranche finden sich mittlerweile Filme oder Serien, die in digitalen Welten spielen oder zumindest digitale Gadgets implementieren. Erfolgreich war zuletzt beispielsweise die vom Öffentlich-Rechtlichen Online-Jugendsender *funk* produzierte Webserie *Wishlist* (Schießer 2016-17), in der eine Gruppe Jugendlicher in den Bann der Smartphone-App Wishlist gerät, die ihren Nutzende gegen immer gefährlicher werdende Gegenleistungen Wünsche erfüllt. Eines der prägnantesten Beispiele für die narratoästhetische Einbindung digitaler (Spiel-)Phänomene ist der Abenteuerfilm *Offline – Das Leben ist kein Bonuslevel* (Schnell 2016), ein Überraschungserfolg des deutschen Jugendkinos, der als Abschlussfilm des Regisseurs an der Filmakademie Ludwigsburg entstand und u. a. 2016 den Preis als bester Film in der *Category 8+* beim *LUCAS*-Kinderfilmfestival in Frankfurt am Main sowie beim *Cinekid* Amsterdam gewann.

Abb. 6: Plakat von *Offline – Das Leben ist kein Bonuslevel* (Schnell © Little Dream Entertainment GmbH 2016)

Im Zentrum der Handlung stehen der 17-jährige Jan (Moritz Jahn) und die gleichaltrige Caro (Mala Emde). Jan verbringt seine Zeit fast ausschließlich mit und in dem *online-adventure*-Rollenspiel *Schlacht um Utgard*, wo er als tapferer Krieger Fenris zum Favoritenkreis des bald anstehenden Turniers Ragnarök zählt. Als sein Account gehackt und ihm Internetzugang, Handynummer und Girokarte gesperrt werden, will er seine digitale Identität von dem für seine missliche Lage Verantwortlichen zurückholen: der Magier Loki alias Tristan (Hannes Wegener), sein größter Widersacher in Utgard, dessen wahre Identität niemand kennt. Auf dem unfreiwilligen *road trip*, der ihn vom elterlichen Vororthaus im Großraum Stuttgart über das Bürogebäude der Spielefirma und den Schwarzwald bis in die Voralpen führt, wird er schon bald von Caro begleitet, die Jan aus dem Utgard-Spiel als furchterregenden Krieger Gotrax kennt und deren Account ebenfalls gehackt wurde. Jan muss nun lernen, sich fernab des vertrauten digitalen Kokons zu bewegen.

Auffällig ist, wie *Offline* mit der Ludonarratoästhetik digitaler Spiele experimentiert.[14] So wandeln die Figuren zwischen dem virtuellen Welt-Raum digitaler Spiele

14 Beim filmischen Erzählen sind Darstellung und Inhalt untrennbar verbunden: Man kann gar nicht darüber schreiben, was ein Film erzählt, ohne auch darauf einzugehen, wie er erzählt. Deshalb verwende ich den Begriff der Narratoästhetik (vgl. Schmerheim 2018). Der Begriff der Ludonarration und auch der Ludoästhetik stammt wiederum aus den Game Studies, wo er ästhetische Formen des digitalen Spiels beziehungsweise Ausprägungen des Erzählens innerhalb von Spielkontexten bezeichnet. Zur Explikation von Ludonarration bzw. Ludonarratoästhetik vgl. Düerkop 2019 u. Rauscher 2012.

und demjenigen der physischen Wirklichkeit; Entscheidungsprozesse werden quasi-paratextuell mithilfe von Multiple-Choice-Tafeln und Inventarien audiovisualisiert, die aus Online-Rollenspielen bekannt sind; und in ebenso emotionalen wie dramaturgisch wichtigen Momenten imaginieren sich die Figuren inmitten der innerfiktional realen Welt als Avatar ihres Lieblingsspiels. *Offline* ist filmästhetisch wie entstehungsgeschichtlich ein Hybrid, handelt es sich doch um einen Realfilm mit Schauspielern aus Fleisch und Blut, dessen Hauptfiguren sich mittels ihrer computergenerierten Avatare bevorzugt in den virtuellen Räumen des digitalen Spiels *Schlacht um Utgard* bewegen und dort auch miteinander interagieren.[15] Die Spielewelt wird filmisch wie ein *walkthrough*- oder *let's-play*-Video präsentiert, eine audiovisuelle Textsorte, die via *YouTube* populär wurde und bei der Gamer aufnehmen, wie sie ein Spiel durchspielen und wahlweise den Spielverlauf auch kommentieren (vgl. Venus 2012).

An dieser experimentierfreudigen Einbettung von narratoästhetisch relevanten textuellen Elementen aus der Gaming-Kultur zeigt sich der ästhetische Einfluss von digitalen Spielen auf das filmische Erzählen, sind doch im Bildrahmen eingeblendete Spielstände, Lebensbäume und weitere (in der Regel nicht-diegetische) audiovisuelle Elemente, die sich direkt auf ihre Ursprünge im digitalen Spiel rückbeziehen lassen, mittlerweile fester Bestandteil des filmästhetischen Arsenals. Eine solche Verwendung von Digitalspielbezügen zeigt auch, was für ein selbstverständlicher Bestandteil der Populärkultur digitale Spiele sind, denn der filmische Rückgriff auf deren Ästhetik ist nur möglich, wenn (Mainstream-)Filmemacher*innen davon ausgehen können, dass ihr Publikum mit ihnen zumindest ansatzweise vertraut ist.

Ein in der Jugendkultur verwurzelter Film wie *Offline* offenbart somit eine Veränderung der Rezeptionsweisen und ästhetischen Muster, die Grundlage einer jeden Mainstreamästhetik sind. Diese sich verändernden Muster des Wahrnehmens und Verstehens auch von Erzählungen sprechen aber nicht nur heutige Kinder und Jugendliche an, sie erinnern auch junge Erwachsene oder Angehörige der heutigen Elterngeneration an ihre eigenen prägenden Kindheits- und Jugenderfahrungen mit digitalen Spielen als Treiber dieser Veränderungen – und insofern können Filme, die diese Muster aufgreifen, auch kindheits- bzw. jugendnostalgisch gesehen werden.

Kindheits- und Jugendnostalgie erscheint im aktuellen Kinder- und Jugendfilm also gleichsam in analoger wie digitaler Form: als geradezu klassische Erinnerung an vertraute Geschichten aus Kinder- und Jugendtagen, die nun in aktualisiertem Gewand neu erzählt werden – und als Geschichten, die in Lebenswelten angesiedelt sind, die auf sich wandelnde Kindheits- und Jugendräume anspielen.

Primärliteratur

Ende, Michael: Jim Knopf und Lukas der Lokomotivführer. Stuttgart: Thienemann, 1960
ders.: Jim Knopf und die Wilde 13. Stuttgart: Thienemann, 1962
Grün, Max von der: Vorstadtkrokodile. Eine Geschichte vom Aufpassen. Berlin, 1976
Kästner, Erich: Emil und die Detektive. Berlin: Dressler, 1929
King, Stephen: It. New York: Viking, 1986
Krüss, James: Timm Thaler oder das verkaufte Lachen. Oetinger: Hamburg, 1962

15 Diese Spielumgebung entstammt dem tatsächlich existierenden und erwerbbaren Fantasy-Rollenspiel *Risen 3*, das von dem deutschen Spieleentwickler Piranha Bytes entwickelt wurde. Die Offline-Produzent*innen von Rat Pack Entertainment konnten somit auf ein Spiel zurückgreifen, das in der Gamer-Szene einen gewissen Bekanntheits- und Beliebtheitsgrad – und somit Wiedererkennungswert hat.

Filmografie

Bibi & Tina – Der Film [Trickfilm] (Deutschland 2014). Regie: Detlev Buck. Drehbuch: Bettina Börgerding. Nach der Kinderhörspielreihe *Bibi & Tina* nach Figuren Elfie Donnellys. DCM (DVD)

It [Horrorfilm]| (USA 2017). Regie: Andrés Muschietti. Drehbuch: Gary Dauberman, Cary Fukunaga und Chase Palmer. Nach dem Roman *It* von Stephen King [EA 1986]. Warner Bros. (DVD)

Jim Knopf und Lukas der Lokomotivführer [TV-Mini-Serie] (Deutschland 1976). Regie: Manfred Jenning. Drehbuch: Manfred Jenning und Michael Ende. Nach dem Roman *Jim Knopf und Lukas der Lokomotivführer* von Michael Ende [EA 1960]. hr Media (DVD)

Jim Knopf und Lukas der Lokomotivführer [Abenteuerfilm] (Deutschland 2018). Regie: Dennis Gansel. Drehbuch: Dirk Ahner, Andrew Birkin und Sebastian Niemann. Nach dem Roman *Jim Knopf und Lukas der Lokomotivführer* von Michael Ende [EA 1960]. Warner Bros. (DVD)

Offline – Das Leben ist kein Bonuslevel [Abenteuerfilm] (Deutschland 2016). Regie: Florian Schnell. Drehbuch: Jan Cronauer. Little Dream Entertainment GmbH (DVD)

Spy Kids 3-D: Game Over [Agentenfilm] (USA 2003). Regie: Robert Rodriguez. Drehbuch: Robert Rodriguez. StudioCanal (DVD)

Stranger Things [Serie] (USA 2016-17). Headwriter: Matt und Ross Duffer. Netflix

Timm Thaler oder das verkaufte Lachen [Drama] (Deutschland 2017). Regie: Andreas Dresen. Drehbuch: Alexander Adolph. Nach dem Roman *Timm Thaler oder das verkaufte Lachen* von James Krüss [EA 1962]. Constantin Film (DVD)

TRON [Science Fiction] (USA 1982). Regie: Steven Lisberger. Drehbuch: Steven Lisberger. Disney (DVD)

TRON: Legacy [Science Fiction] (USA 2010). Regie: Joseph Kosinski. Drehbuch: Adam Horowitz und Edward Kitsis. Disney (DVD)

Vorstadtkrokodile [Detektivfilm] (Deutschland 2009). Regie: Christian Ditter. Drehbuch: Martin Ritzenhoff und Christian Ditter. Nach dem Roman *Vorstadtkrokodile. Eine Geschichte vom Aufpassen* von Max von der Grün [EA 1976]. Constantin Film (DVD)

Wishlist [Serie] (Deutschland 2016-2017). Regie: Marc Schießer. Drehbuch: Marcel Becker-Neu, Marc Schießer und Christina Ann Zalamea. funk (TV)

Weitere Filme und Serien

Bibi & Tina – voll verhext (Buck 2014)
Bibi & Tina: Mädchen gegen Jungs (Buck 2016)
Bibi & Tina – Tohuwabohu Total (Buck 2017)
Bibi Blocksberg (Huntgeburth 2002)
Crazy (Schmid 2000)
Die kleine Hexe (Schaerer 2018)
Emil und die Detektive (Lamprecht 1931)
Emil und die Detektive (Buch 2001)
Flussfahrt mit Huhn (Agthe1984)
Fünf Freunde (Marzuk 2012)
Heidi (Gsponer 2015)
Jim Botan (Ono 1974/75)
Jim Knopf und Lukas der Lokomotivführer (Bachleitner 2010)
Jim Knopf und die Wilde 13 (Bachleitner 2010)
Liliane Susewind (Masannek 2018)
Matrix (Wachowski/Wachowski 1999)
Pettersson & Findus – Kleiner Quälgeist, große Freundschaft (Ahadi 2014)
Pünktchen und Anton (Link 1999)
Rettet Raffi! (Agthe 2015)
Rico, Oskar und die Tieferschatten (Vollmar 2014)
Robbi, Tobbi und das Fliewatüüt (Groos 2016)
Stephen King's It (Wallace 1990)
Tom Sawyer (Huntgeburth 2011)
Tschick (Akin 2016)

Vorstadtkrokodile 2 (Ditter 2010)
Vorstadtkrokodile 3 (Groos 2011)
Wendy – Der Film (Seume 2017)
Wreck-It-Ralph (Moore 2012)

Hörbuch

Ende, Michael: Jim Knopf und Lukas der Lokomotivführer. Ungekürzte Lesung mit Christoph Maria Herbst. Hamburg: Silberfisch, 2018

Musicals, Opern und Musiktheater

Der Goggolori. Musik: Wilfried Hiller. Libretto: Michael Ende. Uraufführung: 3. Februar 1985 am Staatstheater am Gärtnerplatz, München

Jim Knopf und Lukas der Lokomotivführer. Musik: Emil Moser. Dialektbearbeitung und Liedertexte von Jörg Schneider. Uraufführung: November 1970 im Opernhaus Zürich.

Jim Knopf. Adaption: Christian Berg. Musik: Konstantin Wecker. Uraufführung am 01.07.1999 im Schlossgarten, Cuxhaven

Vier musikalische Fabeln. Komponist: Wilfried Hiller. Libretto: Michael Ende. Uraufführung: 11. Januar 1981 am Stadttheater Regensburg

Sekundärliteratur

Boym, Svetlana: The Future of Nostalgia. New York 2001

Dankert, Birgit: Michael Ende. Gefangen in Phantásien. Darmstadt 2016

Düerkop, Katharina: Computerspiel. In: Kurwinkel, Tobias/ Philipp Schmerheim (Hgg.): Handbuch Kinder- und Jugendliteratur. Stuttgart 2019 [i. Ersch.]

Ewers, Hans-Heino: Literatur für Kinder und Jugendliche. Eine Einführung in die Grundbegriffe der Kinder- und Jugendliteraturforschung. 2. Aufl. München 2012

ders.: Michael Ende neu entdecken. Stuttgart 2018

Filmförderungsanstalt: Auswertung der Top 25-Filmtitel des 1. Halbjahres 2017 nach soziodemografischen sowie kino- u. filmspezifischen Informationen auf Basis des GfK-Panels. http://www.ffa.de/auswertung-der-top-25-filmtitel-des-1-halbjahres-2017.html (20.07.2018)

Hörnlein, Katrin/ Jeannette Otto: „Überrascht von Jim Knopf". Fragen an Roman Hocke, Lektor und langjähriger Vertrauter Michael Endes. In: Die ZEIT 13 (2018), 69

Jockenhövel, Jesko: „Setzen Sie ihre 3-D-Brille nicht ab!" – Immersion und Cyberspace in Disneys Tron: Legacy. In: Institut für immersive Medien im Auftrag des Fachbereichs Medien der Fachhochschule Kiel (Hg.): Jahrbuch immersiver Medien 2011. Marburg 2011, 101-105

June, Laura: For Amusement Only: the life and death of the American arcade. In: The Verge (2013) 16. Januar. https://www.theverge.com/2013/1/16/3740422/the-life-and-death-of-the-american-arcade-for-amusement-only (01.08.2018)

Kepser, Matthis: (K)ein Ort nirgends und überall. Spielraum und Spielerraum des Computer- und Videospiels. In: Roeder, Caroline (Hg.): Topographien der Kindheit. Bielefeld 2014, 167-181

Kurwinkel, Tobias: Von „Schneewittchen" zu „Bibi & Tina" und „Alles steht Kopf". Merkmale des Family Entertainment Films seit den 90er Jahren. In: Franz, Kurt/ Gabriele von Glasenapp/ Claudia Maria Pecher (Hgg.): Kindermedienwelten: Hören – Sehen – Erzählen – Erleben. Baltmannsweiler, 2017a, 103-115

ders.: Zur Theorie von Medien- und Produktverbünden und ihren Sammlungen am Beispiel von Bibi und Tina. In: kjl&m 17 (2017b) H. 2, 14-21

ders./ Philipp Schmerheim: Kinder- und Jugendfilmanalyse. Konstanz [u. a.] 2013

dies.: Auralität im Kinder- und Jugendfilm. In: Schäfer, Horst (Hg.): Lexikon des Kinder- und Jugendfilms im Kino, im Fernsehen und auf Video. Teil 6: Genre, Themen und Aspekte, 45. Erg.-Lfg. Meitingen 2014, 1-15

Maiwald, Klaus: Vom Film zur Literatur. Moderne Klassiker der Literaturverfilmung im Medienvergleich. Ditzingen 2015

Pohlmann, Carola: Michael Ende, „Jim Knopf". In: Bräuer, Christoph/ Wolfgang Wangerin (Hgg.): Unter dem roten Wunderschirm: Lesarten klassischer Kinder- und Jugendliteratur. Göttingen 2013, 297-312

Rauscher, Andreas: Spielerische Fiktionen. Transmediale Genrekonzepte in Videospielen. Marburg 2012

ders.: A Game of Playful Art. Transmedia Auteurs, Genre Settings, and the Cineludic Form. In: Clash of Realities (Hg.): Clash of Realities 2015/16. Bielefeld 2017, 195-215

Richter, Karin/ Burkhard Fuhs: Erich Kästners literarische Welt und ihre Verfilmungen: „Emil und die Detektive" und „Die Konferenz der Tiere" im historischen und medialen Kontext (Modelle und Materialien für den Literaturunterricht. Klasse 3 bis Klasse 7). Baltmannsweiler 2015

Schenker, Ina: Donnelly, Elfie: Bibi Blockberg (Medienverbund). In: KinderundJugendmedien.de. Fachlexikon: Werke. Werke. (Erstveröffentlichung am 05.06.2016) http://kinderundjugendmedien.de/index.php/werke/1610 (24.08.2018)

Schmerheim, Philipp: Computer-Spiel-Ästhetik im Kinder- und Jugendfilm. In: Schäfer, Horst (Hg.): Lexikon des Kinder- und Jugendfilms im Kino, im Fernsehen und auf Video. 50. Erg.-Lfg. Meitingen 2016, 1-32

ders.: Remediationen des digitalen Spiels in *Offline – Das Leben ist kein Bonuslevel*. In: Schmid, Johannes C. P./ Andreas Veits/ Wiebke Vorrath (Hgg.): Praktiken medialer Transformationen. Übertragungen in und aus dem digitalen Raum. Bielefeld 2018, 41-60

Seeßlen, Georg: Das gibt's nur einmal? Quatsch! „Papillon", „Mary Poppins", „Scarface" – der Retro-Wahn des Gegenwartskinos wird immer absurder.. In: Die ZEIT 31 (2018), 44

Steinhauser, Mirijam: Von Jim Knopf bis Hotzenplotz. Die Kinderbuchwelten des Franz Josef Tripp. Würzburg 2018

Tornow, Ingo: Erich Kästner und der Film. München 1998

Venus, Jochen: The Clash of Mediatizations. ‚Let's-Play'-Videos und der Mythos des Computerspiels. In: POP. Kultur und Kritik 1 (2012), 43-47

Voss, Julia: Darwins Jim Knopf. Frankfurt/ M. 2009

Matthias Preis

Hörbilder als Spielräume

(Syn-)Ästhetische Grenzgänge zwischen Hören und Sehen

Hören ist (k)ein Kinderspiel

Rund 100 Jahre seit der Geburtsstunde des öffentlichen Rundfunks in Deutschland finden sich Hörmedien auch heute noch auf dem Rezeptionstableau (nicht nur) vieler Kinder und Jugendlicher. Technischen Experimenten in der Produktion und Distribution, wie sie für die frühe Phase des Radios kennzeichnend sind (vgl. Braun 1959, 62), stehen inzwischen ausgefeilte Optionen einer digital signierten Hörkultur gegenüber: Schon die Kleinsten bestimmen in Eigenregie ihr Hörprogramm, indem sie den *Tonie* ihrer Wahl – es handelt sich um bunte Figuren einschlägigen kinderliterarischen Personals von *Bibi Blocksberg* bis zum *Grüffelo* – auf ihrer *Toniebox* platzieren (vgl. Boxine 2018). Sogleich wird das entsprechende Hörspiel mittels eines integrierten Chips und des heimischen Wireless LANs ins Kinderzimmer befördert. „Hören", so die klangvolle Parole des verantwortlichen Startups *Boxine*, gerate damit „im wahrsten Sinne des Wortes zum Kinderspiel" (ebd.).

Für horästhetische Belange, die nachfolgend im Fokus stehen, sind die einfachen Wege nun nicht unbedingt die ergiebigsten. Und bei allem Komfort ist hier zwar viel über die Leichtigkeit des medialen Zugangs, aber wenig über die Qualität des Hörerlebnisses, in wirkungs- wie in werkästhetischer Akzentuierung, gesagt. Immerhin bemerkenswert sind indessen die (Spiel-)Qualitäten der als Markenbezeichnung eingetragenen *Hörfigur* (ebd.), die das auditive Ereignis um eine haptische und optische Valenz ergänzen. Das zu Hörende wird in gewisser Weise ver*körpert*, sichtbar, mithin greifbar. Eine solche *intermodale Situierung* des Hörens ist nicht neu und begegnet ganz zu Beginn der Rundfunkgeschichte in morphologisch nicht unähnlicher Form: Die Rede ist vom Terminus des sogenannten *Hörbilds*, der sich – changierend zwischen Ohr und Auge – ebenfalls aus einem intersensoriellen Bezug speist. Allein die Vielzahl zwischenzeitlich bemühter Schreibweisen von *Hörbild* über *Hör-Bild* bis *HörBild* ist ein Indiz für die diffuse Reichweite des Begriffs, der – so die hier vertretene These – geradewegs als Prisma zur Untersuchung vergangener und neuerer hörästhetischer Konzeptionen taugt.

Um den Gedanken näher auszuführen, wird der folgende Beitrag eine dreigliedrige, schlaglichtartige Begriffsarchäologie betreiben, wobei (1.) die Ursprungsbedeutung(en) des Terminus vor allem in der frühen Rundfunk- bzw. Hörspielzeit, (2.) dessen deutschdidaktische Umwidmung bzw. Applikation sowie (3.) dessen neuerliche Relevanz unter dem Vorzeichen der Digitalisierung skizziert werden. Es gilt dabei nicht, eine lückenlose Chronologie der Begriffsgeschichte zu entwickeln, wohl aber hörästhetische Wandlungsprozesse und Kontinuitäten herauszustellen. Wo nötig und möglich soll, wie im eingangs gewählten thematischen Aufhänger, auf kinder- und jugendliterarisches Illustrationsmaterial zurückgegriffen werden – womit abermals optische Metaphorik am Werk ist (lat. *illustrare*: erleuchten, erhellen), während doch eigentlich über *Hörbares* als *Unsichtbares* zu sprechen sein sollte.

Das Ohr in der Schule

Die nicht nur etymologische, sondern auch technische und künstlerische Problemlage der frühen Rundfunkzeit ist im letzten Satz bereits eingefangen: Die Neuheit des Mediums erforderte eine Umjustierung der medienästhetischen Skala, wobei das Fehlen einer *optischen Referenz* teils defizitär, teils produktiv wahrgenommen wurde. Typisch ist die Denkfigur einer „Übersetzung des Bildhaften ins Hörbare" (Kapeller 1924, 454), in der mitunter eine Analogisierung zu den sich visuell manifestierenden Künsten (d. h. vor allem Stummfilm und Theater; vgl. Ladler 2001, 53) mitschwingt. Das Ringen um die akustische Form – rückblickend wird sich das originäre *Hör-* bzw. *Sendespiel* als Entwicklungshorizont erweisen – führt zugleich in einen Wahrnehmungsdiskurs, den Marshall McLuhan (1968), Michael Giesecke (2002) u. a. Jahrzehnte später am *Ende der Gutenberg-Galaxis* aufgreifen: In seinem Beitrag *Probleme des Hörspiels* moniert Aloys C. Wilsmann bereits 1925 eine monosensuale „Zeit der Druckerschwärze" bzw. eine Dominanz des Sehsinns, der „seit der Erfindung der Buchdruckerkunst nicht viel mehr zur Ruhe kommt" (Wilsmann 1925; 1942). Einer solchen „einseitige[n] Bevorzugung" des Auges stellt er die Idee einer „gehobene[n] Harmonie der Sinne" (ebd.) gegenüber. Dabei hätte das „Auge [...] dann, bildlich gesprochen, bereits seine Lehrzeit aus und nun käme das Ohr in die Schule" (ebd.). Neue mediale Konstellationen wecken hier die Hoffnung auf veränderte Architekturen der Sinne (vgl. Schnell 2000, 145) – das Hören wird darüber, werk- und wirkungsbezogen, zum ästhetischen Experimentierfeld.

Das in Rede stehende Kompositum des *Hörbilds* ist nicht zuletzt Ausdruck dieser Entwicklung, d. h. der Form- und Begriffssuche, die selten in stringenten Bahnen verlief. Zunächst waren nicht unbedingt ausgewiesene Literaten am Werk, sondern vielfach „Bastler mit neuen Ausdrucksmitteln" (Fischer 1964, 27). Alfred Braun, seit 1924 erster Leiter der Hörspielabteilung bei der *Berliner Funk-Stunde*, bestätigt diesen Eindruck, wenn er rückblickend von „Geräuschexperimente[n]" im Studio berichtet, in welche die Hörer*innen explizit einbezogen wurden. Galt es etwa den Klang eines „Eisgang[s]" als atmosphärische Textur zu kreieren,

> „hat sich also einfach einer – ich muß es gestehen, so lächerlich es klingt – neben dem Mikrophon postiert und gegurgelt. Und dann haben unsere Hörer konstatiert oder nicht konstatiert: es klingt wie treibendes Eis. Und erst danach haben wir, um die Illusion nicht zu zerstören, das Rezept der Herstellung verraten" (Braun 1959, 62).

Solche Bemühungen muten (nicht nur) aus der heutigen Sicht, in der jedes Smartphone ein mobiles Tonstudio zur Aufnahme entsprechender O-Töne birgt, kurios an. Sie zeigen zugleich aber das kreative Spiel mit dem *illustrativen Potenzial* des Klangs, das ein zentrales Momentum des *Hörbilds* sein dürfte. Braun selbst wird gemeinhin als Schöpfer der entsprechenden Sendeform genannt, wobei im definitorischen Kern von einem „akustischen Stimmungsbild mit feature-ähnlichem Charakter" (Vowinckel 1995, 43 f.) auszugehen ist. Kurt Pinthus skizziert das Format 1928 etwas nuancierter, wenn er von der „akustischen Darstellung eines Milieus vermittels Musik und Geräuschen, stimmlichen Massenszenen, Rezitation und Lied, verbunden durch Dialoge und Erklärungen" (Pinthus [1928], 159) ausgeht. Verortet wird das *Hörbild* dabei als „primitive Stufe" (ebd., 187) der späteren, dramaturgisch ausgereifteren Sendespiele, wie sie sich in den 1920er-Jahren sukzessiv entwickeln – deutlich erkennbar bleibt bei Pinthus die ästhetische Leitidee, eine „optische Vision" durch „akustische Mittel" (ebd.) zu erzeugen. Dem folgt auch Hans Bodenstedt, seit 1924 literarischer Leiter und später Intendant der *Nordischen Rundfunk AG (Norag)*, wenn er das *Hörbild* als „Vorform oder Bestandteil des Funkdramas" verortet und dessen Fähigkeit herausstellt, über „akustische Empfindungen visuelle Vorstellungen [zu] bewirken" (Bodenstedt 1929/1950, 145). Im *Hörbild* werde jene transmodale Erfahrung „verwertet und zu bildmäßiger Farbigkeit ausgebaut" (ebd.)[1].

Wirft man im Bewusstsein dieser Definition einen kursorischen Blick in die Sendeprogramme des Kinder- und Jugendfunks der 1920/30er-Jahre, hier exemplarisch: *Der Deutsche Rundfunk* und *Die Mirag*, wird man erwartungsgemäß fündig: Mehrere Titel (u. a. des Schulfunks[2]) erwähnen den Terminus *Hörbild* explizit und scheinen sich einem szenischen bis feature-ähnlichen Charakter zu verpflichten, etwa die Beiträge *Am Schreibtisch des Dichters* (Laven, 28.1.1931), *Auf dem Autofriedhof* (Beckmann, 6.5.1931), *Zeitungen und Zeitungsbetrieb* (Laven, 7.2.1931) oder auch *Die Reise um die Welt in einer Stunde* (Goldschlag/Kamnitzer, 22.12.1929), die u. a. in einer „Kaffeeschenke in Konstantinopel", „[a]uf einer indischen Plantage" und „[i]n der Tropennacht über den Südsee-Inseln" Station macht. Gemein scheint diesen Beispielen eine thematische, reportageähnliche Fokussierung auf konkrete Phänomene der Lebenswirklichkeit, die situativ eingefangen bzw. geschildert werden. Im letzten Beispiel indes begegnet das *Hörbild* bereits nicht mehr in autarker Form, sondern als akustischer Teilbaustein einer sogenannten „Hör*folge* für die Jugend", die ihrerseits „in sieben Hörbildern" (ebd.) dargeboten wird. Verwiesen ist damit auf eine weitaus größere Anzahl terminologischer Fundstellen, die den Begriff in anderer Akzentuierung – sprich: vornehmlich im Sinne einer *dramaturgischen Gliederungseinheit* – gebrauchen. Häufig sind es traditionelle literarische Adaptionen bzw. fiktionale Stoffe, die das *Hörbild* in dieser Bedeutungsvariante integrieren: etwa *Robinson. Eine Folge von Hörbildern nach der Jugenderzählung „Robinson Crusoes Abenteuer"* (Brandt, 4.1.1930), *Rotkäppchen. Volksmärchen in drei Hörbildern* (Herrmann, 2.12.1926) oder *Rübezahl* als *Hörspiel für die Jugend in sieben Hörbildern* (Kaergel, 7.5.1930)[3]. Als Gemeinsamkeit beider Bedeutungsfacetten wird man gleichwohl festhalten können, dass erstens das *Hörbild* einen

1 Für den erhellenden Hinweis auf Bodenstedts Ausführungen und den Einblick in die bisher unveröffentlichte Hörfunk-Datenbank des DFG-Projekts *Kinder- und Jugendliteratur im Medienverbund 1900-1945* danke ich sehr herzlich Frau Dr. Annemarie Weber, Universität Bielefeld.

2 Fischer verweist im Kontext des Schulfunks interessanterweise explizit auf das Hörbild als didaktisches Mittel, um „mehr als nur Belehrung, nämlich Erlebnis zu vermitteln" (Fischer 1964, 296).

3 Den hier berichteten Erwähnungen des Begriffs *Hörbild* aus der *Mirag* und dem *Deutschen Rundfunk* sind die Recherchen Brunhild Elferts zur Seite zu stellen, die sich in ihrer Dissertation schwerpunktmäßig mit der Entwicklung des Kinder- und Jugendfunks in der *Berliner Funk-Stunde AG* beschäftigt. Elfert datiert die ersten *Hörbilder* für Kinder und Jugendliche auf die Sommermonate der Jahre 1925 bis 1929, wobei Alfred Braun im Zuge der sogenannten *Kinderfeste* als Leiter federführend gewesen sein dürfte (vgl. Elfert 1985, 214 f.).

vergleichsweise *begrenzten Handlungs- und Aktionsspielraum* besitzt und damit zweitens eine Qualität des *anschaulichen, situativen (Hör-)Eindrucks* exponiert wird (vgl. hierzu Kribus 2001, 1466 sowie Elfert 1985, 213). Dem widerspricht nicht zwingend, dass Begriff und Form des *Hörbilds* bis heute fluide bleiben, sich in weitere Komposita einschreiben (z. B. *Hörbildszene*, *Hörbildmontage* usf.) und seit 1945 vorwiegend – wenngleich weiterhin nicht einheitlich – mit der Sendeform des *Features* gleichgesetzt werden (vgl. Döhl/Kauffmann 2007, 326).

Hör-Bilder und Hör-Bildung

Ein Schwenk in literatur- und mediendidaktische Gefilde, wie er nachfolgend anhand der begrifflichen Adaption durch Jutta Wermke zu unternehmen ist, greift die letztgenannte Definition ex negativo auf. In ihrer über viele Jahre (weiter-)entwickelten Konzeption zur Hörerziehung mittels *Hör-Bilder* grenzt sie den Terminus scharf vom „*Hörbild* als Synonym für die radiophone Form des Features" (Wermke 2011, 293) ab. Die konzeptionelle Reichweite beider Varianten ist nachfolgend etwas nuancierter auszuleuchten, wobei die Genese und artistischen Freiheitsgrade des Begriffs aus den 1920er-Jahren als Hintergrundfolie dienen.

Bereits Wermkes Grundverständnis von *Hörerziehung* ist in diesem Sinne aufschlussreich, geht es ihr doch um

> „die systematische Entfaltung von Wahrnehmungs- und Vorstellungsvermögen in der akustischen Dimension und die Entwicklung der Fähigkeit, Höreindrücke differenziert zu verbalisieren" (Wermke 2013, 182).

Hören wird dabei ausdrücklich nicht nur in kommunikativer Absicht (An-, Zu-, Verhören etc.) oder kunstbezogener Rezeption (Musik, Hörtexte etc.) relevant, sondern auch im Umgang mit Klängen und Geräuschen der Umwelt, die den horästhetischen Gegenstandsbereich substanziell erweitern (vgl. ebd., 182). Ähnlich wie bei den frühen Rundfunkpionieren gewinnt neben der Kultivierung einer differenzierten auditiven Wahrnehmung auch die imaginative Schicht des Hörens an Bedeutung: Wermke spricht von „Ohr-Erinnerungen" oder „Hör-Phantasien", die ihrerseits von „auditiven Erfahrungen" (ebd., 185) – d. h. von Wahrnehmungswissen – gespeist würden. Die Funktion von *Bildern* im Rahmen der Hörerziehung versieht Wermke mit dem ungewöhnlichen Twist, „über die visuelle Wahrnehmung die auditive Vorstellung zu aktivieren" (Wermke 2011, 297). Der uralte Topos des *Beschreibe, was du siehst …* wird dabei intermodal umformatiert in ein *Beschreibe, was du hörst …* und zwar imaginativ, sprich: auf Grundlage des präsentierten *Bild*materials, das die Autorin aus einem bunten Œuvre von *abstrakt* bis *gegenständlich*, von *situativ* bis (potenziell) *narrativ* zusammenstellt. Klees *Zwitschermaschine* (1922) findet dabei ebenso Berücksichtigung wie Picassos *Guernica* (1937), Mirós *Gespräch der Insekten* (1924/25), Magrittes *Der bedrohte Mörder* (1926) oder Friedrichs *Frau am Fenster* (1822), um nur einige zu nennen.

Wermkes Lernsettings knüpfen sich eng an das jeweilige Anschauungsmaterial und zielen u. a. auf die Erkundung unterschiedlicher *Aufmerksamkeitsformen des Hörens*, den *kulturgeschichtlichen Wandel von Klangwelten*, die *kreative Verbalisierung unbe-*

kannter akustischer Phänomene, die *Erprobung neuer phonetischer Ausdrucksmöglichkeiten* und die *Beschreibung der akustischen Dimension von Bildern*, die Klangaspekte gerade *nicht* explizieren, für imaginative Projektionen aber anschlussfähig sind. Die so beschaffene, facettenreiche Hör-Seh-Didaktik befördert Wermke zufolge gleichermaßen die Bild*wahrnehmung* wie die Hör*vorstellung*, da beide – in stetig sprachlich-sinnlicher Vermittlung – komplex miteinander interagieren (vgl. ebd., 297 ff.).

Der produktive Effekt von Transformationsprozessen, den die Autorin hier geltend macht, steht in einer pädagogischen Entwicklungslinie, die *[s]ynästhetische Strategien in der Kunstvermittlung* (Hallmann 2016) schon länger verfolgt und erprobt. Nicht

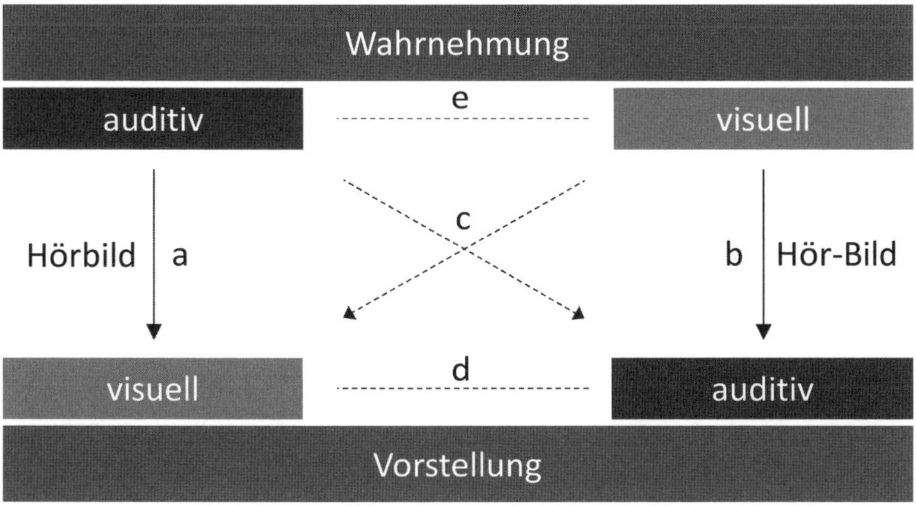

Abb. 1: Achsen sinnlicher Transformation in *Hörbildern/Hör-Bildern*[4]

weniger bekannt sind Experimente aus Malerei, Musik und Literatur, die sich mit einer wechselseitigen Erhellung oder Verschmelzung der Künste bzw. Sinne beschäftigen (vgl. stellvertretend Wohler 2010). Der Diskurs um den schillernden, durchaus problematischen *Synästhesie*-Begriff ist hier nicht zu vertiefen (vgl. Frederking 2014; Gruß 2017; Preis 2017, 93 ff.). Es mag näherungsweise genügen, das *synästhetische Moment* als (a.) modalitätsübergreifende Korrespondenz zwischen den Sinnen und/oder (b.) multimodal aktives Sinnesspektrum, das wahrgenommen oder imaginiert wird, zu umreißen. Der erstgenannte Aspekt ist für das hier fokussierte Verhältnis von Hören und Sehen insofern relevant, als er in beiden vorgestellten Lesarten des *Hörbild*-Begriffs in Erscheinung tritt, allerdings in spiegelbildlicher Ausrichtung (Abb. 1).

Das *Hörbild* im oben skizzierten Verständnis der frühen Rundfunkzeit (Abb. 1, a) konstituiert sich rezeptionsseitig aus dem Übergang von auditiver Wahrnehmung in visuelle Vorstellung. Die Imagination transponiert den Hör- in einen (inneren) Seh-

4 Es sei kritisch bemerkt, dass sowohl die konzeptionelle Trennung der Einzelsinne als auch die Unterscheidung von Wahrnehmung und Vorstellung heuristischen Zwecken dient. Freilich wird gegenwärtig gerade die Durchlässigkeit entsprechender Kategorien diskutiert, sowohl was Fragen der intermodalen Integration als auch der Unterscheidbarkeit von wahrgenommenen von vorgestellten Gedächtnisinhalten betrifft (vgl. Schönhammer 2013, 261; Fauser 2014, 66).

raum, was von Bodenstedt in durchaus „naiver Faszination" (Vowinckel 1995, 129) auch hörspieltheoretisch verbucht wird: Als „akustische Forderung" gelten ihm die Schaffung von „Raum" und „Tiefenwirkung" der *Hörbilder*, denn „daß eine Raumvorstellung nicht bloß durch die Empfindungen des Tast- und Gesichtssinnes, sondern auch schon durch die des Gehörs allein bewirkt werden kann, war bisher unbekannt" (Bodenstedt 1929/1950, 146). Der medialen Offerte ist freilich das je subjektive Vorstellungsvermögen gegenüberzustellen, denn das im Zuge der Hörmedienrezeption bis heute gern angepriesene *Kino für die Ohren* läuft nicht automatisch und voraussetzungslos – auch die „Phantasie der Sinne" (Wermke 1997, 123) will gefördert und gelernt sein.

Wermkes didaktische Konzeption des *Hör-Bilds* beschreitet als eine solche *Schule der Wahrnehmung und Imagination* den umgekehrten Weg (Abb. 1, b): Das visuell manifeste Bild wird ins Unsichtbare, in Hörvorstellung übertragen. Damit einher geht häufig eine Transformation des optisch-präsentischen Zeit*punkts* in eine Zeit*spanne* (vgl. Wermke 2011, 300), denn das statische Bild kann im sprachlichen Korrelat situativ ausgeschmückt oder narrativ fortgesponnen werden. Mithin verändert sich auch, wie Berichte aus studentischen *Hör-Bild*-Texten nahelegen, der Grad an subjektiver Involviertheit bzw. ästhetischer Partizipation, der durch ein imaginatives *Hineinhören* oder gar *Eintreten* in die dargebotenen Bilder beeinflusst werden kann (vgl. ebd. sowie Dehn 2016, 388 ff.). Der Vollständigkeit halber sei erwähnt, dass ein visuelles (bzw. auditives) Sinnesdatum auch Vorstellungen in der *gleichen* Sinnesmodalität hervorrufen kann (Abb. 1, c) – darüber hinaus sind Sekundärassoziationen auf der Vorstellungsebene erwartbar (Abb. 1, d).

Die herangezogenen Begriffsbestimmungen des *Hörbilds* verhalten sich in ihrer Sinnesarchitektur folglich komplementär zueinander. Beide setzen eine sinnliche Transformation von Wahrnehmung in Vorstellung voraus, beide gründen auf der intermodalen Referenz von Hören und Sehen und beide rechnen mit aktiven, produktiven Rezipient*innen, die imaginativ in das (syn-)ästhetische Wechselspiel eintreten. Verbindendes Element ist darüber hinaus eine sowohl referenzielle als auch stimmungshafte Qualität der *Hörbilder/Hör-Bilder*, die einerseits das vielfältig Einzelne (Dinge, Personen, Orte usf.) optisch oder akustisch ausstellen, zugleich aber atmosphärische Gesamtheiten transportieren bzw. erzeugen (vgl. Böhme 2014). Freilich geht Wermkes Verständnis des Begriffs in hördidaktischer Perspektive ungleich weiter, muss weiter gehen, denn hier steht eine *sprachgeleitete* Bewältigung (hör-)ästhetischer Impulse im Zentrum, die ihr methodisches Ensemble (u. a.) im Deutschunterricht verortet. Wenn Hans Bodenstedt anno 1929 in den noch frühen Stunden des Hörfunks ausruft: „Das Experiment ist [...] unerlässlich" (Bodenstedt 1929/1950, 145), scheint darin gleichwohl eine weitere ideelle Verwandtschaft auf: So wie das *Hörbild* damals noch tastend werk- und wirkungsästhetisch auf den Weg zu bringen war, bleibt auch Wermkes Ansatz ein im Kern *experimenteller*, der durchaus das „Sprengen von Hörkonventionen" (Wermke 2011, 299) anzielt und mit der Infragestellung vertrauter Wahrnehmungs*gewohnheiten* neue Wahrnehmungs*möglichkeiten* eröffnet.

Hörbilder/Hör-Bilder im digitalen Zeitalter

Wenn die Digitalisierung der Gesellschaft *eines* ohne Zweifel befördert, dann eine umgreifende „Pluralisierung der Wahrnehmungsmuster" (Frederking 2014, 25) oder, allgemeiner gefasst mit Felix Stalder, eine „enorme Vervielfältigung der kulturellen Möglichkeiten" (Stalder 2016, 10). Das Gedankenspiel *Hörbild vs. Hör-Bild* sei unter diesen Vorzeichen – als Abschluss und terminologische Hybridisierung – in eine letzte Runde geführt. Im Rückblick auf Abb. 1 unerwähnt blieb bisher ein Konnex, der hierbei im Zentrum stehen soll: die Kopplung von Hören und Sehen als *Hörbild* auf Ebene der *Wahrnehmung*, d. h. des äußeren sinnlichen Reizangebots (Abb. 1, d). Aus der kaum überschaubaren Vielfalt an audiovisuellen Medien- bzw. Kunstformen seien dazu stellvertretend einige wenige herausgestellt, wobei das Bewegtbild ausgeschlossen bleiben muss:

Bilder, die (tatsächlich) klingen, finden sich naheliegender Weise zunächst im Bilderbuch, in sehr elementarer Form in den *Sound-* oder *Hör Mal-Büchern*, die auf Knopfdruck vermittels eines eingebauten Klangchips von Tierlauten über Fahrzeugklänge bis hin zu Körpergeräuschen (!) und Kinderliedern einiges verlauten lassen. Vom Grundprinzip nicht weit entfernt, technisch und konzeptionell aber ungleich ausgefuchster, sind die – seit einigen Jahren auch in Bildungskontexten diskutierten – *digitalen Audiostifte* (z. B. *tiptoi*, *Ting* oder *Anybook*; vgl. Droll/Staiger 2015). Die passende Buchvorlage und den vorgängigen Sounddownload auf den Stift vorausgesetzt, wird hier via unsichtbarem Barcode in thematisch und altersspezifisch weit gefächertem Spektrum auditives Leben in visuelle Pappvorlagen gebracht. Das oben erwähnte *Hörbild* der *Reise um die Welt in einer Stunde* von 1929 findet hier z. B. sein sachbuchartiges Pendant in Gestalt von *Mein großer Weltatlas* aus der *tiptoi*-Reihe (Friese/Schargan 2013). Der Hörtrip quer über alle Kontinente verbindet u. a. Einzelsounds (Nilpferd bis Raddampfer), Atmosphärisches (Wellenrauschen bis Muezzinruf) und gesprochene Informationstexte – die (mehr oder weniger gelungene) Dramaturgie der akustischen Reise bestimmt allein die/der Hörende. Im Falle des *Anybook*-Stiftes ist erwähnenswert, dass hier auch eigene Aufnahmen möglich sind und individuell mit frei zu platzierenden Code-Stickern verknüpft werden können – beliebige Buchseiten, Objekte und Orte lassen sich auf diese Weise mit selbst aufgenommenen Texten oder Klängen verknüpfen.

Mittelbar angesprochen ist damit der, hier sicher in seiner Breite nicht aufzuarbeitende, Bereich der (enhanced) eBooks und Bilderbuch-Apps, die Christoph Schiefele unlängst synopsenartig in didaktischem Kontext analysiert hat (vgl. Schiefele 2018 sowie Knopf 2018; Ritter/Ritter 2016) – fast müßig zu erwähnen, dass die ursprüngliche Text-Bild-Erzählung hier neben ludischen, filmischen u. a. Zugaben häufig auch um Audioelemente (von der Vorlesefunktion bis hin zu singulären Soundanimationen) ergänzt wird. Unter horästhetischen Gesichtspunkten – auch ob seiner etwas experimentellen Note – herauszustellen ist dabei der Augmented-Reality-Ansatz *LeYo!* des Carlsen Verlags: Die Bilderbücher per se verfügen über keinerlei digitale Auf- oder Umarbeitung, per *LeYo!*-App jedoch erwachen die gedruckten Buchseiten zu visuellem und akustischem Leben, sofern man sie durch die Kamera des Smartphones bzw. Tablets betrachtet. *Mein Lieblings-Gruselbuch* (Tielmann/Radermacher 2015) etwa verfolgt dabei auf auditiver Ebene die Strategie, einen anhaltenden atmosphärischen

Hintergrundsound für jede Doppelseite zu etablieren, der dann je nach Fokus der Kamera um spontane Klangereignisse ergänzt wird (Prinzip: Stimmung eines nächtlichen Gruselwalds – Sucher auf Kröte: *Quoooaarck!* – Sucher auf Fliegenpilze: Fliegensurren etc.). Die in Echtzeit gebildete akustische Collage eröffnet dabei, eine gemächliche Exkursion des Terrains vorausgesetzt, z. T. sehr überraschende und doch ästhetisch stimmige Effekte, die sich nicht zwingend in der ansonsten weit verbreiteten *Doppelpunktdramaturgie* (Hund: *Wau!*; Katze: *Miau!*) erschöpfen. Die Sehfläche wird akustisch dynamisiert und erhält – erinnert sei an Wermkes *Hör-Bilde*r – eine zeitlich lineare, bei aller bildlichen Statik fast filmische Dimension.

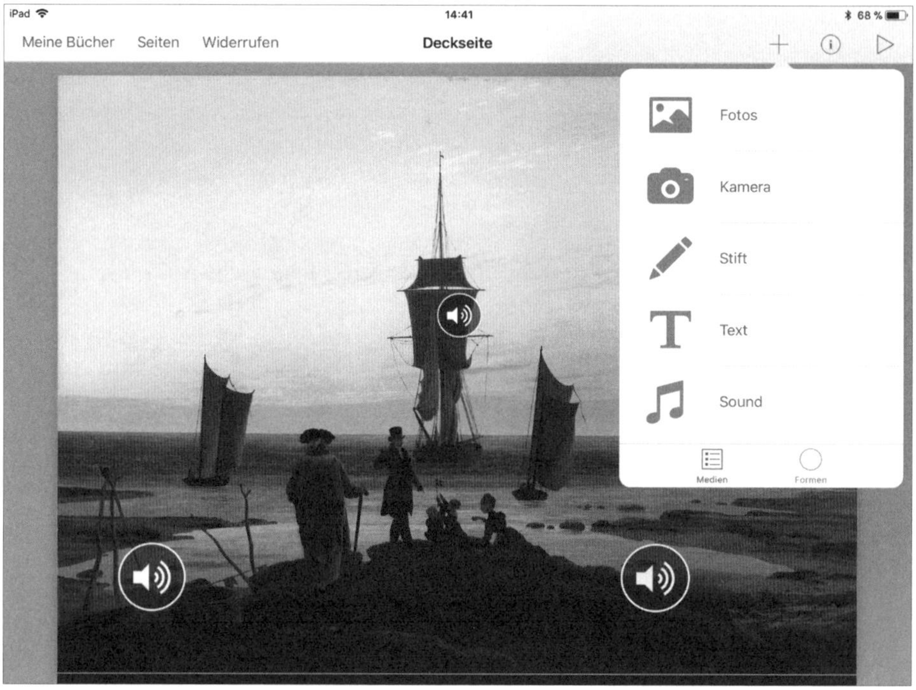

Abb. 2: Hör-Hotspots in der App Book Creator

Eine letzte Variante der Klang-Bild-Kombination führt zurück auf die produktive und damit experimentelle Seite des *Hörbilds* bzw. *Hör-Bilds*: Die inzwischen auch an vielen Schulen eingesetzte App *Book Creator* (*iOS* oder plattformübergreifend via *Chrome*) bietet die Möglichkeit, individuelle *eBooks* herzustellen, wobei eigene Texte, Bilder und Klänge kombiniert werden können. Auch kollaboratives Arbeiten an Buchprojekten ist inzwischen möglich – das Ergebnis lässt sich als *ePub*, *Pdf* oder Video exportieren. Eigenes Bild- und Tonmaterial wird im *Book Creator* unkompliziert über die Importfunktion der App integriert. Interessant für den Leitgedanken des *Hörbilds/Hör-Bilds* im übergreifenden Sinne ist nun, dass Klänge – seien es eigene Aufnahmen oder Dateien aus Soundarchiven wie *freesound.org* – automatisch als *Audio-Hotspot* in Form eines anklickbaren, kreisförmigen Lautsprecher-Icons erscheinen (Abb. 2). Das Icon ist in der Größe skalierbar, lässt sich frei auf der Bildfläche positionieren und – hierin liegt der Vorteil gegenüber anderen Apps wie *Creative Book Builder* – über die Funktion *Unsichtbar in iBooks* (Register: *Information*) ausblenden. Auf diese Weise entstehen selbst produzierte, interaktive Hörszenarien, die sich schauend und tastend in akustischer Dimension erkunden lassen, ohne die klanganimierten Stellen vorab zu verraten.

Projiziert man dieses methodische Arrangement zurück auf das in Abb. 1 entworfene Schema, wird die Komplexität des digitalen Zugriffs offenbar: Im Zuge der Produktion müssen Lernende die visuelle Vorlage zunächst genau wahrnehmen, inventarisieren, atmosphärisch durchdringen. Die Suche nach stimmigen Klängen oszilliert sodann komplex zwischen dem, was ich *visuell wahrnehme*, dem, was ich mir als jeweils passendes Klangelement *auditiv vorstelle* und dem, was ich wiederum als konkrete Klangquelle *auditiv wahrnehme*, wenn ich Soundmaterial sondiere oder erzeuge. In ähnlicher Weise befördert die Rezeption des fertigen Bildes zunächst ein *genaues Schauen* (*Was* könnte hier klingen?), die *imaginative Antizipation* (*Wie* könnte das Geschaute klingen?) und die ggf. *vergleichende Wahrnehmung* (Welchen akustischen Vorschlag macht das Bild und wie verhält er sich zu meinen Wahrnehmungen bzw. Vorstellungen?). Ganz unterschiedliche Facetten und Intentionen des *Hörbilds* im radiophonen und des *Hör-Bilds* im hördidaktischen Verständnis finden hier demnach in digitaler Entgrenzung bzw. symmedialer Korrespondenz zusammen. Es sei darauf verzichtet, das terminologische Duo deswegen um ein weiteres Mitglied – das *HörBild* wäre noch weitgehend unbesetzt – zu ergänzen. Zu unterstreichen ist vielmehr das didaktische Leitprinzip, mediale Umbrüche und sich verändernde Wahrnehmungspraxen in ihrem Einfluss auf Chancen und Grenzen ästhetischer Bildung (immer neu) zu befragen – in rezeptiver wie produktiver Hinsicht. Das hier verfolgte Gedankenspiel rund um die Begriffsarchäologie des *Hörbilds* mag dazu einen kleinen Beitrag geleistet haben.

Addendum

Das Gesagte versteht sich, dies sei abermals betont, nicht zuletzt als *Plädoyer für das Experiment*, für sinnliches Entdecken und ästhetische Versuche, die eben nicht entgegengesetzt zur digitalen Mediatisierung zu denken sind, sondern in ihr aufgehen. Dies verpflichtet, bei aller Experimentierfreude, gerade in Lehr-Lern-Kontexten zu kritischer Prüfung und Evaluation. Es wird zweifellos, gerade in der Anfangszeit des Rundfunks, dilettantische *Hörbilder* gegeben haben – ebenso gibt es heute klingende Bilderbücher, die eine einfältige, bloß additive Hör-Seh-Textur erzeugen und wenig Anlass bieten zu ästhetischer Sensibilisierung oder imaginativem Engagement. Pauschal zu verteufeln sind deswegen beide nicht, wohl aber medien- und literarästhetisch angemessen zu reflektieren. Erinnert sei schließlich daran, dass die Thematisierung der Sinne keineswegs mit „didaktische[m] Sinnentrubel" (Rumpf 1994, 5) zu verwechseln, sondern im Zusammenhang umfassenderer Konzeptionen, etwa der Wahrnehmungs-/Vorstellungsbildung, des symbolischen Verstehens etc. zu verorten ist (vgl. Preis 2017). Auch, und erst recht vor diesem Hintergrund lohnt es sich, hörästhetische *Spielräume* im Wandel der Zeit zu erkunden.

Primärliteratur

Friese, Inka/ Constanze Schargan: Mein großer Weltatlas (tiptoi). Ravensburg: Ravensburger, 2013

Thielmann, Christian/ Jan Radermacher: Mein Lieblings-Gruselbuch (LeYo!). Hamburg: Carlsen, 2015

Sekundärliteratur

Bodenstedt, Hans: Spiel im Studio (1929). In: Bredow, Hans (Hg.): Aus meinem Archiv. Probleme des Rundfunks. Heidelberg 1950, 144-148

Böhme, Gernot: Atmosphäre. Essays zur neuen Ästhetik. 2. Aufl. der 7., erw. u. überarb. Aufl. Frankfurt/ M. 2014

Boxine: Tonies – die Idee. Das neue Audio-System für Kinder. 2018. https://tonies.de/die-idee (23.07.2018)

Braun, Alfred: Das erste Jahrzehnt im Berliner Vox-Haus. In: Rundfunk und Fernsehen 7 (1959) H. 1/2, 61-71

Dehn, Mechthild: Bildverstehen. Sprachformen für Unbestimmtheit und Ungewissheit. In: Glas, Alexander/ Ulrich Heinen/ Jochen Krautz/ Gabriele Lieber/ Monika Miller/ Hubert Sowa/ Bettina Uhlig (Hgg.): Sprechende Bilder – Besprochene Bilder. Bild, Begriff und Sprachhandeln in der deiktisch-imaginativen Verständigungspraxis. München 2016 (Imago; 3), 385-401

Döhl, Reinhard/ Kai Kauffmann: Hörbild. In: Burdorf, Dieter/ Christoph Fasbender/ Burkhard Moennighoff (Hgg.): Metzler Lexikon Literatur. Begriffe und Definitionen. 3., völlig neu bearb. Aufl. Stuttgart [u. a.] 2007, 326

Droll, Hansjörg/ Michael Staiger: Vorlesen! Mitlesen. Selbstlesen? Erkundungen zum lesedidaktischen Potenzial von digitalen Audiostiften. In: kjl&m 67 (2015) H. 1, 79-87

Elfert, Brunhild: Die Entstehung und Entwicklung des Kinder- und Jugendfunks in Deutschland von 1924 bis 1933 am Beispiel der Berliner Funk-Stunde AG. Frankfurt/ M. [u. a.] 1985 (Europäische Hochschulschriften; 40/ Kommunikationswissenschaft und Publizistik; 3)

Fauser, Peter: Ohne Vorstellung geht nichts. Über den Zusammenhang von Imagination und Lernen und eine Theorie der Vorstellung. In: Sowa, Hubert/ Alexander Glas/ Monika Miller (Hgg.): Bildung der Imagination. Bd. 2: Bildlichkeit und Vorstellungsbildung in Lernprozessen. Oberhausen 2014, 61-97

Fischer, Eugen Kurt: Das Hörspiel. Form und Funktion. Stuttgart 1964

Frederking, Volker: Symmedialität und Synästhetik. Die digitale Revolution im medientheoretischen, medienkulturgeschichtlichen und mediendidaktischen Blick. In: Frederking, Volker/ Axel Krommer/ Thomas Möbius (Hgg.): Digitale Medien im Deutschunterricht. Baltmannsweiler 2014 (Deutschunterricht in Theorie und Praxis; 8), 3-49

Giesecke, Michael: Von den Mythen der Buchkultur zu den Visionen der Informationsgesellschaft. Trendforschungen zur kulturellen Medienökologie. Frankfurt/ M. 2002 (Suhrkamp Taschenbuch Wissenschaft; 1543)

Gruß, Melanie: Synästhesie als Diskurs. Eine Sehnsuchts- und Denkfigur zwischen Kunst, Medien und Wissenschaft. Bielefeld 2017

Hallmann, Kerstin: Synästhetische Strategien in der Kunstvermittlung. Dimensionen eines grundlegenden Wahrnehmungsphänomens. München 2016 (Kontext Kunstpädagogik; 43)

Kapeller, Ludwig: Vom Bühnenbild zum Hörspiel. Zweiter Versuch einer „fruchtbaren Kritik". In: Funk 1 (1924) H. 30, 453-455

Knopf, Julia: Bilderbuch-Apps im Kindergarten und in der Primarstufe. Potential für das literarische Lernen?! In: Ladel, Silke/ Julia Knopf/ Armin Weinberger (Hgg.): Digitalisierung und Bildung. Wiesbaden 2018, 23-38

Kribus, Felix: Kommunikative und ästhetische Funktion des Hörfunk-Features in seiner Entwicklung bis 1945. In: Leonhard, Joachim-Felix/ Hans-Werner Ludwig/ Dietrich Schwarze/ Erich Straßner (Hgg.): Medienwissenschaft. Ein Handbuch zur Entwicklung der Medien und Kommunikationsformen. 2. Teilbd. Berlin [u. a.] 2001, 1460-1468

Ladler, Karl: Hörspielforschung. Schnittpunkte zwischen Literatur, Medien und Ästhetik. Wiesbaden 2001

McLuhan, Marshall: Die Gutenberg-Galaxis. Das Ende des Buchzeitalters. Düsseldorf [u. a.] 1968 [engl. EA 1962]
Pinthus, Kurt: Die Dichtung. In: Fünf Jahre Berliner Rundfunk. Ein Rückblick 1923-1928. Berlin [1928], 92-208
Preis, Matthias: Die Sinne im Text. Literarische Sinneswahrnehmung im didaktischen Diskurs. München 2017 (KREAplus; 12). Zugl.: Bielefeld, Univ., Diss., 2016
Ritter, Alexandra/ Michael Ritter: Mediale Zwischenwelten. Bilderbuch-Apps als Hybridphänomene an der Grenzlinie analoger und digitaler Literaturkultur. In: Peschel, Markus/ Thomas Irion (Hgg.): Neue Medien in der Grundschule 2.0. Grundlagen – Konzepte – Perspektiven. Frankfurt/ M. 2016, 259-275
Rumpf, Horst: Mit allen Sinnen lernen? Vorschläge zur Unterscheidung. In: Musik und Bildung 26 (1994) H. 2, 5-9
Schiefele, Christoph: Formen und Möglichkeiten des Einsatzes digitaler Medien rund um Bilderbücher im inklusiven Deutschunterricht. 2018. http://nbn-resolving.de/urn:nbn:de:0111-pedocs-154330 (23.07.2018)
Schnell, Ralf: Medienästhetik. Zu Geschichte und Theorie audiovisueller Wahrnehmungsformen. Stuttgart 2000
Schönhammer, Rainer: Einführung in die Wahrnehmungspsychologie. Sinne, Körper, Bewegung. 2., überarb., aktual. u. erw. Aufl. Wien 2013
Stalder, Felix: Kultur der Digitalität. Frankfurt/ M. 2016
Vowinckel, Antje: Collagen im Hörspiel. Die Entwicklung einer radiophonen Kunst. Würzburg 1995
Wermke, Jutta: Hördidaktik und Hörästhetik. Lesen und Verstehen auditiver Texte. In: Frederking, Volker/ Axel Krommer/ Christel Meier (Hgg.): Taschenbuch des Deutschunterrichts. Bd. 2: Literatur- und Mediendidaktik. 2., neu bearb. u. erw. Aufl. Baltmannsweiler 2013, 182-201
dies.: Hör-Bilder. Zur Funktion von Bildern im Rahmen einer Hörerziehung. In: Bilstein, Johannes (Hg.): Anthropologie und Pädagogik der Sinne. Opladen [u. a.] 2011, 293-317
dies.: Integrierte Medienerziehung im Fachunterricht. Schwerpunkt: Deutsch. München 1997
Wilsmann, Aloys C.: Probleme des Hörspiels. In: Der Deutsche Rundfunk 3 (1925) H. 31, 1941-1944
Wohler, Arnold: Synästhesie als ein strukturbildendes Moment in der Kunst des 20. Jahrhunderts. Unter besonderer Berücksichtigung von Malerei und Musik. Münster 2010 (Internationale Hochschulschriften; 540)

Programmangaben (Hörfunk)

Beckmann, Eberhard: Auf dem Autofriedhof. Hörbild (Jugendstunde). SWR Frankfurt, 6.5.1931. In: Der Deutsche Rundfunk 9 (1931) H. 15, 40
Brandt, Carl: Robinson. Eine Folge von Hörbildern nach der Jugenderzählung *Robinson Crusoes Abenteuer*. Unter Mitarbeit von Kurt Lesing. Orag Königsberg, 4.1.1930. In: Der Deutsche Rundfunk 7 (1929) H. 52, II
Goldschlag, George A./ Ilse Kamnitzer: Die Reise um die Welt in einer Stunde. Eine Hörfolge für die Jugend in sieben Hörbildern. Unter Mitarbeit von Ernst Stockinger (Kinderstunde). Sürag Stuttgart, 22.12.1929. In: Der Deutsche Rundfunk 7 (1929) H. 51, III
Herrmann, Emil Alfred: Rotkäppchen. Volksmärchen in drei Hörbildern. Unter Mitarbeit von Julius Witte. Mirag Leipzig, 2.12.1926. In: Der Deutsche Rundfunk 4 (1926) H. 48, 3449
Kaergel, Hans Christoph: Rübezahl. Ein Hörspiel für die Jugend in sieben Hörbildern. Unter Mitarbeit von Carl Blumau (Jugendfunk). Mirag Dresden, 7.5.1930. In: Die Mirag 7 (1930) H. 18, 9
Laven, Paul: Am Schreibtisch des Dichters. Hörbild. Unter Mitarbeit von Rudolf Binding und Alfons Paquet (Schulfunk). SWR Frankfurt, 28.1.1931. In: Der Deutsche Rundfunk 9 (1931) H. 4, 40
ders.: Zeitungen und Zeitungsbetrieb. Ein Hörbild (Schulfunk). SWR Frankfurt, 7.2.1931. In: Der Deutsche Rundfunk 9 (1931) H. 5, 58

Ines Storch / Michael Ritter

„Und sind Aliens nicht eigentlich größer?"

Zugänge zu einer alten Diskussion aus der Perspektive von Kindern

Nehmen wir ein Buch in die Hand, laufen bewusst wie unbewusst Wertungsprozesse ab, die den weiteren Umgang mit der Literatur maßgeblich beeinflussen. Sie können „Zugänge zu Literatur eröffnen oder verschließen sowie die Auseinandersetzung [...] positiv wie negativ beeinflussen" (Heins 2017, 6). Der aktuelle Diskurs (vgl. z. B. Zabka 2013; Heins 2017) begreift die literarische Wertung sogar als grundlegend für eine „selbstbewusste Teilhabe am Handlungsfeld Literatur" (Abraham/Kepser 2009; zit. nach Heins 2017, 7).

So beeinflussen Wertungen nicht nur die lektürebegleitenden Emotionen maßgeblich, sondern auch die Lektürewahl sowie das Textverstehen allgemein (vgl. Grzesik 2005). Sie wahrzunehmen, zu akzeptieren und zu fördern, scheint daher aus der Perspektive der Leseförderung und des literarischen Lernens ausgesprochen ertragreich zu sein.

Im Folgenden sind einige Aussagen aus Gruppeninterviews mit Grundschulkindern zu lesen, die zum Bilderbuch *Herr Schnuffels* von David Wiesner (2014)[1] geführt wurden. Zuerst kommen die beiden Erstklässler*innen Elisa und Leo[2] zu Wort:

I: was ist euch an dem buch aufgefallen (.) ist da irgendwas BESONDERES an dem buch
E: dass es aliens gibt
L: ja
I: mmh
E: es gibt ja sonst keine aliens
L: ja (.) in echt nicht
I: aha (.) ja
E: nur bei filmen (.) da gibt's die
L: ja
I: was noch (.) ist euch noch was aufgefallen
E: hmm
I: ihr könnt auch nochmal REINBLÄTTERN wenn ihr wollt
E: mmh mmh
L: ok [blättert das buch auf]
E: dass die- doch mir ist noch was aufgefallen (.) dass die katze so aussieht wie meine katze

1 Eine ausführlichere Buchanalyse findet sich im weiteren Verlauf des Beitrags.
2 Alle Namen der Kinder wurden anonymisiert. I ist die Interviewerin.

I: was ist denn so BESONDERS an dem buch (.) ist da überhaupt was besonders dran (.) AUSSER dass die aliens drin vorkommen
L: m:mh
E: dass die katze ganz süß ist
I: ok (.) was noch
L: äh (2) dass die ameisen erst wütend waren und dann angefreundet haben (.) das war spannend

Auch Amilia und Enni besuchen die erste Klasse:

A: das sieht ja VERRÜCKT aus [zeigt auf ein panel]
E: (unverständlich)
A: so t:üt [ahmt die bewegung der abgebildeten aliens nach]
E: mal sehen (.) hier sind die-
A: OH MEIN GOTT sagt der
E: die sind müde (.) sind die müde (2) oder
A: was'n da passiert [zeigt auf ein anderes panel]
E: der kleine junge hat das ufo ZERSTÖRT
A: bestimmt (.) das sieht SO KOMISCH aus

Bei genauerer Betrachtung wird deutlich: In den Schüler*innenäußerungen stecken literarische Wertungen, die eine persönliche Zuneigung zu einem ausgewählten Buch, vielleicht aber auch eine Ablehnung erkennbar werden lassen. Ein explizites Werturteil (vgl. Zabka 2013) wie Leos „Das war spannend" zeugt von einem deutlichen Einfluss positiver (oder an anderer Stelle eben auch negativer), rezeptionsbegleitender Emotionen auf diesen Wertungsprozess. Und auch jene eher impliziten Wertausdrücke, wie Amilias „verrückt oder komisch", die vielleicht den Schüler*innen an der Stelle noch gar nicht so bewusst sind und etwa im reflektierenden Gespräch erst in klare Standpunkte überführt werden müssen, deuten hier schon an, welche Bedeutung jene positiven oder negativen Gefühle für einen ersten Zugang zu einem Buch haben können. Wenn beispielsweise Elisa erzählt, „dass die Katze so aussieht wie meine Katze", könnte dies die Wertung *faszinierend* implizieren, weil Elisa hier ihre eigene Erfahrungswelt mit dem Inhalt der Geschichte in Verbindung bringen kann und diesem dadurch in positiver Erwartung vertrauter und emotional bedeutsamer Inhalte gegenübersteht. Die Aussage könnte allerdings auch die Wertung *langweilig* enthalten, wegen der vermutlich nur wenigen neuen Impulse, die diese Geschichte für Elisa bereithalten wird.

Neben der Frage nach dem Begriff der Wertung und ihrer Rolle im Umgang mit Literatur rückt vor allem auch die Überlegung in den Vordergrund, welche Vorstellung Wertende überhaupt vom Gegenstand haben, der in ihrer Wertung zur Disposition steht. Was unterscheidet hier die Kinder- und Jugendliteratur von der Literatur, die abgrenzend als *allgemeine Literatur* oder *Literatur für Erwachsene* bezeichnet wird? Was sollte oder was muss sogar eine Literatur auszeichnen, die sich *Kinderliteratur* nennt? Mit diesen eher allgemeinen und – mit Blick auf erwachsene Wertende – häufig diskutierten Fragen soll sich nachfolgend der Fokus auf Kinder und ihre rekonstruierbaren normativen Implikationen zum Thema richten.

Der Beitrag konzentriert sich also auf einen Schwerpunkt, der in der aktuellen Diskussion um die Wertung häufig eher weniger Aufmerksamkeit erfährt. Es wird damit dem von der Kindheitsforschung eingeläuteten Paradigmenwechsel hin zu einer Forschung *Aus der Perspektive von Kindern* (Honig/Lange/Leu 1999) gefolgt, die natürlich in die allgemeinen Diskurse über die KJL eingeordnet werden muss.

Wertungshandeln und Literaturkritik im Spannungsverhältnis von Ästhetik und Pädagogik

Das kinderliterarische Kunstwerk im Spannungsverhältnis pädagogischer und ästhetischer Ansprüche und normativer Setzungen markiert einen Grundkonflikt und eine Besonderheit des Handlungs- und Symbolsystems Kinder- und Jugendliteratur (vgl. Ewers 2012); Ewers spricht bezogen auf die kinder- und jugendliterarische Kommunikation sogar von einem „Sonderfall der literarischen Kommunikation" (ebd., 29). Dieses konstitutive Phänomen des literarästhetischen Feldes selbst überträgt sich auch auf die Diskursarena der Literaturkritik, die sich häufig eher als Empfehlungsforum denn als normativer Verhandlungsraum begreift. Das zementiert die starke Trennung kinder- und allgemeinliterarischer Felder, die sich u. a. an den Publikationsorten von Kritiken zu diesen und jenen Werken in den großen Zeitungen erkennen lässt. Caroline Roeder stellt dieses Phänomen in ihrem Aufsatz *Das Elend unserer Kinderliteraturkritik* (2015) in den Kontext der Wolgastschen Kritiktradition, wohlgemerkt in einer Publikation zur Gegenwart der Literaturkritik im Allgemeinen. Roeder weist in ihrem Aufsatz auf Besonderheiten der KJL-bezogenen Kritik hin, die hier erwähnenswert erscheinen: Einerseits zeichnet die KJL-Kritik aus, dass „Kritikadressaten und Literaturrezipienten nicht identisch sind" (ebd., 273), andererseits würde „KJL-Kritik vorwiegend von Personen ausgeübt [...], die vorwiegend pädagogisch-didaktische, d. h. außerliterarische Kriterien und Maßstäbe anlegen" (ebd.).

Diese Spezifik soll an dieser Stelle gar nicht kritisiert werden. Es gilt nur, im Kontext der Wertungstradition zur Kenntnis zu nehmen, dass kinderliteraturbezogene Werturteile häufig einer doppelten Stellvertretung unterliegen. Einerseits deuten und bewerten Erwachsene Kinder- und Jugendliteratur stellvertretend für Kinder – und das mit erheblichen Konsequenzen für die Auswahl der Lektüren für diese Zielgruppe –, andererseits bewegen sie sich damit in einem Professionsbereich, der originär und typischerweise von anderen Professionen (wie Journalist*innen, Literaturwissenschaftler*innen etc.) besetzt ist. Der Blick auf eine Kultur des Wertens von Literatur und das Selbstverständnis von Kinder- und Jugendliteratur kann daher die pädagogische Dimension nicht ausblenden und muss diese als konstitutives Merkmal von Kinderliteraturkritik mitdenken und kritisch reflektieren.

Der Diskurs um Kinder- und Jugendliteratur ist seit jeher auf bestimmte (auch oder vielleicht sogar vor allem pädagogisch perspektivierte) Vorstellungen und Maßstäbe von literarischer Ästhetik, Kindheit und Pädagogik ausgerichtet gewesen, die zu ganz spezifischen, über die Zeit sich auch verändernden Wertmaßstäben führen. Immer war und ist dabei auch die Frage relevant, was die Literatur für Kinder zu sein habe, welchen Besonderheiten, aber auch Maßstäben sie genügen solle.

So vielfältig diese Frage in der Vergangenheit jedoch bearbeitet worden ist, so ist sie doch eher immer wieder von Erwachsenen beantwortet worden. Kinder als

Adressat*innen *ihrer* Literatur hingegen kommen in diesem Diskurs eher selten zu Wort; erst in den letzten Jahren sind mit den Veröffentlichungen von Thomas Zabka (2013) und Jochen Heins (2017) zwei didaktische Beiträge erschienen, in denen die Rezipient*innenperspektiven in den Blick genommen werden, wenn auch eher programmatisch konzeptionell. Von diesen Beiträgen ausgehend soll im vorliegenden Beitrag die Perspektive der Kinder rekonstruktiv gestärkt werden, wobei die Frage nach den grundsätzlichen Orientierungsrahmen und Wertungshorizonten eine herausgehobene Rolle spielen wird.

Zur Sache: Die Wertung und das Grundverständnis der Kinder- und Jugendliteratur

Innerhalb des aktuellen Diskurses bezeichnet eine Wertung

> „eine Handlung, in der ein Subjekt in einer konkreten Situation aufgrund von Wertmaßstäben (axiologischen Werten) und bestimmten Zuordnungsvoraussetzungen einem Objekt Werteigenschaften (attributive Werte) zuschreibt" (von Heydebrand/Winko 1996, 39).

Dabei kann eine solche Werthandlung in nicht-sprachlicher Form geäußert oder verbalisiert vollzogen werden. Für eine literarische Wertung heißt das also, dass eine Leser*in, abhängig von ausgewählten Wertmaßstäben und ihrem subjektiven Erfahrungs- und Wissensbestand, literarischen Gegenständen „positive oder negative Werteigenschaften zuschreibt" (Heins 2017, 12). Das Ergebnis einer solchen Wertungshandlung ist immer ein bestimmter Wertausdruck. Beim sprachlichen Werten muss allerdings zusätzlich zwischen impliziten und expliziten Wertausdrücken unterschieden werden (vgl. Zabka 2013, 6).

I: und gibts ähm besonders INTERESSANTE stellen im buch wo du einen klebezettel hinmachen möchtest
L: mmh, warte (2) [blättert um]
E: DIE (.) die ist voll cool
I: warum
L: ja [holen sich einen klebezettel] ich nehme einen orangen
E: weil die da GANZ cool miteinander quatschen
L: mmh [zuckt mit den schultern und blättert um] ich fande noch was cool wie die die kugel hier durchgeschnitten haben (.) da ein loch ein loch reingeschnitten haben

Wenn also etwa Elisa und Leo aus Klasse 1 das ihnen vorliegende Bilderbuch *Herr Schnuffels* (Wiesner 2014) als „cool" beschreiben, dann wird ihm nach dem Muster *x ist schön* die Eigenschaft cool zugeschrieben, was ein eindeutig positiv konnotiertes Adjektiv ist. Solche expliziten Wertungen „schreiben Gegenständen, Personen oder Sachverhalten positive oder negative Eigenschaften zu, und zwar mittels eindeutig wertender Ausdrücke" (von Heydebrand/Winko 1996, 68). Von Heydebrand und Winko weisen allerdings darauf hin, dass es sich bei literarischen Wertungen in den überwiegenden Fällen um implizite Wertungen handelt. Hier werden Wertungen nicht offen (explizit) benannt, sondern müssen über den Textzusammenhang oder aus dem Kontext heraus erschlossen werden (vgl. ebd., 69 ff.).

A: also wenn dann hätte der [der Autor] größere ameisen oder (.) und größere (.) aliens machen-
E: der hätte die nicht ähm (.) ANGEZOGEN und der hätte haare haben sollen und spitze ohren
A: ja das wäre dann ein RICHTIGES buch das dann (.) dazu passt
I: mmh und findest du jetzt das ist KEIN richtiges buch
A: n: ein(.) das ist irgendwie so AUSSERIRDISCH und ähm das da kommt ja fast GAR NICHT mehr hier die katze vor und dann kommen ja nur die aliens das finde ich auch nur noch komisch dass jetzt nur noch die aliens die rolle spielen außer die KATZE
E: und mit den ameisen noch
A: ja die ameisen auch noch
E: und die marienkäfer
A: die brauchen nämlich eigentlich auch ohren (.) bei den ameisen die hätten keine panzer gehabt
E: ja
A: das ist ein komisches buch

Wenn also etwa Enni und Amilia *Herrn Schnuffels* als „außerirdisch" beschreiben, dann meinen sie damit vermutlich *wenig ansprechend*, *nicht von persönlichem Interesse oder im Zusammenspiel mit anderen Handlungsmotiven nicht passend.*

Wenn man nun auf die Definitionen zum Wertungshandeln zurückschaut, dann wird deutlich, dass diese nur dann vollzogen werden können, wenn ein bestimmter Wertmaßstab vorhanden ist, „der ein Objekt oder ein Merkmal eines Objektes als ‚wertvoll' erscheinen lässt, es als Wert erkennbar macht" (von Heydebrand/Winko 1996, 40).

Zur Beurteilung literarischer Texte müssen hierbei nach von Heydebrand und Winko vier Typen solcher *axiologischen Werte* (Wertmaßstäbe) unterschieden werden (vgl. ebd., 120 ff.):

1) Relationale Maßstäbe: Bei diesem Wertmaßstab stützt sich das Urteil auf eine soziale Norm, wobei gerade der Bruch dieser Norm oder die „Innovation vorgegebener Muster" (ebd., 121) hier den Reiz auszumachen scheinen.
2) Wirkungsbezogene Maßstäbe: Hier steht die Betroffenheit der wertenden Person im Mittelpunkt. Von Heydebrand und Winko messen dieser Wertungsdimension eine besondere Bedeutung zu, da sie auf die Nachhaltigkeit des Lektüreeindrucks verweist.
3) Formal-ästhetische Maßstäbe: Hier gerät das Eigentümliche literarischer Texte (und Bilder) in den Blick. Es geht besonders um Stimmigkeit und Kohärenz (auch im Hinblick auf gattungsspezifische Traditionen), also auch um die *handwerkliche Dimension* der Gestaltung.
4) Inhaltliche Maßstäbe: Gemeint sind außerliterarische Maßstäbe, die eher auf der Ebene der story (vgl. Gansel 2010) angesiedelt sind, z. B. pädagogischer Wert, Wahrheit/Erkenntnis, Moralität, Schönheit oder Authentizität.

Beim Zustandekommen von Wertungen auf der Subjektebene betonen Zabka (2013) und Heins (2017) das Zusammenspiel des Textverstehens mit lektürebegleitenden Emotionen. Maßgeblich geprägt wird dieser Vorgang auch im Zuge der literarischen Sozialisation und Auswahlprozesse werden immer durch Wertungen anderer beeinflusst. Bei Kindern im Grundschulalter sind es nicht zuletzt die Eltern, Lehrkräfte oder andere Erwachsene, die aus der Fülle der jährlich veröffentlichten ca. 9000 Neuerscheinungen einzelne Werke aussuchen und den Kindern zur Verfügung stellen oder zumindest eine Vorauswahl treffen, die für Prozesse der eigenverantwortlichen und interessegeleiteten Auswahl einen Rahmen schafft. Normative Vorstellungen vom *guten Kinderbuch* scheinen diese Auswahl genauso zu beeinflussen wie eigene Lektüreerfahrungen und -interessen. Dass jene *erwachsenen* Zugänge nicht unbedingt konform sein müssen mit denen der kindlichen Adressat*innen, lässt die Frage nach der geeigneten Lektüreauswahl für Kinder noch interessanter erscheinen.

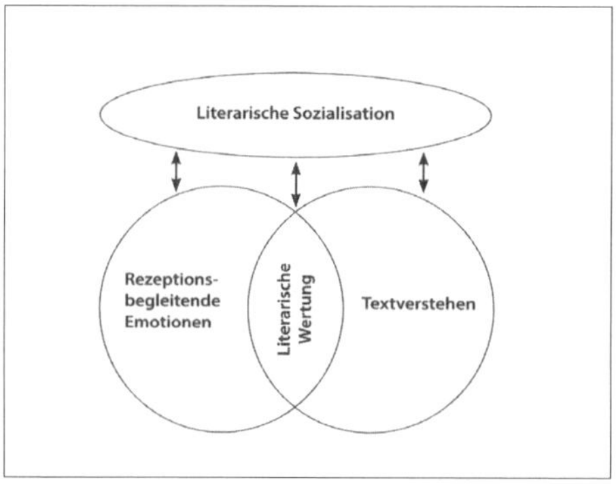

Abb. 1: Modell des Wertungshandeln (Heins 2017, 7)

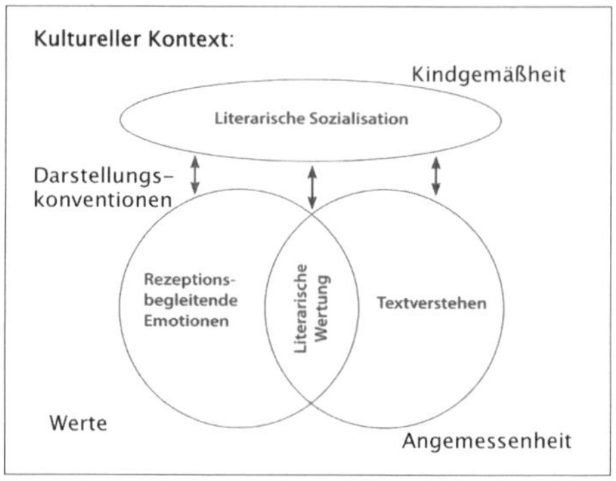

Abb. 2: Modell mit ergänztem Orientierungsrahmen

Vor dem Hintergrund der oben entfalteten Wertungsmaßstäbe kann das Modell von Heins noch um einen Orientierungsrahmen erweitert werden, der als Wertungshorizont den kulturellen Rahmen und die relationale Substanz der Wertungspraxis markiert und sozusagen eine Art Hintergrundgerüst darstellt, auf dem sich Wertungspraxen als Praktiken kultureller Kommunikation entfalten und orientieren können.

Vor diesem Hintergrund finden sich im Spektrum der vier axiologischen Wertmaßstäbe auch Fragen nach der Adressat*innenorientierung, der Angemessenheit der Darstellung im Hinblick auf die thematische und sachliche, ggf. aber auch soziale und gesellschaftlich-moralische Substanz. Diese Fragen stehen mit dem Selbstverständnis der Kinder- und Jugendliteratur in direktem Zusammenhang und konstituieren sozusagen das soziale Konstrukt. Denn KJL ist eben genau das, was die Menschen, die sich mit ihr beschäftigen, dafür halten. Das adressatenbezogene Selbstverständnis der Kinder- und Jugendliteratur und ihre theoretische Verankerung im Vermittlungskontext führen bei der Bewertung dieser Literatur seitens der Erwachsenen zu stark spekulativen, von den jeweiligen pädagogischen Haltungen und Grundverständnissen geprägten Urteilen, die eher als stellvertretende Deutungen (vgl. Oevermann 1996; Breidenstein/ Ritter 2018) im Kontext des Vermittlungsproblems (vgl. Stichweh 1994; Ophardt

2006) die kindliche Reaktion auf ein literarisches Werk antizipieren. Im Rahmen der Erforschung solcher auswahlbezogener Wertungsprozesse Erwachsener scheint dabei weniger die eigene Erfahrung als empirische Grundlage zur Antizipation möglicher Leser*innenreaktionen zu dienen. Vielmehr existieren anscheinend auf Seiten professioneller Pädagog*innen feste Vorstellungen von kindlichen Lektüremöglichkeiten und -bedürfnissen (vgl. Ritter/Ritter 2015).

In diesem Kontext verspricht die systematische Untersuchung des Wertungshandelns der kindlichen Adressat*innen von KJL einigen Aufschluss über Fragen, die sich im Kontext der wertenden Beurteilung Erwachsener immer wieder als spekulativ erweisen. Als Rezeptionsforschung fokussiert das nun dargestellte Vorgehen sozusagen eine Metaebene der kindlichen Lektüre und verspricht Einsichten in die kulturelle Verankerung der kindlichen Rezeption.

Abb. 3: Cover *Herr Schnuffels* (Wiesner © Hamburg: Aladin, 2014)

Untersuchungsdesign

Die bereits angeführten Gesprächstranskripte zeigen Auszüge aus den videografierten Erstbegegnungen von Grundschulkindern mit dem Bilderbuch *Herr Schnuffels* (2014) von David Wiesner.

Aufgrund der großen Bekanntheit dieses 2015 mit dem Deutschen Jugendliteraturpreis ausgezeichneten Bilderbuches soll hier nur kurz auf den Inhalt eingegangen werden. Das textlose Bilderbuch erzählt seine Handlung fast ausschließlich auf der Ebene der Bilder. Motivisch wird eine klassische Hauskater-Geschichte mit einem Science-Fiction-Abenteuer verwoben (vgl. Krichel 2017, 16). In den comicartigen Bildern im filmisch dramaturgischen Stil folgen die Betrachtenden einem rasanten Abenteuer einer kleinen Gruppe Aliens, die direkt vor der Nase des Hauskaters Herr Schnuffels stranden und denen mithilfe einer Gruppe Ameisen schließlich glücklich die Flucht gelingt. Dabei stellt sich die Bildkomposition als ein reichhaltiges und vielschichtiges Verweissystem auf verschiedene kulturelle und mediale Traditionen dar, deren Darstellung hier aus Platzgründen leider entfallen muss. Verwiesen werden kann aber auf den informativen Beitrag von Anne Krichel (2017).

Entstanden sind die auditiven Aufnahmen in der Pilotphase eines Forschungsvorhabens, das sich dem rezeptionsbegleitenden Wertungshandeln aus der Perspektive von Kindern widmet. Die Datenerhebung wurde in einem zweiteiligen Verfahren erarbeitet, in dem sich jeweils dieselben sieben Schülergruppen à zwei Kinder mit *Herr Schnuffels* auseinandersetzten. Dabei sah es die erste Runde der Erhebung vor, dass sich die Kinder nahezu ungesteuert seitens der Versuchsleiter*in das Bilderbuch anschauten und sich zunächst frei und assoziativ äußerten. „Persönliche Lesespuren" (Ritter/Ritter 2013, 129) sowie Kommentare konnten die Kinder auf Haftnotizzettel schreiben und diese an die entsprechenden Stellen in das Buch kleben. Diese wurde dann in einem themenzentrierten Gruppeninterview anhand bestimmter Leitfragen diskutiert. So sollten die Schüler*innen zunächst den Inhalt der Geschichte kurz zusammenfassen, ehe sie sich dann zu möglichen Besonderheiten äußerten. Mit der Frage nach Buchszenen, die ihnen besonders gefallen oder eben nicht gefallen haätten, wurden die Schüler*innen verstärkt zum Formulieren von Werturteilen aufgefordert. Außerdem sollten sie angeben, was dem Autor ihrer Meinung nach gut oder weniger gut gelungen sei. In der zweiten Runde der Datenerhebung nach ca. ein bis zwei Wochen erfolgte auf der Grundlage gezielter didaktisch-methodischer Impulse eine vertiefende Erarbeitung des Bilderbuches. So konnten etwaige Verständnisfragen geklärt und weiterhin konkrete Wertungen erfragt werden. Dabei lieferten die Angaben der Schüler*innen aus der ersten Erhebungsphase den Ausgangspunkt für die nichtstandardisierten Befragungen in der zweiten Runde der Datenerhebung.

Für diesen Beitrag stehen die Rezeptionsprozesse der Erstklässler*innen Enni und Amilia sowie Elisa und Leo im Vordergrund. Dabei erfolgt die Konzentration auf die erste Phase der Datenerhebung. Erkenntnisleitend stehen folgende Fragen im Vordergrund:

1) Welche Erwartungen haben Kinder an ein typisches Kinderbuch?
2) Nach welchen Kriterien gehen sie bei dieser Festschreibung vor? Welche Wertmaßstäbe werden genutzt?

Als forschungsmethodischer Rahmen wird die *Grounded Theory Methodology* (GTM) gewählt. Diese ermöglicht es, einen deutungsoffenen Zugang zum Material anzubieten, wobei auf strenge Strukturierungsvorgaben hinsichtlich der Datenerhebung und -auswertung gezielt verzichtet wird. Damit „Raum für Erkundungen und Entdeckungen im Feld" (Ritter 2013, 127) bleibt, wird auf der Grundlage der ersten Analyse des vorhandenen Datenmaterials dieses stetig durch zusätzliche Erhebungen erweitert (vgl. Hülst 2012, 278). Im Folgenden wird beispielhaft ein Gruppeninterview hinsichtlich seiner Sequenzlogik interpretiert, um am konkreten Fall erste Einsichten in das Wertungshandeln der Kinder zu gewinnen.

Beispiel 1: Enni und Amilia

Es sprechen Enni und Amilia, die beide die Schule im ersten Schuljahr besuchen. Beide haben gemeinsam *Herr Schnuffels* angeschaut und werden nun zu ihren Lektüreerfahrungen befragt. Die Interviewerin steigt ein mit der Frage, was am Buch aufgefallen sei bzw. was die Kinder besonders fänden.

A: ja dass ähm hier aliens und eine KATZE ist (.) das ähm das finden wir das PASST irgendwie nicht zusammen
E: ja ja
I: warum nicht
A: weil aliens und katzen (.) das (.) die aliens (gibt) es ja gar nicht (.) und die katzen das ist ja sowas die laufen ja eher herum und essen ja gerne-
E: und sind aliens nicht eigentlich GRÖßER
A: ja und die aliens sind eben KLEIN obwohl sie größer sind
E: es gibt aliens eigentlich gar nicht
A: ja und das ist auch KOMISCH hier an dem buch da

Im ersten Abschnitt fasst Amilia die Einschätzung der beiden Erstklässler*innen mit den Worten „ja und das ist auch KOMISCH hier an dem buch da“. Der Wertausdruck „komisch“ wirkt hier für sich genommen als implizite Formulierung, da noch nicht eindeutig klar ist, ob mit dem Adjektiv *komisch* dem Wertungsobjekt allein positive oder nur negative Werteigenschaften zugeschrieben werden. So wird mit dem Adjektiv *komisch* auch eine Verwunderung zum Ausdruck gebracht, die auf eine Irritation und einen Erwartungsbruch hindeutet. Hier steht die Aussage jedoch als Resümee am Ende einer ersten Aussagenkette, sozusagen als resümierende Zusammenfassung und Klammer zum ersten Eingangssatz, der auf die mangelnde Passung der unterschiedlichen Protagonistengruppen Bezug nimmt. So führt Amilia zunächst die Nichtpassung der im Buch agierenden Figuren als Begründung für ihre Wertung an. Auch hier wird implizit gewertet, jedoch wird mit der mangelnden Passung auf einen Normbruch hingewiesen, der die Stimmigkeit der Handlung infrage stellt. Offenkundig verfügt das Mädchen über ein individuelles, normatives Konstrukt dahingehend, welche Figuren in einem *richtigen Buch* auftreten dürfen bzw. wie bestimmte Figurenklassen in eindeutiger Beziehung zu bestimmten Gattungsspezifika stehen. Die bereits oben angedeutete hybride Struktur von *Herr Schnuffels* löst dabei eine Irritation aus, die für die beiden Schülerinnen zum Zeitpunkt der Aussage nicht auflösbar erscheint. Amilia und Enni argumentieren also auf Basis eines relationalen Wertmaßstabes, wobei der scheinbare Normbruch oder die beschriebene Nichtangemessenheit sie zu einem (implizit) negativen Werturteil veranlassen (vgl. von Heydebrand/Winko 1996, 121 ff.).

Enni unterstreicht diese Nichtpassung zwischen den handelnden Protagonist*innen, indem sie sich in ihrer Begründungsstruktur auf den relationalen Wert der Wirklichkeitsnähe bezieht (vgl. ebd., 123). Genau diese scheint ihr nämlich nicht gegeben zu sein, wenn sie sagt: „Es gibt Aliens eigentlich gar nicht.“ Das im Buch charakteristische Zusammenspiel von Fantastik und Realität, als erzählerisches und ästhetisches Element für die Lesenden im besonderen Maße herausfordernd, empfindet Enni als irritierend. Die eingangs dargestellte notwenige Passung zwischen Verstehen und literarischer Wertung (vgl. Grzesik 2005, 308 ff.) scheint hier erneut interessant, denn es ist zu vermuten, dass Ennis negative Wertung darauf zurückzuführen ist, dass sie sich nicht auf den besonderen Erzählstil einlassen kann.

A: also wenn dann hätte der [der Autor] größere ameisen oder (.) und größere (.) aliens machen-
E: der hätte die nicht ähm (.) ANGEZOGEN und der hätte haare haben sollen und spitze ohren
A: ja das wäre dann ein RICHTIGES buch das dann (.) dazu passt
I: mmh und findest du jetzt das ist KEIN richtiges buch
A: n: ein(.) das ist irgendwie so AUSSERIRDISCH und ähm das da kommt ja fast GAR NICHT mehr hier die katze vor und dann kommen ja nur die aliens das finde ich auch nur noch komisch dass jetzt nur noch die aliens die rolle spielen außer die KATZE
E: und mit den ameisen noch
A: ja die ameisen auch noch
E: und die marienkäfer

A: die brauchen nämlich eigentlich auch ohren (.) bei den ameisen die hätten keine panzer gehabt
E: ja
A: das ist ein komisches buch

Den Gedanken eines scheinbar falschen Zeichenstils und des unpassenden Handlungsverlaufs greifen die beiden Mädchen im weiteren Interviewverlauf wieder auf, wobei sie sich in ihrer Argumentationsstruktur neben den relationalen Werten zunehmend auf formal-ästhetische Wertmaßstäbe beziehen (vgl. von Heydebrand/Winko 1996, 113 ff.). Ihre Änderungsvorschläge für eine scheinbar passendere Darstellung der Aliens machen deutlich, dass sie eine konkrete Vorstellung zu haben scheinen, wie Aliens aussehen müssten – obwohl es sie ja eigentlich gar nicht gibt – und wie sie demnach im Buch hätten gezeichnet werden sollen; dass es also auch für rein fiktional-fantastische Wesen eine korrekte, weil konventionelle Darstellung gibt, die im Sinne der Stimmigkeit einen normativen Orientierungscharakter bei der Darstellung aufweisen kann. Damit erhält das fiktive Element hier einen faktischen Charakter, der jedoch nicht stimmig oder harmonisch (vgl. ebd., 117 f.) mit der *Bilddarstellung* in Einklang gebracht werden kann. So entsteht das eher negative Werturteil der beiden Mädchen.

Ähnlich verhält es sich bei der Einschätzung der narrativen Struktur des Bilderbuches. Auch hier irritiert, dass den vermeintlich falsch situierten Wesen so viel Raum gegeben wird. Dadurch wird die Geschichte auf unangemessene Weise „außerirdisch", was vermuten lässt, dass für die beiden Mädchen – vermutlich wegen der anfänglichen realistischen Einführung und dem Handlungsschauplatz – der Charakter der Haustiergeschichte dominant bleibt.

Enni und Amilia kommen bei ihrer Wertung zu einem eher negativen, zumindest ein wenig ratlosen Werturteil: „Das ist ein komisches Buch." Die Ungewöhnlichkeit der Darstellung scheint hier tendenziell eher Ablehnung zu erzeugen, der Erwartungsbruch löst nicht Faszination aus sondern Abwehr. Wirkmächtig und alternativenscheu scheinen die Überzeugungen der beiden Leseanfängerinnen zu sein, wie ein richtiges Buch bzw. eine richtige Geschichte zu erzählen und darzustellen sei. Es wäre nun zu überprüfen, inwiefern diese Reaktion aus der Überforderung der beiden Mädchen beim Umgang mit der komplexen Erzählstruktur oder aufgrund persönlicher thematischer oder gattungsbezogener Vorlieben resultiert. Vorstellbar wäre ja auch, dass die Vorfreude auf eine realistische Katzengeschichte, die Titel und Cover ja durchaus intendieren können, zur Enttäuschung bei der Lektüre des Buches beigetragen haben.

Beispiel 2: Elisa und Leo

Eine grundsätzlich mangelnde Passung bei der Auswahl des Buches ist daraus aber nicht abzuleiten. Elisa und Leo kommen zu ganz anderen Urteilen.

I: warum gefällt euch die seite
L: weil die da sowas gezeichnet haben und wir fragen uns nur WIE
E: ja ja ja (.) wir haben (.) wir haben nämlich so gedacht dass dass jetzt zum bei:spiel das hier ECHTE katzen wären
L: ja

I: ach so (.) ihr habt erst gedacht das sind echte katzen (.) ach so (.) und DANN habt ihr aber gesehen (.) dass das aufgemalt is ne (.) ok
L: ja
[...]
E: und ICH fand (.) ich fand DIESE seite cool
L: ich auch
I: warum
L: hier (.) und da hinten [zeigt wo E die zettel hin kleben soll]
E: weil (.) weil-
[L und E kleben den zettel an die buchseite]
I: was heißt COOL (.) warum fandet ihr die seite COOL
E: weil hier auch ein marienkäfer saß
L: j:a
E: und weil die ameise die farben mit (.) mitgenommen hat
I: mmh
L: und wegen dem da
E: ja
L: ICH fande DAS da cool wie die das durchgeschnitten haben und haben versucht sich da (.) haben versucht sich da ein (.) ein hubschrauber oder ein aliens- also raumschiff zu bauen (.) ha- haben sie aber auch schon gemacht glaub ich [zeigt auf das bild] (ein neues oder?) hier haben sie es wieder (einsortiert?) [blättert um]
L: und hier das mit der katze schon wieder [lacht]
E: oder hier das finde ich auch voll cool
L: ja weil die katze so hoch gesprungen ist
E: weil die da so springt [reicht L den klebezettel]
L: du machst
E: ok [befestigt klebezettel an der buchseite]
L: ich fand eigentlich alles cool und spannend
E: ja

Die beiden Erstklässler*innen finden gerade Momente der Unbestimmtheit faszinierend. Und dieses letzte Beispiel zeigt auch deutlich, wie die Interviewerin durch eine gezielte, verständnisorientierte Rückfrage die Kinder herausfordert, die noch recht unbestimmte Markierung der Irritation zu konkretisieren und das eigene Urteil auf der Basis von Argumenten auszudifferenzieren. Hier wird abschließend deutlich, dass das Werten als verbale Praxis auch das Textverstehen unterstützen und vertiefen kann. Wertungen sind nicht einfach absolute Aussagen, sie bieten auch Einblicke in die mentale Textrepräsentation der Kinder. Sie sind also ein Ansatzpunkt für didaktisches Handeln, wenn sich aus Wertungen Gespräche ergeben, in denen ein Gegenüber nicht alternative, vermeintlich richtige Lösungen zur Überwindung einer Interpretationslücke anbietet, sondern durch Nachfragen zum Weiterdenken und Vertiefen der eigenen Wahrnehmung herausfordert.

Fazit und (didaktischer) Ausblick

In diesem Sinne stellt sich die Lektüre von Enni und Amilia nicht als gescheitert oder überflüssig dar. Im unterrichtlichen Zusammenhang kann sie den Ausgangspunkt markieren für eine gemeinsame Suche nach den Gründen für die irritierende Darstellung. Hier können konkrete Fragen an das Buch formuliert, Mitschüler*innen befragt und literarische Gespräche geführt werden. Denn eins ist auch klar geworden: Die Wertungen der Kinder fußen auf differenzierten Urteilen. Sie bringen – ganz wie Kaspar Spinner es formuliert – „subjektive Involviertheit und genaue Wahrnehmung miteinander ins Spiel" (2006, 8) und beziehen sich auf verschiedene Wertmaßstäbe. Damit eröffnen sie Zugänge für literarisches Verstehen im Spannungsfeld von Individualisierung und Enkulturation. Und sie fordern mit der Positionierung zur bewussten Reflexion eigener literaturbezogener Zugänge heraus – und unterstützen auch die Herausbildung eines stabilen „lesebezogenen Selbstkonzeptes" (Rosebrock/Nix 2008).

Primärliteratur

Wiesner, David: Herr Schnuffels. Hamburg: Aladin, 2014 [engl. EA Boston 2014 u. d. T. *Mr. Wuffels*]

Sekundärliteratur

Abraham, Ulf/ Matthis Kepser: Literaturdidaktik Deutsch. Berlin 2009

Breidenstein, Georg/ Michael Ritter: Bilderbücher für den Unterricht. Zur pädagogisch-didaktischen Normierung literarischer Lektüreauswahl durch Grundschullehrer*innen. Unveröffentlichtes Vortragsmanuskript, gehalten auf der Tagung „Normativität literarischen Verstehens" am 19. Februar 2018 an der Universität Göttingen

Ewers, Hans-Heino: Literatur für Kinder und Jugendliche. Eine Einführung. München 2012

Gansel, Carsten: Moderne Kinder- und Jugendliteratur. Vorschläge für einen kompetenzorientierten Unterricht. 4. überarb. Aufl. Berlin 2010

Grzesik, Jürgen: Texte verstehen lernen. Neurobiologie und Psychologie der Entwicklung von Lesekompetenzen durch den Erwerb von textverstehenden Operationen. Münster [u. a] 2005

Heins, Jochen: Wertungen wahrnehmen. Mit Wertungen bewusst umgehen – Zugänge zur Literatur ermöglichen. In: Die Grundschulzeitschrift 31 (2017) H. 301, 6-11

Heydebrand, Renate von/ Simone Winko: Einführung in die Wertung von Literatur. Systematik, Geschichte, Legitimation. Paderborn 1996

Honig, Michael-Sebastian/ Andreas Lange/ Hans Rudolf Leu (Hgg.): Aus der Perspektive von Kindern? Zur Methodologie der Kindheitsforschung. Weinheim [u. a] 1999

Hülst, Dirk: Grounded Theory Methodology. In: Heinzel, Friederike (Hg.): Methoden der Kindheitsforschung. Ein Überblick über Forschungszugänge zur kindlichen Perspektive. Weinheim [u. a.] 2012, 278-291

Krichel, Anne: Wort- und Weltbegegnung. In: Sache – Wort – Zahl 45 (2017) H. 162, 15-21

Oevermann, Ulrich: Theoretische Skizze einer revidierten Theorie professionalisierten Handelns. In: Combe, Arno/ Werner Helsper (Hgg.): Pädagogische Professionalität. Untersuchungen zum Typus pädagogischen Handelns. Frankfurt/ M. 1996, 70-183

Ophardt, Diemut: Professionelle Orientierungen von Lehrerinnen und Lehrern unter den Bedingungen einer Infragestellung der Vermittlungsfunktion. Eine qualitativ-rekonstruktive Studie an einer Hauptschule im Reformprozess. Berlin, Univ. FU, Diss., 2006. http://www.diss.fu-berlin.de/diss/receive/FUDISS_thesis_000000002338 (27.02.2018)

Ritter, Alexandra/Michael Ritter: Sichtungen im „Schnipselgestrüpp". Einblicke in ein Forschungsprojekt zur (Re-)Konstruktion von (literarischen) Sinnstrukturen bei der Rezeption von Bilderbüchern im pädagogischen Kontext. In: Kruse, Iris/ Andrea Sabisch (Hgg.): Fragwürdiges Bilderbuch. Blickwechsel, Denkspiele, Bildungskonzepte. München 2013, 125-136 dies.: Du groß, und ich klein?! Bilderbucherkundungen zwischen Faszination und Normierung. In: Freudenberg, Ricarda/ Petra Josting (Hgg.): Norm und Normüberschreitung in der Kinder- und Jugendliteratur und ihren Institutionen. München 2015 (kjl&m.15 extra), 127-141

Roeder, Caroline: Das Elend unserer Kinderliteraturkritik. Positionsbestimmung für eine peripher gescholtene Sparte. In: Gansel, Christina/ Heinrich Kaulen (Hgg.): Literaturkritik heute. Tendenzen - Traditionen – Vermittlung. Göttingen 2015, 267-285

Rosebrock, Cornelia/ Daniel Nix: Grundlagen der Lesedidaktik und der systematischen schulischen Leseförderung. Baltmannsweiler 2008

Spinner, Kaspar H.: Literarisches Lernen. In: Praxis Deutsch 33 (2006) H. 200, 6-16

Stichweh, Rudolf: Wissenschaft, Universität, Profession. Soziologische Analysen. Frankfurt/ M. 1994

Zabka, Thomas: Literarische Texte werten. In: Praxis Deutsch 40 (2013) H. 241, 4-12

Transkriptionsregeln

abc	prinzipiell alles klein, keine Interpunktion
(.)	kurze Pause
(2)	Pause in Sekunden
ra-	Wortabbruch
rAUS	betontes Sprechen
rau:s	gedehntes Sprechen
(raus?)	nicht mehr genau verständlich, vermuteter Wortlaut
[...]	Auslassungen
[xyz]	kommentierender Einschub des Transkriptors

Verzeichnis der Autor*innen

Susanne H. Becker, Dr., ist wissenschaftliche Mitarbeiterin an der Erziehungswissenschaftlichen Fakultät der Humboldt-Universität Berlin. *Arbeitsschwerpunkte:* Literaturdidaktik, insbes. multimodaler Texte; Hör- und Sprechdidaktik; historische und aktuelle Kinder- und Jugendliteratur; Lesesozialisationsforschung und Leseförderung.
E-Mail: sbecker-berlin@t-online.de

Felix Giesa, Dr., ist wissenschaftlicher Mitarbeiter und Kustos am Institut für Jugendbuchforschung der Goethe Universität Frankfurt/Main. Arbeitsschwerpunkte: Kinder- und Jugendliteraturwissenschaft; Comicforschung; kinder- und jugendliterarische Biografien.
E-Mail: giesa@em.uni-frankfurt.de

Christoph Jantzen, Dr., ist wissenschaftlicher Mitarbeiter für Lehre am Arbeitsbereich Deutschdidaktik an der Fakultät für Erziehungswissenschaft der Universität Hamburg. *Arbeitsschwerpunkte:* Texte schreiben und Überarbeiten; (Märchen-)Bilderbücher; Literatur für den Leseanfang.
E-Mail: christoph.jantzen@uni-hamburg.de

Petra Josting, Prof. Dr. habil., ist Hochschullehrerin für Germanistik/Literaturdidaktik und Direktorin der Bielefeld School of Education (BiSEd) an der Universität Bielefeld. *Arbeitsschwerpunkte*: Kinder- und Jugendliteraturforschung; Literatur- und Mediendidaktik.
E-Mail: petra.josting@uni-bielefeld.de

Reiner Lehberger, Prof. Dr. habil., ist Hochschullehrer für Erziehungswissenschaft an der Universität Hamburg. *Arbeitsschwerpunkte:* Schulpädagogik und Schulentwicklung; Lehrer*innenbildung; Schul- und Unterrichtsgeschichte; Biografieforschung.
E-Mail: reiner.lehberger@uni-hamburg.de

Nadine Naugk, Dr., ist wissenschaftliche Mitarbeiterin am Institut für Schulpädagogik und Grundschuldidaktik der Martin-Luther-Universität Halle-Wittenberg. *Arbeitsschwerpunkte:* Erzählen und Bildungssprache; Sprachförderung; Deutsch als Zweitsprache und interkulturelles Lernen.
E-Mail: nadine.naugk@paedagogik.uni-halle.de

Christian Pommerening studierte Ethnologie, Religionswissenschaft und Arabistik an der Universität Leipzig, arbeitet beim MDR-Fernseharchiv und betreut das AJuM-Archiv in Leipzig. *Arbeitsschwerpunkt*: Geschichte der Jugendschriftenbewegung.
E-Mail: christian.pommerening@ajum.de

Matthias Preis, Dr., ist Akademischer Rat im Fach Germanistik/Literaturdidaktik an der Fakultät für Linguistik und Literaturwissenschaft der Universität Bielefeld. *Arbeitsschwerpunkte*: Ästhetische Bildung; Hörmedien/-didaktik; Intermedialer Literaturunterricht.
E-Mail: matthias.preis@uni-bielefeld.de

Alexandra Ritter, Dr., ist wissenschaftliche Mitarbeiterin am Institut für Schulpädagogik und Grundschuldidaktik der Martin-Luther-Universität Halle-Wittenberg. *Arbeitsschwerpunkte*: Literaturdidaktik; Kinder- und Jugendliteratur, insbes. das Bilderbuch in Theorie, Rezeption und Didaktik.
E-Mail: alexandra.ritter@paedagogik.uni-halle.de

Michael Ritter, Prof. Dr., ist Hochschullehrer für Grundschuldidaktik Deutsch/Ästhetische Bildung am Institut für Schulpädagogik und Grundschuldidaktik der Martin-Luther-Universität Halle-Wittenberg. *Arbeitsschwerpunkte:* Schreibdidaktik; Kinder- und Jugendliteratur, insbes. das Bilderbuch in Theorie, Rezeption und Didaktik; Deutschunterricht in der inklusiven Schule.
E-Mail: michael.ritter@paedagogik.uni-halle.de

Philipp Schmerheim, Dr., ist wissenschaftlicher Mitarbeiter mit Schwerpunkt Kinder- und Jugendliteratur am Institut für Germanistik der Universität Hamburg. *Arbeitsschwerpunkte:* Motive, Themen und Erzählformen in Kinder- und Jugendmedien (Literatur, Film, Theater, Comic, Medienverbund); Theorien der Intermedialität und Transmedialität, Filmphilosophie.
E-Mail: philipp@schmerheim.de

Sebastian Schmideler, Dr., ist wissenschaftlicher Mitarbeiter für Kinder- und Jugendliteratur und Literaturdidaktik an der Erziehungswissenschaftlichen Fakultät der Universität Leipzig. Arbeitsschwerpunkte: Geschichte und Theorie der Kinder- und Jugendliteratur vom 18. Jahrhundert bis zur Gegenwart; wissensvermittelnde Kinder- und Jugendliteratur.
E-Mail: sebastian.schmideler@uni-leipzig.de

Gudrun Stenzel, Dr., unterrichtet an einer Hamburger Grundschule und ist Lehrbeauftragte für Literaturdidaktik an der Universität Hamburg. Sie ist Buchhändlerin und Diplompädagogin und seit den 1990er-Jahren in der AJuM aktiv.
E-Mail: stenzel.g@posteo.de

Ines Storch arbeitet an der Grundschule *Auenschule* Halle (Saale) und als teilabgeordnete Lehrerin am Institut für Schulpädagogik und Grundschuldidaktik der Martin-Luther-Universität Halle-Wittenberg. *Arbeitsschwerpunkte:* Kinder- und Jugendliteratur: Didaktik und Rezeption; jahrgangsgemischter Anfangsunterricht.
E-Mail: ines.storch@paedagogik.uni-halle.de

Karin Vach, Prof. Dr., ist Hochschullehrerin für Literaturdidaktik am Institut für deutsche Sprache und Literatur an der Pädagogischen Hochschule Heidelberg und Leiterin des dortigen Zentrums für Kinder- und Jugendliteratur. *Arbeitsschwerpunkte*: Literarisches Lernen; Leseförderung; Kinder- und Jugendliteratur und literaturdidaktische Unterrichtsforschung.
E-Mail: vach@ph-heidelberg.de

Alina Wanzek ist Grundschullehrerin mit den Fächern Deutsch und ev. Religionslehre. Zuvor war sie wissenschaftliche Mitarbeiterin an der Universität Bielefeld im Fach Germanistik/ Bereich Kinder- und Jugendliteratur und -medien sowie Literatur- und Mediendidaktik. *Arbeitsschwerpunkte*: Bilderbücher; biografische Kinder- und Jugendliteratur; Lese- und Literaturunterricht im Medienverbund.
E-Mail: alina.wanzek@gmx.de

Ute Wegmann ist freie Redakteurin beim Deutschlandfunk (Büchermarkt, u. a. *Die besten 7*), Autorin, Moderatorin, Filmemacherin und Veranstalterin des Netzwerkprojektes *HEIMSPIEL - Kölner Autoren lesen in Kölner Schulen*.
E-Mail: utewegmann@aol.com

Gina Weinkauff, Prof. Dr. habil., ist außerplanmäßige Professorin für deutsche Literatur und ihre Didaktik mit besonderer Berücksichtigung der Kinder- und Jugendliteratur an der Pädagogischen Hochschule Heidelberg und Leiterin des dortigen Zentrums für Kinder- und Jugendliteratur. Vom 1.10.2018 bis zum 30.9.2020 ist sie als Gastprofessorin für Grundschuldidaktik Deutsch an der FU Berlin tätig. *Arbeitsschwerpunkte:* Kinder- und Jugendliteratur unter historischen, poetologischen, kulturwissenschaftlichen und didaktischen Aspekten.
E-Mail: weinkauff@ph-heidelberg.de